Tributação 4.0

Tributação 4.0

2020

Coordenadores
**José Roberto R. Afonso
Hadassah Laís Santana**

TRIBUTAÇÃO 4.0
© Almedina, 2020
COORDENADORES: José RobertoAfonso e Hadassah Laís Santana
DIAGRAMAÇÃO: Almedina
DESIGN DE CAPA: Roberta Bassanetto
ISBN: 9788584936199

Dados Internacionais de Catalogação na Publicação (CIP)
(Câmara Brasileira do Livro, SP, Brasil)

Tributação 4.0 / coordenadores José Roberto Afonso, Hadassah Laís Santana. -- São Paulo : Almedina, 2020.

Vários autores.
Bibliografia

ISBN 978-85-8493-619-9
1. Direito tributário I. Afonso, José Roberto.
II. Santana, Hadassah Laís.

20-32679   CDU-34:336.2

Índices para catálogo sistemático:

1. Direito tributário 34:336.2

Maria Alice Ferreira - Bibliotecária - CRB-8/7964

Conselho Científico Instituto de Direito Público - IDP
Presidente: Gilmar Ferreira Mendes
Secretário-Geral: Jairo Gilberto Schäfer
Coordenador-Geral: João Paulo Bachur
Coordenador Executivo: Atalá Correia
Alberto Oehling de Los Reyes | Alexandre Zavaglia Pereira Coelho | Antônio Francisco de Sousa | Arnoldo Wald | Sergio Antônio Ferreira Victor | Carlos Blanco de Morais | Everardo Maciel | Fabio Lima Quintas | Felix Fischer | Fernando Rezende | Francisco Balaguer Callejón | Francisco Fernandez Segado | Ingo Wolfgang Sarlet | Jorge Miranda | José Levi Mello do Amaral Júnior | José Roberto Afonso | Elival da Silva Ramos | Katrin Möltgen | Lenio Luiz Streck | Ludger Schrapper | Maria Alícia Lima Peralta | Michael Bertrams | Miguel Carbonell Sánchez | Paulo Gustavo Gonet Branco | Pier Domenico Logoscino | Rainer Frey | Rodrigo de Bittencourt Mudrovitsch | Laura Schertel Mendes | Rui Stoco | Ruy Rosado de Aguiar | Sergio Bermudes | Sérgio Prado | Walter Costa Porto

Este livro segue as regras do novo Acordo Ortográfico da Língua Portuguesa (1990).

Todos os direitos reservados. Nenhuma parte deste livro, protegido por copyright, pode ser reproduzida, armazenada ou transmitida de alguma forma ou por algum meio, seja eletrônico ou mecânico, inclusive fotocópia, gravação ou qualquer sistema de armazenagem de informações, sem a permissão expressa e por escrito da editora.

Março, 2020

EDITORA: Almedina Brasil
Rua José Maria Lisboa, 860, Conj.131 e 132, Jardim Paulista | 01423-001 São Paulo | Brasil
editora@almedina.com.br
www.almedina.com.br

SOBRE OS COORDENADORES

José Roberto R. Afonso
Economista e Contabilista. Professor da pós-graduação *stricto sensu* do Instituto Brasiliense de Direito Público – IDP. Pós-doutourando em administração pública do Instituto Superior de Ciências Sociais e Políticas – ISCSP, da Universidade de Lisboa. Doutor em desenvolvimento econômico pela Universidade de Campinas – UNICAMP. Mestre em economia industrial pela Universidade Federal do Rio de Janeiro – UFRJ. Especialista em Economia do Setor Público, Federalismo e Política Fiscal.

Hadassah Lais Santana
Advogada. Professora do Instituto Brasiliense de Direito Público – IDP. Palestrante e Consultora em matéria tributária no escritório Franco Jr. Advogados Associados. Assessora Legislativa da Câmara dos Deputados. Doutora em educação pela Universidade Católica de Brasília – UCB. Mestre em Direito Tributário pela Universidade Católica de Brasília – UCB. Especialista em Direito Tributário e Finanças Públicas pela Escola de Administração Fazendária – ESAF.

SOBRE OS AUTORES

Alberto Barreix
Fiscal Principal Leader of the Inter-American Development Bank (IDB)

Alejandro Rasteletti
Especialista sénior de la División de Gestión Fiscal del BID en Colombia

Ana Clarissa Masuko
Doutora em Direito Tributário pela USP. Mestre em Direito Tributário pela PUC-SP. Ex– Conselheira CARF-MF Advogada.

Bernardo Motta
Economista (UFRJ). Mestrando em Economia e Gestão da Ciência, Tecnologia e Inovação (ISEG– Universidade de Lisboa).

Celso de Barros Correia Neto
Doutor em Direito Tributário pela Faculdade de Direito da Universidade de São Paulo – USP.
Professor do Instituto Brasiliense de Direito Público – IDP. Consultor Legislativo na Câmara dos Deputados. Advogado.

Daniel Corrêa Szelbracikowski
Mestre em Direito Constitucional pelo Instituto Brasiliense de Direito Público (IDP).
Especialista em Direito Tributário pelo Instituto Brasileiro de Estudos Tributários (IBET).
Foi professor no Instituto Brasileiro de Estudos Tributários (IBET). Advogado.

Emilio Pineda
Jefe de la División de Gestión Fiscal del BID

Enrique Seira
Director del Centro de Investigación Económica del ITAM

Fernando Rezende
Economista. EBAPE/ FGV

Fillipe Soares Dall'ora
Graduado pela Universidade Católica de Brasília. Pós-graduando pelo Instituto Brasiliense de Direito Público. Advogado

SOBRE OS AUTORES

Heleno Taveira Torres
Professor Titular de Direito Financeiro e Livre-Docente em Direito Tributário da Faculdade de Direito da USP. Foi vice-Presidente da International Fiscal Association – IFA. Advogado e parecerista.

Jaqueline de Paula Leite Zanetoni
Especialista em Direito Tributário pela Pontifícia Universidade Católica de São Paulo (PUC-SP). Master of Laws with honors, L.L.M International Tax Law pela WU Vienna University of Economics and Business. Mestranda em Direito pela Universidade de Marília (UNIMAR). Professora de Direito da Universidade de Mogi das Cruzes (Campus Vila Leopoldina/SP). Advogada.

Jonathan Barros Vita
Advogado, Consultor Jurídico e Contador. Especialista em Direito Tributário pelo Instituto Brasileiro de Estudos Tributários – IBET-SP, Mestre e Doutor em Direito pela Pontifícia Universidade Católica de São Paulo – PUC-SP e Mestre em Segundo Nível em Direito Tributário da Empresa pela Universidade Comercial Luigi Bocconi – Milão – Itália.
Estágio de pós-doutorado como Senior visiting research fellow na WU (Wirtschaftsuniversität Wien) – Viena – Áustria. Coordenador e professor titular do Mestrado e Doutorado em Direito da UNIMAR. Professor de diversos cursos de pós-graduação no Brasil e exterior. Conselheiro do Conselho Municipal de Tributos de São Paulo. Ex-Conselheiro do CARF – Conselho Administrativo de Recursos Fiscais. Ex-Juiz do Tribunal de Impostos e Taxas do Estado de São Paulo. Ex-Secretário da Comissão Especial de Direito Tributário do Conselho Federal da OAB.

José Evande Carvalho Araujo
Consultor Legislativo da Câmara dos Deputados. Mestre em Engenharia de Sistemas pela COPPE/UFRJ. Doutorando em Direito pelo Instituto Brasiliense de Direito Público (IDP).

Lais Khaled Porto
Pós-Graduada em Direito Tributário e Finanças Públicas (IDP). Mestra e Doutoranda em Direito Constitucional (IDP). Professora da graduação do IDP. Advogada.

Liziane Angelotti Meira
Doutora e Mestre em Direito tributário pela PUC/SP. Mestre em direito do Comércio Internacional. Especialista em Direito Tributário Internacional pela Universidade de Harvard.

Luciano Felício Fuck
Mestre (Ludwig-Maximilians-Universität – Munique, Alemanha). Doutor em Direito (USP).
Professor da pós-graduação stricto sensu do IDP. Advogado.

Luiz Guilherme de Medeiros Ferreira
Bacharel em Direito pela Universidade Mackenzie. Especialista em Direito Tributário pela – PUC/SP. Ex-Conselheiro do CARF. Coordenador do Comitê de Tributação da Brasscom. Advogado em São Paulo.

Luiz Gustavo A. S. Bichara
Sócio de Bichara Advogados. Procurador Especial Tributário do Conselho Federal da OAB

Márcio F. Verdi
Secretario Ejecutivo. CIAT (Centro Interamericano de Administraciones Tributarias).

Marcos Nobrega
Professor Adjunto IV da UFPE – Faculdade de Direito do Recife. Visiting Scholar Massachusett Institute of Technology – MIT. Conselheiro Substituto do TCE – PE.

Melina Rocha Lukic
Doutor em Direito Civil pela USP. Mestre em Direito Civil pela PUC-SP. Professor da Faculdade de Direito da Universidade Presbiteriana Mackenzie. Advogado.

Paulo A. Caliendo V. da Silveira
Professor de Direito da Pontifícia Universidade Católica (PUC/RS). Graduado pela Universidade Federal do Rio Grande do Sul (UFRGS), LLM pela UFRGS e Doutor em tributação pela PUC/SP. Pesquisador-visitante

na Ludwig-Maximilians Univesität no Centre for Researcher on European em Direito Tributário Internacional. Inscrito como árbitro brasileiro na lista do Tribunal Arbitral *Ad hoc* do Mercosul, conforme estabelecido no Protocolo de Olivos.

Rafaela Monteiro Montenegro
Advogada Associada de Bichara Advogados.Membro do Comissão Especial de Defesa do Contribuinte e Política Fiscal da OAB-RJ.

Raul Zambrano
Technical Assistance and Information Technology and Communication Director

Santiago Díaz de Sarralde Miguez
Director de Estudios e Investigaciones Tributarias (CIAT) y profesor de la Universidad Rey Juan Carlos.

Vasco Branco Guimarães
Doutor em Direito Tributário pela UCLM – Toledo. Mestre em Direito Fiscal pela FDL– ULisboa. Professor do ISCAL e ISCTE-IUL.

Thaís Ardeo
Pesquisadora do Instituto Brasileiro de Economia (IBRE) da Fundação Getulio Vargas (FGV).

Dedicamos esta obra aos colegas e alunos que se empenham na compreensão da revolução digital e dos efeitos da tributação sobre o novo mundo que se anuncia.

*Agradecemos a Deus que muito nos tem dado.
Às nossas famílias, pela compreensão e alegria de partilharmos a vida
Ao professor Gilmar Mendes, pelo convite da obra
À Editora Almedina, pelo pronto aceite e pela edição célere deste livro*

APRESENTAÇÃO

Os desafios presentes da tributação e o caminho que ora se prenuncia à sociedade hodierna, concernentes à economia 4.0, revelam a necessidade de contribuição da comunidade acadêmica, com o objetivo de fomentar e promover diálogo mais aberto e plural, receptivo a novas ideias. Diante das intensas e rápidas mudanças estruturais já em curso, é uma função e, mais que nunca, um dever dos acadêmicos e dos especialistas produzir e disseminar estudos e pesquisas, de forma a qualificar esse vetor transformador que assola a economia e a sociedade.

Instituições de ensino e pesquisa brasileiras e portuguesas criaram o Projeto Governance 4.0 para participar desse esforço de repensar instituições e instrumentos, públicos e governamentais, de modo a se adaptarem e a responderem às transformações disparadas pela chamada revolução digital. A liderança desse esforço, de pensar e pesquisar, tem cabido ao Instituto Brasiliense de Direito Público – IDP, em estreita parceria com a Faculdade de Direito da Universidade de Lisboa – FDUL, a Fundação Getúlio Vargas – FGV Projetos Rio de Janeiro, e a Universidade de São Paulo – USP. O portal do projeto na internet (http://governance40.com/) consolida e concentra a divulgação das atividades.

Dentre outras ações do Projeto, há um grupo de pesquisa sobre a temática da Tributação 4.0 e a presente obra coletiva nasceu das reflexões desenvolvidas por integrantes desse grupo no ano de 2019. Foram convidados outros especialistas que vêm trabalhando no tema e assim se formou um coletivo de quase três dezenas de autores reunidos neste livro.

Os textos foram selecionados a partir da tônica que une a tradição em pesquisa e ensino em Direito, mas, sem desprezar a abordagem da Economia, Finanças, Administração Pública e mesmo Tecnologia. Em comum, abordam questões estratégicas a tais matérias e desde que sempre conectadas ao novo contexto do século XXI. Tratam-se de respostas e reflexões às novas demandas e necessidades, pensadas a partir de diferentes lentes e olhares, com especialistas nacionais e internacionais de diferentes contextos e instituições.

A obra está organizada em quatro partes, que iniciam com abordagem mais geral até tratar de aspectos específicos, a saber: desafios; reforma; gestão; e questões. Os textos foram selecionados para a presente obra em razão da repercussão em enquadramento crítico e contribuição para o debate, e, sobretudo, por constituírem reflexões muito recentes, formadas nos últimos dois anos, no máximo. Alguns trabalhos já haviam sido publicados, mas, neste caso, foram, em sua maioria, atualizados e revisados pelos autores para compor esta obra. Alguns autores são estrangeiros, os mais qualificados, e assim alguns textos são escritos em espanhol.

São 20 artigos e 29 autores que compõem, como já dito, as quatro partes deste livro: Desafios, Reforma, Gestão e Questões. Em razão da complexidade do tema e da participação de autores de diversos países, optou-se por manter as colaborações dos autores estrangeiros no idioma em que originalmente foram produzidas. Sempre que possível, foram apresentadas as referências em notas de rodapé ao longo do texto e artigos, considerados textos maiores, com referências bibliográficas ao final.

A primeira parte tem como eixo temático os desafios da tributação frente à economia digital e contém cinco capítulos que abordam o contratempo normativo vivido pelo contexto tributário atual frente às rápidas mudanças tecnológicas. São enfatizados os desafios tributários na era digital, os tributos que já não servem à nova economia e os impactos da revolução digital no que tange ao conflito de competências.

A segunda parte é dedicada à reforma tributária, de modo a permitir traçar cenários normativos que possam responder à tributação da nova economia. São cinco textos que exploram a revolução digital que impele novas normas jurídicas.

A terceira parte cuida de aspectos mais vinculados à gestão dos impostos e de sua arrecadação. São quatro textos que olham para a administração tributária, para os limites da fiscalização e para os conceitos hodiernos que não encaixam na matriz tributária que se agiganta em razão das novas tecnologias.

APRESENTAÇÃO

A quarta e última parte compreende, em seis textos, os conceitos presentes nas discussões legislativas no Brasil e no mundo. Trata-se da pretensão de alcance tributário dos fatos que trazem, dentre suas nuances, a capacidade econômica, mas que não encontram guarida na conceituação atual da regra matriz tributária em seus diversos contextos. São abordados temas que envolvem as criptomoedas, o conceito de estabelecimento tributário no direito tributário interno e no âmbito internacional, e o conceito de localização e tributação das rendas derivadas da economia digital no plano internacional – analisando, nessa perspectiva, as propostas no contexto do BEPS 2.0 e a possível tributação dos lucros das gigantes de tecnologia.

É interessante apresentar brevemente os autores e seus capítulos, pela ordem de apresentação no livro.

Celso de Barros Correia Neto, Luciano Felício Fuck e José Roberto R. Afonso analisam a literatura internacional sobre como os sistemas tributários do mundo lidam com as inovações tecnológicas difundidas pela revolução digital e as mudanças que implicam nas práticas comerciais e nas relações econômicas e sociais em geral. O objetivo é colher lições nas experiências internacionais que possam jogar luzes para as possíveis alterações normativas do sistema tributário no Brasil.

Márcio F. Verdi e **Santiago Díaz de Sarralde Miguez** tratam da economia digital e da tributação, sob a perspectiva do impacto potencial do desenvolvimento digital na maneira como a tributação é implementada globalmente na economia em termos de evolução da produtividade, crescimento ou nível de emprego.

Vasco Branco Guimarães apresenta reflexão sobre o estado da discussão internacional que se configura como útil e necessária à tributação, em face do desafio digital.

José Roberto R. Afonso e **Lais Khaled Porto** apresentam crítica que delineia a tributação hodierna, as contradições experienciadas no cenário brasileiro e os reflexos para o que está adiante.

Luiz Guilherme de Medeiros Ferreira e **Marcos Nobrega** refletem a respeitos das perspectivas e desafios da tributação frente a economia digital no Brasil e o conflito de competências. Demonstram a inadequação do nosso sistema tributário atual e a necessidade de um sistema mais moderno, que abandone a rigidez determinada pela legalidade estrita e a definição de competências por materialidades, para um sistema focado no valor agregado de cada negócio, com créditos financeiros irrestritos, alíquota única e tributação no destino.

Fernando Rezende debate as bases imponíveis da economia digital e examina com detalhes os debates que estão ocorrendo no plano internacional. Indica possibilidades no caminho a ser seguido no processo de reforma tributária no Brasil, a partir do financiamento das responsabilidades do Estado moderno no marco da repercussão das inovações tecnológicas no universo tributário.

Heleno Taveira Torres aduz a reforma do contencioso tributário como imperiosa para que haja verdadeira revolução do nosso sistema, observando o processo administrativo, judiciário e as medidas alternativas para solução de controvérsias.

Daniel Corrêa Szelbracikowski expõe as implicações práticas das alterações normativas introduzidas na Lei Complementar nº 157/16 e, com o intuito de contribuir para o debate nacional do Sistema Tributário Brasileiro, traz sugestões de aprimoramento por intermédio de mudanças pontuais e não extensivas no texto constitucional. O texto delineia a manutenção das competências dos tributos sobre consumo em sua essência, sugerindo regras que atualizam o atual modelo para o mundo digital, evitando-se, assim, problemas relacionados à perda de autonomia e afronta ao pacto federativo.

José Roberto R. Afonso, Lais Khaled Porto e Luciano Felício Fuck refletem acerca dos desafios do País na preparação e estruturação da cobrança de tributos diante das novas dinâmicas socioeconômicas. Contextualizam os desafios institucionais para o Brasil e apontam a ridifez constitucional como entrave ainda maior para o novo contexto que ora se anuncia.

José Roberto R. Afonso, Thaís Ardeo e Bernardo Motta levantam e revisitam as primeiras análises que trataram desse tema, sob uma ótica econômica. Evidenciam, a partir de revisão bibliográfica, o entendimento acerca de como a mudança de paradigma tecnológico pode levar à queda da receita tributária.

Alberto Barreix e Raul Zambrano caracterizam os fatos estilizados da denominada fatura eletrônica fiscal – FE e a experiência da América Latina, explicando em que consiste o FE e sua relação com os padrões de transparência, descrevendo também como essa ideia, originada na América Latina, se tornou uma ferramenta global com grande potencial para o combate à evasão.

APRESENTAÇÃO

Luiz Gustavo A. S. Bichara e **Rafaela Monteiro Montenegro** trazem reflexão sobre os possíveis impactos da Era Digital na execução da atividade fiscalizatória, desempenhada por auditores-fiscais e por computadores, diante da inexistência de normas que tratem, no Brasil, sobre a utilização de algoritmos pelo Fisco.

Melina Rocha Lukic analisa, à luz do modelo canadense, os desafios da economia digital em um país federativo em que a competência para tributar o consumo é repartida entre o governo federal e as unidades subnacionais e estes podem escolher diferentes alíquotas. Conforme veremos a seguir, a discussão não se centra mais na qualificação do fato gerador, mas em onde este ocorre, bem como na localização do destinatário final da operação.

Ana Clarissa Masuko define o alcance semântico do termo serviço e as repercussões no âmbito da economia digital. Para isso, a autora observa a jurisprudência do Supremo Tribunal Federal-STF e traz reflexões sobre como as propostas de reforma tributária podem absorver o crescente protagonismo dos bens ditos intangíveis e a classificação que não necessariamente permite a acomodação normativa dessa evolução.

Liziane Angelotti Meira, Fillipe Soares Dall'ora e **Hadassah Laís Santana** debatem a tributação sobre as moedas virtuais e elucidam o tema a partir das possibilidades de inovações decorrentes dessa estrutura tecnológica.

Enrique Seira, Emilio Pineda e **Alejandro Rasteletti** analisam o marco tributário internacional vigente do imposto sobre a renda, no contexto da economia digital. O problema evocado está no combate à elusão por parte das administrações tributárias do mundo em face da tributação da renda de grandes companhias multinacionais.

José Evande Carvalho Araujo, juntamente com **José Roberto R. Afonso** analisam a consulta pública submetida pelo Secretariado da Organização para a Cooperação e Desenvolvimento Econômico (OCDE) sobre proposta de tributação dos lucros das grandes ou gigantes empresas multinacionais de tecnologia (conhecidas como *Big Techs*), de forma a distribuir os resultados de modo mais justo entre os diversos países onde eles são efetivamente produzidos.

Jonathan Barros Vita elucida a possível mudança no conceito de estabelecimento no direito brasileiro, tendo como parâmetros o direito civil e o direito tributário, e quais seus impactos na atração de rendas tributárias derivantes da economia digital. Para tanto, a análise perscruta o cenário brasileiro e o cenário internacional no pós-BEPS.

Jaqueline de Paula Leite Zanetoni fornece avaliação crítica sobre as atuais propostas de localização e tributação das rendas derivadas da economia digital no plano internacional seguindo as discussões realizadas pelas organizações internacionais.

Paulo A. Caliendo V. da Silveira investiga como os vieses presentes em linguagem artificial provocam inconsistências, incoerência e, pior, resultados contrários ao ordenamento jurídico. Investiga, analisa e traz à tona a compreensão dos algoritmos aplicados ao campo da tributação.

Tantos capítulos e tantos autores garantem que a obra trace panorama abrangente e plural do que será a Tributação 4.0. Mas, é forçoso antecipar e reconhecer que não se concluirá ao final desta obra sobre qual será o sistema tributário ideal do futuro. Ninguém poderia sequer ter a ambição de definir o novo sistema. Isso porque a revolução ainda está em curso, não se limita a aspectos tecnológicos, mas está a mudar radicalmente a economia e a sociedade, no Brasil, em Portugal, em todo mundo. Mas, não há a menor dúvida de que muitos dos atuais impostos terão que ser repensados, revisitados, ou até mesmo extintos. Passado e presente não se repetirão no futuro digital.

A coordenação dupla desta obra constituiu enorme e gratificante desafio, seja por sua extensão, seja pelo seu nascimento e conclusão em poucas semanas. Confiamos, muito mais pela emergência das questões abordadas e pela qualificação dos autores do que pelos organizadores, que o resultado se traduz em obra de alto nível técnico e salutar contribuição à sociedade.

Por último, os cordenadores reiteram o agradecimento aos autores pela inestimável colaboração, aos colegas Lais Khaled Porto, Deborah d'Arcanchy, Fillipe Dall' Ora e Denize Alessandra Matos de Araujo Lima, pela leitura final do trabalho, e à Editora Almedina, pelo apoio ao projeto e suporte da equipe editorial.

Boa leitura!

José Roberto R. Afonso e Hadassah Laís Santana

Dezembro de 2019

PREFÁCIO

O Projeto Governance 4.0 conduzido pelo Instituto Brasilense de Direito Público (IDP) é iniciativa acadêmica destinada a investigar a nova era econômica, aprofundando a análise dos desafios jurídicos trazidos pelos novos paradigmas da Governança Pública nas diversas áreas do pensamento jurídico. O projeto tem desenvolvido periodicamente eventos acadêmicos e *webinars*, bem como promovido a coordenação de trabalhos acadêmicos nos níveis de Graduação, Mestrado e Doutorado, que, a partir de perspectivas interdisciplinares, dedicam-se a temas relacionados à nova Economia Digital.

A presente obra, primeiro fruto da parceria entre o IDP e a Editora Almedina, congrega artigos científicos devotados ao tema da Tributação 4.0, tópico de inegável relevância para as discussões atuais sobre Governança Pública.

Sob a organização dos professores José Roberto Afonso e Hadassah Laís Santana, a coletânea reúne textos que discutem como as composições das bases tributárias e dos regimes jurídicos de tributação dos Estados nacionais podem resistir às mudanças na ordem econômica e social desencadeadas pelo crescimento do consumo de ativos intangíveis em escala global.

O livro traz artigos de quase 3 (três) dezenas de autores de diferentes nacionalidades e vinculações profissionais, que apresentam visões complementares sobre o fenômeno da tributação digital. A tônica da obra é o debate sobre se os regimes de finanças públicas no Brasil são capazes de fomentar as inovações sem perder o controle das contas e das dívidas públicas.

Esperamos que muitos outros livros, produtos e ações venham se seguir, porque a incerteza do futuro é enorme e a maior certeza é que precisamos discutir cada vez mais, de forma plural e democrática, com vigor acadêmico e profissional. Este é nosso desafio e nossa proposta de trabalho.

Gilmar Ferreira Mendes
Ministro do Supremo Tribunal Federal

SUMÁRIO

DESAFIOS 27

1. **Desafios Tributários na Era Digital**
   Celso de Barros Correia Neto, José Roberto R. Afonso
   e Luciano Felício Fuck 29

2. **Economía Digital y Tributación**
   Márcio F. Verdi e Santiago Díaz de SarraldeMiguez 47

3. **A Tributação Face ao Desafio Digital**
   Vasco Branco Guimarães 67

4. **Tributação sem Futuro**
   José Roberto R. Afonso e Lais Khaled Porto 85

5. **Tributação na Economia Digital e o Conflito de Competência**
   Luiz Guilherme de Medeiros Ferreira e Marcos Nobrega 97

REFORMA 121

6. **A Revolução Digital e a Reforma Tributária**
   Fernando Rezende 123

7. **A Reforma Tributária Infraconstitucional pelas Medidas Alternativas para Solução de Controvérsias**
   Heleno Taveira Torres 157

8. **Novas Tecnologias e a Necessidade de Reforma Tributária**
   Daniel Corrêa Szelbracikowski 173

9. Sistema Constitucional *versus* Novos (e Desconhecidos) Tributos
   José Roberto Afonso, Lais Khaled Porto
   e Luciano Felício Fuck   203

10. Impactos da Revolução Digital na Tributação: uma Primeira
    Revisão Bibliográfica
    José Roberto Afonso, Thaís Ardeo e Bernardo Motta   217

GESTÃO   227

11. La Factura Electrónica en América Latina: Proceso y Desafíos
    Alberto Barreix e Raul Zambrano   229

12. Os Limites da Fiscalização Tributária sob a Ótica das Novas
    Tecnologias: o Desafio do Uso de Algorítimos
    Luiz Gustavo A. S. Bichara e Rafaela Monteiro Montenegro   283

13. Economia Digital e IVA em Países Federativos: os Desafios
    do Caso Canadense
    Melina Rocha Lukic   297

14. O Conceito de Serviço como "Obrigação de Fazer"
    no Direito Tributário Brasileiro, seus Reflexos para
    a Reforma Tributária e Economia Digital
    Ana Clarissa Masuko   303

QUESTÕES   339

15. Tributação de Novas Tecnologias: o Caso das Criptomoedas
    Liziane Angelotti Meira, Fillipe Soares Dall'ora
    e Hadassah Laís S. Santana   341

16. Retos para el Cobro del Impuesto sobre la Renta
    en la Economía Digital
    Enrique Seira, Emilio Pineda e Alejandro Rasteletti   357

17. A Tributação dos Lucros das Gigantes de Tecnologia:
    Possibilidades para o Brasil
    José Evande Carvalho Araujo e José Roberto R. Afonso   411

18. (Re) Analisando o Conceito de Estabelecimento Tributário
    no Cenário Pós-Beps
    Jonathan Barros Vita   429

19. Localização e Tributação das Rendas Derivadas da Economia Digital no Plano Internacional: Considerações a Respeito das Propostas Atuais no Contexto do BEPS 2.0
    Jaqueline de Paula Leite Zanetoni 447

20. Tributação e Inteligência Artificial
    Paulo A. Caliendo V. da Silveira 465

Desafios

1. DESAFIOS TRIBUTÁRIOS NA ERA DIGITAL
2. ECONOMIA DIGITAL Y TRIBUTACIÓN
3. A TRIBUTAÇÃO FACE AO DESAFIO DIGITAL
4. TRIBUTAÇÃO SEM FUTURO
5. TRIBUTAÇÃO NA ECONOMIA DIGITAL E O CONFLITO DE COMPETÊNCIA

1. Desafios Tributários na Era Digital[1]

Celso de Barros Correia Neto
José Roberto R. Afonso
Luciano Felício Fuck

Introdução

Todos os sistemas tributários do mundo se deparam com enormes desafios diante das inovações tecnológicas difundidas pela revolução digital e das mudanças que implicam nas práticas comerciais e nas relações econômicas e sociais em geral.

Este texto procura apontar, com base na experiência estrangeira, algumas das perplexidades geradas pela economia digital na cobrança de tributos e a maneira como desafiam legisladores e Administrações Tributárias a rever políticas fiscais e práticas institucionais.

Espera-se que o diagnóstico das questões atuais e a identificação de algumas dos caminhos para seu enfrentamento em debate possam oferecer subsídios para a compreensão da matéria, tal como hoje está posta, e fomentar o debate a propósito da(s) reforma(s) tributária(s) imprescindíveis e urgentes nos novos tempos, inclusive para o Brasil.

---

[1] Este texto é baseado no artigo "A Tributação na Era Digital e os Desafios do Sistema Tributário no Brasil", originalmente publicado na Revista Brasileira de Direito, Passo Fundo, vol. 15, n. 1, p. 145-167, Janeiro-Abril, 2019.

1. A Revolução em Curso

Indústria, economia e sociedade transformam-se em ritmo acelerado. A tecnologia está modificando profundamente a maneira como vivemos, nos comunicamos, trabalhamos, geramos riqueza, consumimos e nos relacionamos (SCHWAB, 2016).

A digitalização mudou a forma de fazer negócios, bem assim de criar, circular e gerir riquezas. Deu ensejo a modelos empresariais até recentemente desconhecidos, novas formas de comércio e de relacionamento entre empresas e consumidores, ao tempo em que paulatinamente tornou obsoletos modelos tradicionais. Está alterando também a natureza do trabalho e a maneira como Poder Público e sociedade comunicam-se. Governo e instituições jurídicas precisam adaptar-se aos tempos atuais para lidar com necessidades e demandas emergentes (*e.g.* acesso à *internet*) e administrar canais e instrumentos sem precedentes.

O que vivemos hoje pode ser apenas o início de transformações mais radicais ainda em curso. Há quem afirme que o mundo estaria à beira da quarta revolução industrial, com impactos econômicos e sociais evidentes e consequências imprevisíveis no longo prazo (SCHWAB, 2016, p. 11), inclusive quanto ao funcionamento do Estado. Inteligência artificial (IA), *big data*, criptomoedas, robótica, impressoras 3D, *internet* das coisas (IoT) e nanotecnologia – apenas para citar alguns exemplos – tendem a impactar radicalmente economia e sociedade, tornando obsoleta boa parte das regras e instituições jurídicas hoje vigentes.

Schwab sustenta que a nota mais típica desse cenário e da chamada quarta revolução industrial seria a fusão entre os mundos digitais, físicos e biológicos. O Presidente Executivo do Fórum Econômico Mundial sintetiza que a nova era das máquinas é "caracterizada por uma internet mais ubíqua e móvel, por sensores menores e mais poderosos que se tornam mais baratos e pela inteligência artificial e aprendizagem automática (ou aprendizado de máquina) " (SCHWAB, 2016, p. 16).

Pode ainda ser cedo para avaliar todos os impactos de parte dessas inovações, mas há já efeitos inegáveis. A tecnologia digital transformou rápida e intensamente a economia. A riqueza tende a concentrar-se ainda mais, o que suscita questões importantes no que se refere à proteção social e desigualdade. O fluxo financeiro intensificou-se e tornou-se mais veloz. O capital e as corporações são cada vez mais voláteis, operando de forma transnacional, sem respeito a fronteiras nem apego a nacionalidades. De acordo com Berkmen *et al.* (2019), em estudo voltado para a América Latina, *fintechs* com operação por redes móveis podem transmitir remessas a um custo relativamente baixo, cerca de 3%, comparado ao custo de transferências usando provedores de serviços financeiros tradicionais, que é cerca de 6%.

Nesse cenário, ganham particular importância os ativos intangíveis, o capital intelectual e, sobretudo, a informação. Os custos marginais de muitas empresas de tecnologia digital podem aproximar-se de zero. Os chamados "bens de informação", em especial, têm preços irrisórios de armazenamento, transporte – inclusive entrega ao consumidor final – e de replicação (SCHWAB, 2016, p. 18).

Segundo a OCDE, ao menos quatro características definem o que se convencionou chamar de "economia digital": (1) a acentuada dependência de intangíveis; (2) o uso maciço de dados, especialmente os de caráter pessoal dos usuários e consumidores; (3) a frequente adoção de modelos de negócios multilaterais; e (4) a dificuldade de determinar a jurisdição na qual a criação de valor ocorre, notadamente em razão da marcante mobilidade dos ativos e "estabelecimentos" (OECD, 2015, p. 16).

A economia compartilhada e das plataformas digitais expande-se, e seu tamanho ainda não está devidamente mensurado. Além das vantagens fiscais, outros fatores parecem contribuir para esse crescimento, como o emprego de ativos, muitas vezes, subutilizados em poder de particulares – como no caso dos aplicativos de locação de imóveis ou de transporte – e também a utilização de demanda ainda reprimida por diferentes padrões de trabalho (em tempo parcial, temporário ou adicional) ainda pouco explorados. Do ponto de vista do consumidor, a praticidade do uso, o baixo custo e a facilidade e velocidade de busca, aquisição e pagamento eletrônicos certamente são peças importantes desse quadro (OECD, 2019, p. 11).

Hoje, as cinco marcas mais valiosas do mundo pertencem a empresas de tecnologia: as gigantes *Apple*, *Google*, *Microsoft*, *Facebook* e *Amazon* (FORBES, 2018). O comércio eletrônico de bens e serviços cresce em ritmo acelerado e já representa uma parcela significativa do mercado atual. Entre 2012 e 2016, esse segmento cresceu de US$ 19.3 trilhões para US$ 27.7 trilhões (USITC, 2017, p. 13). Cerca de 9% das vendas a varejo nos Estados Unidos já são realizadas por meio eletrônico, e, na China, este percentual chega a 15%. Na Europa, do total das transações comerciais promovidas por empresas, 18% são eletrônicas (MIGUEZ, 2018, p. 24).

As mudanças em curso não se limitam a esse nicho. A inovação tecnológica afetou radicalmente indústrias e negócios tradicionais. A revolução digital, ao mesmo tempo que cria novos valores e formas de empreender, modifica também as antigas. A economia digital, a bem dizer, já não se separa do restante da economia, atravessa-a e modifica profundamente as formas de produção, prestação de serviços e venda de mercadorias. Em outras palavras, ela "está se tornando cada vez mais a própria economia", como destaca a OCDE, e, por isso, "seria difícil, se não impossível, isolar a economia digital do resto do mundo para fins tributários". (OECD, 2015, p.11)

As repercussões são significativas em praticamente todos os segmentos econômicos e reclamam reformulação radical na atuação do Estado, especialmente em matéria de finanças públicas e tributação, como veremos a seguir.

2. Desafios Tributários

Os impactos econômicos da revolução digital afetam também a tributação. As transformações em curso nas relações sociais e econômicas reclamam tributos diferentes e outras formas de cobrança, quer no nível interno, quer no nível internacional. Os sistemas tributários em vigor não parecem plenamente capazes de dar conta dos desafios postos pela nova economia digital. As bases, estabelecidas no início do século XX, caminham para tornarem-se rapidamente obsoletas – inaptas para lidar com novas práticas comerciais e novos modelos de negócios.

Os reflexos afetam tanto a política tributária quanto a administração fazendária. Se, por um lado, as novas tecnologias de informação, comunicação e inteligência abrem enormes oportunidades para que os fiscos cobrem, arrecadem e fiscalizem tributos com mais eficiência e agilidade; por outro, esses mesmos determinantes técnicos ou tecnológicos tornam obsoletos, inadequados e até inoportunos muitos dos impostos desenhados e cobrados para uma economia que não era digital. Esse paradoxo contemporâneo não tem sido muito enfrentado na literatura, nem mesmo na internacional, que raramente encara as duas questões ou desafios ao mesmo tempo. Aliás, o mais comum é analisarem-se os ganhos para a administração fazendária, deixando de lado os riscos de não se modernizar a política fiscal.

A verdade é que, enquanto perdurar o descompasso entre a nova economia e os velhos tributos, ganharão sobretudo as empresas de tecnologia e de comércio eletrônico em detrimento de seus concorrentes tradicionais. O cenário fiscal é especialmente favorável ao crescimento desse segmento econômico. Aproveitando-se de lacunas na legislação em vigor, empresas de tecnologia e comércio eletrônico expandem seus lucros muito acima do patamar alcançado pelos negócios tradicionais, com uma grande ajuda do fisco. Calcula-se que negócios por trás de aplicativos e plataformas digitais, em geral, paguem muito menos impostos que os tradicionais, observada a taxa média de 8,5% em atividades domésticas a 10,15% em internacionais, no primeiro caso, comparadas com os 20,9% a 23,2%, respectivamente, nos modelos antigos de negócios (AFONSO; PORTO, 2018).

As regras internacionais em vigor mostram-se insuficientes para conter a erosão da base tributária das corporações, diante da intensa e fácil mobilidade dos capitais. A tributação do comércio eletrônico transnacional permanece como um desafio tão complexo quanto atual. Os tratados internacionais, estruturados principalmente para evitar a dupla tributação internacional, podem servir de biombos para reduzir, por meio de planejamentos tributários "agressivos", a carga fiscal das corporações transnacionais.

As legislações internas, por outro lado, também não estão integralmente adaptadas às novas estruturas de negócios e geração de valor. Materialidades tradicionais – *e.g.* telefonia e combustíveis – perdem espaço para novas manifestações de riqueza ainda sem tratamento tributário adequado, como no caso dos intangíveis. Conceitos como "valor agregado" e "circulação de mercadorias" podem perder relevância diante de operações multilaterais, propriedades imateriais e novos serviços colocados à disposição no mercado. Outras bases tributárias ainda necessitam serem estabelecidas.

A revolução digital deve ser acompanhada também de revolução tributária, isto é, do desenvolvimento de uma tecnologia tributária capaz de alcançar manifestações de riqueza antes irrelevantes e agora em ascensão, sem prejuízo de aperfeiçoarem-se também os meios e procedimentos de aplicação das leis tributárias em vigor. Em suma, é necessário rever os tributos vigentes e a forma de cobrá-los. Renda, trabalho e consumo foram diretamente impactados pelas transformações já em curso e decerto sofrerão repercussões ainda mais profundas nos próximos anos. O sistema tributário precisa adaptar-se aos novos tempos, e a mudança econômica, na verdade, já começou.

2.1 Desafio da Tributação das Rendas

Nesse novo cenário, ainda que a base tributária renda não tenha se tornado, em si mesma, obsoleta, é perceptível a tendência de redução do espaço nacional autônomo para tributação do lucro das corporações.

As causas desse fenômeno são diversas, embora interconectadas. A intensificação do processo de globalização, a facilidade de fluxo de capitais e a alta mobilidade das empresas multinacionais, especialmente as de tecnologia, são elementos a serem considerados. A computação em nuvem (*"cloud computing"*), por exemplo, retira o caráter local dos negócios constituídos. Afinal, o que está em nuvem não mais pertence a espaço nacional específico, ainda que esteja disponível para os usuários a qualquer momento e em qualquer canto do planeta.

Reunidos, esses fatores criam condições favoráveis à adoção de medidas de planejamento tributário internacional para transferência de lucros para localidades com pouca ou nenhuma carga fiscal, fazendo da tributação da renda um desafio complexo, a demandar atuação internacional coordenada. Essa tendência não é propriamente novidade no debate internacional. Os efeitos da globalização e também da tecnologia em relação à tributação da renda das corporações já despertam, há algumas décadas, a atenção de nações e organismos internacionais. A matéria é debatida no âmbito da OCDE ao menos desde o final dos anos 1990, tanto no que se refere à estrutura necessária à tributação do comércio eletrônico (OECD, 1998) quanto no que diz respeito ao uso de planejamento tributário internacional para eludir a cobrança de imposto sobre o lucro das corporações multinacionais (OECD, 2013).

Afora isso, a concentração empresarial – que parece ser nota típica dos empreendimentos de tecnologia digital – também representa, em si, um entrave adicional à tributação dos lucros dessas empresas, como, aliás, já se nota na última década. O chamado "efeito plataforma" agrava ainda mais a centralização e dominação dos mercados. Organizações digitais "criam redes que emparelham compradores e vendedores de uma grande variedade de produtos e serviços e, assim, desfrutam de rendimentos crescentes de escala" (SCHWAB, 2016, p. 21). *Amazon* e *Alibaba* são exemplos disso.

O debate relativo à tributação do lucro das corporações multinacionais está no cerne do Projeto BEPS (*Base Erosionand Profit Shifting*), conduzido pela OCDE com o apoio do G20. A iniciativa tem como escopo principal examinar impactos da globalização no sistema tributário dos diferentes países, a fim de combater a erosão da base tributária e a transferência de lucros, por meio de planejamentos tributários "agressivos", utilizando tratados internacionais de bitributação (OECD, 2013, p. 36-7).

As preocupações justificam-se especialmente pelo crescimento, nas últimas décadas, da utilização de estratégias de planejamento tributário para escapar à cobrança do imposto de renda por meio da utilização de tratados internacionais de bitributação. Valendo-se de regras formuladas, a princípio, com o objetivo de remediar a bitributação internacional – e, assim, evitar distorções comerciais e entraves ao crescimento econômico – empresas multinacionais conseguem escapar, no todo ou em parte, à incidência do imposto de renda, alcançando significativa vantagem competitiva em relação às concorrentes locais em prejuízo da arrecadação tributária. Em outras palavras, se, por um lado, "as empresas têm instado a cooperação bilateral e multilateral entre os países a fim de remediar as discrepâncias entre regimes fiscais que resultam em dupla tributação", por outro, "elas próprias se aproveitam das discrepâncias que provocam a dupla não tributação" (OCDE, 2013, p. 36).

Os "desafios fiscais da economia digital", em particular, são objeto da Ação 1 do Projeto BEPS. Entre as iniciativas, estão:

> identificar as principais dificuldades impostas pela economia digital, no que diz respeito à aplicação das normas tributárias internacionais e desenvolver opções detalhadas para resolver estas dificuldades, adotando uma abordagem global e considerando tanto a tributação direta quanto a indireta (OCDE, 2013, p. 36-7).

Na verdade, esse tipo de estratagema fiscal não se restrinja às empresas de tecnologia digital. Mas a facilidade com que os negócios digitais operam à distância, sem demandar presença física no local de consumo nem constituição de estabelecimento permanente, cria condições especialmente favoráveis à sua utilização nesse segmento, ampliando ainda mais os entraves da cobrança de impostos (MIGUEZ, 2018, p. 28).

A importância do debate relativo à atualização do conceito de estabelecimento permanente, em matéria de tributação internacional da renda, é inegável. Ainda que comporte exceções, o conceito é utilizado, há décadas, "como regra básica de vinculação/limite para determinar se um país tem ou não direito de tributar os lucros de uma empresa contribuinte não residente" (OCDE, 2013, p. 36-7). Calcadas nessa premissa – de que as empresas devem ser tributadas apenas onde têm estabelecimento permanente – há forte estímulo para que as multinacionais de tecnologia simplesmente desloquem seus ativos e estabelecimentos para onde possam maximizar seus lucros à custa de pouca ou nenhuma tributação. Situadas na jurisdição mais confortável, do ponto de vista fiscal, podem fazer negócios via internet com clientes – B2B, B2C ou C2C – residentes em qualquer parte do mundo, sem a necessidade de firmar estabelecimento permanente no país de destino.

No quadro jurídico que atualmente predomina, a mobilidade das corporações e dos capitais suscita questões de duas ordens no que concerne à tributação da renda das pessoas jurídicas. A primeira é a que norteia, sobretudo inicialmente, os debates no âmbito do projeto BEPS. Diz respeito à necessidade de estratégias globais coordenadas para ajustar as regras internacionais e combater o esfacelamento da tributação da renda. Em outras palavras, trata-se de evitar que pouco ou nenhum imposto de renda seja cobrado por país algum. A segunda refere-se à definição dos sujeitos ativos competentes para a cobrança do imposto, no caso das transações comerciais eletrônicas internacionais.

Assistimos ao esvaziamento da noção de "estabelecimento permanente". Firmada ao tempo em que as empresas não prescindiam de estabelecimento físico para sediar suas operações, o conceito não parece adequado para lidar com os modelos empresariais digitais, que possuem características diversas da economia tradicional. Em seu lugar, avançam debates em torno da criação de parâmetros para estabelecer o que seria a "presença digital" de uma empresa (*significant digital presence* – SDP) em certa jurisdição em que possua usuários ou clientes, independentemente da existência de estabelecimento físico permanente. A "presença digital" serviria de elemento de conexão para reconhecimento de vínculo tributário que permita imputação de receitas e o reconhecimento de competência tributária em relação a empresas de tecnologia digital multinacionais (PALMA, 2018, p. 53).

Avançam iniciativas dessa ordem em Israel, na Índia (OECD, 2018, p. 1367), na Eslováquia, na Arábia Saudita (TERADA-HAGIWARA, 2019) e também no âmbito da União Europeia (COMISSÃO EUROPEIA, 2018). Na UE, a matéria foi objeto da proposta 2018/0072, que em seu art. 4º define que há presença digital em certo Estado-membro e período de tributação "se a atividade exercida através dessa presença consistir, total ou parcialmente, na prestação de serviços digitais através de uma interface digital", preenchida uma das seguintes condições:

> a) A proporção das receitas totais obtidas nesse período de tributação e resultantes da prestação desses serviços digitais a utilizadores situados nesse Estado-Membro no mesmo período de tributação seja superior a 7 000 000 EUR;
> b) O número de utilizadores de um ou mais desses serviços digitais que se situem nesse Estado-Membro nesse período fiscal seja superior a 100 000;
> c) O número de contratos comerciais de prestação de tais serviços digitais que sejam celebrados nesse período fiscal por utilizadores situados nesse Estado-Membro seja superior a 3 000.

A proposta aplica-se especialmente às empresas digitais, sem alterar as regras de definição de estabelecimento permanente para os demais segmentos econômicos, e remodela, nesse âmbito, um conceito essencial à definição de direitos tributários no plano da tributação internacional, a fim de substituir, no longo prazo, "o tradicional elemento de conexão do elemento permanente por outro nexo territorial, apelidado de presença digital significativa" (PALMA, 2018, p. 66). A mudança é profunda e vai ao encontro das expectativas traçadas no relatório provisório de 2018 do Projeto BEPS.

2.2 Desafio da Tributação do Trabalho

A tributação do emprego e, grosso modo, da remuneração do trabalho, seja individualmente, seja da folha salarial, tende a perder cada vez mais relevância em um contexto de substituição maciça de mão de obra por máquinas e de crescente flexibilização das formas de trabalho. Há, na verdade, um processo de desconstrução das relações trabalhistas tradicionais, em que o trabalho se exerce na forma de emprego com carteira assinada e dos pagamentos se descontavam imposto de renda na fonte e contribuição para a previdência social sobre os salários.

O desemprego estrutural e crescente, a informalidade, a transfiguração de empregados em firmas e o trabalho independente, estimulado pela economia colaborativa e pelos novos modelos de negócios, apontam no sentido da erosão dessa base tributária, afetando sobremaneira o custeio e a estrutura da previdência social.

No Brasil, a transformação de trabalhadores em pessoas jurídicas é um fenômeno relativamente antigo. Inicialmente, a prática era mais frequente na contratação de empregados com remuneração mais elevada, como forma de escapar aos pesados encargos exigidos. Hoje, já não se pode dizer que fica restrita a esse segmento econômico. Espraia-se por praticamente todos os patamares de rendimentos, sem restrição – como, aliás, se nota no caso dos Microempreendedores Individuais (MEIs) no Brasil.

Razões de ordem fiscal e trabalhista eram, até recentemente, os principais – senão únicos – propósitos por detrás dessa prática. Ou seja, a dita "pejotização", por decisão do empregador, destinava-se, sobretudo, a reduzir o peso dos tributos e dos encargos trabalhistas sobre os contratos de trabalho, que, no Brasil, estão entre os mais elevados do mundo. Ao que parece, no futuro próximo, esse poderá não ser o único motivo a ser considerado. Parcela crescente de trabalhadores, sobretudo os mais jovens, optam por trabalhar como empreendedor, com horário e local flexíveis de trabalho, contratados por tarefas, em vez de buscar um emprego tradicional.

Os novos tipos de negócio e a substancial alteração da natureza do trabalho e das formas de realizá-lo tendem a interferir radicalmente nesse quadro, a ponto de se poder afirmar que trabalho já não mais será tomado necessariamente como "emprego com carteira assinada", assim como o trabalho por conta própria também não significará necessariamente informalidade.

As novas tecnologias repercutem profundamente na relação entre capital e trabalho. A primeira e mais óbvia maneira de enxergar o tema é enfatizar os impactos negativos da automação, isto é, o efeito de substituição que a tecnologia digital provoca sobre diferentes profissões e atividades econômicas, mormente por meio da robótica, inteligência artificial e internet das coisas.

É evidente que a automação representa uma ameaça crescente para grande parcela das ocupações profissionais de hoje, que em breve podem acabar suplantadas por robôs ou programas de computador. No Brasil, levantamento realizado pelo Laboratório de Aprendizado de Máquina em Finanças e Organizações da UnB, publicado pelo IPEA, indica que a automação colocará em risco cerca de 30 milhões de empregos formais, até o ano de 2026 (ALBUQUERQUE et al., 2019).

As perplexidades geradas pela digitalização no mundo do trabalho, no entanto, não se resumem à substituição de mão de obra em decorrência da automação. A economia colaborativa – e.g. Uber e Airbnb – apresenta novas formas de trabalho, mais flexíveis, do ponto de vista das competências, jornadas e local de execução, e menos protegidos do ponto de vista das garantias trabalhistas e seguridade social.

Em certos casos, a forma de operação de plataformas de economia colaborativa aproxima de modo significativo o trabalho autônomo e do dependente, com repercussões que transcendem o âmbito trabalhista e atingem também o tributário. Aliás, as controvérsias atuais a respeito da natureza do vínculo – trabalhista ou não – estabelecido entre a Uber e os motoristas cadastrados na plataforma do aplicativo podem oferecer um pequeno exemplo do debate que já se apresenta (CONJUR, 2018).

O crescimento do espaço dos intangíveis e da importância da inovação, por outro lado, interfere sensivelmente no papel do capital e da mão de obra no contexto da economia digital. Grandes empresas podem, da noite para o dia, erguer-se com base em capital inicial ínfimo e alcançar posição de destaque em nível mundial, a partir de inovações tecnológicas. Nessa perspectiva, o recrudescimento da economia digital traz consigo novas oportunidades de trabalho autônomo e geração de riqueza, especialmente relacionadas ao campo da inovação, ainda que fiquem restritas ao grupo de trabalhadores com os talentos e competências adequadas a essas necessidades.

Sejam quais forem as formas do trabalho no futuro, as repercussões em matéria fiscal são significativas. A economia colaborativa e a automação deverão reduzir consideravelmente o potencial de arrecadação de tributos incidentes sobre remuneração e folha salarial, esgotando uma das principais fontes atuais de financiamento da previdência social. A mudança, nesse quesito, será tão radical quanto certa.

Já se discute no exterior até mesmo a conveniência do uso de tributos para controlar e/ou retardar o processo de automação ou, ao menos, compensar os impactos da mudança na arrecadação tributária dos Estados, financiando inclusive programas de atenção ao trabalhador. De todo modo, esse debate ainda pode ser considerado incipiente, e não consta que esse modelo de tributo tenha sido efetivamente implementado até o momento (BOTTONE, 2017).

2.3 Desafio da Tributação dos Bens e Serviços

A tributação indireta de bens e serviços também não escapa dos efeitos da revolução digital. As mudanças já são receptíveis seja no que se refere ao achatamento de certas bases tradicionais, seja no que diz respeito às perplexidades suscitadas pelo crescimento do comércio eletrônico.

No quadro atual, mercadorias perdem espaço para bens intangíveis, ao mesmo tempo em que se tornam cada vez mais amplos e imprecisos os limites da definição do conceito de serviço para fins tributários. Crescem os indícios de falência da matriz tributária tradicional e vigente. Tanto o imposto sobre valor agregado quanto o imposto seletivo tendem a incidir proporcionalmente mais sobre bases que já perdem espaço na economia digital – como é o caso das comunicações e dos combustíveis – e, nesse sentido, estão fadados a perder parte da importância que hoje ainda detêm.

Os serviços, por outro lado, recrudescem e já predominam sobre mercadorias na economia moderna, embora sigam pouco e mal tributados. Seu conceito amplia-se para alcançar operações com bens intangíveis em geral.

O comércio eletrônico – *on-line* e *off-line* – modificou rápida e profundamente alguns segmentos econômicos, gerando perplexidades ainda hoje não devidamente articuladas. A indústria de entretenimento e a de *softwares* são bons exemplo disso. As músicas já foram adquiridas na forma de discos – *long play* (LP) ou *compact disc* (CD) –, por meio de *downloads* e hoje são ouvidas via *streaming* (e.g. *Spotify* ou *Deezer*). Assim também os programas de computador: o que antes era "adquirido" juntamente com seus suportes físicos (*e.g.* disquetes, CDs, DVDs), hoje passou a ser baixado ou simplesmente acessado em nuvem (*cloud computing*). O tributo que então se aplicava sobre as operações com essas mercadorias e atividades será doravante igualmente eficiente?

Mesmo que a utilidade buscada pelo consumidor seja até certo ponto a mesma, nas diferentes formas de uso, acesso ou aquisição de programas, músicas, vídeos e inclusive livros, as vendas por meio do comércio eletrônico impõem desafios substancialmente diversos à cobrança de impostos, especialmente no caso de transações *on-line* com empresas situadas no estrangeiro.

Nessa matéria, é importante considerar a distinção entre o que a literatura especializada convencionou chamar de comércio eletrônico "direto", "próprio" ou *"on-line"* e comércio eletrônico "indireto", "impróprio" ou *"off-line"*. A primeira situação refere-se à comercialização de bens digitais, isto é, intangíveis na forma de bens ou serviços transacionados e entregues eletronicamente (SILVA *et al.* 2017, p. 23-4). É o caso, por exemplo, de aplicativos adquiridos em lojas virtuais (*e.g. App Store*) e baixados diretamente para o aparelho em que devem ser executados.

A segunda situação diz respeito à comercialização de bens corpóreos ou serviços a serem entregues ou prestados fora do mundo virtual. Ou seja, a encomenda faz-se por meio da internet, mas a entrega não se dá por meios diversos dos aplicáveis a qualquer outra venda à distância. O bem em questão não tem sua natureza ou características alteradas; muda tão somente o meio de aquisição, não o de entrega. Seria o caso, por exemplo, da compra de uma cadeira ou de um livro impresso a serem entregues na residência do consumidor.

Ainda que o crescimento de ambas as formas de comércio eletrônico traga repercussões para a cobrança de tributos, são as transações *on-line* – tendo por objeto bens digitais – que impõem dificuldades mais significativas no âmbito tributário. Além de frequentemente colocarem em xeque a divisão tradicional entre mercadorias e serviços, a adequada tributação desse tipo de transação passa pela redefinição do conceito de "estabelecimento permanente" e pela estruturação de meios que permitam assegurar a cobrança de imposto sobre transações digitais nos mesmos patamares incidentes sobre os negócios tradicionais.

O futuro próximo reserva desafios e perplexidades ainda maiores. A difusão das impressoras 3D, por exemplo, permitirá, em breve, novas formas de produção e comercialização de bens, alterando radicalmente a maneira como adquirimos – ou produzimos? – mercadorias e serviços.

Em vez de comprar o utensílio em um estabelecimento físico ou mesmo em uma loja virtual, poderá o consumidor simplesmente imprimi-lo em sua casa, pagando quiçá os direitos de propriedade relativos ao design do produto. Rigorosamente, não se estará, portanto, diante da compra de uma mercadoria, tampouco da aquisição de um serviço.

Mudanças dessa ordem indicam propensão ao esvaziamento das bases tributárias tradicionais dos impostos indiretos, desafiando a criatividade dos governos na identificação de novas materialidades e construção de novas exações capazes de alcançá-las. Resta saber quais serão elas.

O crescimento da importância dos intangíveis, no contexto da nova economia, faz acreditar que seja este um dos principais caminhos a seguir para a reformulação do sistema tributário em vigor. Trata-se, então, de definir e delimitar novas formas de riqueza até agora não exatamente tocadas pela legislação vigente.

No conceito de intangível, cabe tudo aquilo que ostente valor econômico, apesar de não poder ser fisicamente tocado nem medido. É intangível "qualquer fator não físico que contribua ou seja empregado na produção ou na prestação de serviço, ou de que se espere a geração de benefícios produtivos futuros aos indivíduos ou empresas que controlam o uso de tais fatores" (GRECO, 2006, p.169). A gama de possibilidades que se abre é ampla, incluindo desde frutos do conhecimento aplicado (tais como a propriedade intelectual e os direitos autorais) até elementos outros, como direitos relativos à imagem ou à inovação. O novo sistema certamente não poderá deixar de abrir-se ao "reconhecimento tributário do capital intelectual", definindo novas materialidades e meios de cobrança mais adequados à ascensão dos intangíveis e à contração de bases tributárias tradicionais.

Conclusões

A economia digital implica desafios e perplexidades ainda não articulados. Muda a forma como nos comunicamos, consumimos e trabalhamos. Surgem novos negócios e formas de comércio. Aumenta o fluxo de capital. Ganham importância crescente os bens intangíveis.

O sistema tributário precisa também mudar: adaptar-se aos desafios impostos pela revolução digital. Crescem os indícios de que muitos dos atuais tributos vão se tornar em breve obsoletos, diante do dinamismo do comércio eletrônico e da nova economia. Renda, consumo e emprego foram profundamente afetados pelos novos valores, formas de negócio e de trabalho atuais. Os três pilares da tributação do século XX foram abalados pela revolução digital em curso. Embora haja muita literatura e discussão sobre como as modificações estruturais afetarão cada uma dessas variáveis macroeconômicas e mesmo sobre como modernizar a cobrança de tributos, permanece incipiente o debate sobre as mudanças necessárias nos sistemas tributários.

Não será preciso mudar apenas práticas, a mudança implica repensar também a política fiscal e, sobretudo, a configuração atual das competências tributárias. A exemplo das projeções sobre trabalho, em que se aponta que boa parte das profissões do futuro sequer foram inventadas, o que mesmo se pode dizer dos impostos do futuro: ainda estão por serem descobertos.

Para o cenário que se desenha, tanto no plano interno quanto no internacional, é difícil saber quais e como serão os novos impostos. O que já se tem como certo é que as formas atuais não parecem suficientes nem adequadas para lidar com a nova realidade econômica e social. Muito deve ser mudado: conceitos, teorias, práticas e estruturas jurídicas.

Referências

AFONSO, José Roberto; COELHO, Isaias. O tsunami pode estar a caminho do Brasil. *Revista Conjuntura Econômica*, Abril, 2017.

AFONSO, José Roberto; PORTO, Laís K. Tributos sem Futuro. *Conjuntura Econômica* (RIO DE JANEIRO), v. 72, p. 32-35, 2018.

ALBUQUERQUE, Pedro Henrique Melo et al. Na era das Máquinas, o Emprego é de Quem? Estimação da Probabilidade de Automação de Ocupações no Brasil. *Ipea: Texto Para Discussão, Rio de Janeiro, n. 2457, p.1-1, mar. 2019.* Disponível em: <https://bit.ly/2FUjxwL>. Acesso em: 07 mai. 2019.

BERKMEN, P. et al. *Fintech in Latin America and the Caribbean*: Stocktaking. IMF Working Papers, n. 71, mar. 2019. Disponível em: <https://bit.ly/2VNZxFX>. Acesso em: 07 maio 2019.

BOTTONE, Germana. *A tax on robots? Some food for thought.* DF Working Papers, n. 3, MEF Ministero dell'Economia e delle Finanze, 2017. Disponível em: http://www.finanze.it/export/sites/finanze/it/.content/Documenti/Varie/dfwp3_2018.pdf. Acesso em: 15.4.2019.

BRASIL. *Ministério da Fazenda*. Estudos Tributários. Carga Tributária no Brasil – 2017 (Análise por Tributo e Bases de Incidência). Brasília. Novembro. 2018.

CONJUR. *Consultor Jurídico*. TRT de São Paulo reconhece vínculo de emprego entre Uber e motorista. 27 de agosto de 2018, 9h32. Disponível em: <https://www.conjur.com.br/2018-ago-27/trt-sao-paulo-reconhece-vinculo-emprego-entre-uber-motorista>. Acesso em: 31.1.2019.

FARIA, Renato V. et al. *Tributação da Economia Digital*: Desafios no Brasil, experiência internacional e novas perspectivas. São Paulo: Saraiva Educação, 2018.

FLOOD, Alison. *Amazon 'pays 11 times less Corporation tax than traditional booksellers'*. The Guardian. 11 Setembro. 2017. https://www.theguardian.com/books/2017/sep/12/amazon-pays-11-times-less-corporation-tax-than-traditional-booksellers. Acesso em 16.4.2019.

FORBES. FORBES divulga as marcas mais valiosas do mundo em 2018. Kurt Badenhausen.23 de maio de 2018. Disponível em: <https://forbes.uol.com.br/listas/2018/05/forbes-divulga-as-marcas-mais-valiosas-do-mundo-em-2018/>

FUCK, Luciano Felício. *Estado Fiscal e Supremo Tribunal Federal*. São Paulo: Saraiva, 2017.

MIGUEZ, Santiago Díaz de Sarralde. Tributación, digitalización de laeconomía y Economía Digital. Panamá: *Centro Interamericano de Administraciones Tributarias (CIAT), 2018.*

PALMA, Clotilde C. A Tributação da Economia Digital e a Evolução Recente da União Europeia. In: PISCITELLI, Tathiane (Coord.). *Tributação da Economia Digital*. São Paulo: Thompson Reuters Brasil, 2018.

OECD. Organisation for Economic Co-operation and Development.Addressing the Tax Challenges of the Digital Economy, *Action 1 – 2015 Final Report, OECD/ /G20.Base Erosion and Profit Shifting Project*. Paris: OECD Publishing, 2015.

OCDE. *Eletronic Commerce: taxation Framework Conditions*. OECD. 1998. Disponível em: <https://www.oecd.org/ctp/consumption/1923256.pdf>. Acesso em 1º.2.2019.

OECD. *The Sharing and Gig Economy*: Effective Taxation of Platform Sellers: Forum on Tax Administration, OECD Publishing, and Paris. 2019. Disponível em: https://doi.org/10.1787/574b61f8-en. Acesso em 10.6.2019.

OCDE. *Combate à Erosão da Base Tributária e à Transferência de Lucros*. Paris: OECD Publishing, 2013.

PISCITELLI, Tathiane (Coord.). *Tributação da Economia Digital*. São Paulo: Thompson Reuters Brasil, 2018.

SCHWAB, Klaus. *A Quarta Revolução Industrial*. Trad. Daniel Moreira Miranda. São Paulo: Edipro, 2016.

SCOCUGLIA, Livia. *A reforma tributária pode afrontar o pacto federativo*. Informativo Jota. Disponível em: https://www.jota.info/tributos-e-empresas/tributario/

reforma-tributaria-pode-afrontar-pacto-federativo-25082017. 24 ago. 2017. Acesso em: 31 jan 2019.

TERADA-HAGIWARA, Akiko et al. Taxation Challenges in a Digital Economy – The Case of the People's Republic of China. *ADB Briefs (Asian Development Bank)* n. 108. Maio. 2019. Disponível em: https://www.adb.org/publications/taxation-digital-economy-peoples-republic-china. Acesso em: 10.6.2019.

TÔRRES, Heleno Taveira et alli. "Sistema Tributário e Direitos Fundamentais no Constitucionalismo Comparado". In: TÔRRES, Heleno Taveira (Coord.). *Sistema Tributário, legalidade e direito comparado: entre forma e substância*. Belo Horizonte: Fórum, 2010. p. 21-76.

USITC. US *International Trade Commission.Global Digital Trade 1*: Market Opportunities and Key Foreign Trade Restrictions. Publication 4716. Washington: 2017(August). Disponível em: <www. usitc.gov/publications/332/pub4716_0.pdf>. Acesso em 30.1.2019.

2. Economía Digital y Tributación

Márcio F. Verdi
Santiago Díaz de Sarralde Miguez

Introducción

Las tecnologías digitales de procesamiento de información e intercambio de datos transforman la manera en que se llevan a cabo muchas actividades económicas tradicionales (por ejemplo, de compra/venta de bienes y servicios –modificando su naturaleza, los canales de transmisión, la localización física de comprador/vendedor o los medios de pago–, de producción de los mismos, de financiación de las actividades, de análisis de mercados o de publicidad) al tiempo que crean nuevos ámbitos de actividad anteriormente inexistentes –o de mucha menor dimensión– y nuevos modelos de negocio (servicios gratuitos –redes sociales, buscadores, almacenamiento de información– utilizables de forma derivada para el análisis de demandas, la publicidad y el marketing; plataformas de intercambio de servicios entre particulares –alquileres, servicios de transporte, actividades laborales y profesionales, etc.–; servicios de computación en la "nube"; etc.).

Esta digitalización de la economía (transformación digital de actividades tradicionales) junto al surgimiento de nuevos modelos económicos digitales (la nueva economía digital) suponen, entre sus muchas consecuencias –sociales, competitivas, laborales–, un reto para la tributación tradicional, tanto en términos de adaptación de sus conceptos y mecanismos clásicos como en la definición de nuevas alternativas.

El propósito de este artículo es ofrecer una aproximación sintética y pragmática a los desafíos que supone el reto digital en el ámbito tributario –con énfasis en su administración– y las posibles opciones para responder a los mismos[2].

Las cifras disponibles muestran algunos rasgos del reto al que nos enfrentamos. De forma resumida:

- un porcentaje rápidamente creciente de las ventas minoristas (hasta un 9% en los EEUU o un 15% en China) y del total de ventas de las empresas (un 18% en Europa y hasta un 33% en Irlanda) se realiza mediante comercio electrónico[3];
- las plataformas de la denominada economía colaborativa están expandiendo su actividad, especialmente en los sectores de alojamiento, transporte de viajeros, banca y servicios profesionales, y, si bien su dimensión global es todavía reducida en términos del PIB o el empleo, su impacto sectorial y su crecimiento es notable[4];
- otros sectores están desplazando su actividad al ámbito digital de forma acelerada, como es el caso del juego on-line (el 17,5% del mercado del juego en Europa, por ejemplo) o, sobre todo, la publicidad (donde la actividad digital ya supone el 35,2% del gasto y se prevé que alcance el 50% en torno a 2021), con una fuerte tendencia a la concentración de las cuotas de mercados en pocos empresas (Google y Facebook abarcan según las estimaciones apuntadas el 62% del mercado de la publicidad on-line –44%; 18%– y el 25% del mercado global de publicidad –18 y 7%, respectivamente–)[5];

---

[2] Para la recopilación de desafíos y opciones han sido fundamentales los trabajos realizados por la OCDE en el proyecto BEPS, en especial el Informe Final sobre la Acción 1 sobre Economía Digital (2015), y su Interim Report de 2018 "On the tax challenges arising from digitalisation". Adicionalmente, en materia de IVA se ha utilizado "Mechanisms for the Effective Collection of VAT/GST. Where the supplier is not located in the jurisdiction of taxation" de la OCDE (2017). Para profundizar en el análisis de las cifras de la economía digital puede consultarse el documento de trabajo previo a este artículo: Díaz de Sarralde (2018).

[3] Fuentes: US Census Bureau (https://www.census.gov/retail/index.html); National Bureau of Statistics de China; Eurostat (http://ec.europa.eu/eurostat/statistics-explained/index.php/E-commerce_statistics)

[4] Fuentes: Vaughan y Daverio (2016); European Commission (2018);

[5] Fuentes: H2 Gambling Capital, May 2016; http://www.h2gc.com/, citado por European Gaming & Betting Association, www.egba.eu; eMarketer (www.emarketer.com); https://es.statista.com/

- la medición de los efectos –crecientes– del comercio electrónico en el comercio internacional todavía es muy defectuosa: por la existencia de umbrales mínimos para la declaración aduanera; la infravaloración de las descargas de productos/servicios digitales; la carencia de metodologías para medir de forma singularizada el comercio derivado de la economía colaborativa[6];
- el dinero electrónico representa un porcentaje muy reducido del total de pagos (no supera en ningún caso el 1%), sin embargo, juega un papel muy relevante como instrumento accesible de inclusión financiera en los países menos desarrollados (en 2015 el número de cuentas de dinero móvil era igual o superior al de cuentas bancarias en 21 países de África). Con relación a las criptomonedas, en 2017 se estimaban entre 2,9 y 5,8 millones de usuarios; en octubre de 2018 la capitalización en este mercado era de 219 mil millones de dólares, de los que 114 (el 52%) correspondía al Bitcoin, si bien existen más de 2.000 criptomonedas[7].
- por último, las estimaciones globales de la Economía Digital son difíciles de realizar, tal y como apunta el FMI en su reciente "Measuring the Digital Economy", FMI (2018), debido a la falta de consenso sobre la definición de la Economía Digital o el Sector Digital y su reflejo estadístico, si bien la evidencia existente siempre apunta a cifras inferiores al diez por ciento, tanto en valor añadido, como en renta o empleo[8]. Sin embargo, lo que nadie puede poner en duda su relevancia, ya en el momento presente: más de 4.000 millones (más de la mitad de la población mundial, si bien con diferencias regionales, Gráfico 13) tiene acceso a internet, generalmente desde dispositivos móviles, y en torno al 40% de la población es usuaria activa de redes sociales, con estimaciones de un uso medio de internet en torno a las seis horas diarias[9].

---

[6] Fuente: FMI (2018).
[7] Fuentes: FMI (2018), utilizando la Financial Access Survey (2017); FMI (2018) basándose en Hileman y Rauchs (2017); https://coinmarketcap.com
[8] Por ejemplo, las mediciones del denominado e-GDP realizadas por BCG para 2016 se encuentran en este rango: 8% Corea del Sur, 6,9% China, 5,6 Japón e India, 5,4% EEUU, 4% Alemania, 3,6% Canadá, 3,4% Francia.
[9] Fuente: Hootsuite "Digital in 2018"

En todo caso, en este artículo nuestro interés se centra en el potencial impacto del desarrollo digital sobre la forma en la que se instrumenta la tributación y no tanto de forma global sobre la economía en términos de evolución de la productividad, el crecimiento o el nivel de empleo[10].

En este sentido, las cifras expuestas muestran algunos rasgos del reto al que nos enfrentamos y que serán analizadas en el siguiente apartado donde reflexionaremos sobre los efectos de la digitalización en el ámbito de los tributos y su administración.

1. Los desafíos digitales en el ámbito tributário

Dentro del marco tradicional de la tributación se han desarrollado procedimientos y reglas cuya efectividad se ve desafiada por las características propias de la digitalización de la economía y la nueva Economía Digital, en algunos casos acentuando retos ya existentes y, en otros, creando desafíos nuevos.

Para ser efectivos los impuestos requieren que las administraciones dispongan de: a) información sobre los agentes y sus actividades económicas; b) capacidad legislativa (soberanía) para determinar sus obligaciones; y c) capacidad administrativa (factibilidad) para aplicar eficientemente la legislación.

En este apartado intentaremos resumir los nuevos retos digitales en estos ámbitos (información; capacidad legislativa; capacidad administrativa) a partir de las respuestas que en este nuevo contexto podemos dar a las siguientes preguntas básicas para la determinación, cumplimiento y control de las obligaciones tributarias:

1. ¿Quién está obligado tributariamente –sujeto pasivo– y cuáles son las figuras tributarias aplicables –hecho imponible-? Lo cual está muy vinculado a otra pregunta: ¿Dónde –residencia; establecimiento permanente; lugar de realización del hecho imponible– se tributa?
2. ¿Cuánto –cuantificación de la base imponible– está sometido a gravamen?
3. ¿Cómo se administra y controla el pago del impuesto?

---

[10] Todo lo cual, obviamente, también tendrá consecuencias sobre la evolución de las bases imponibles.

TABLA 1

Los desafíos digitales en el ámbito tributario	
A la efectividad de la tributación	*A los principios tradicionales de la tributación*
a) Información sobre los agentes y sus actividades económicas	a) ¿Quién está obligado tributariamente –sujeto pasivo– y cuáles son las figuras tributarias aplicables –hecho imponible–? ¿Dónde –residencia; establecimiento permanente; lugar de realización del hecho imponible– se tributa?
b) Capacidad legislativa (soberanía) para determinar sus obligaciones	b) ¿Cuánto –cuantificación de la base imponible– está sometido a gravamen?
c) Capacidad administrativa (factibilidad) para aplicar eficientemente la legislación	c) ¿Cómo se administra y controla el pago del impuesto?

1.1 ¿Quién? ¿Qué impuestos? ¿Dónde?

Las reglas tradicionales para establecer los sujetos pasivos se basan en:

- la determinación del nexo a efectos tributarios mediante la residencia o existencia de un establecimiento permanente (fundamentado en una presencia física, capacidad de decisión, asunción de riesgo) para la tributación en Origen –asumiendo que la creación de valor radica en esa jurisdicción– a efectos de impuestos sobre la renta de sociedades –con criterios de renta territorial, mundial o mixta, incluyendo mecanismos en relación con la corrección de la doble imposición–;
- de forma complementaria, y como excepción al gravamen en el país de origen, ciertas rentas pasivas pagadas o transferidas al extranjero por empresas residentes se ven sometidas a retención en la fuente a los tipos generales o a los establecidos en los diferentes convenios de doble imposición: dividendos, intereses y royalties, quedando el gravamen residual a disposición del país de residencia de los receptores de dichas rentas;
- el principio de Destino para la tributación del consumo, basándose en la repercusión y recaudación del impuesto –en general– por parte del vendedor de los bienes o el proveedor de los servicios;
- en el caso de operaciones transfronterizas, la aduana serviría como punto de control para la aplicación de los impuestos sobre el con-

sumo (generales y específicos) y los derechos arancelarios de los bienes físicos (con posibles excepciones para importaciones de pequeño valor); mientras que para los servicios adquiridos por empresas se priorizaba el mecanismo de auto-repercusión o inversión del sujeto pasivo, siendo el comprador nacional el encargado de imponerse el tributo, que posteriormente –en aquellos tipo IVA– se podía deducir; en muchos casos, los servicios o los bienes de escaso valor con destino a consumidores finales quedaban en la práctica exentos de tributación;
- la percepción de rentas personales (trabajo dependiente; actividades empresariales o profesionales; rentas del capital) genera la obligación tributaria del perceptor –normalmente por autodeclaración– y del pagador de las mismas por retención en el caso de empleadores y entidades financieras; igualmente, existe por parte de los empleadores obligación de cotización y retención de la cotización del empleado asociada a los salarios;
- la tenencia de propiedad, en el caso de que tribute, genera obligación de autodeclaración y la administración controla los valores a partir de los registros públicos.

Tal y como hemos visto, cada vez una parte mayor del consumo se canaliza de forma digital, ya sea adquiriendo bienes o servicios digitales, comprando digitalmente y a distancia bienes físicos –de reducido valor individual– o intercambiando servicios a través de plataformas.

En todos estos casos aparece un problema de identificación tanto de oferentes (que pueden radicar perfectamente en otra jurisdicción a efectos fiscales y/o actuar de manera informal a través de las plataformas –sin necesidad de una presencia física– en el país de mercado, en el cual ciertos nuevos modelos de negocio, además, pueden estar generando una parte relevante del valor de sus productos utilizando los datos de sus usuarios) como de demandantes (consumidores que pueden recibir los productos –de bajo valor o de carácter digital sin control en frontera– y servicios directamente de una empresa residente en el extranjero o de un particular –intermediando una plataforma– no registrados a efectos tributarios en su país) y, en algún caso, de la propiedad de activos[11],

---

[11] Por ejemplo, en el caso de las criptomonedas y las "Initial Coin Offerings" (ICO).

afectando tanto a los impuestos sobre la renta de sociedades y personas como a los impuestos sobre el consumo[12] o sobre la propiedad[13].

Por supuesto, algunos de estos problemas no son nuevos y ya han sido tratados en el marco de la iniciativa BEPS para el caso de imposición directa de sociedades –por ejemplo, en relación con las prácticas para evitar fraudulentamente la consideración como establecimiento permanente, junto a ciertos aspectos del abuso de convenios, los desajustes por mecanismos híbridos o el tratamiento de las CFC (Controlled Foreign Company)– y en las recomendaciones, por ejemplo, de la OCDE, para el gravamen del consumo en destino de los servicios y los bienes de escaso valor. Sin embargo, la facilidad de los negocios digitales para operar a distancia desde distintas jurisdicciones sin presencia física en los mercados –o con un tipo de presencia que hasta ahora no constituía establecimiento permanente, como es el caso del almacenamiento y logística, así como de los consumidores para acceder a dichos bienes y servicios ha multiplicado los riesgos y las complejidades para su control tributario.

1.2 ¿Cuánto?

El gravamen de las rentas generalmente se basa en la determinación de su valor neto, ingresos menos gastos correlacionados con la actividad, a precios de mercado para entidades no vinculadas ("arm´s length basis"). Los problemas ligados a este cálculo son bien conocidos y están presentes más allá de la Economía Digital.

De nuevo hemos de ser conscientes que la iniciativa BEPS los ha catalogado y analizado proponiendo alternativas para el control de los precios de transferencia, los gastos financieros, las pérdidas, los acuerdos de costes intragrupo o los intangibles, sin embargo, también en este caso la digitalización y los nuevos modelos de negocio digitales multiplican los riesgos. Por una parte, la importancia de los intangibles y de

---

[12] En este ámbito los problemas se multiplican en los países con imposición indirecta descentralizada, como Brasil o EEUU, y en las áreas comerciales más integradas, en especial la Unión Europea. En todos estos casos, la incapacidad para controlar la aplicación del principio de destino distorsiona gravemente el comercio y crea incentivos para la deslocalización y la competencia fiscal a la baja, erosionando bases y recaudación tributaria.

[13] Además de, en caso de que existan, a otros tributos sobre la realización de actividades económicas o transacciones financieras.

las operaciones realizadas a distancia por empresas tecnológicas de un mismo grupo, incluyendo la computación en la nube, es mucho mayor y se enfrenta a graves problemas para la aplicación de los mecanismos tradicionales de control de los precios de transferencia. Por otra, algunos de estos nuevos modelos de negocio ofrecen servicios gratuitos a los usuarios al tiempo que utilizan sus datos para generar servicios de pago (publicidad, marketing, asesoramiento...) o intermedian en un mercado local de personas físicas que intercambian bienes o servicios a cambio de una comisión. En ambos casos, pese a no que no exista residencia o establecimiento permanente en el país de residencia de los usuarios de sus servicios estas empresas estarían monetizando dichos datos –que constituirían un factor esencial en el proceso de creación de valor, más allá de que su análisis se realice en otra jurisdicción, la de residencias de la empresa– y cabría establecer un gravamen por ello en el país de la fuente/mercado.

En el campo de la imposición sobre la renta personal también aparecen problemas, en especial con las plataformas de economía colaborativa, donde las barreras entre la actividad laboral dependiente o el alquiler a nivel particular de ciertos activos y las actividades profesionales o profesionales autónomos se vuelven confusas, con lo cual también su tratamiento tributario.

En cuanto al gravamen del consumo, la determinación de la base y las tasas aplicables, basada en reglas nacionales más o menos complejas pero únicas sobre operaciones, en general, en moneda nacional también afrontan retos derivados de la existencia de oferentes y demandantes en múltiples jurisdicciones con legislaciones, monedas y procedimientos de registro distintos.

1.3 ¿Cómo?

Inevitablemente ligado a todo lo anterior está el problema de cómo administrar y controlar las obligaciones tributarias en este entorno digital. En general la administración de los tributos se basa en:

- el acceso a la información de terceros;
- las obligaciones de registro e información de los implicados;
- las retenciones a través de los pagadores de las rentas o los intermediarios en el consumo;

- las autodeclaraciones, facilitadas –y orientadas– en muchos casos mediante "borradores" o declaraciones pre-hechas con la información acumulada de terceros;
- los mecanismos de inspección y sanción de los sujetos pasivos;

Esta combinación de información fiable, cooperación de intermediarios en la transacción económica, fomento del cumplimiento voluntario y control coactivo se ve debilitada en cuanto falta alguno de sus elementos y en el caso de la Economía Digital estas carencias son habituales, en especial debido a la posibilidad de que los oferentes o intermediarios –plataformas– no sean residentes a efectos tributarios en el país de consumo o los medios de pago[14] no tengan trazabilidad financiera formal[15].

2. Opciones de adaptación de la tributación al entorno digital

Una expresión clásica de la sabiduría popular aplicable a los problemas complejos es la contenida en el dicho "los árboles no dejan ver el bosque", perderse en los detalles y ser incapaces de ver el problema de forma global. Sin embargo, en este caso es posible que esté sucediendo lo contrario y el "bosque digital" nos esté impidiendo ver los árboles. Y no todos los árboles son iguales, ni tienen los mismos problemas, ni pueden tratarse con las mismas soluciones. Por ello, adoptaremos en este apartado una aproximación basada en el planteamiento de los problemas y posibles soluciones distinguiendo por modelos de negocio.

2.1 Comercio electrónico transfronterizo de bienes y servicios

Dentro de esta categoría vamos a diferenciar, a su vez, tres modelos de negocio cuyas características distintivas pueden exigir un tratamiento tributario diferente.

---

[14] Criptomonedas, por ejemplo.
[15] Si bien, como en los apartados anteriores, es obvio que los problemas no son exclusivos del ámbito digital –ventas minoristas; pagos en efectivo; operaciones entre particulares; "empresas fantasma" y facturas falsas; operaciones internacionales y fraude carrusel; etc.–, aunque se amplíen en el mismo. En todo caso, también hay que resaltar que precisamente algunas de las innovaciones de los mercados digitales es posible que ayuden en el futuro a "formalizar" ámbitos de la actividad económica que ya anteriormente eran difícilmente controlables, como veremos en el apartado siguiente.

2.2 Bienes y servicios adquiridos digitalmente a una empresa no residente y enviados –sean éstos digitales o no–, directa e individualmente al consumidor

Este sería el caso de páginas web de venta minoristas de productos físicos que se exportarían como bienes de bajo valor, del suministro de contenido audiovisual para su consumo a través de internet, de las descargas de bienes digitales o, incluso podría considerarse, del juego on-line.

Aquí el problema con los principios tradicionales de la tributación surge en relación con la imposición indirecta, el IVA e impuestos especiales –incluyendo impuestos sobre el juego o aranceles. Las soluciones que actualmente se están proponiendo difieren ligeramente según el tipo de producto o servicio:

- Eliminar– o reducir drásticamente– los umbrales de exención para bienes físicos de escaso valor y someterlos a la tributación estándar. El principal problema es la carga administrativa y de gestión. Para minimizarla y al mismo tiempo contar con la información necesaria para el control de las operaciones pueden utilizarse fundamentalmente dos vías de forma alternativa o combinada: obligar a los intermediarios nacionales que participan en la importación los obligados a efectuar la repercusión e ingreso del IVA (*carriers*, servicios postales, plataformas de venta on-line o intermediarios financieros); establecer un sistema de registro simplificado[16] para los exportadores con obligación de repercusión del impuesto, asociándolo a obligaciones de facturación sencillas y a una mayor rapidez en los trámites aduaneros.
- Para los proveedores de servicios/bienes digitales directamente al consumidor final la posible solución sería similar: un sistema de registro simplificado (con información respecto a las tasas aplicables, los tipos de cambio a aplicar, las facturas...), obligación de repercusión y mecanismos de retención en las entidades financieras, fundamentalmente mediante el control de los pagos con tarjeta.
- Exigir el registro de las operadoras de juegos on-line, con obligación de que las mismas practiquen la retención de los impuestos y su ingreso.
- Mecanismo de auto-repercusión (inversión del sujeto pasivo) para las empresas residentes adquirentes de servicios.

---

[16] Y posiblemente con algún umbral mínimo de facturación.

Por supuesto, estos mecanismos no son perfectos y podría haber incumplimientos de las obligaciones de registro o intentos de esquivar las retenciones por parte de los intermediarios utilizando canales de pago no controlados. Sin embargo, es de esperar que las grandes compañías prefieran no enfrentarse a litigios, vetos a su actividad o daños reputacionales.

Por otra parte, los países descentralizados a efectos de imposición indirecta (así como las áreas económicas de libre comercio) se encontrarán con estos mismos problemas de forma interna, si bien su solución puede utilizar la capacidad de legislación para todo el territorio implicado, introduciendo la tributación en destino con mecanismo de control similares a los expuestos.

Por lo que concierne a la imposición directa sobre la renta, en principio no existiría problema alguno con los cánones de tributación tradicionales si consideramos estas operaciones como exportaciones que tributan en origen. Sin embargo, si la localización de la residencia es manipulable en búsqueda de una tributación en origen reducida o nula o si el régimen fiscal se configura para favorecer asimétricamente las exportaciones la libre competencia se vería comprometida y los países podrían optar por proteger sus mercados introduciendo algún tipo de gravamen adicional (que, en cierta forma, podría considerarse un arancel). Desde luego, este problema no ha surgido con el comercio electrónico, si bien la inexistencia de costes de transporte y la facilidad para modificar su residencia lo ha exacerbado. En este caso los países "fuente", donde residen los adquirentes, podrían optar por introducir un gravamen adicional a los indirectos –como decíamos, una especie de arancel, sobre los ingresos brutos– utilizando mecanismos administrativos similares a los ya comentados, si bien surgirían las previsibles controversias respecto a su adecuación con los tratados y las reglas del comercio internacional.

2.3 Bienes adquiridos digitalmente a una empresa no residente, pero con elementos esenciales para su éxito radicados en el país de mercado.

En este caso, al problema de recaudación de los impuestos indirectos que ya vimos en el apartado anterior en caso de entrar dentro de la categoría de importaciones de reducido valor, se une la posible vulneración del estatus de Establecimiento Permanente (y por tanto de la tributación sobre la renta en el país de destino de los bienes) mediante el aprovechamiento de las excepciones para actividades de carácter auxiliar o preparatorio contenidas en el artículo 5 (4) del Modelo de Convenio de la OCDE. Así podría suceder, por ejemplo, si las actividades del personal de promoción radicadas en la jurisdicción de destino de los bienes son esenciales para concretar las ventas o si las labores de almacenaje y logística son fundamentales para satisfacer las demandas de los clientes, pese a que su formalización se realice on-line a través de la web de una empresa radicada en el extranjero.

Una posible solución a este problema ha sido desarrollada por la Acción 7 de BEPS, proponiendo cambios en la redacción de los Convenios que permitan establecer dichas actividades como fundamento de la existencia de un Establecimiento Permanente y, por tanto, generando la obligación de tributación en el país de compra de los bienes.

Los países pueden optar por establecer una retención a cuenta de la sujeción al impuesto sobre la renta de dichas sociedades o un impuesto nivelador de las condiciones de mercado ("equalization levy") temporalmente hasta que se restablezca dicha sujeción –si bien esta segunda alternativa puede crear dificultades en cuanto a los convenios y acuerdos comerciales vigentes–. En ambos casos, se trataría de un gravamen sobre los ingresos brutos cuya administración y control requeriría: a) en el caso de las ventas a empresas, B2B, la obligación de retención por parte de la empresa residente; y b) en el caso de ventas a particulares, B2C, la instrumentación de un sistema de registro de los exportadores y la colaboración de los intermediarios locales (tal y como veíamos en el caso del IVA).

Por supuesto, adicionalmente, en el caso de hacer efectivo el establecimiento permanente, las autoridades podrían enfrentarse a los problemas clásicos derivados de las distintas modalidades de BEPS para determinar la renta sujeta a tributación en dicha jurisdicción.

En el caso de los impuestos indirectos, los problemas sólo surgen hasta el momento en el que se haga efectiva su obligación de tributar como empresa residente. Entretanto, las opciones son las mismas que ya apuntamos en el apartado 2.1.1 (auto-repercusión en B2B y mecanismos de registro simplificado/repercusión/retención para B2C).

2.4 Provisión de nuevos servicios digitales: computación o almacenamiento en la nube; adquisición de licencias de impresión 3-D.

En este caso el problema radica en la caracterización de las rentas derivadas de estos nuevos servicios, ya que resulta esencial establecer si se consideran royalties[17], pagos por asistencia técnica –ambos gravados en determinados convenios– o beneficios empresariales –en cuyo caso sólo se verían gravados si se vinculan a un establecimiento permanente–.

Las posibles alternativas para su gravamen por renta se encuentran, por lo tanto, en la negociación de la categorización legal de los servicios a efectos de los convenios –con lo que un cierto grado de consenso internacional sería necesario para facilitarla– o en el desarrollo de una nueva definición de establecimiento permanente "virtual" derivada de la consideración de una "presencia económica significativa" en un mercado independiente de los elementos tradicionales de presencia física (totalmente innecesarios dada la naturaleza de estos servicios) y relacionados con el volumen de sus ingresos procedentes de un cierto mercado, su presencia digital en el mismo –dominio, plataforma o métodos de pago locales– y/o el número de usuarios locales, uso de sus datos o "efectos red"[18].

En el caso de los impuestos indirectos, de nuevo, los problemas sólo surgen hasta el momento en el que se haga efectiva su obligación de tributar como empresa residente. Entretanto, las opciones son las mismas que ya apuntamos en el apartado 2.1.1 (auto-repercusión en B2B y mecanismos de registro simplificado/repercusión/retención para B2C).

2.5 Modelos de negocio digitales por empresas no residentes que rentabilizan los datos de los usuarios locales.

En este apartado nos referimos a los nuevos modelos de negocio digital, sin presencia física en el mercado, y que se distinguen de los tradicionales de compraventa directa de bienes y servicios de manera individualizada a los demandantes de estos, rentabilizando la información de los

---

[17] En particular para el caso de los convenios que incluyen el alquiler de equipo comercial, industrial o científico en este concepto.

[18] Sobre este particular volveremos en el siguiente al abordar los nuevos modelos de negocio basados en la rentabilización de los datos proporcionados por los usuarios residentes en el país-fuente.

usuarios de sus servicios a través de negocios paralelos de marketing/publicidad y el cobro de comisiones por intermediación (economía colaborativa).

2.6 Rentabilización indirecta –marketing/publicidad– de los datos de usuarios de servicios gratuitos

En este caso, la empresa no residente ofrece servicios gratuitos de almacenamiento de información, búsquedas, redes sociales o comunicación digital y utiliza sus datos para cobrar a otras empresas que actúan en dicho mercado por sus servicios de aproximación al cliente (básicamente estudio de mercado, selección de potenciales consumidores, publicidad), una actividad que, como hemos visto en la introducción, ha adquirido una dimensión muy relevante.

El principal elemento diferenciador es que sin los datos de los usuarios locales la oferta de sus servicios sería inviable, lo que podría justificar, pese a la ausencia de residencia ni presencia física en dicho mercado, su sujeción a la tributación sobre la renta. Para ello, sería necesario definir –tal y como adelantábamos anteriormente– un concepto de establecimiento permanente "virtual" derivado de la consideración de una "presencia económica significativa" que fuera trasladable a los convenios. A partir de aquí los problemas y opciones de solución son los mismos que ya vimos en el apartado 2.1.2. para los casos de modificación de la regla de establecimiento permanente: retención a cuenta de la sujeción al impuesto sobre la renta de dichas sociedades o un impuesto nivelador de las condiciones de mercado ("equalization levy") temporal; mecanismos de administración y control basados en la obligación de retención por parte de la empresa residente (B2B) o sistemas de registro de los exportadores y la colaboración de los intermediarios locales (B2C). De nuevo, adicionalmente, las autoridades podrían enfrentarse a los problemas clásicos derivados de las distintas modalidades de BEPS para determinar la renta sujeta a tributación en dicha jurisdicción, incrementado en este caso por la dificultad para establecer en términos de libre mercado la contribución a la creación de valor por las aplicaciones informáticas y el análisis de los datos.

En el caso de los impuestos indirectos, de nuevo, los problemas surgen hasta el momento en el que se haga efectiva su obligación de tributar como empresa residente. Entretanto, las opciones son las mismas que ya apuntamos en el apartado 2.1.1 (auto-repercusión en B2B y mecanismos de registro simplificado/repercusión/retención para B2C).

2.7 Economía colaborativa

Cuando la empresa no residente ofrece servicios que permiten a los usuarios locales el intercambio de bienes o servicios, cobrando por ello una comisión, pueden surgir problemas en materia de imposición sobre la renta de dichas empresas, sobre las rentas de los usuarios de las plataformas y de imposición sobre el consumo, entre otros ámbitos.

En cuanto al gravamen de las rentas obtenidas por la empresa y los impuestos indirectos asociados muchos de los problemas y las posibles soluciones son las mismas que acabamos de ver en el apartado anterior. La principal diferencia surge en cuanto a las actividades de los usuarios de estos servicios, la cual estaría sujeta a todos los tributos –y regulación– vigentes en cada una de las jurisdicciones[19] de acuerdo con sus normas propias. Y los problemas surgen a la hora de acceder a dicha información, controlar (y facilitar) el cumplimiento y, en algunos modelos de negocio, determinar la naturaleza de la relación entre las personas físicas que participan en la actividad y la propia empresa que proporciona la plataforma digital. Aquí la casuística es muy variada, dependiendo de las legislaciones nacionales y del tipo de intermediación que realiza la empresa.

En cuanto al acceso a la información, la mejor opción es lograr que la propia plataforma proporcione la misma a las autoridades tributarias locales[20], una colaboración que puede interesar sobre todo a las grandes compañías ante el riesgo operacional y reputacional que puede implicar enfrentarse a las autoridades locales. La mejora del control y los incentivos al cumplimiento voluntario también estarían muy vinculadas al acceso a esta información y a la colaboración de las plataformas para fomentar el cumplimiento. La introducción de un mecanismo automático de retención de impuestos directos e indirectos por parte de las plataformas debería ser el principal objetivo. En todo caso, sobre todo para

---

[19] Impuestos sobre la renta personal, tributos locales, tributación de las ventas entre particulares, contribuciones sociales, seguros, etc.
[20] Existen otras opciones de rastreo de las operaciones a través de las ofertas publicadas en internet, inspecciones o cruces de datos, sin embargo, su grado de eficiencia es mucho menor y los costes administrativos más elevados.

las personas físicas cuya participación en estas plataformas es ocasional y con un umbral de rendimiento bajo, podría plantearse una simplificación de su tributación[21], evitando que un número muy elevado de personas entren en sistemas más propios de los empresarios o profesionales por cuenta propia.

La determinación a efectos jurídicos (y tributarios) de la naturaleza de las relaciones entre las plataformas y sus usuarios es especialmente compleja cuando estas podrían implicar una relación laboral entre los mismos con obligaciones de ingreso de contribuciones sociales y regulación de las condiciones de trabajo.

2.8 Criptomonedas e ICOs (Initial Coin Offerings)

Los principales problemas con las monedas virtuales y sus procesos iniciales de emisión (ICOs) se derivan de cómo establecer su caracterización o equivalencia con otros activos cuya tributación ya se encuentre determinada y cómo acceder a la información necesaria para el control de ésta.

En cuanto a la caracterización una diferencia importante a efectos tributarios es si se consideran equivalentes al resto de monedas o se consideran un activo financiero, en la medida en que las plusvalías/minusvalías generadas en el momento de su cambio por otras monedas virtuales o divisas o cuando se utilicen para adquirir bienes y servicios pueden tener un tratamiento diferente en la tasa o el momento de tributación en los impuestos sobre la renta. En general, la tendencia parece ser no considerarlas como moneda a efectos tributarios, sino como un activo financiero. Adicionalmente, la propiedad de las criptomonedas puede estar sujeta a la imposición sobre la tenencia o transmisión del patrimonio, en caso de existir dichos gravámenes en la jurisdicción de residencia del propietario.

El hecho de que tiendan a considerarse un activo distinto de las divisas no excluye que, en general, las compraventas de bienes y servicios se vean sometidas a los impuestos indirectos correspondientes. Un problema potencial en este ámbito (al igual que en caso de que haya obligaciones informativas sobre la propiedad radicada en el extranjero) es

---

[21] Un régimen tributario simplificado opcional –sobre ingresos brutos– que evite elevados costes de cumplimiento y control.

determinar su localización geográfica, al tratarse de un bien intangible. En este caso, la opción debería basarse más en los objetivos últimos de las obligaciones tributarias que en una disquisición técnica sobre la localización.

Por otra parte, lo más habitual es que la actividad de los intermediarios en la negociación de las criptomonedas se considere una actividad económica gravable, si bien puede interpretarse que se trata de una actividad financiera a efectos de IVA (en general exenta y, por tanto, sin posibilidad de repercusión ni deducción). En cuanto a la actividad de "minería", su gravamen teórico debería ser equivalente al de otras actividades económicas por cuenta propia en el impuesto sobre la renta, si bien a efectos de IVA es improbable su sujeción al no poderse determinar un receptor de los servicios prestados.

Aun siendo de por si complejas las cuestiones asociadas a la categorización de las criptomonedas, la dificultad aumenta por la dificultad para acceder a la información sobre propiedad, intercambios y valoración. Los principales puntos de acceso a la información son los que vinculan el intercambio de las monedas virtuales con instrumentos financieros tradicionales o por bienes y servicios con empresas sometidas a tributación. En general, la colaboración de las empresas intermediarias es fundamental para poder acceder a la información.

En cuanto a los ICOs, se trata de un instrumento utilizable por las empresas para captar capital que, dependiendo de su configuración, puede asimilarse a muy distintas operaciones con diferente tributación. En general, se distinguen tres tipos de ICOs en función de las características de los cupones o Tokens que emiten a cambio de dicha financiación:

- Utility Tokens (cupones de consumo): otorgan un derecho de uso (o de descuento en el pago por el uso) de los servicios de la empresa. En principio su tratamiento sería el de cualquier pago por servicios con contraprestación desplazada en el tiempo, con lo cual normalmente su imputación como ingreso de la empresa a efectos tributarios sólo se realizaría cuando se acceda al servicio. La sujeción al pago de los impuestos indirectos también se desplazaría al momento de uso de los tokens y estaría en función de la tributación de los servicios o bienes adquiridos.

- Asset-Investment Tokens (cupones de inversión): en este caso los cupones se asimilan a las acciones, bonos o derivados ligados a los beneficios de la empresa. En consecuencia, no entrarían en el ámbito de gravamen del Impuesto sobre la Renta de Sociedades ni del IVA. Sin embargo, su rentabilidad o las plusvalías obtenidas sí constituirían renta personal gravada para el inversor.
- Payment-Currency Tokens (cupones-criptomoneda): se considerarían como emisión de criptomonedas, y los beneficios netos estarían sometidos al impuesto sobre la renta de sociedades y exentos de IVA. Posteriormente, los usuarios e intermediarios tendrían un régimen tributario como el ya enunciado anteriormente para todo tipo de criptomonedas.

En los casos en los que los cupones o tokens emitidos puedan tener a priori características mixtas o mercados secundarios que alterasen su naturaleza original (por ejemplo, convirtiendo un cupón de consumo negociado en un cupón de inversión) habría que atender más a su uso efectivo que a su denominación nominal para determinar su tributación.

TABLA 2

Opciones de adaptación de la tributación al entorno digital			
Modelos de Negocio	Renta Sociedades	IVA	Personas
1. Comercio electrónico transfronterizo de bienes y servicios			
1.1. Bienes y servicios adquiridos digitalmente a una empresa no residente y enviados –sean éstos digitales o no–, directa e individualmente al consumidor	Posible reacción ante desfiscalización en origen. Problemas relaciones comerciales	Eliminación exenciones bienes bajo valor. Sistemas de registro de empresas no residentes. Retención intermediarios. Auto-repercusión en B2B.	
1.2. Bienes adquiridos digitalmente a una empresa no residente, pero con elementos esenciales para su éxito radicados en el país de mercado	BEPS 7: ajustar tratados para establecer EP. Retención a cuenta o impuesto nivelador. Mecanismo de registro. Retención intermediarios.	Sistemas de registro de empresas no residentes. Retención intermediarios. Auto-repercusión en B2B.	

1.3. Provisión de nuevos servicios digitales: computación o almacenamiento en la nube; adquisición de licencias de impresión 3-D	Caracterización rentas a efectos de tratados (royalties; asistencia técnica) o EP "virtual" por "presencia económica significativa"	Ver 1.2.	
2. Modelos de negocio digitales por empresas no residentes que rentabilizan los datos de los usuarios locales			
2.1. Rentabilización indirecta – marketing/ publicidad– de los datos de usuarios de servicios gratuitos	EP virtual. Retención a cuenta o impuesto nivelador. Mecanismo de registro. Retención intermediarios.	Ver 1.2.	
2.2. Economía colaborativa	Ver 2.1.	Ver 1.2.	Colaboración plataformas. Rastreo internet, cruce de datos, inspecciones. Clarificación legal relaciones laborales
3. Criptomonedas e ICOs (Initial Coin Offerings)			
	Gravamen emisión criptomonedas y ventas por utility-tokens	Gravamen ventas	Gravamen plusvalías como activo y minería como actividad económica. Gravamen propiedad. Obligaciones informativas.

Conclusiones

Como dijimos en la introducción, el objetivo de este trabajo es ofrecer una aproximación sintética y pragmática a la dimensión económica del reto digital, los desafíos que supone en el ámbito tributario –con énfasis en su administración– y las posibles opciones para responder a los mismos. Para profundizar en estos retos y posibles soluciones queda todavía mucho trabajo de reflexión teórica, negociación internacional y atención a las iniciativas particulares de los países en esta área.

Este último punto, la evolución de las medidas que ya se están adoptando en países o áreas económicas, será fundamental para evaluar sus posibilidades de éxito afectos de administración tributaria, si bien todavía muchas de las medidas, resumidas en las publicaciones de referencia de la OCDE, la Unión Europea y otras instituciones, están en fase de implementación y su descripción excede de los objetivos y alcance de esta publicación.

En particular habrá que estar atentos a las medidas recientemente propuestas y sometidas a consulta pública por parte de la OCDE, las cuáles proponen dos nuevos pilares para reorganizar y coordinar la tributación internacional: el primero centrado en generar un nuevo derecho de gravamen para las jurisdicciones de destino del consumo de ciertas actividades digitales mediante un sistema de reparto de un porcentaje del beneficio; y el segundo encaminado a asegurar un nivel mínimo de imposición de las actividades de las multinacionales (siguiendo el modelo del GILTI estadounidense).

Adicionalmente, habrá que prestar atención a otros problemas derivados de la novedad de los retos digitales en el ámbito tributario: las dificultades en la redacción de la legislación derivados de la falta de estandarización de los conceptos, la confusión entre los diferentes modelos de negocio o las interferencias entre los problemas clásicos de la tributación y la competencia fiscal internacional con los nuevos retos estrictamente derivados de la digitalización.

Referencias

Díaz de Sarralde Miguez, Santiago (2018): "*Tributación, digitalización de la economía y economía digital*". DT 06-2018 CIAT Disponible en español e inglés en https://www.ciat.org/publicaciones/

EUROPEAN COMMISSION (2018) "*Study to Monitor the Economic Development of the Collaborative Economy at sector level in the 28 EU Member States*", February 2018.

FMI (2018) "*Measuring the Digital Economy*", IMF Policy Papers, February 2018.

Hileman, G. and Rauchs, M. (2017), "*Global Cryptocurrency Benchmarking Study*", University of Cambridge Judge Business School.

OECD (2015) "*Addressing the Tax Challenges of the Digital Economy, Action 1 – 2015 Final Report*". OECD.

OECD (2017) "*Mechanisms for the Effective Collection of VAT/GST. Where the supplier is not located in the jurisdiction of taxation*", OECD.

OECD (2018) "*On the tax challenges arising from digitalization. Interim Report*", OECD.

OECD (2019). "*OECD leading multilateral efforts to address tax challenges from digitalisation of the economy*", OECD.

Vaughan, R. and Daverio, R. (2016), "*Assessing the size and presence of the collaborative economy in Europe*", PwC.

3. A Tributação Face ao Desafio Digital

Vasco Branco Guimarães

Introdução

As questões jurídicas que a existência e uso da INTERNET determinam estão a ser equacionadas e tratadas no mundo inteiro aos diversos níveis possíveis – Estado, organizações internacionais, empresas, universidades. A percepção de que o fenómeno é importante e estrutural levou a que o tema seja objecto de atenção consistente e programada de várias organizações de âmbito regional e internacional. A importância do fenómeno da INTERNET é antes de mais o resultado da massificação do acesso à informação e à possibilidade de comunicar em tempo real sobre um qualquer tema. Sendo a WEB um ponto de encontro entre os seus utilizadores tornou-se, por via desse facto – um mercado – ou seja, um ponto de encontro entre a oferta e a procura. De uma vocação militar e estratégica e de investigação não lucrativa inicial a INTERNET tornou-se numa fonte de informação apta a fomentar comunicação de natureza comercial capaz de efectuar ou facilitar a efectivação de qualquer tipo de negócio.

A existência de um mercado virtual que não está sob a dependência directa de qualquer uma das soberanias tradicionais coloca inevitáveis reflexões sobre a validade dos conceitos jurídicos existentes até hoje para regulamentar as relações entre as partes envolvidas no comércio, incluindo nesta aproximação as autoridades fiscais que têm um interesse directo nas consequências fiscais dos actos praticados pelos contribuintes.

É esta noção do conflito potencial entre os conceitos tradicionais e a realidade emergente que tem levado à realização de estudos sobre as questões identificadas como sendo relevantes e que estão a ser discutidas e tratadas aos diversos níveis e instâncias.

O presente artigo é um modesto contributo a aditar aos artigos existentes em língua portuguesa e consiste numa reflexão sobre o estado da discussão internacional que se nos figura como útil e necessária.

O que quer que seja concebido em termos internacionais terá inevitáveis repercussões nos agentes económicos e intelectuais nacionais. Não ter um papel activo e útil neste processo tão recente e em que as partes partem em circunstâncias de igualdade relativa e com acesso facilitado à informação tecnológica base parece-nos como pouco construtivo e perigoso.

O não sermos necessariamente um dos maiores actores do fenómeno do e-comércio não significa que não possamos ou não devamos dar o nosso contributo para a discussão teórica e conceitual que se desenrola actualmente. A nossa dimensão real não é muito diferente da que era em termos relativos no início da expansão marítima e aí soubemos e pudemos reunir a tecnologia para iniciarmos o processo de desenvolvimento que se seguiu. É certo que nos países que pertencem à OCDE e que representam – em princípio – os mais desenvolvidos do planeta se assiste a um fenómeno de transferência de cérebros e que nessa corrida o nosso país não poderá ser ganhador, mas isso não significa que não possa deter e trabalhar a informação e criar alguma tecnologia própria de grande alcance e qualidade.

O crescente interesse das publicações científicas dos mais variados sectores e níveis reflecte a quantidade e qualidade da produção científica sobre o tema.

A questão do comércio electrónico desenvolve-se em quatro cenários de base no que diz respeito a troca de informação tecnológica no seio das empresas e entre as empresas: a) troca de informações de base entre as empresas sem integração electrónica dos processos comerciais dentro das empresas; b) integração assimétrica dos processos comerciais específicos feita em certas empresas; c) integração electrónica simétrica dos processos comerciais similares entre as empresas que efectuam transacções facilitando as trocas coordenadas em relação a mais de um domínio comercial; d) integração electrónica total de todos os processos comerciais similares entre as empresas que efectuam transacções permitindo as trocas de todos os dados relativos às áreas comerciais.

No que diz respeito à Administração Pública e em particular a Administração Fiscal o desenvolvimento tecnológico orienta-se para a melhoria dos processos internos dos serviços, na sua componente interna e na sua relação com os contribuintes. Entende-se como possível criar uma zona de interseção entre aquilo que são as necessidades virtuais das empresas e as do mesmo tipo da Administração Tributária.

1. A definição do objecto

O presente trabalho visa elencar um conjunto de dados que são úteis para compreender e fazer uma enumeração e análise sumária das várias questões jurídico-fiscais que, na perspetiva da tributação do rendimento, o e-comércio levanta.

O objeto do trabalho que agora se apresenta ao leitor tem as dificuldades inerentes ao estudo de uma realidade em mutação. A solução das dificuldades atuais dará eventualmente lugar a outras que a própria evolução do fenómeno do e-comércio vai determinar.

É assim que começaremos por lembrar as origens da INTERNET e como se chegou ao seu uso para fins comerciais.

Tentaremos em seguida uma definição de comércio eletrónico adiantando números que permitem perceber a sua importância relativa e crescimento.

Recordaremos depois o enquadramento e as regras definidas em *Ottawa* para o enquadramento do fenómeno fazendo em seguida um ponto de situação sobre o estado dos trabalhos ao nível da tributação e afins. Mais recentemente daremos notícia do BEPS e das áreas de trabalho existente.

Enquadraremos brevemente o fenómeno tributário tal como ele é atualmente conhecido e enunciaremos os problemas que levanta o e-comércio face aos conceitos tradicionais.

Terminaremos com uma avaliação entre a realidade e os mitos que se vão criando tentando ponderar os valoers em conflito naquilo que designamos como o paradigma da razão e da imaginação que em nosso entender enquadra o desafio técnico que o comércio eletrónico levanta.

2. Origens da internet e o seu uso para as trocas comerciais

As origens da INTERNET parecem estar na decisão tomada pelos militares norte-americanos nos anos sessenta de ligar os computadores das principais universidades norte-americanas envolvidas em processos de pesquisa com importância vital para a defesa dos Estados Unidos. A ARPA (*Advanced Research Projects Agency* do Departamento de Defesa norte-americano) numa lógica de salvaguarda dos dados existentes nos computadores do *Stanford Research Institute*, *University of California de Los Angeles*, *University of California* em Santa Barbara e *University of Utah* promoveu a sua ligação através de uma miríade de conexões. O objectivo destas ligações era permitir que a informação disponível pudesse ser acessível por qualquer dos computadores existentes perante uma eventual destruição nuclear de um ou vários dos sítios onde se encontravam instalados.

As múltiplas conexões visavam obstar a que se uma ou várias viessem a ser destruídas isso implicasse perda de informação.

Paralelamente à ARPANet o Departamento de Defesa norte-americano criou uma outra rede designada por MILnet para divulgação, acesso e armazenamento de informação não tão qualificada que foi ligada à ARPANet.

Em 1986 a NSF (*National Science Foundation*) que é uma outra Agência do governo dos Estados Unidos criou uma rede de cinco centros de supercomputadores designados por NSFnet como uma infraestrutura para a INTERNET.

A existência desta rede – criada com objectivos de pesquisa e uso governamental não comercial – permitiu o aumento e desenvolvimento de troca de informação.

O êxito da iniciativa da NSFnet determinou a desnecessidade da ARPANet que foi fechada em 1990.

No seu desenvolvimento a NSFnet fez várias ligações regionais que interligavam várias universidades regionais e que por sua vez se ligavam a um dos cinco computadores principais. Isto permitiu que qualquer um dos computadores ligados em qualquer dos pontos da net comunicasse entre si.

Através da tecnologia de satélite e dos cabos de fibra óptica foi possível ligar computadores existentes nos Estados Unidos com outros existentes noutras partes do Mundo e assim criar aquilo a que se chama hoje a INTERNET.

A INTERNET tal como foi concebida e criada nos Estados Unidos limitava se ao texto. A INTERNET tal como a conhecemos hoje resulta dos resultados da pesquisa de um grupo de cientistas do Laboratório Europeu de Física (CERN) que criou um novo sistema de acesso à informação que se designou por *World Wide Web*. Foi a WWW que criou o hypertext que permite o tratamento e acesso a imagens e gráficos para além dos documentos de texto da INTERNET inicial.

É igualmente a possibilidade de tratamento dos documentos nesta linguagem e o seu armazenamento nos servers que permite a navegação na INTERNET.

O acesso fácil à informação existente na INTERNET desencadeou um processo dialéctico de crescimento na comunicação e troca de informação e experiência e é a criação deste espaço de comunicação que vai proplclar o desenvolvimento do comércio electrónico na sua acepção ampla e restrita.

Sendo o mercado – por definição – um ponto de encontro entre a oferta e a procura a WEB transforma-se num ponto de encontro (virtual) em tempo real porquanto permite: a) a tomada de conhecimento da existência de um produto sua composição, características e preços; b) a comunicação da manifestação do interesse na compra e aceitação de condições; c) o seu pagamento.

Esta possibilidade desencadeia todo um conjunto questões, cuidados e situações que estão em análise na agenda interna e internacional nomeadamente: 1) reforma de práticas regulamentares no mercado das comunicações nomeadamente na sua vertente electrónica; 2) definição e clarificação das regras leis e conceitos aplicáveis ao comércio electrónico; 3) criação de consenso internacional e formalização do mesmo em acordo sobre as regras jurídicas a adaptar no âmbito do comércio electrónico; 3) proteção da propriedade intelectual; 4) fiscalidade.Cabe ter presente que as primeiras empresas na WEB surgiram em 1994.

A questão é identificada como essencial em alguns dos relatórios dos anos 90 do século passado mas admite-se que a questão está longe de ser pacífica e depende das fontes.

O comércio eletrónico é uma realidade emergente ainda em processo de desenvolvimento pelo que uma tentativa da sua definição e enquadramento afigura-se como relativamente prematura. Não obstante, é já hoje possível tentar uma definição.

Na linguagem corrente designa-se por comércio electrónico todo o comércio em que está presente um meio de comunicação electrónico. Se um acordo é concluído por e-mail isto significa que ele é substancialmente diferente de um acordo de teor idêntico concluído por fax ou por carta normal? Entendemos que não. No entanto, a tendência actual é para considerar esta operação concretizada por e-mail como sendo de comércio electrónico.

Afigura-se-nos assim de estabelecer uma diferença entre o comércio electrónico *lato sensu* – em que todas as transacções feitas com suporte electrónico estariam integradas – e comércio electrónico *stricto sensu* – em que o produto ou o serviço vendido é fornecido diretamente através da internet.

De permeio ficam uma miríade de operações que podem ser anunciadas e pagas através da internet sendo a entrega física feita por meios tradicionais como as encomendas postais ou similares. A estas integraríamos também na definição de comércio electrónico *stricto sensu* porquanto a concretização do negócio e o seu pagamento é feito na web sendo a entrega do objecto físico uma mera operação acessória de concretização do negócio.

O Conselho para o Comércio de Mercadorias da OMC no desenvolvimento do seu programa sobre o comércio electrónico, em relatório de Julho de 1999 referia quatro tipos de transacções como podendo integrar o conceito de comércio electrónico: 1.Transacções conduzidas electronicamente combinadas com a entrega física dos bens; 2. comércio de bens directamente conexos com o comércio electrónico (*e.g.* computadores); 3. vendas de bens que contêm informação (media) como CD's ou cassetes, que contêm informação digitalizada (*e.g.* software ou música); 4. informação digitalizada transmitida por meios electrónicos.

A distinção foi construída sobretudo para efeitos de aplicação das regras do GATT pelo que se nos afigura que as actividades previstas em 1) e 4) integrariam a definição de comércio electrónico *stricto sensu* e as previstas em 2) e 3) a noção de comércio electrónico *lato sensu* tal como definido acima.

Em todos os relatórios internacionais de grupos de trabalho que se pronunciaram sobre a matéria se refere a importância do comércio electrónico na expansão do comércio e, consequentemente, da produção e riqueza. Os números disponíveis parecem confirmar essa tendência crescente da importância do comércio electrónico e dos meios electrónicos na expansão do comércio.

O tema foi já objecto de uma Declaração ministerial da OMC em Maio de 1998 em que se afirma «we also declare that Members will continue their current pratice ef not imposing customs duties on electronic transmissions», ou seja a Declaração ministerial afirma o princípio da não imposição de barreiras tarifárias ou não tarifárias ao comércio electrónico.

A discussão no seio da OMC desenvolve-se agora em torno da definição do comércio electrónico e do seu enquadramento como bens ou serviços por forma a determinar qual o regime legal aplicável.

As discussões no seio da OCDE desenvolveram-se até ao BEPS em torno das resoluções da Conferência Ministerial de *Ottawa* (*Ottawa Taxation Framework Conditions*) e são, sobretudo, à volta da tributação directa do comércio electrónico de acordo como os seguintes princípios: Os princípios aplicáveis à tributação do comércio tradicional devem ser aplicados ao comércio electrónico, ou seja: neutralidade, eficiência, certeza e simplicidade; eficácia e justeza, flexibilidade.

3. As regras do jogo definidas internacionalmente

As discussões sobre o comércio electrónico desenvolvem-se em dois níveis. Ao nível das organizações internacionais, regionais e de âmbito mundial e ao nível dos vários organismos internos com interesse directo na matéria.

Se tivermos presente as várias áreas que são cobertas pelos estudos que são levados a cabo nas organizações internacionais podemos concluir que a questão do comércio electrónico na sua concepção lata ou estrita tem vindo a ganhar uma dimensão muito relevante nomeadamente se tivermos em atenção que o fenómeno do comércio electrónico é relativamente recente.

Para um fenómeno tão recente existem já linhas de orientação no seu aprofundamento e discussão internacional que limitam e enfocam o tema. Significa isto que ao nível nacional e privado todas as discussões são legítimas e possíveis, mas que ao nível internacional (ou, por outras palavras, ao nível das organizações internacionais) existe uma agenda definida que está a ser seguida.

Aquilo que vier a ser definido em termos internacionais tem inegável influência nas agendas nacionais por várias ordens de factores. Desde logo, a influência que os estudos feitos na OCDE e UE têm nos técnicos e organismos dos vários países. Por outro lado, porque o grau e nível da discussão de alguns dos assuntos discutidos estão a níveis diferentes nos diversos países membros.

Uma tendência que se tem vindo a acentuar, nomeadamente na OCDE, é a da liderança de alguns países em relação a outros que, pela inércia ou pela desnecessidade actual, são levados a aceitar como certas as soluções forjadas e concebidas noutros sistemas e realidades diferentes. As soluções assim aceites nem sempre reflectem com acuidade as necessidades ou interesses dos agentes económicos criando problemas de desconformidade com a legislação ou práticas nacionais ou não contemplando os interesses específicos dos países não liderantes.

A definição da agenda internacional tem inerente um conjunto de interesses dos agentes económicos e de chancelaria de determinados países pelo que o seu acompanhamento e intervenção antecipada é indispensável para salvaguardar os contributos e interesses dos países não liderantes como é o caso de Portugal.

A tendência é aumentada e acentuada pela prática de certos Grupos de Trabalho da OCDE que nomeiam um grupo de trabalho restrito (steering group) com uma constituição determinada procurando fazer aceitar pelo Grupo de Trabalho da OCDE as soluções por eles encontradas. Reunindo os Grupos de Trabalho da OCDE uma a duas vezes por ano é fácil perceber como se condiciona a decisão dos técnicos dos países que não fazem parte do grupo restrito que aí participam nos trabalhos e que têm contacto com os documentos e conclusões propostos apenas alguns dias antes da reunião.

3.1. A conferência de Ottawa e as regras de aprofundamento do fenómeno do e-comércio.

Num relatório do CAP da OCDE apresentado à Conferência Ministerial de Outubro de 1998, denominado como «*A Borderless World – Realising the potencial of Electronic Commerce*», foi estabelecida a regra de que deveriam ser aplicadas ao comércio electrónico as mesmas regras e princípios que se aplicam ao comércio tradicional. Como forma de alcançar e desenvolver os princípios da Conferência de Ottawa foram criadas três zonas de trabalho: Na área da tributação do consumo – em que se estuda a aplicação prática da tributação no local de consumo; na área da tributação internacional do rendimento – em que se estuda a actualidade das actuais regras de tributação na sua aplicação ao e-comércio e se revê o conceito de estabelecimento estável; na área da Administração Fiscal – em que se desenvolve e examina a aplicação das tecnologias de informação na prestação de serviços ao contribuinte e no combate à fraude e evitação fiscais. Estudam-se igualmente as bases conceituais e o desenvolvimento de formas de informação e identificação internacionalmente compatíveis.

Do trabalho realizado na OCDE esperavam-se como resultados: A confirmação da interpretação e clarificação das regras existentes sobre estabelecimento permanente; A confirmação de como podem os pagamentos ser caracterizados para efeitos de tratados fiscais; O estabelecimento do consenso internacional para alcançar uma forma prática de atingir a tributação do consumo em operações internacionais de comércio electrónico;

Identificar e promover algumas práticas-base da Administração Fiscal em termos de liquidação, auditoria, pagamento e cobrança; Identificar e promover as tendências actuais no uso da tecnologia.

A afirmação é feita com base naquilo que é a prática nos vários grupos da OCDE que defende a e-Administração e o e-comércio como forma de melhorar o serviço público e a relação com o contribuinte.

Cabe notar que a utilização da informática nas relações entre o contribuinte e a Administração Fiscal em Portugal se situa ao melhor nível internacional sendo o nosso país um dos poucos onde é possível pagar um imposto através duma ATM (multibanco). As soluções e utilizações no entanto, não cessam de aumentar, pelo que haverá que continuar a manter e aumentar esta vantagem relativa.

Na composição destes grupos de trabalho pontuam geralmente os Estados Unidos, Austrália, Canadá, França, Alemanha e Países Baixos.

Os princípios a que se refere o relatório original são: neutralidade – a tributação deve procurar ser neutral e equitativa no comércio electrónico e na relação entre o comércio electrónico e o comércio tradicional, evitando a dupla tributação ou a não tributação não intencional;

O Comité dos Assuntos Fiscais acredita que estes princípios podem ser aplicados através das regras existentes devendo a revisão das regras existentes ser feita no sentido de aplicar à tributação e não como forma de impor um tratamento discriminatório sobre o comércio electrónico.

As tecnologias subjacentes ao comércio electrónico devem ser empregues nos serviços a prestar aos contribuintes pela Administração; O processo deve ser implementado com um diálogo intenso com grupos de interesses comerciais e não comerciais e com países não membros da OCDE; O comércio electrónico não deveria ser isento de tributação (directa e indirecta) mas não deverá ser sujeito a tarifas aduaneiras. A eficiência – custos de tributação – empresariais e da Administração – devem ser minimizados tanto quanto possível; certeza e simplicidade – as regras de tributação devem ser claras e de apreensão simples, por forma a que os contribuintes saibam com o que contam; eficácia e justeza – a tributação deve produzir o montante adequado de receita no momento correcto, e o potencial de evasão e evitação fiscal deverá ser minimizado; flexibilidade – os sistemas fiscais devem ser flexíveis e dinâmicos para assegurar que se mantêm actualizados com os desenvolvimentos tecnológicos e comerciais e contra a alteração radical das regras existentes nomeadamente pela criação de um conceito de «presença virtual».

Se entendermos o conceito de presença como estando ligado a alguma realidade fisicamente materializável então verificaremos que o e-comércio é tão só um meio auxiliar de uma transacção física e consequentemente não se afigura como desencadeando a necessidade de novos conceitos ou taxas.

Mas quando nos referimos ao conceito de comércio electrónico *stricto sensu* (em que todas as mercadorias são fornecidas e pagas através da WEB) já se demonstra a necessidade de novos conceitos nomeadamente na definição de estabelecimento permanente.

Este trabalho está em pleno progresso no seio da OCDE através da dinâmica BEPS (*Base Erosion Profit Shifting*) que resulta de uma constatação de que as Administrações Fiscais e as Organizações Internaiconais que as integram não discutiam os verdadeiros problemas de planeamento fiscal agressivo e sistematizado que é praticado pelas empresas multinacionais nem atendia às necessidades do crescimento deste fenómeno em termos internacionais.

4. O estado actual dos trabalhos na ocde e a sua orientação

No seguimento do mandato obtido na Conferência de Ottawa agora integrada no programa BEPS os vários grupos de trabalho da OCDE têm vindo a desenvolver os seus estudos tentando encontrar soluções consensuais e aceites internacionalmente para as diversas questões que o e-comércio levanta.

O BEPS veio a enquadrar e dar coerência aos estudos em prática com direções claras e com objetivos definidos. Na discussão atual incorporou-se o trabalho já realizado anteriormente pelo que os relatórios existentes são compilações de estudos parciais anteriores sistematizados.

Existem 15 ações que correm paralelamente: Ação 1 – Os desafios da digitalização; Ação 2 – neutralização dos efeitos dos instrumentos financeiros hibridos; Ação 3 – *Controled Foreign Companies*; Ação 4 – Limites à dedução de juros; Ação 5 – Práticas fiscais nocivas; Ação 6 – Prevenção de abuso de tratados fiscais ; Ação 7 – status do estabelecimento permanente; Ação 8 a 10 – preços de transferência; Ação 11 – BEPS – análise de informação; Ação 12 – regras obrigatórias de derrogação de segredos protegidos; Ação 13 – Relatórios país a país ; Ação 14 – procedimento amigável; Ação 15 – Instrumento Multilateral.

A discussão das questões faz-se ao nível de grupos técnicos que envolvem ou não representantes de empresas privadas no seu seio.

A questão do e-comércio e a sua envolvente institucional é estudada separadamente nas suas componentes técnicas, comerciais e fiscais. Dentro das questões fiscais são vários os grupos que se debruçam sobre a matéria no essencial porque o e-comércio, na sua acepção ampla é algo que diz respeito a todas as matérias na medida em que as influencia e percorre horizontalmente. As várias declarações já feitas pela OCDE no inicio da discussão nos anos 90 revelam-se contra a «bit tax». A expressão é utilizada para descrever uma sugestão feita no sentido de tributar os fluxosde informação medidos em *bites* e não o comércio electrónico em si mesmo. A existência deste imposto implicaria que mesmo a informação para pesquisa e estudo seria tributada. Podemos afirmar que a *bit tax* é já um fóssil na discussão teórica da tributação do comércio eletrónico. A questão foi resolvida pela UE no sentido de considerar como serviços os bens digitais na sua sexta Directiva sobre IVA.O consenso que se vai gerando parece apontar no sentido de levar os grandes operadores económicos a desempenhar as suas funções com lealdade e colaboração por forma a assegurar a tributação face às leis existentes. Mas subsistem áreas onde as questões estão longe de estar resolvidas.

Por alguma razão o grupo técnico que está a tratar do conceito de estabelecimento permanente (essencial na Convenção Modelo sobre o rendimento e o património da OCDE) ainda não produziu qualquer documento consensual que fosse aceitável por todos os países da OCDE.

A situação actual pode ser definida como de contenção dos vários países que constituem a OCDE tentando encontrar soluções que sejam técnica e politicamente aceitáveis.

Face aquilo que é a Convenção Modelo da OCDE e os critérios para eliminar a dupla tributação que adapta é de esperar que os trabalhos iniciais da OCDE se inclinassem para recomendar orientações que isentem a mera existência de websites como constituindo um estabelecimento permanente e recomendar a não aplicação de retenções na fonte para o fornecimento de serviços e bens digitalizados. Estas «recomendações» da OCDE dificilmente encontrarão consenso nomeadamente se tivermos em linha de conta a Sexta directiva europeia sobre o IVA e a inutilidade do conceito de *server* como elemento físico de controlo para assimilar a prática do comércio electrónico a um conceito clássico de estabelecimento estável. Esta linha de pensamento – necessidade de um elemento físico para que exista estabelecimento estável e necessidade de reconduzir o comércio electrónico ao conceito adoptado pela Convenção Modelo de estabelecimento estável – levou um conjunto de países liderados pelos EUA a defender no seio da OCDE a adaptação e suficiência do conceito de estabelecimento estável existente no artigo 5º do Modelo ao comércio electrónico tendo indicado como elemento físico – indispensável à formulação actual deste conceito – os *servers*. Ora, se tivermos em linha de conta que um computador com capacidade suficiente pode ser um *server*, que um *server* pode ser um satélite colocado no espaço (e a maior parte das vezes é) então temos consciência da inadaptabilidade do conceito tradicional de estabelecimento estável para explicar e ser aplicado ao comércio electrónico.

5. A importância relativa e em números do fenómeno do comércio electrónico.

É cada vez mais frequente ler em jornais de grande tiragem e credibilidade números sobre a importância e relevância do fenómeno do e-comércio.

Estes números e importância são tanto mais surpreendentes quanto o fenómeno do e-comércio conduzido por empresas criadas no cyberespaço surge a partir de 1994. É esta importância que determinou um tão grande número de estudos em tão pouco tempo e a necessidade dos estudos em curso. Cabe dizer que muitas vezes a crediidade dos estudos e dos números publicados bem como as fontes são muito diversas e por vezes dificilmente identificáveis. As próprias bases cientificas dos métodos utilizados são tudo menos fiáveis mas o que é certo é que estas notícias contribuem para a convicção generalizada da importância crescente do fenómeno.

Em outubro de 1999 o número de pessoas on line por língua era:

Língua	Indivíduos
Inglês	129 000 000
Japonês	19 700 000
Alemão	14 000 000
Chinês	9 900 000
Espanhol	9 600 000
Francês	9 300 000
Italiano	5 700 000

Fonte: Internet Primer US Dep. Treasury – IRS

Assinale-se desde já que o português não constava como língua de comunicação on line. Se tivermos em linha de conta que o português é falado por duzentos milhões de pessoas no Mundo o facto de não aparecer nas estatísticas é relevante. A questão é parcialmente respondida se tivermos em linha de conta a distribuição geográfica dos utilizadores reportada a outubro de 1998. S. Paulo tem cerca de dezasseis milhões de habitantes e tem uma utilização massiça de meios electrónicos nas empresas e profissões liberais. O mesmo pode ser dito das grandes metrópoles da América Latina como Buenos Aires, Cidade do México, etc. O estudo referido como fonte reconhece aliás que Brasil e México são dois dos países com maior crescimento.

As eventuais discrepâncias entre os dados resultam provavelmente do facto de as datas do estudo serem distintas e mediarem entre si um ano. Mas o número de utilizadores na América Latina afigura-se-nos muito baixo nomeadamente se tivermos o uso nas áreas urbanas do Brasil e outras grandes metrópoles da América Latina.

Em 1997 existiam já 250 000 cyber-empresas nos Estados Unidos. Dessas, e num estudo de mercado feito com um universo de 1100 empresas, mais de trinta por cento afirmavam ter lucros acima de 20%.

Na perspectiva dos utilizadores e num estudo levado a cabo nos Estados Unidos foi revelado que cerca de catorze por cento dos particulares e vinte e três por cento das empresas efectuaram pelo menos uma transacção na WEB. Se compararmos estes números com os quadros constantes das

A recente situação mundial resultante da desacelaração da economia que tem origem na crise dos derivados e agora na guerra comercial liderada pelos Estados Unidos veio a reforçar a posição dos países que lideram o e-comércio no sentido de pretender uma liberalização da actividade, fixação de tectos de não tributação, criação de condições de desenvolvimento e liderança das empresas de ponta, estando subjacente a esta lógica essa outra de que uma desregulamentação do comércio favoreceria a recuperação das economias líderes mundiais e daria um fôlego importante às suas empresas.

Hoje o mundo massificou a utilização da internet e das suas aplicações. A Administração Pública e as empresas individuais e coletivas dependem massivamente das aplicações informáticas para a realização dos seus atos dos mais simples aos mais complexos. São conhecidas as situações de pânico e paragem ao nível nacional e internacional quando estamos perante um erro informático na área dos aeroportos, centrais elétricas, bancos, sistema de pagamentos, etc. O mundo está dependente da informática e isso gera, em si mesmo, um fenómeno de mercado pelos produtos digitais onde se incluem as aplicações.

A oferta gera procura e esta é determinada pelas necessidades de gestão e complexidade das tarefas públicas e privadas. Os processos de simplificação por via informática criam dependências que têm custos acrescidos.

6. O fenómeno da tributação na sua perspectiva jurídica. As regras e os princípios base

O direito tributário caracteriza-se por ser um ramo de direito que atribui a determinados factos da vida social uma consequência específica que é a obrigação de pagar uma determinada quantia a título de imposto.

Um ramo de direito que apresenta as características que apontámos ao direito fiscal necessita, ainda mais que qualquer outro ramo de direito, de um conjunto de princípios fundamentais que permitam a sua compreensão, enquadramento e correcta aplicação. Esta parece ser uma das características dos ramos de direito mais recentes – a relativa importância acrescida dos princípios fundamentais e direitos a eles inerentes.

Se nos abstrairmos da envolvente jurídica a relação fiscal revela com toda a sua crueza uma só realidade um apropria, outro dá. O acompanhamento subsequente da factualidade dessa relação revelará que aquele que apropria não entrega nada como contrapartida específica por aquilo que recebe.

Sendo um fenómeno de apropriação sem contrapartida imediata e específica e sendo a propriedade um valor com dignidade constitucional compreender-se-à que a construção jurídica que envolve tal fenómeno tem de ser coerente e eficaz perante o valor constitucional – propriedade – factualmente agredido.

A delicadeza do fenómeno factual de apropriação descrito implica necessariamente um cuidado nas construções jurídicas que lhe dão consistência.

Atentos os valores em equilíbrio – interesse público na apropriação tributária (para fazer face às tarefas colectivas) e excepcionalidade da violação da propriedade sem contrapartida (numa lógica de salvaguarda de um valor com protecção constitucional) – há que reconhecer que a tarefa jurídica de enquadrar a relação fiscal se apresenta à partida como complexa e delicada e consequentemente dogmaticamente rica. A generalidade dos princípios tributários fundamentais – consentimento, legalidade, igualdade, tipicidade, protecção da confiança, irretroatividade e os princípios autônomos – boa-fé e capacidade contributiva – têm como pressuposto a existência de um poder soberano que tem formas de controlo sobre os governados/ contribuintes. Este fenómeno de poder em que se sustenta a noção de Estado e à volta da qual se estrutura a relação entre os governantes e governados, a relação entre a Administração Fiscal e contribuinte é posto parcialmente em causa pelo fenómeno subjacente ao ecomércio. Desde logo pela possibilidade de efectuar transacções não detectáveis ou dificilmente detectáveis em espaços territoriais que não são os de origem ou residência do agente económico. Depois porque as regras de tributação internacional não atribuem importância ou relevância fiscal à existência de um armazém ou espaço destinado ao mero armazenamento ou materialmente a entrega de mercadorias (33 sem que isto tenha uma consequência fiscal ao nível da tributação directa no espaço económico onde se exerce a actividade de entrega das mercadorias.

Assim, para além do e-comércio determinar o exercicio de actividade económica sem fronteiras e sem barreiras alfandegárias cria também uma tendência de exercício de actividade comercial sem tributação directa ou indirecta.

7. Os desafios colocados pela digitalização e pelo comércio electrónico

As questões fiscais de tributação do rendimento que o comércio electrónico coloca podem ser equacionadas como sendo: a) o que é que pode ser considerado como presença com relevância tributária resultante do uso da INTERNET?; b) Como enquadrar o rendimento resultante das actividades electrónicas?; c) Como identificar os contribuintes e auditar as suas transações?; d) Quais as implicações do comércio electrónico para os preços de transferência e os paraísos fiscais?

Uma resposta exaustiva e cuidada a cada uma das questões levantadas excede o âmbito do presente trabalho e exigirá um maior numero de páginas do que aquele que nos foi concedido mas entendemos que podemos enunciar e definir o roteiro de um caminho já percorrido por outros:

Os temas a analisar na tributação do rendimento deverão ser os seguintes: a) redefinição das regras geográficas da tributação; redefinição das categorias de rendimento; b) revisão da aplicação· das regras da fonte ao comércio electrónico incluindo – lucros (onde é gerado, custos imputáveis, cobrança efectiva), estabelecimento permanente, prestação de serviços por independente, idem por dependente, rendimentos de capital (juros, dividen dos e royalties); c) Aplicação das regras de residência ao comércio electró nico; d) preços de transferência; e) empresas (dependentes) controladas pelo exterior (CFC).

Todas estas questões deverão ser equacionadas face a um possível redefinir das posições relativas dos actores do comércio internacional determinado pela introdução do elemento electrónico nas relações internas das empresas e entre empresas distintas que poderão implicar uma modificação na política empresarial nomeadamente a existência de estabelecimento permanente no país de consumo. Uma medida deste tipo aliada à localização do *server* por onde transita a informação num paraíso fiscal determinará dificuldade e/ou ausência de possibilidade de tributação do rendimento destas empresas por parte dos países tendencialmente consumidores (que são a maioria no mundo) em favor dos países produtores e do conceito de residência favorecendo o designado primeiro mundo em detrimento das economias em crescimento ou monoprodutoras.

Independentemente desta análise (que é discutível porque reversível) é muito provável que o comércio electrónico determine um reajuste do balanço existente entre as regras aceites para regular as questões de dupla tributação e a realidade económica subjacente. Isto implicará muito provavelmente um redefinr das regras existentes nacionais e internacionais e da criação de regras unilaterais internas que se adaptem à nova realidade.

Assim, podemos esperar um conjunto de reflexões que apontam no sentido da alteração das regras existentes sendo este sentimento contrariado pelas decisões tomadas na OCDE que visam obter um consenso antes da efectivação destas hipotéticas alterações sendo muito forte a corrente que pretende serem as actuais regras de dupla tributação internacional aptas a responder ao desafio colocado pelo comércio electrónico.

Neste contexto a aplicação dos meios electrónicos à actividade da Administração Fiscal de liquidação e cobrança pela poupança e eficácia que determina é só um dos aspectos positivos da tendência electrónica que existe no universo.

Para uma realidade nova haverá que encontrar respostas actuais e capazes de responder aos desafios colocados.

8. Quo vadis ou o paradigma do limite da razão e da imaginação.

Para quem, como o autor das presentes linhas, acredita que a razão e a imaginação são o factor nuclear do desenvolvimento da Humanidade, as questões levantadas pela INTERNET deverão ser reconduzidas ao factor humano que está na origem e é o destinatário das vantagens dão o acesso à informação que existe na INTERNET e que é potencialmente o somatório actualizado de toda a informação existente no mundo.

Quando dizemos que a informação existente na INTERNET é o somatório potencial de toda a informação existente no mundo fazemo-lo conscptes que as barreiras normais e regulamentadas que disciplinam legalmente o acesso ao conhecimento limitam e impedem esse acesso ilimitado que poderia, eventualmente, ser contraproduc_ente.

A consciência da potencialidade de um facto, INTERNET – que lida directamente com um factor de evolução humana – conhecimento que advém da informação – não afasta nem cria, por si só, esse desenvolvimento da mesma forma que o facto de se ter petróleo no território nacional não implica que isso contribua para o desenvolvimento da economia porque é preciso fazer as prospecções, os furos e a exploração rentável desse recurso.

Assim se o potencial da INTERNET é ilimitado, essa característica terá de se concretizar em realidades palpáveis e utilizáveis que possam ilustrar essa potencialidade.

Por outras palavras se o potencial é ilimitado a concretização passa pela dimensão humana e esta é à partida, limitada e condicionada.

O estádio actual do e-comércio parece reflectir esta contradição entre a potencialidade do meio e a limitação dos destinatários. Depois de um crescimento muito rápido a tendência parece ser para um crescimento sustentado e moderado. Até lá haverá que distinguir a utilização dos meios electrónicos como meio auxiliar de fazer comércio tradicional e o comércio electrónico *stricto sensu*. As regras a descobrir e/ou redescobrir terão de ser adaptadas e aplicáveis à realidade que visam cobrir.

Neste sentido todos somos convidados e responsáveis por encontrar as respostas às questões que a tributação do comércio electrónico determina. Para não limitarmos o desenvolvimento potencial e real que a utilização dos meios electrónicos parece envolver mas para encontrarmos um equilíbrio entre aquilo que é a actividade económica e o direito de tributar questão a que cada civilização e época histórica tem encontrado uma resposta diferente.

A razão e a imaginação têm como limite a realidade que visam transformar. Possamos todos ser agentes desse processo de mudança desde que seja para uma melhor Humanidade.

4. Tributação sem Futuro

José Roberto R. Afonso
Lais Khaled Porto

O Brasil tem o pior sistema tributário do mundo. É o que se infere da última posição que ocupa, entre 137 países, quando se avalia os impactos da tributação nos incentivos para contratar um trabalhador, e penúltimo lugar nos incentivos para investir, segundo apurado por índice de competitividade do Fórum Econômico Mundial[1]. Já no mais recente ranking do Banco Mundial – Doing Business 2020 –, que mensura o efeito da regulação sobre negócios, o tópico pior pontuado foi o tributário (Paying Taxes) no qual o Brasil ficou com a 184º colocação em um universo de 190 economias avaliadas[2].

Se há alguma vantagem em avaliações tão nefastas, é o menor custo de oportunidade para trocar todo o sistema por um novo – face à nova economia e sociedade que emergem da nova era digital ou quarta revolução industrial.

---

[1] Vide decomposição do índice de competitividade global apurado em relatório do Forum Econômico Mundial – disponível em: <http://bit.ly/2jZK8Rg>.
[2] O *Doing Business* avalia os países a partir de seus maiores centros econômicos, o que desconsidera desigualdades regionais. No caso do Brasil, foram considerados São Paulo e Rio de Janeiro – disponível em: <https://www.doingbusiness.org/content/dam/doingBusiness/country/b/brazil/BRA.pdf>.

É terrivelmente desafiador redesenhar um sistema frente a mudanças estruturais que ainda estão em curso, de forma rápida e drástica – e muitas ainda nem começaram. Ninguém tem a menor certeza hoje de quais serão os impostos mais apropriados para se exigir no futuro, porém, crescem os indícios de que muitos dos atuais tributos se tornarão obsoletos ou impensáveis.

Uma ilustração impactante é lembrar que já se cobrou imposto sobre propriedade de escravos negros no Brasil Colonial[3] – não era apenas dízimo sobre ouro. Se esse tributo é obviamente algo absurdo nos dias de hoje, não custa alertar que também poderá vir a ser inaceitável para futuras gerações alguns tributos e bases de cálculo que hoje exploramos. A epidemia reformista presenciada no Brasil, contudo, continua centrada no passado e com diagnósticos parciais e deteriorados sobre o presente.

As reformas tributárias propostas no Brasil se pautam, essencialmente, na implementação de um Imposto sobre Valor Agregado – o que parcialmente representaria tentativa de concretização do que se falhou em fazer com a fusão do então ICM e do ISS na Constituição de 1988[4], falha esta que que se agravou com a dificuldade de operacionalização dos mandamentos do novo ICMS.

Embora a CF/88 preveja tributos não-cumulativos, a não devolução do crédito tributário indireto é uma cultura antiga e enraizada em todos os fiscos brasileiros, da Receita Federal às Fazendas estaduais. A problemática é bem representada pela situação dos exportadores, que enfrentam grande dificuldade para o ressarcimento de créditos, conforme demonstrado por levantamento recente da Confederação Nacional da Indústria – CNI[5].

---

[3] A Meia Siza, como era chamado o imposto, tinha, inclusive, regulamentação própria à nível federal, por meio do Decreto nº 2.699/1860.

[4] A iniciativa foi aprovada no início da Assembleia Constituinte, em 1987, mas abandonada rapidamente pela objeção dos Prefeitos e desinteresse dos Governadores. Proposta defendida e histórico relembrado por Fernando Rezende e José R. Afonso em <https://goo.gl/ukWPmw>.

[5] Vide pesquisa CNI e FGV/EAESP, "Desafios das Exportações", com entraves tributários detalhados em: https://bre.is/HCRLULYo.

TRIBUTAÇÃO SEM FUTURO

Gráfico 1: Entraves Tributários – Todos os Portes – 2018

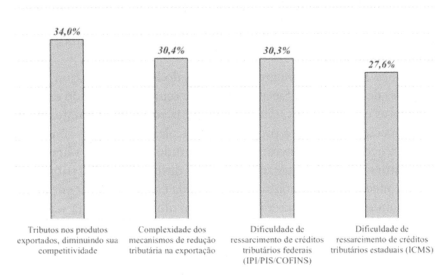

Fonte: CNI

Gráfico 2: Tempo médio de solicitação do ressarcimento de créditos de ICMS – Todos os Portes – 2018

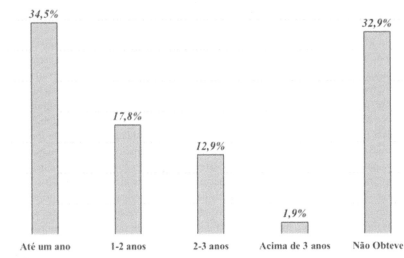

Fonte: CNI

87

É inerente ao funcionamento de um imposto sobre valor adicionado, por sua vez, a acumulação de crédito em etapas da cadeia de produção e comercialização, ainda mais caso comporte isenções e alíquotas diferenciadas – prática recorrente e dominante em países com alta desigualdade econômica e social.

O óbice ao aproveitamento de créditos do ICMS, bem assim (e cada vez mais) de COFINS, PIS e até IPI, que se acumula sobretudo entre exportadores e investidores, tende a se repetir entre contribuintes de um IVA (especialmente entre produtores agrícolas e de outros gêneros de primeira necessidade e investidores, sobretudo em grandes obras de infraestrutura). Um fisco que acumula e não devolve o crédito tributário – muito concentrado em poucas atividades da economia e/ou em poucos contribuintes – não tem credibilidade nem oferece a mínima segurança jurídica para cobrar em escala ampliada e generalizada um imposto sobre valor adicionado, que parte do mesmo princípio da não-cumulatividade.

Enquanto o Brasil ainda encontra dificuldade com ressarcimento de créditos tributários, a Europa investe na discussão (já) da reforma do IVA[6]. Os Estados Unidos já mudou o imposto de renda corporativo, reduziu alíquota e atraiu capitais externos, enquanto alguns de seus maiores especialistas defendiam ir muito além e criar um novo tributo, que simplificadamente seria uma mescla de imposto sobre lucros,

---

[6] Segundo Rita De La Feria (ver em <https://goo.gl/VrsFaJ>), em 2016, a Comissão Europeia propôs o "Plano de Ação do IVA" com o objetivo de estabelecer uma área comum para sua cobrança na União Europeia. Reconhecendo os elevados riscos e custos associados ao *compliance*, fraudes e ineficiências do sistema vigente, o Plano trouxe medidas voltadas, principalmente, para reforma do comércio transfronteiriço, com destaque para o tratamento das Pequenas e Médias Empresas (PME) e na base do imposto. Os processos de globalização e a digitalização da economia colocaram em destaque as dificuldades do IVA. De forma gradual, as mudanças previstas se dariam em duas etapas. Na primeira fase, novas regras seriam aprovadas para abrir caminho à abolição do sistema transitório do IVA e à introdução de um One-Stop-Shop (OSS), continuando o fornecimento de bens intra-UE em B2B sujeito ao mecanismo de auto liquidação. Já na segunda fase, o OSS abrangeria todos o fornecimento transfronteiriços de bens e serviços: o fornecedor cobraria IVA aos seus clientes à taxa do Estado-Membro de destino, mas o IVA seria declarado e pago no Estado-Membro em que o fornecedor é estabelecido através do mecanismo OSS. Dessa forma, o fornecedor (e não o cliente) seria responsável pelo IVA sobre todas as entregas de bens e serviços intra-UE, diferente do que acontece agora, quando a responsabilidade pelo IVA depende da natureza do fornecimento e da identidade do cliente (B2C ou B2B).

sobre vendas e sobre movimentação financeira[7]. Percebe-se, portanto, que o movimento brasileiro se pauta em tentar acompanhar (e com grande dificuldade) o que no resto do mundo já se percebe insuficiente para abarcar as novas dinâmicas socioeconômicas.

O IVA existe na França há mais de 60 (sessenta) anos. Em Portugal, já completou 30 (trinta), idade da qual se aproxima no Canadá. À época, já se analisava a existência de uma ordem mundial globalizada. O contexto, contudo, era imperialista, imposto de cima para baixo, diferente da revolução atualmente vivenciada, que se dá a partir da base e que se antecipa às vontades e escolhas político-governamentais, no chamado capitalismo de multidão[8].

Esse novo sistema econômico basear-se-ia em cinco características: amplamente voltado ao mercado; capital de alto impacto; redes de multidão em vez de instituições ou hierarquias centralizadas; fronteiras pouco definidas entre o profissional e o pessoal; e fronteiras pouco definidas entre emprego pleno e casual, entre relação de trabalho com ou sem dependência, entre trabalho e lazer[9].

Na literatura internacional não param de surgir propostas para consolidar sistemas tributários diante dessa nova dinâmica, com objetos e objetivos os mais diferentes. Uma das ideias estrangeiras mais famosas é a taxação de robôs, que tem apoio até de Bill Gates[10]. Na mesma linha de tentar lidar com o desemprego inevitável, estrutural e brutal, há quem defenda tributar mais aqueles empregadores que proporcionalmente mais demitirem, ou, em outro extremo, tributar os bens de capital[11], existindo posição mediana e predominantemente consensual de se adotar alguma forma de renda básica universal, para alguns condicionada.[12]

No Brasil, há um deserto de debates e ideias que de fato enfrentem as tendências esperadas e prováveis para a nova economia. Quando muito,

---

[7] Chamado por *Destination-Based Cash Flow Taxation – DBCFT*, é bem defendido por notórios especialistas Auerbach, Devereux, Keen e Vella em <https://goo.gl/Bh39Xr>.
[8] No original: *crowd-based capitalismo*, termo é corresponde à Quarta Revolução Industrial, nominada por Klaus Schwab, conforme observação do próprio autor. Cf. SUNDARARAJAN, Arun. Economia Compartilhada: o fim do emprego e ascensão do capitalismo de multidão. Trad. Andre Botelho. São Paulo: Editora Senac, 2018. p. 282.
[9] SUNDARARAJAN, op. cit., p. 54-55.
[10] Ver declarações em: https://goo.gl/6yJosQ.
[11] Proposta de Eric Posner e Glen Weyl em https://goo.gl/KJkZ4Y.
[12] Para uma síntese desse debate, ver Tatiana Roque em https://goo.gl/pNpcgr.

é relembrando o imposto sobre grandes fortunas, que nunca foi projetado de modo realmente eficaz – até pela dificuldade de conceituar o que seja uma fortuna e não seja ela pequena. Depois da CPMF, a panaceia da vez na agenda política é acabar com a isenção do imposto de renda sobre dividendos (nem sempre lembrando que ela precisaria envolver redução do mesmo imposto sobre lucros empresariais e nunca dito que parcela crescente dos acionistas são ou podem facilmente vir a se tornar pessoas jurídicas). No mais, diferentes governos federais prometeram diversas vezes reformar o PIS e/ou a COFINS, mas, até o momento, nunca foi enviado projeto de lei ao Congresso.

As propostas atualmente mais debatidas no Legislativo Federal, como já mencionado, visam a criação de um IVA. São diversos os projetos em tramitação, destacando-se a Proposta de Emenda à Constituição nº 45/2019, de autoria do Deputado Baleia Rossi (MDB/SP), a partir de ideias do Centro de Cidadania Fiscal (CCiF)[13]; e a PEC nº 110/2019, proposta por grupo de Senadores encabeçado pelo Presidente da Casa, Senador Davi Alcolumbre (DEM/AP)[14], e cujo texto repete o Substitutivo à PEC nº 293/2004, sob relatoria do então Deputado Luiz Carlos Hauly (PSDB/PR) – aprovada na Comissão Especial em dezembro de 2019 e arquivada por encerramento da legislatura[15].

Embora o debate tenha se avivado em 2019, permanece o vício do aprisionamento ao passado e a ideologias, de fechamento em posições e batalhas pessoais e pouco espaço para negociação, bem como a não atualização de diagnósticos e, sobretudo, de não projeção para o futuro. Ao contrário, ao lado da reforma tributária caminham iniciativas que se constituem como verdadeiros passos para o passado, tal qual a ideia de retomar o ICMS-exportação, em análise na PEC 42/2019[16].

É válido precisar que o nosso sistema tributário é velho e excessivamente constitucionalizado, mas não se pode dizer que nunca foi alte-

---

[13] Proposta disponível em: <https://www.camara.leg.br/proposicoesWeb/fichadetramitacao?idProposicao=2196833>.

[14] Proposta disponível em: <https://www25.senado.leg.br/web/atividade/materias/-/materia/137699>.

[15] Vide tramitação em: <https://www.camara.leg.br/proposicoesWeb/fichadetramitacao?idProposicao=259094>.

[16] Os autores analisam a proposta citada em: <https://www.conjur.com.br/2019-nov-05/opiniao-icms-exportacoes-avancar-passado>.

rado. As alterações foram muitas, embora a efetividade não tenha acompanhado a quantidade: sobraram remendos, desconexos e reativos, e faltou mudança estrutural, sistêmica e proativa.

Os alicerces do atual sistema foram plantados por emenda de dezembro de 1965, consolidados pela Constituição de 1967 e parcialmente reformados pela Constituição de 1988 (que modernizou impostos, criou sistema paralelo de contribuições e investiu em descentralizar a repartição de receitas).

Nos quase 30 anos da atual Carta Magna, já foram modificados 11 dos 20 artigos que compõem, atualmente, o capítulo do sistema tributário (aliás, 2 deles tendo sido incluídos *a posteriori*). Chega a 79 o número de disposições alteradas, por conta de inclusões, exclusões e modificações – que, em comum, viabilizaram aumentos na carga tributária global, sobretudo através de contribuições.

É dito que Governadores e Prefeitos não deixam mudar o sistema, mas eram de sua competência os dois únicos impostos criados pela última Constituinte e extintos posteriormente: o adicional estadual do imposto de renda das pessoas jurídicas e o imposto municipal sobre vendas a varejo de combustíveis[17].

Nesse período pós-Constituinte, também já foram editadas 84 leis complementares apenas sobre sistema tributário – sem contar as que tratam de temas conexos nas finanças públicas (como a de responsabilidade fiscal).

Já no campo institucional, como evidenciado, não é acertado afirmar que seja difícil mudar a Constituição para resolver impostos. O que não se conseguiu (até porque não se tentou) foi formular uma estratégia, firmar um pacto político e propor uma mudança global, coordenada, harmônica e (realmente) pró-futuro para os tributos e suas repartições e vinculações – afinal, ainda que superados os entraves políticos e operacionais para a instituição de um IVA, os desafios impostos pela nova revolução digital não seriam por este resolvidos.

Se a falta de vontade política é o pecado capital, não muito longe fica o pecado do desconhecimento empírico da realidade atual e sobretudo das mudanças propostas. As mencionadas propostas de reforma tribu-

---

[17] O imposto e depois a contribuição sobre movimentação financeira (CPMF) foram criados pela União provisoriamente, foram prorrogados e depois extintos.

tária que atualmente dominam os fóruns de discussão nacionais não definem alíquotas a serem adotadas, mas propõem períodos teste, com alíquotas de 1%, para estabelecimento do que virá a ser, de fato, cobrado. Sem o insumo estatístico e estratégico à disposição de qualquer um que queira testar, contestar e debater, fica difícil convencer da assertividade da medida.

Pouco se conhece, também, dos dados sob tutela da Receita Federal. Não há, por exemplo, nenhum documento público que cruze as declarações de imposto de renda das pessoas jurídicas com o das físicas, o que é crucial para entender o que está por trás do fato inusitado no mundo de que, entre os indivíduos que declaram o imposto, há 1,1 trabalhadores em empresas privadas para 1 proprietário e diretor de empresa, autônomo e trabalhador por conta própria.

Foi bem-vinda a modernização trazida pela criação do sistema público de escrituração digital (SPED), porém, desde sua implantação, a consolidação das declarações do IRPJ não foi mais atualizada[18] e a renúncia tributária já é estimada em centenas de bilhões de reais – para o que se desconhece, precisamente, a metodologia e memória de cálculos.

Ferramentas como o SPED e o pioneirismo do Brasil na instituição da nota fiscal eletrônica levam a crer que teríamos capacidade para, rapidamente, adotar como forma de modernizar a cobrança e aproveitamento de impostos[19] – iniciativa que se impõe de forma ainda mais severa quando se considera a instituição de um imposto tipo IVA.

No mais, o mercado da prestação de serviços já ultrapassa o mercado de bens, e isso tende a se afunilar com o crescimento de direitos de imagem e outras formas intangíveis e mal (ou não) tributadas até mesmo por impostos sobre valor agregado. A evolução da arrecadação tributária federal nos últimos anos entre setores selecionados mostra uma profun-

---

[18] Embora todas declarações das empresas sejam realizadas *online*, informações extraídas da consolidação do DIRPJ não foram mais atualizadas desde os publicados para 2013 – vide <https://goo.gl/W5IZ8W> .

[19] PwC mostra dois casos práticos de aplicação do blockchain: https://bre.is/xBooQqmm .
A estratégia já está em estudo na Tailândia (conforme noticiados em: https://bre.is/kJLtKtVV), onde a preocupação gira em torno de fraudes experimentadas na restituição de créditos do IVA.
No Brasil, Luiz Gustavo A.S. Bichara e Rafaela M. Montenegro já defenderam o uso dessa tecnologia para simplificar obrigações acessórias ("A relação entre blockchain e obrigações acessórias", *mimeo.*)

da dispersão nas variações, com fortes recuos em celulares e automóveis e avanços em serviços de saúde, advogados, dentre outros (vide gráfico).

Fonte: RFB. Elaboração Própria

A base de emprego e salário, por sua vez, mingua com o desemprego estrutural, informalidade, transfiguração das pessoas físicas em jurídicas e com o trabalho independente, que afetarão sobretudo (e cada vez mais) as contribuições sociais. Quanto à renda, vislumbra-se que a globalização financeira e a concentração empresarial dificultarão tributar o lucro.

Assim, deve-se buscar a tributação das novas transações, notadamente daquilo que tem crescente valor econômico atualmente, embora de difícil mensuração: o capital intelectual ou intangível – dos frutos do conhecimento aplicado (como a propriedade intelectual) aos *softwares* e bens virtuais. E não se vislumbra maneira eficiente de se fazer isso dentro do atual sistema ou a partir das propostas de reforma atualmente em destaque.

A tributação só subsiste se acompanhar a realidade socioeconômica. Estamos em meio a uma revolução que traz paradoxos. Se novas tecnologias tornarão os fiscos mais ágeis e competentes, por outro lado, essa economia colaborativa cresceu às custas de pagar menos ou nenhum imposto. Por exemplo, levantamento calculou que a Amazon, gigante do comércio eletrônico, paga onze vezes menos impostos corporativos do que uma livraria tradicional[20]. Consultores também calculam que negócios por trás de aplicativos e plataformas digitais, em geral (taxa média de 8.5% em atividades domésticas a 10.15 em internacionais), pagam muito menos impostos que os tradicionais (20.9% a 23.2%, respectivamente)[21] – vide tabela.

Taxa efetiva média do imposto sobre pessoa jurídica
Por modelo de negócios na União Européia

	%
Internacional Tradicional	23,2
Doméstico Tradicional	20,9
Internacional Digital (B2C)¹	10,1
Internacional Digital (B2B)²	8,9
Doméstico Digital	8,5

Fonte: Digital Tax Index 2017, PWC e ZEW.

Enfim, o sistema tributário brasileiro precisa ser reinventado para que possa se adequar à essa realidade, e o desafio de tributar mais intensamente os novos negócios e contribuintes sem lhes sobrecarregar e tirar o fôlego do desenvolvimento não apresenta resposta fácil. No campo constitucional, o ideal seria enxugar drasticamente o texto tributário, para deixar apenas preceitos cruciais para a democracia (como só criar imposto por lei e os exigir depois de uma carência mínima)[22].

Falar em reforma tributária no Brasil hoje, contudo, costuma ser sinônimo de falar de reforma constitucional, e em uma reforma centrada, exclusivamente, em um IVA que não resolve os desafios do futuro na mesma proporção que inova em mecanismos que custarão alto em ter-

---

[20] Segundo levantamento da Brookings Institution, disponível em <https://brook.gs/2j4m38T>.
[21] Vide *Digital Tax Index 2017*, da PWC e ZEW, em <https://goo.gl/Bvu1wr>.
[22] A rigidez constitucional é criticada por Luciano Fuck e José R. Afonso em <https://goo.gl/CzWuBG>.

mos de transição – que em uma das propostas pode levar até 50 (cinquenta) anos – e adaptação.

A exemplo do resto do mundo, definir e delinear competências tributárias e suas aplicações deveria ser tarefa delegada para uma lei infraconstitucional, específica, ainda que com quórum especial de Lei Complementar, como o Código Tributário. Sem isso, a revolução digital acelerará ainda mais o ritmo frenético de 105 emendas à Constituição nos seus primeiros 30 anos de existência, com frequentes mudanças em torno dos tributos. Um "novo" IVA, por sua vez, tende a ser alterado substancialmente antes mesmo de ser completamente implementado.

Falta ao Brasil a audácia e o esforço para a inovação; a percepção de que a simples troca do velho pelo "menos velho" não resolve questões novas; e de que o custo de uma reformulação ampla não suporta a implementação de um modelo que já nasce sabidamente insuficiente. Corrigir o passado pode parecer uma boa ideia em um imaginário estático. Em um cenário socioeconômico tão dinâmico, contudo, nossas reflexões deveriam estar voltadas para como lidar com o futuro.

5. Tributação na Economia Digital e o Conflito de Competência

Luiz Guilherme de Medeiros Ferreira
Marcos Nobrega

Introdução

Para onde vai a tributação? Quais as principais diretivas para a tributação de empresas em uma economia em constante mutação e submetida a transformações digitais (e em modelos de negócios) de grandes proporções? Esse são temas instigantes que desafiam Governos, Juristas, operadores do Direito e empresas em várias partes do mundo.

É necessário saber, no entanto, quais as transformações que os clientes estão passando e quais os desafios da advocacia tributária, sobremodo se pensarmos que esse profissional presta serviço às empresas. É necessário entender como a empresa está se transformando e como o direito irá se posicionar diante de uma economia multiplataforma (*two-sided plataform*) a exemplo de *Netflix*, *Uber* ou *Airbnb*?

Em todas essas inovações tecnológicas e empresarias temos brutais tensões jurídicas que precisam ser entendidas. Mas isso somente será possível se compreendermos os desafios emergentes das empresas, caso contrário **regularemos de maneira equivocada e tributaremos de maneira inócua.**

No modelo de empresa analisado por Coase[1], o tamanho da firma vai depender do custo de transação que ela tem de ir ao mercado e se esse custo for elevado, faz mais sentido realizar suas ações internamente.

Com a tecnologia, os custos de transação diminuem, de tal maneira que é muito provável que o tamanho da empresa também se reduza. Assim, se o sistema tributário foi formatada para tributar uma empresa cuja modelo de negócios não existe mais, o que se tributará agora?

Muito tem-se falado sobre a pertinência e necessidade de uma reforma tributária constitucional, que unifique a tributação sobre o consumo em um único tributo sobre o valor agregado, de forma similiar ao que ocorre nos países percentecentes à OCDE, na forma do IVA (Imposto sobre valor agregado). Entre as propostas mais conhecidas está a do Centro de Cidadania Fiscal – CCIF, encampada na PEC 45, com aprovação recente pela Comissão de Constituição e Justiça da Câmara dos Deputados.

Tal debate ganhou força nos últimos tempos com o advento de novos negócios decorrentes da chamada Economia Digital, ou como preferem alguns, digitalização da economia. Com estes novos negócios os desafios jurídicos e fiscais se intensificaram aumentando o debate sobre eventual reforma tributária.

O objetivo deste artigo é demonstrar **a inadequação do nosso sistema tributário atual e a necessidade de um sistema mais moderno, que abandone a rigidez determinada pela legalidade estrita e a definição de competências por materialidades, para um sistema focado no valor agregado de cada negócio, com créditos financeiros irrestritos, alíquota única e tributação no destino.**

1. Materialidades Constitucionais: Comércio, Serviços e Indústria

A Constituição de 1988 trouxe uma repartição de competências constitucionais tributárias como uma das formas de atribuir autonomia aos entes federados, garantindo-lhes receita própria. Assim, do ponto de vista de tributação do consumo, ficaram instiuídos o ISS de competência municipal, o ICMS dos Estados e o IPI da União. Além desses, foram instituídos o PIS e a COFINS, exações que incidem sobre o faturamento e, portanto, sobre o consumo, também de competência da União.

---

[1] COASE, Ronald. The Nature of Firm. Disponível no endereço eletrônico: http://www3.nccu.edu.tw/~jsfeng/CPEC11.pdf . 1937.

Já à época da Constituinte de 1988, havia sérias críticas da doutrina especializada a respeito dessa repartição, antevendo-se conflitos de competência entre os entes federados.

A realidade demonstrou, já nos primeiros anos da Constituição, uma dificuldade em se enquadrar a economia, dinâmica por natureza, nas três categorias constitucionais. Exemplos disso são as controvérsias sobre a tributação das gráficas (serviços x mercadoria), locação de bens móveis (serviços x não incidência); franquia (contrato complexo), leasing (serviços x obrigação de dar), industrialização sob encomenda (ISS x ICMS x IPI), Outdoors – veiculação de mídia exterior (ISS x ICMS comunicação), gravação e distribuição de filmes[2].

Diga-se, no entanto, que essas controvérsias se estabeleceram ainda em uma época de economia predominantemente tangível, na qual se identificava de forma muito mais clara as diferenciações entre os referidos conceitos.

Com o surgimento da internet, os conflitos de competência se acentuaram ainda mais. Inicialmente houve o conflito de competência sobre os provedores de internet (ISS x ICMS comunicação), posteriormente veio a segunda edição de conflitos de competência sobre serviços de anúncios, mas dessa vez na modalidade digital reacendendo a discussão entre ISS x ICMS comunicação.

Com relação ao SW, a discussão sobre a incidência de ISS ou ICMS sobre o SW de prateleira ganhou novas cores com o SW via download, que antes mesmo de ser definido pela jurisprudência já ganhou um novo capítulo na sua versão em nuvem.

Atualmente, se discutem também a competência para tributar serviços de streaming e demais serviços on line e aplicativos.

Um dos exemplos mais emblemáticos do absurdo a que chegamos é a comparação entre serviços prestados dentro de pacotes de "TV a cabo" com serviços de streaming. Veja que o mesmo filme ou série, se adquirido, por exemplo da *NETFLIX* teria natureza jurídica de serviços de streaming, sujeito ao ISS, enquanto que se adquirido pelo *Globo Play*, ou

---

[2] CARPINETI, Ana Carolina et alli. O ISS sobre a produção, gravação e distribuição de filmes. JOTA. Disponível no endereço eletrônico: https://www.jota.info/opiniao-e-analise/artigos/o-iss-sobre-a-producao-gravacao-e-distribuicao-de-filmes-31012019. Acesso em 21/056/2019.

NET NOW, por exemplo, possui natureza de serviços de telecomunicação, sujeito ao ICMS.

Muito pertinente a contribuição se Fernando Rezende sobre o esgotamento do atual sistema constitucional tributário no que se refere às competências constitucionais[3]:

> "No admirável mundo novo dos negócios, que se forma com o avanço da economia digital, são grandes os desafios que precisam ser enfrentados para que o regime tributário se ajuste a uma realidade distinta daquela que dominou a economia do século XX.
>
> Nesse novo mundo, os negócios passam por uma profunda transformação que altera os modos e os meios utilizados na produção, circulação e uso de tudo aquilo que a atividade economica gera e disponibiliza para atender as necessidades dos paises e de suas populações. Nele as tradicionais fronteiras que serviram de referência para classificar as atividades economicas em quatro grandes grupos – agricultura, indústria, comércio e serviços – tornam-se cada vez menos nítidas, cedendo espaço a uma nova realidade em que as empresas modernas exibem novas feições que resultam da combinação de duas ou mais caracteristicas que davam identidade distinta a cada grupo, a exemplo do que ocorre com as que atuam nos segmentos da alta tecnologia, com a Amazon.
>
> No Brasil, essa nova realidade entra em choque com a preservação no texto constitucional de 1988 de bases tributárias distintas para a tributação de mercadorias e serviços. Naquele momento, as propostas elaboradas para subsidiar o trabalho do Constituinte, que já defendiam a extinção dessa dicotomia não foram acatadas, prorrogando uma situação que naquele momento já não se justificava e que agora se torna impossível de manter, gerando conflitos que nao podem ser solucionados por meio do recurso ao judiciário, somente por meio de uma reforma constitucional.
>
> (...) A velocidade do avanço tecnológico não condiz com a tentativa de transferir aos tribunais a responsabilidade por dirimir conflitos que

---

[3] REZENDE, Fernando. Tributação de Bens Digitais: a disputa tributária entre estados e municípios. In Tributação dos Bens Digitais: A disputa tributária entre Estados e Municípios. Notas sobre o Convênio ICMS 106/2017 e outras normas relevantes. Série Soluções nº 2, Editora Inhouse. FGV Direito SP, página 12.

decorrem da diluição das fronteiras utilizadas na classificação das atividades econômicas em campos que anteriormente eram bem demarcados. Na nova economia digital, não é possivel deixar nas mãos do judiciário a tarefa de arbitrar o conflito. Cabe ao Poder Executivo a responsabilidade por liderar um projeto de reforma tributária que corrija um problema que deveria ter sido solucionado em 1988".

Conjuntamente com a repartição de competências se estabeleceu a concepção de legalidade estrita em matéria tributária, sendo ambas complementares. Ou seja, a correta aplicação da repartição constitucional tem por pressuposto a observação estrita da lei, tributando-se apenas o que estiver legalmente previsto de forma taxativa e atribuído expressamente à competencia de cada ente.

2. A digitalização da economia e a fluidificação dos conceitos – Da natureza intrínseca à Funcionalidade Extrínseca do objeto contratado

Os últimos anos demonstraram um aumento vertiginoso de ofertas digitais, atualmente observáveis em praticamente qualquer segmento econômico. Importante notar que a digitalização não é restrita às empresas da chamada economia digital. Ao contrário, a digitalização está para muito além de Facebook e Google e demais empresas que já nasceram digitais.

Setores tradicionais já são altamente digitalizados. O setor bancário com as fintecs, o agribusiness muito intensivo em IOT, o setor automotivo com seus carros autônomos, a educação com suas plataformas on line e até a indústria de base com suas linhas de fábrica inteligentes. A verdade é que a transformação digital é hoje uma prioridade na maioria das empresas e provavelmente será um dos mais importantes fatores de competitividade para sua sobrevivência.

A digitalização da economia traz uma fluidez muito maior aos conceitos de serviço, comércio e indústria, atribuindo às ofertas uma ideia de funcionalidade extrínseca em detrimento de uma natureza intrínseca ao objeto contratado. Além disso, outras categorias não previstas expressamente na Constituição ganham relevância, principalmente no que se refere à exploração de Direitos, como Direitos Autorais, Royalties e Licenciamentos.

Por **funcionalidade extrínseca circunstancial do objeto**, queremos nos referir à sua mutabilidade em razão da função desempenhada em determinado modelo de negócios.

Enquanto que na economia tradicional as ofertas, ou o objeto contratado, geralmente possuíam uma natureza intrínseca, que as acompanhava qualquer que fosse o tipo de negócio, nas novas ofertas os objetos contratados serão atribuídos diferentes características a depender das funções que exerçam naquele negócio específico, diluindo-se na prática negocial a possibilidade de "descobrir" sua natureza intrínseca e imutável. Ou seja, **estamos passando pela migraçao da preponderância da ideia de natureza intrínseca permanente para a ideia de funcionalidade extrínseca circunstancial, ou temporária, do objeto contratado.**

Vários são os exemplos dessa importante mudança de paradigma.

Em ofertas de Software, por exemplo, por vezes pode preponderar sua funcionalidade como finalidade contratual específica, ou servirem como meio para prestação de outros serviços.

Ou seja, o mesmo objeto com a mesma finalidade, a depender do modelo de negócios em que esteja inserido pode revestir-se de diferentes características, impossibilitando seu enquadramento apriorístico, a partir da identificação de sua natureza.

Muito ilustrativa é a situação dos aplicativos de transporte que é fonte de recente controvérsia no Município de São Paulo. Teriam essas atividades necessariamente a natureza de intermediação de negócios, ou poderiam possuir caracteristicas de puro licenciamento de SW a depender do modelo de contratação?

Considere que determinado aplicativo cobre simplesmente um valor fixo mensal de cada motorista para utilização de sua plataforma, licenciando a este o uso do correspondente SW. Outro concorrente seu pode apostar em outra forma de precificação, preferindo uma cobrança direta do usuário final (passageiro) de acordo o valor da corrida, remunerando o motorista por um percentual de sua receita.

Nesses dois exemplos temos a utilidade (transporte) e as mesmas partes envolvidas (aplicativo, motorista, passageiro). Porém, a simples alteração da precificação da oferta já é suficiente para cambiar as características do negócio, preponderando no primeiro o simples licenciamento e no segundo o efetivo serviço de intermediação.

Ou seja, a "natureza jurídica intrínseca" ao objeto contratado cede espaço à sua funcionalidade extrínseca (pois depende da função exercida no modelo de negócios, e não de si mesma).

Essa diferença, no município de São Paulo por exemplo, gera uma variação de alíquota de 2,9% (licenciamento) para 5% (intermediação), ou seja, inevitável fonte de mais controvérsia e contencioso. Não é admissível que um sistema tributário racional atribua uma diferente tributação para duas atividades iguais, que tenham como única diferença sua forma de precificação ou modelagem negocial.

Essa grave distorção também é facilmente constatada na confrontação entre serviços de streaming e o conteúdo de prestadores de serviço de TV a cabo. O mesmo filme se assistido via *Netflix*, possuirá natureza de serviço de streaming, porém se via *Globo Play*, ou NET NOW, será considerado serviço de telecom.

Aí surge a pergunta, qual seria a natureza intrínseca para disponibilização ou oferta de filmes? Nenhuma. Haverá sim, uma função extrínseca exercida a partir do modelo de negócios em que estiver inserida. Veja o tamanho da distorção gerada neste caso, pois tem-se de um lado a cobrança de ISS a 2,9% e de outro o ICMS comunicação de 10% a 25%.

Essa discrepância, além de controvérsias fiscais, gera externalidades negativas que afetam a competitividade. Ou seja, ofertas similares poderão obter vantagem competitiva não por sua eficiência e qualidade, mas por uma distorção do sistema tributário.

O mesmo fenômeno se verifica nas ofertas de IOT. Qual a natureza jurídica de IOT? Essa é mais uma pergunta sem resposta apriorística[4]. Possíveis são os enquadramentos de ofertas de IOT tanto como mercadorias, serviços de telecom ou ainda como serviços sujeitos ao ISS, a depender do tipo de negócio em que estiver inserido.

---

[4] O Decreto n 9.854/2019 em seu artigo 2 conceitua IOT como "a infraestrutura que integra a prestação de serviços de valor adicionado com capacidades de conexão física ou virtual de coisas com dispositivos baseados em tecnologias da informação e comunicação existentes e nas suas evoluções, com interoperabilidade.

Veja-se a respeito o interessante exemplo oferecido por Schoueri[5] e Guilherme Galdino:

> Sob a perspectiva do Direito Tributário brasileiro, tomando-se como base os exemplos da Chamada de Emergencia Inteligente e das roupas inteligentes, surge a dificuldade de se encaixarem transações em torno de objetos inteligentes como meras mercadorias, prestações de serviços ou prestaçoes de serviços de comunicação.
> (...) A depender do objeto ou das funções por ele exercidas, todavia, a resposta acima pode não ser tão óbvia. Pelo fato de objetos inteligentes não só transmitirem dados, mas também verem as informações captadas ou recebidas tratadas por outras máquinas, potencializando as suas funções específicas ou tomando para si outras atribuições, pode ser que a empresa vendedora também esteja prestando um serviço.
> Desse modo, surge o problema de verificar se há uma ou mais obrigações. Como em uma relação contratual pode haver mais de uma obrigação, divisíveis, ainda que com uma única contraprestação (dinheiro), é possível constatar dois fatos geradores distintos. Caso se chegue a essa conclusão, aparece o entrave em se alocar o valor pago para cada obrigação. (...)
>
> **Desse modo fica claro que a divisão efetuada pelo legislador complementar foi no sentido de atribuir para cada obrigação a regra do tudo ou nada.** Ou bem estamos diante de um fornecimento de uma mercadoria com prestação de serviços ou de prestação de serviços de transporte interestadual ou intermunicipal ou de comunicação, sujeito ao ICMS, ou de uma prestação de serviço de qualquer natureza (ainda que envolvendo um produto), sujeita ao ISS. Assim, cabe ao aplicador do direito verificar no caso concreto e definir em qual campo de incidência ela se encontra, se no ICMS ou se no ISS.
>
> **O raciocínio cartesiano acima proposto enfrenta obstáculo, entretanto, quando se encontram relações jurídicas complexas, envolvendo mais de um contrato, posto que coligados.**"

---

[5] Schoueri, Luiz Eduardo. Tributação da Economia Digital. In FARIA, Renato et ali. Tributação da Economia Digital – Desafios No Brasil, Experiência Internacional e Novas Perspectivas. Editora Saraiva, São Paulo, 2018, página 253.

A digitalização da economia traz um forte ingrediente de complexidade ao enquadramento da realidade negocial aos conceitos constitucionais e assim uma grande potencialização de conflitos de competência, tornando um cenário que já era caótico ainda pior. Isso porque a digitalização da economia diminui ainda mais as fronteiras entre serviços, mercadorias e indústria aumentando significativamente a insegurança jurídica na tributação sobre o consumo dentro do modelo vigente.

3. A Digitalização da Economia. O bug no processo interpretativo

3.1. A Aplicação da Norma

A prática jurídica em geral, e com muito relevo a prática tributária, possui como essência – ou núcleo – a atividade de aplicação da norma ao caso concreto, seja por parte de autoridades fiscais, ou dos contribuintes. Assim, a subsunção, ou lançamento, é a atividade que constitui o crédito tributário pela aplicação da norma abstrata ao fato concreto. Para tal é necessário se identificar dentro da hipótese prevista na norma, qual fato nela se enquadra, formalizando-se tal enquadramento de acordo com a linguagem própria exigida pela legislação.

Essa linguagem consiste em diferentes suportes físicos que de acordo com a teoria das provas poderão determinar tal subsunção dentro do processo de positivação do direito.

3.2. Aplicação. Do Fato Digital à Norma Analógica. A complexidade de aferição do fato digital

A digitalização da economia em grande medida significa também a intangibilização das novas ofertas. Ou seja, o que se passa a transacionar torna-se muito mais abstrato e difícil de ser compreendido e apreendido, por carência do importante aspecto físico.

Um exemplo clássico dessa dificuldade de apreensão são as ofertas em nuvem.

O que antes era uma atividade de processamento de dados, executada a partir de um servidor físico, vendido como mercadoria e contabilizado no ativo físico das empresas com o tempo passou a integrar contratos de outsourcing de infraestrutura, que mesmo que em formato de contrato de serviços, ainda podia ser identificado com um servidor fisicamente individualizado.

A oferta de IAAS (Infraestrutura como Serviço em Nuvem) tornou completamente intangível a atividade de armazenamento e processamento de dados, sendo frequentes perguntas como: O que é nuvem? Onde ela fica? Chegando até a ser objeto de questionamento da Ex Presidente da República, ao indagar: "Como é que uma coisa pode estar na nuvem"[6]? Repletos, portanto, são os exemplos da dificuldade de se compreender algo que não se pode ver e tocar.

Essa dificuldade ganha ainda mais realce na prática tributária. Dentre os suportes físicos mais comuns para identificação do fato gerador estão a análise da natureza jurídica de determinada oferta, frequentemente apreendida a partir de seu contrato e de sua exteriorização no mundo físico. Logo, a verificação do fato jurídico tributário ao longo dos anos esteve fundamentalmente calcada em uma análise contratual e sua compatibilidade com sua exteriorização no mundo real.

Quando se estabelece um contrato de venda de x toneladas de soja, o objeto do contrato pode ser confrontado com o produto estocado e contabilizado no ativo circulante. O mesmo serve para outras mercadorias e até para serviços que tem por resultado final "entregáveis", tangíveis. Contratos de serviços médicos podem ser confrontados com cirurgias efetivamente realizadas, prescrições médicas em formatos de receitas, serviços de contabilidade e advocatícios são verificáveis em balanços, processos judiciais, pareceres etc. O mesmo para serviços de construção civil, publicidade clássica materializada em campanhas etc.

Com a digitalização da economia, esse binômio clássico de aferição do fato jurídico tributário perde um de seus pilares fundamentais, que é a tangibilidade de sua exteriorização no mundo físico, implicando no enfraquecimento do substrato de linguagem encontrada no mundo material, dificultando muito a atividade de subsunção do fato à norma, de acordo com a teoria das provas.

Por outro lado, não havendo substrato no mundo material, ganham relevo as disposições contratuais e registros contábeis, praticamente como fontes únicas de informação sobre o fato jurídico. Nota-se aí um

---

[6] https://www1.folha.uol.com.br/paywall/signup.shtml?https://www1.folha.uol.com.br/colunas/ruycastro/2016/07/1791119-dilma-na-nuvem.shtml.

aumento de complexidade na atividade de subsunção pela dificuldade de caracterização do fato, diante de sua intangibilidade.

3.3. Aplicação – Da norma analógica ao fato digital. Tipicidade Cerrada. Incompatibilidade e articialismo interpretativo

O sistema tributário brasileiro vigente é calcado no postulado da legalidade estrita, ou tipicidade cerrada como preferem alguns, e na definição de competências a partir de materialidades. Referido sistema pressupõe no campo da definição de competências tributárias constitucionais fronteiras claras entre indústria, comércio e serviços e especificamente quanto aos serviços, uma taxatividade normativa.

O que se observa na economia digital é um distanciamento muito grande entre as hipóteses normativas e a prática negocial. Perderam relação de pertinência com a realidade negocial da economia digital as disposições dos artigos 153, 155 e 156 da Constituição Federal, visto que a nova economia não possui fronteiras claras entre Industria, Serviços e Mercadorias.

Grande exemplo disso é a impressora 3D, que poderia se enquadrar em qualquer dos itens acima, visto que: (i) pode ser um serviço de reprografia conforme capítulo 13 da lista anexa à lei complementar 116/03; (ii) atende ao conceito de industrialização (artigo 3 do Decreto 7212/10) e solução de consulta RFB número 97, (iii) pode ser usado para impressão e venda de mercadorias em larga escala a partir de uma matriz padrão.

Outro ponto fora do enquadramento constitucional original é a cessão de direitos, não prevista expressamente em nenhum dos artigos referidos e que não se qualifica, a priori, como mercadoria, indústria ou serviços.

Nesse sentido não é de se espantar a polêmica sobre a tributação de cessão de direitos de uso de SW, que no formato SAAS, possui posicionamento dos três Entes da federação, cada qual, atribuindo-lhe natureza jurídica diversa.[7]

---

[7] Parecer Normativo SF n 1 de 18/07/2017 da Municipalidade de São Paulo – (SAAS como subitem 1.05, sujeito a ISS); Solução de Consulta n 191 – COSIT da Receita Federal do Brasil – (SAAS como serviço técnico, sujeito a IRFONTE, CIDE e PIS/COFINS); Decisão Normativa CAT n 4/17 da SEFAZ/SP – (SAAS como mercadoria digital, sujeita a ICMS).

As disposições contidas na Lei Complementar 116/03 (ou na LC 87/96 ou ainda na lei 10833/03) também já não refletem mais os negócios jurídicos efetivamente contratados. O que se observa na prática é que ao invés do fornecimento de serviços, mercadorias ou industrialização se vendem soluções integradas com diferentes funcionalidades, que não se confundem com um contrato com diversas naturezas jurídicas distintas.

E, ainda que se pudessem enquadrar como tal, as naturezas jurídicas estabelecidas contratualmente não se conformam com as hipóteses dispostas na legislação. Tal fato gera um artificialismo na "busca pela natureza jurídica" que na verdade acaba por tornar-se uma atribuição de natureza fiscal distorcendo a prática negocial.

Vale observar que o simples abandono dos postulados da legalidade estrita e tipicidade cerrada, sem uma profunda reforma no sistema geraria ainda mais controvérsias.

Isso porque, no conflito de competência onde se disputam as fronteiras da incidência, qualquer alargamento da hipótese normativa gera uma sobreposição competencial. Imagine por exemplo que se admita, dentro dessa ideia, o alargamento do conceito de mercadoria para abarcar não as mercadorias físicas como também as digitais. Ao mesmo tempo, aplicando-se a mesma premissa também se deveria admitir o alargamento do conceito de serviços para além das obrigações de fazer. Nessa hipótese não haveria solução possível para o enquadramento das ofertas de Software por exemplo.

Veja-se neste sentido a esclarecedora posição de Mauricio Barros em artigo sobre a "servicificação de mercadorias":[8]

> "Contudo, esses entendimentos casuísticos do poder judiciário, sem uma reflexão macro sobre o sistema tributário nacional como um todo, embaralham a discussão, na medida em que o alargamento das competências tributárias de Estados e Municípios, no altiplano da interpretação/concretização das regras constitucionais de competência, tem a tendência de agravar o conflito já instaurado entre ICMS e ISS no plano de aplicação da lei a casos concretos, com a lavratura de vultosos autos de infração. **O raciocínio é simples: quanto mais os conceitos constitu-**

---

[8] BARROS, Maurício in Revista Fórum de Direito Tributário (RFDT n 94) página 8. saas.

cionais são alargados, maior é a zona cinzenta que, no plano pragmático, fundamenta autuações conflitantes dos entes tributantes quedando-se os contribuintes nesse injusto fogo cruzado".

4. Exemplo prático: O contrato de blockchain e outras ofertas

Diante do quadro acima que demonstra a dificuldade de aferição do fato jurídico tributário digital e a inadequação das hipóteses normativas taxativas ou "cerradas", passa-se à análise dos efeitos práticos dessa anomalia. Dessa forma, será analisada a oferta de uma solução de blockchain, permeada por soluções de IOT (Internet das coisas), Cloud, Consultoria e Desenvolvimento de Sistemas.

O objetivo é escancarar a complexidade tributária de uma das mais promissoras tecnologias da atualidade, principalmente tendo-se em mente que, fosse o mesmo negócio realizado em um país com uma tributação do consumo baseada no IVA, bastaria acrescentar ao valor final da fatura uma alíquota previamente definida.

O que é um contrato de *blockchain*?

Blockchain é um conceito tecnológico com um potencial enorme de melhorar e trazer inovação para diversas áreas da economia, como serviços bancários, cadeia de suprimentos e logística e outras redes de negócios. O *World Economic Forum* em Davos estima que em 2027, 10% do PIB global já será estocado em blockchain. Somente em 2018, houve mais de meio milhão de publicações sobre o tema e 3.7 milhões de pesquisas no Google sobre o assunto. Há um hype sobre o blockchain, com empresas e governos tentando entender o fenômeno e encontrar mecanismos para adaptar seu modelo de negócios à nova tecnologia.

Mas, o que é mesmo *blockchain*? Para que serve e por que empresas, Governos e cidadãos precisam aprender sobre essa tecnologia?

Blockchain é uma tecnologia que descentraliza informações por meio de vários agentes certificadores que possuem incentivo para garantir a autenticidade das informações adicionadas à rede. Trata-se de um novo protocolo de confiança, onde a garantia da autenticidade dos dados não será dada por nenhum agente centralizado (como o Governo) mas vários agentes atuando de forma descentralizada.

O "*block*" é composto por um conjunto de números (*hash*) que é a representação criptografada de um determinado dado, que pode ser um *bitcoin*, um registro de imóvel, um dado médico ou mesmo uma informação pessoal. Assim, o software é o tipo *blockchain*, que vai criar a solução criptográfica para transformar um dado em um *hash*. Esses blockchains podem ser de diversos tipos, como *bitcoin*, *Ethereum*, *Riple*, fancton, e tantos outros. Bitcoin blockchain, por exemplo, é um tipo de blockchain que permite transferir bitcoins.

Esses *Blocks* são ligados aos *Chains* que são os hardwares. São conjunto de nódulos que são conectados mediante protocolo matemático. Esses protocolos matemáticos são mecanismos de incentivo que vão motivar os diversos nódulos a certificar as informações e são chamados protocolos de consenso. Há vários deles e variam de acordo com o tipo de blockchain escolhido. São exemplos de protocolos de consenso:

- *(PoW) Proof of Work (Bitcoin,)*
- *(PoS) Proof of Stake (Ethereum)*
- *(PoI) Proof of Importance (used in NEM)*
- *(PBFT) Practical Byzantine Fault Tolerance (Hyperledger Fabric)*
- *(FBFT) Federated Byzantine Fault Tolerance (Ripple, Stellar)*
- *(DPoS) Delegated Proof of Stake*
- *(PoET) Proof of Elapsed Time (Hyperledger Sawtooth)*

Essas redes de blockchain estão constantemente crescendo à medida que novos blocos completos são adicionados de modo linear e cronológico por um novo conjunto de registros. Dessa forma, qualquer computador que esteja conectado a essa rede (nódulo – ou nó) tem a tarefa de validar e repassar transações, obtendo uma cópia da blockchain após o ingresso na rede. Assim, essa cadeia possui informação completa sobre os dados diretamente do bloco gênese até o bloco mais recentemente concluído. É como se fosse um livro-razão eletrônico.

Mas, se a ideia parece intuitiva, por que não surgiu antes? Havia problemas teóricos e técnicos para viabilizar essa solução e o insight veio com o whitepaper escrito por *Satoshi Nakamoto* em 2008. O grande insight foi a criação da prova do trabalho (*proof of work*), que estabeleceu uma certa dificuldade para que os blocos fossem agregados um a um, ao passo que instituiu uma recompensa para essa agregação. Essa recompensa (ou incentivo) seria viabilizado pela chamada mineração, que não tem nada a ver com minerar, mas com resolver um problema matemático, que é a questão do hash.

Outra solução engenhosa foi resolver o chamado problema dos generais bizantinos. Esse puzzie teórico supõe uma cidade que está sendo sitiada por generais bizantinos em posições diferentes de uma colina que os separam. Os generais têm que encontrar uma maneira de coordenar as informações entre eles para definir momento adequado para atacar a cidade. O problema é que eles não têm como se comunicar, sem a utilização de um mensageiro. Ocorre, no entanto, que os generais não acreditam uns nos outros, tampouco confiam no mensageiro que pode, por exemplo, coluir com um dos generais com o intuito de trair os demais. Assim, a questão é: como fazer qualquer acordo com pessoas que você não confia?

Na arquitetura tradicional que utilizamos, essa confiabilidade é dada pelo Estado. Assim, mesmo que você assine um contrato com um estranho, se houver desavença, o Estado, via poder Judiciário, estará apto a promover o enforcement.

Nessa nova arquitetura, a confiança não é garantida pelo Estado, mas sim por uma rede descentralizada e autônoma, cuja arquitetura de governança é baseada em criptografia e protocolos matemáticos.

Essa é uma ideia geral sobre o funcionamento (a comunicação e armazenamento) no *blockchain*, mas há muitas nuances a explorar que vão além do escopo desse trabalho.

Outro ponto importante é que ao falarmos de descentralização, estamos também tratando de Governança: Quem pode fazer o quê; Quem tem a propriedade da informação (chave privada vs endereço público); Quem valida as informações (quais os parâmetros específicos de cada tipo de mineração); Nessa seara, aspectos mais técnicos do *blockchain* ganham relevo, como a diferenciação entre uma *blockchain* privada de uma *blockchain* pública, ou mesmo a análise sobre o conceito de DAOs e como funcionam os mecanismos de governança de *blockchains* (*off-chain, on-chain ou híbridos*).

Como dissemos, essa pauta refoge ao escopo desse texto, mas é relevante para o entendimento mais completo do assunto e cuja lacuna pode ser parcialmente suprida com as indicações bibliográficas no final do texto.

Dito isso, podemos constatar que a tecnologia provê as bases necessárias para uma contabilidade compartilhada e dinâmica, que pode ser aplicada para o registro de transações entre partes, gerando diminuição de riscos, aumento de confiança e economia de tempo e recursos, pela digitalização e automatização de processos e exclusão de terceiros intermediários.

Imaginemos uma grande empresa de logística que pretende implementar blockchain para sua cadeia logística, desde o produtor até o destino final, para transporte, por exemplo de um carregamento de Flores. Essa cadeia de suprimentos tem seu produtor na África e o produto final deverá ser entregue em um porto na Europa. Os participantes dessa cadeia seriam os produtores das flores; as transportadoras locais; as autoridades aduaneiras de origem; a empresa de logística; as autoriadades aduaneiras do destino; a transportadora do destino e finalmente o adquirente da mercadoria.

Por se tratar de um carregamento de flores, os *conteiners* podem utilizar uma solução de IOT, integrada com a rede de *blockchain* que medirá sua temperatura durante o trajeto, de acordo com o estipulado contratualmente. Todos os participantes da rede poderão verificar, em tempo real, o implemento de cada elo dessa corrente via um aplicativo de celular hospedado em uma plataforma de SAAS.

Diante dos fatos acima, qual seria a tributação desse contrato de acordo com legislação atual?

A melhor prática recomendada no Brasil é que se identifique de forma mais detalhada possível a natureza jurídica da operação para que assim se possa identificar sua tributação adequada. No caso em análise, por se tratar de contrato complexo, com diversas operações, pode-se identificar a princípio 4 negócios principais: (i) consultoria (*design thinking* do desenho fundamental); (ii) desenvolvimento do sistema, (iii) oferta de IOT e (iv) SW em nuvem.

Diga-se que só a introdução deste tópico já justificaria uma reforma tributária ampla. Isso porque fosse o sistema baseado em uma alíquota única, o contrato poderia ser tributado de maneira uniforme, independentemente do quão complexo fosse e quantas operações o compusessem. Porém, atendendo-se a uma necessidade já imposta por nosso sistema de forma a evitar ao máximo a precificação e tributação equivocadas, se procurou "quebrar" o contrato de forma detalhada de forma a isolar suas distintas "naturezas jurídicas".

Poderia se concluir que a partir da "correta" identificação das naturezas jurídicas das principais ofertas constantes deste contrato complexo, a segurança jurídica seria finalmente alcançada. Porém, conforme se demonstrará mesmo após este esforço inicial as diferentes possibilidades de interpretação do contrato e tributação ainda são enormes.

Analisemos, separadamente a tributação de cada uma das ofertas:

4.1. Consultoria

A consultoria é uma etapa preliminar na construção de uma rede de *blockchain*. Chamada comercialmente de *"Desin Thinking"*, neste momento se analisa o que se pretende com a construção da rede (a dor do cliente), quais as possibilidades tecnológicas e o nível de complexidade. Uma análise superficial nos levaria a concluir que esta etapa não geraria maiores indagações sendo tributada por ISS e PIS/COFINS. Porém, ao se analisar quais seriam as alíquotas aplicáveis de ISS e PIS/COFINS, a complexidade da questão já passa a se revelar.

Nesse contexto, basta entendermos tratar-se de serviço de consultoria para definirmos a tributação desta parte do contrato? Ou para o bom atendimento da legislação fiscal e definição das alíquotas aplicáveis é necessário qualificarmos que tipo de consultoria seria?

Considerando a incompatibilidade da legislação de ISS com a legislação de PIS/COFINS, a qualificação da consultoria é completamente necessária. Explico:

A lista anexa à lei complementar prevê dois tipos diferentes de consultoria, cada qual com uma alíquota diferente (usaremos São Paulo como exemplo):

O item 1.06 da lista anexa à lei complementar 116 prevê em seu item 1.06 a Assessoria e Consultoria em Informática, em São Paulo alíquota de 2.9%, enquanto que o item 17.01 prevê a Assessoria e Consultoria de qualquer natureza, com alíquota de 5%.

Neste caso para o ISS estaríamos mais próximos do item 1.06, Assessoria e Consuloria de Informática.

E para o PIS/COFINS, qual seria a alíquota aplicável? Lembremos que o PIS/COFINS, no regime não cumulativo (para optantes do lucro real), com aliquota de 9,25% e direito a crédito possui exceções com alíquota de 3.65% sem direito a crédito.

A controvérsia está no enquadramento ou não desta parte da oferta na exceção disposta no artigo 10, inciso XXV da lei 10833/03:

XXV – as receitas auferidas por empresas de serviços de informática, decorrentes das atividades de desenvolvimento de software e o seu licenciamento ou cessão de direito de uso, bem como de análise, programação, instalação, configuração, assessoria, **consultoria,** suporte técnico e manutenção ou atualização **de software,** compreendidas ainda como softwares as páginas eletrônicas. (Incluído pela Lei nº 11.051, de 2004)

Ou seja, o que para fins de ISS se enquadra como consultoria de informática, pode ser considerado para PIS/COFINS como consultoria de *Software*? Há casos que poderiam se configurar como consultoria de informática para fins de ISS, mas que não se qualificam como consultoria de SW para fins de PIS/COFINS?

Ao nosso ver sim, pois o conceito de informática é muito mais abrangente do que o conceito de SW.

No caso em análise, pode-se dizer que o escopo principal do projeto é a construção de uma rede, que realmente terá como aspecto relevante o desenvolvimento de progamas, ou Software. Porém, há de se admitir que a Consultoria vai além da simples concepção de um programa de computador, incluindo análises quanto à viabilidade de utilização de outras tecnologias, como IOT, Nuvem, cadeias logísticas etc.

Assim não se pode descartar a hipótese de que eventual fiscalização de PIS/COFINS descaracterizasse a receita correspondente a esta consultoria como derivada de uma consultoria de Software, para enquadrá-la como uma Consultoria de aspecto mais amplo, não restrita a Software. Aplicar-se-ia então a regra geral de tributação de PIS/COFINS não cumulativo com alíquota de 9.25%.

Por outro lado, caso a opção fosse pela tributação a 9.25% no regime de não cumulatividade, aproveitando-se créditos etapas passadas, poderia a autoridade fiscal entender tratar-se de receita derivada de consulta de SW, sujeita ao regime cumulativo e assim glosar os créditos de PIS/COFINS eventualmente tomados.

Logo, podemos considerar que a etapa preliminar do projeto, uma simples reunião para desenho inicial da concepção da rede já está sujeita a uma controvérsia e risco fiscal de PIS/COFINS.

4.2. Desenvolvimento de Sistema

Passando à proxima etapa do projeto, o desenvolvimento dos sistemas em si, a situação fica ainda pior pois a legislação do ISS, neste caso, não está somente em desarmonia com legislação do PIS/COFINS, mas está em conflito com si mesma, vejamos:

ISS x ISS

Há três enquadramentos possíveis desta etapa do projeto de acordo com a lista anexa à Lei Complementar 116/03, previstos nos itens.

1.01 – Análise e desenvolvimento de sistemas.
1.02 – Programação.
1.04 – Elaboração de programas de computadores, inclusive de jogos eletrônicos, independentemente da arquitetura construtiva da máquina em que o programa será executado, incluindo **tablets, smartphones** e congêneres. (Redação dada pela Lei Complementar nº 157, de 2016).

Cabe dizer que a atividade de programação pode ser considerada como o núcleo dos três itens acima citados. Quais seriam então os limites e traços distintivos dos três itens? Muito tem se debatido tanto na doutrina quanto em decisões administrativas e judiciais. Porém, o fato é que por mais que contornos teóricos possam diferenciar estes itens conceitualmente, ao se analisar um projeto ou contrato concreto as dificuldades são enormes.

Reconhecendo essa dificuldade na própria atividade fiscalizatória, a Prefeitura de São Paulo optou por unificar as alíquotas desses serviços, diante da impossibilidade de fazê-lo na prática em processos fiscalizatorios, que não raro terminavam com autos de infração não só questionáveis, mas objeto de contencioso puramente retórico ante a dificuldade de se produzir prova material.

No entanto, o fato das alíquotas terem sido uniformizadas não significa o fim da insegurança jurídica, pois o enquadramento indevido em determinado item da lista anexa, sujeita o contribuinte a multa de 50% do valor do imposto, independentemente de diferença de imposto a pagar (lei municipal da Cidade de São Paulo, nº 13476/02, artigo 14, inciso V, alínea A).

Para concluir nos parece que o item mais apropriado seria "Análise e desenvolvimento de Sistema" por ser um contrato de *blockchain* mais abrangente do que uma simples atividade de programação ou a elaboração de um programa específico por encomenda, apesar de conter um pouco de ambos.

ISS x PIS/COFINS

Quanto à compatibilização entre o ISS e o PIS/COFINS, apresenta-se o problema no mesmo formato do ocorrido com a fase inicial do projeto, de serviços de consultoria. A exceção existente na lei 10833/03 para determinar a tributação de PIS/COFINS à alíquota de 3,65%, repete-se para atividades de "desenvolvimento de software".

Caso a opção para a tributação do ISS tenha sido "análise e desenvolvimento de sistemas" haveria um risco do PIS/COFINS ser considerado como classificado equivocadamente?

Sim, pois bastaria ao fiscal considerar que um sistema é mais abrangente que a criação de um *Software*, que com ele não se identifica completamente e que só seria correta esta classificação no caso de serviços de Elaboração de Programas (*Software* por encomenda) e não para o desenvolvimento de sistemas, como os necessários à integração de uma rede de *blockchain*.

4.3. IOT

A solução de IOT, entre outras possibilidades, seria responsável por, mediante sensores, captar a temperatura dos conteiners comunicando-se em tempo real com os participantes da rede via dispositivos móveis e até com outros sistemas, como Faturamento, Contas a Pagar etc.

As soluções de Internet das coisas poderiam ser classificadas, do ponto de vista da disponibilização da conexão, como serviços de telecom, sujeito a alíquota de 25%?

Mas e se prestados por empresas que não são Telecoms e não possuem rede de transmissão? Ainda assim seria um serviço de telecomunicação, ou poderia ser enquadrado como serviços de processamento de dados e congeneres, conforme item 1.07 da lista anexa à Lei Complementar 116/03?

Aí está mais uma tecnologia muito promissora e que no Brasil já se inicia diante de uma grande dualidade e insegurança jurídica, conforme destaca Schoueri[9]:

> Tendo isso em vista, verifica-se que a Internet das Coisas acaba por acirrar um problema já existente, qual seja, o conflito de competência entre

---

[9] FARIA, Renato *et all*. Tributação da Economia Digital: Desafio no Brasil, Experiência Internacional e Novas Perspectivas. Editora Saraiva, 2018, página 253.

ICMS e ISS. Ao fim e ao cabo, as relações contratuais devem ser segregadas caso apresentem mais de uma obrigação, pois podem implicar a ocorrência de mais de um fato jurídico tributário. Assim, com o crescemente surgimento de objetos inteligentes, mais situações como a da Chamada de Emergencia Inteligente poderão implicar a alocação das parcelas relativas à circulação de mercadorias e à prestação de serviço. Sem disposição contratual a esse respeito, Fiscos estaduais e municipais procurarão impor preços mínimos com o escopo de se chegar à base de cálculo do tributo em questão.

Além disso, pode surgir a dúvida se tais objetos inteligentes (e.g. roupas e carros) são instrumentos de um serviço de comunicação ao executar funções. Diante disso, alternativamente, poder-se-ia também cogitar que tais atribuições não passariam de um serviço de valor adicionado.

4.4. SAAS – Usuário Final

A oferta de SAAS poderia ser usada para, entre outras coisas, hospedar os aplicativos criados para acompanhamento dos elos da corrente de Blockchain em tempo real, via dispositivo móvel. A disponibilização de Software em nuvem é atualmente o campeão de controvérsias tributárias, em uma competição já muito acirrada.

Os três entes federativos (União, Estados e Municípios) possuem entendimento diverso sobre a natureza jurídica desta oferta.

Para os municípios o fato da oferta de SW ter migrado da mídia (CD) para o download ou para a Nuvem não alteram sua essência de cessão de direito de uso, conforme disposto no item 1.05 da lista anexa à LC 116 (Parecer Normativo SF n 1 de 18/07/2017 da Municipalidade de São Paulo).

Já os Estados conforme convênio 106 e resposta CAT 04/17 da Sefaz/SP, entendem que ofertas de SAAS estão sujeitas a incidência do ICMS por se caracterizarem como comercialização de bens digitais A União Federal, por sua vez, entendeu, via resposta a consulta, que em hipótese de remessa ao exterior pela aquisação de SW em Nuvem, a remessa seria classificada como uma importação de serviços técnico sujeitando-a a tributação de CIDE, IRFONTE e PIS/COFINS (Solução de Consulta n 191 – COSIT da Receita Federal do Brasil).

Vale dizer que há outro entendimento da RFB acerca da aquisição internacional de licença de SW, determinando apenas a incidência do IRFONTE, havendo não incidência de PIS/COFINS e isenção de CIDE (Solução de Consulta 448/2017).

Assim, tendo havido uma alteração do meio pelo qual a funcionalidade do SW é adquirida ou acessada alterou-se radicalmente a interpretação da Receita Federal sobre natureza jurídica e tratamento fiscal da operação.

4.5. SAAS – Pagamento pelos direitos de distribuição

Nessa hipótese, sendo o contrato entabulado entre filial brasileira de empresa estrangeira, haveria a necessidade de pagamento ao exterior, a título de Direitos Autorais, pela cessão dos direitos de distribuição do SW no Brasil. É o que permite à entidade brasileira ceder a licença de uso do SW ao cliente no Brasil.

Assim, haveria uma remessa internacional pela aquisição dos direitos de distribuição do SW, na modalidade SAAS. Neste caso o "importador"/"licenciado" adquire o direito de sublicenciar o direito ao acesso à funcionalidade do SW na nuvem, sendo vedado o direito de usá-lo em benefício próprio.

ISS – SAAS Direitos de Distribuição

O posicionamento das Prefeituras ainda é uma incógnita, existindo grande possibilidade de que se considere, equivocadamente, a remessa como pagamento pela importação de licença de uso, ou até como um serviço de intermediação de negócios[10]. Isso porque tanto em São Paulo

---

[10] IN SMF nº 16/12:
"Art. 19: A intermediação realizada para licenciamento ou cessão do direito de uso de programa de computador é fato gerador do ISS, nos termos do subitem 10.05 do art. 8 da lei n 691/1084, com as alterações da lei n 3.691/2003.
Parágrafo único: A procedência, nacional ou estrangeira, do programa de computador objeto de licenciamento ou cessão de direito de uso é irrelevante para efeito da incidência prevista no caput."
art. 21: "A base cálculo do ISS incidente sobre os serviços de intermediação para licenciamento ou cessão de direito de uso de programa de computador é a comissão auferida pelo intermediário.
§ Entende-se por comissão o valor bruto auferido da operação deduzido do valor pago ao titular dos direitos autorais ou intermediário antecedente.

como no Rio de Janeiro há casos de autuações por remessas ao exterior de pagamento por Direitos de Distribuição de SW, sendo classificados, equivocadamente, como uma importação de licença de uso de SW (Apelação nº 0013078-82.2012.8.26.0053).

Repita-se, neste ponto, que o ditribuidor ao adquirir e pagar pelo direito de distribuir/revender o SW fica proibido de utilizá-lo, eis que sua licença é de comercialização e não de uso, não sendo hipótese de incidência de ISS[11]. Porém, em interpretação deveras elástica do item 1.05, as prefeituras manifestaram entendimentos isolados pela equiparação dessa operação a uma importação de licença de uso.

ICMS – SAAS Direitos de Distribuição

Do ponto de vista do ICMS, a princípio os Estados também a veem como dentro de sua competência, porém, pelo disposto no convênio 106 somente a operação de venda ao usuário final de bens digitais seria tributada, estando neste caso diante de uma isenção por se tratar de etapa anterior à venda ao usuário final.

União Federal – SAAS Direitos de Distribuição

O posicionamento da Receita Federal neste caso ainda é desconhecido, mas não livre de controvérsias. Pelos menos duas possibilidades, ambas com alto grau de risco fiscal se projetam.

A primeira delas seria na linha da resposta a consulta sobre SAAS (SL 191) tratando-a como serviços técnicos. Aparentemente existe um erro de fato na consulta. Apesar da operação subjacente objeto da consulta ser efetivamente a Cessão de Direitos de Distribuição de Software em Nuvem, a decisão parece ter considerando, em sua resposta, uma operação de cessão de uso de SW em nuvem, como se fora cedida diretamente ao usuário final.

Assim, a primeira possibilidade seria o tratamento dos direitos de distribuição como serviços técnicos, o que acarretaria em brutal aumento de carga tributária para a distribuição de SW, com a adição de PIS/COFINS e CIDE, além do IRFONTE.

---

[11] Sobre o tema, muito embora não seja item pacífico nas administrações municipais, entendemos que nesta etapa do ciclo operacional não há incidência de ISS por ausência de expressa previsão na Lei Complementar 116/03 de item referente à "licença de comercialização". Tributação da Nuvem, Revista do Tribunais, Org. Tathiane Piscitelli, página 280.

A outra possibilidade é o tratamento da remessa como Royalties, na linha do decidido na resposta a consulta 449/2017. O grande fator de insegurança jurídica perpetrado pela resposta a consulta é que ao alterar o critério jurídico, passando a consider tal remessa como Royalties, a RFB passou a entender tal custo como indedutível da base do Imposto de Renda pelo lucro real, se entre empresas coligadas[12].

Assim, ambas as possibilidades de tributação federal para distribuição de SW em nuvem carregam grande insegurança jurídica.

Conclusões

O sistema tributário brasileiro vigente, baseado em tipicidade cerrada e definição de competências por materialidades, não é mais capaz de racionalmente prescrever uma tributação ordenada. Esse quadro se intensifica diante das ofertas da nova economia digital, ante seu caráter intangível e disruptivo. As velhas categorias constitucionais e legais não refletem as práticas negociais e transformam a busca pela natureza jurídica em uma atribuição de natureza fiscal deformadora da realidade.

Os exemplos acima demonstram como o sistema atual é gerador de insegurança jurídica e induz a um crescente contencioso tributário afastando investimentos externos. Isso ratifica a necessidade de um sistema baseado na tributação sobre o valor agregado, com alíquota única e no destino, de forma a neutralizar a atual necessidade de tipificação de ofertas e separação de competencias em razão dos segmentos da economia (comércio, indústria e serviços).

---

[12] Com relação ao pagamento de Royalties a recente soluçõa de consulta COSIT 182, indicou que a indedutibilidade absoluta nas remessas entre sócios não se aplica quando entre empresas do mesmo grupo, sem vínculo societário direto.

Reforma

6. A REVOLUÇÃO DIGITAL E A REFORMA TRIBUTÁRIA
7. A EFORMA TRIBUTÁRIA INFRACONSTITUCIONAL PELAS MEDIDAS ALTERNATIVAS PARA SOLUÇÃO DE CONTROVÉRSIAS
8. NOVAS TECNOLOGIAS E A NECESSIDADE DE REFORMA TRIBUTÁRIA
9. SISTEMA CONSTITUCIONAL VERSUS NOVOS (E DESCONHECIDOS) TRIBUTOS
10. IMPACTOS DA REVOLUÇÃO DIGITAL NA TRIBUTAÇÃO: UMA PRIMEIRA REVISÃO BIBLIOGRÁFICA

6. A Revolução Digital e a Reforma Tributária

Fernando Rezende

Introdução

O advento da Revolução Digital põe em xeque os paradigmas tributários que se consolidaram há mais de um século, quando a revolução industrial provocou mudanças importantes na economia. No início do século XX, as distorções provocadas pelo modelo então vigente, para tributar a venda de mercadorias serviços, conduziu à elaboração da proposta de adoção do método do valor adicionado, com o objetivo de eliminar a sobrecarga que o modelo anterior acarretava nos preços dos produtos adquiridos pelos consumidores.

Após a iniciativa de alguns pioneiros, que implementaram essa novidade nos primeiros anos da segunda metade do século passado, entre eles o Brasil, ela espalhou-se pelo mundo a partir da década de 1970.

Num contexto em que as etapas do processo produtivo eram bem definidas e o tempo decorrido para que o produto chegasse às mãos do consumidor era longo, o método do valor adicionado eliminava a sobrecarga nos preços, que afetava principalmente a população mais pobre, cujo padrão de consumo se concentrava em mercadorias cujas cadeias produtivas geralmente eram mais longas

Em paralelo, à medida que as grandes corporações industriais ultrapassavam as fronteiras dos países em que estavam sediadas e passavam a atuar em outras partes do mundo, tornava-se necessário adotar novas regras para tributar o lucro das multinacionais, de forma a que uma parte desse lucro gerada nos países em que seus produtos eram consumidos fosse ali apropriada. A regra básica adotada, para lidar com essa nova situação, foi a exigência de haver um estabelecimento permanente da matriz localizado nos demais países em que as multinacionais operavam.

Com a revolução digital, as regras então adotadas já não funcionam a contento e as organizações internacionais que cuidam dessa área se esforçam para lidar com a erosão das bases tributárias provocadas pelo surgimento dos novos modelos de negócios, que se desenvolvem com a digitalização das transações econômicas. Por enquanto, o foco das atenções tem se concentrado em remendar as regras aplicadas à tributação do lucro das multinacionais, por meio da revisão das regras aplicadas ao reconhecimento de um estabelecimento permanente, e a sugestão da União Europeia de adotar critérios para o reconhecimento da existência de um estabelecimento permanente virtual.

No tocante à tributação das vendas, o princípio universalmente aceito é o chamado "princípio do destino", segundo o qual os produtos devem ser tributados no local em que são consumidos, isto é, a base para a aplicação do imposto deve ser o consumo e não a produção. Com a digitalização das transações e o avanço da computação na nuvem, a aplicação deste princípio também enfrenta dificuldades, em razão das múltiplas possibilidades para adquirir produtos fora do local de residência do consumidor. As tentativas de lidar com esse problema apontam para a organização de um sistema integrado de registro de informações sobre as transações entre produtores, fornecedores e consumidores, que permita lidar de forma adequada com esse problema, mas demandam a cooperação entre países e envolvem custos elevados para verificar a conformidade com a aplicação desse modelo.

Com a velocidade do avanço de novas tecnologias no processo produtivo e das modalidades de acesso do consumidor ao que lhe é oferecido, os desafios que a revolução digital cria para a tributação são grandes. As possibilidades de que os esforços em curso para remendar as regras vigentes possam funcionar por muito tempo parecem remotas. As novas tecnologias diluem as fronteiras que demarcavam as atividades econômicas tradicionais, tornando impossível, na maioria dos casos, distinguir indústria, comércio e serviços.

Nesse novo mundo, torna-se necessário por em debate as bases imponíveis da economia digital. A abordagem do tema é complexa, pois envolve não apenas aspectos econômicos e jurídicos, mas também políticos. No caso da tributação do lucro das multinacionais, o cerne da questão está no conflito de interesses envolvido no reconhecimento do papel desempenhado pelo mercado consumidor na geração do lucro, pois isso implica em admitir a importância do mercado na formação do lucro e ampliar a parcela do tributo auferida pelos países consumidores. O mesmo problema não se aplica à tributação do consumo, em face do reconhecimento do princípio do destino, mas as dificuldades de aferição do valor criado em etapas prévias à venda final, na ausência de um parâmetro universalmente aceito, para aferir o valor de um serviço de alta tecnologia, pode dificultar a operação deste princípio.

Independentemente da adoção de providências para lidar com a erosão das atuais bases tributárias, a questão que está a demandar uma profunda reflexão é a que trata das bases imponíveis da economia digital e da atribuição de competências para cobrar os tributos. No tocante à tributação do lucro empresarial, trata-se de por em debate a pertinência dos conceitos de residência ou fonte. No caso da tributação do consumo o debate deve mirar os problemas relacionados à operação do princípio do destino numa nova realidade em que se torna difícil aplicá-lo.

Num ambiente em que são grandes os conflitos de interesses e as incertezas com respeito ao caminho a seguir, recomenda-se prudência. O que se recomenda é examinar em detalhe todos os ângulos do problema, para mapear os trajetos a serem percorridos e definir, com precisão, o primeiro passo a ser dado. O presente texto adota essa posição. A partir de uma revisão dos debates que vêm ocorrendo no plano internacional, ele explora questões que dizem respeito ao financiamento das responsabilidades do Estado moderno, no marco da repercussão das inovações tecnológicas no universo tributário. O objetivo central é dar inicio a um debate sobre o caminho a ser seguido em um processo de reforma tributária no Brasil, um tema que está na pauta das reformas indispensáveis à retomada do desenvolvimento do país.

1. A Revolução Digital e a Tributação no Século XXI

1.1 O que muda na atividade produtiva e na organização dos negócios com a expansão da economia digital?

Na economia digital, os custos de transação, segundo Tapscott (2015), caem vertiginosamente. No capitalismo industrial, a máquina era o principal meio de produção e o patrimônio era físico e financeiro. No capitalismo 2.0 (termo usado por aquele autor para denominar o capitalismo na era digital), o principal ativo é o cérebro – a capacidade intelectual –. Ser grande não é mais uma garantia de sucesso para os negócios. Agilidade é fundamental[1]. No capitalismo industrial, bens e serviços são produzidos por firmas, que na maior parte são corporações em que a responsabilidade dos acionistas é limitada e a riqueza é privada. No capitalismo 2.0, o sucesso demanda a invenção de novos negócios, novos processos para os negócios, novas indústrias e novos consumidores, ao invés de rearranjar os existentes.

Na velha economia, o fluxo de informações era físico – moeda, cheque, faturas, cartas, relatórios. Tamanho era importante para o sucesso. Na nova economia, tudo é digital; o valor adicionado é criado pelo cérebro e a inovação é a chave para o sucesso. Na nova economia, tamanho passa a ser um passivo. Inovação, agilidade e capacidade da organização para aprender é o que conta.

Os motores da nova economia são os clusters de negócios formados com base da internet. O *InternetWorked Business*, expressão utilizada por Tapscott para denominar essa nova forma de organização dos negócios é diferente da corporação do século XX e também não é sinônimo de uma empresa virtual.

Segundo ele, a firma que conhecemos estaria se partindo. Na *internetworked enterprise*, os profissionais agrupam-se em equipes estruturadas para gerar alto desempenho (*high performance team structures*). A organização se integra a uma rede que estabelece laços com clientes, fornecedores, grupos com afinidade ao negócio e até mesmo competidores. Todos eles na internet interagem para provocar mudanças no modo

---

[1] A economia digital não deve ser confundida com uma economia em que os serviços predominam.

como produtos e serviços são criados, divulgados no mercado e distribuídos. Na economia, isso significa um novo modelo de criação da riqueza[2].

No capitalismo industrial, as empresas buscavam melhorar o processo industrial por meio da reengenharia (BPR) para reduzir ineficiências e aumentar a competitividade. Tratavam de rever o processo dos negócios. Na economia digital, trata-se de rever o modelo dos negócios mediante a aplicação de novas tecnologias, estabelecendo uma conexão entre economia, tecnologia e organização.

Nesse sentido, a análise de Tapscott se associa às propostas de Kim e Mauborgne (2015), que defendem a adoção de uma nova estratégia para vencer no novo mundo dos negócios, que eles denominaram Oceano Azul.

Na proposta do Oceano Azul, não se trata de buscar a melhoria da competitividade para vencer no mercado em que a empresa atua e sim buscar novos nichos de mercado, por meio de novas estratégias apoiadas em novas tecnologias, para criar valor pela inovação e inovar o modelo de negócio[3].

A busca de novas estratégias deve levar em conta a influência da mídia social, que provoca mudanças na demanda e estimula a busca de soluções criativas para atender a novos consumidores. Assim como no modelo defendido por Tapscott, o consumidor também passa a ser produtor. A interação do consumidor com o produtor é abordada nos exemplos fornecidos pela estratégia adotada pela Boeing para a construção do novo jumbo – o modelo 777. Durante todo o processo de desenho do modelo e de desenvolvimento do produto, as principais linhas aéreas clientes da empresa, assim como os fornecedores dos componentes, participaram via internet nos testes realizados. No setor automotivo, a Chrysler também é um exemplo citado de adoção dessa mesma estratégia.

Nessa mesma linha, Ram Charam (2013) recomenda fazer uma aposta estratégica, que demanda olhar o que estaria acontecendo, no ramo de negócios em que a empresa atua, para visualizar como seria o futuro e decidir o que deveria ser feito para se antecipar às mudanças e continuar vencendo nessa área (*future back*). Isso é o oposto do que recomendava a teoria do foco no *core bussiness*, que teria sido o motor da onda de

---

[2] A produção do novo avião da Boeing – o 777 – seria um exemplo desse novo modelo.
[3] O Cirque du Soleil seria um exemplo dessa nova estratégia.

outsourcing da década de 1990. Saber fazer apostas estratégicas seria a chave para o sucesso. O foco no *core business* era um guia confiável para o modelo que visava ganhos incrementais, mas não para sobreviver na nova economia. O caso da Kodak é mencionado por ele como um exemplo da falta de visão estratégica.

Nesse novo modelo do negócio, estabelece-se uma relação entre novas tecnologias, nova economia e novas organizações, que leva em conta, entre outros aspectos:

- Outsourcing de serviços técnicos
- Expansão do comércio eletrônico
- Desintermediação dos negócios
- Fragmentação e internacionalização da cadeia de fornecedores
- Pulverização do valor agregado – valor agregado na produção de bens passa a representar uma parcela pequena do total. O que agrega valor é o conhecimento.

Na economia digital, novas tecnologias permitem que pequenas empresas superem a desvantagem que tinham em relação às grandes – a economia de escala e o acesso a recursos. Numa economia baseada em redes, torna-se necessário repensar a cadeia de valor, pois as transações passam a ser cada vez mais virtuais. Ao invés de valor adicionado (*value--added*) trata-se de valor gerado (*value generative*). A cadeia de valor transforma-se numa rede de valor. A empresa se integra com seus fornecedores formando um novo tipo de empresa – a empresa estendida (*extended enterprise*), que estimula a formação de consórcios e parcerias. O negócio é conectado na rede por meio da internet – *Internetworked* Business.

O centro da proposta de criação do Oceano Azul também é o valor da inovação. Assim como defende Tapscott, a rede de valor deve ser *value-generative*, isto é gerar valor pela inovação, para mudar o modelo do negócio. O passo inicial para a transformação não é rever o processo do negócio e sim rever o modelo do negócio. Na formação do Oceano Azul, o centro da estratégia é o valor gerado pela inovação (*value innovation*). Em lugar de competir pela competitividade, busca-se tornar a competitividade irrelevante, buscando abrir novos e incontestáveis mercados.

Ram Charam, também, aborda essa questão, chamando atenção para as mudanças que estão ocorrendo no campo da inovação. Destaca que as principais inovações do último quartel do século XX estavam institucionalizadas e concentradas em algumas empresas e centros universitários, à diferença do que estaria ocorrendo hoje com a multiplicação de startups. Isso contribui para que oportunidades surjam por toda a parte permitindo que novas formas de criação de valor surjam e provoquem mudanças na economia global, eliminando a intermediação e alterando noções antigas, como as vantagens da economia de escala. As novas tecnologias da era digital contribuem para a "descomoditização" das linhas de produção, mediante customização de produtos (roupas, por exemplo).

Outro ponto destacado por ele é que em alguns negócios torna-se importante garantir o acesso a insumos estratégicos, que podem ser recursos naturais (minérios, terras raras) ou o talento, que é fundamental numa economia que cada vez mais depende do conhecimento. Isto estaria fazendo com que a verticalização esteja retornando e ele cita os casos da Arcelor Mittal e da Borealis como exemplos que demonstram esse fato.

1.2 Como as mudanças em curso repercutem no processo de geração de valor em diferentes modelos de negócios digitalizados?

O assunto é examinado em detalhe no relatório divulgado pela OCDE, no âmbito do projeto BEPS em 2018[4], que destaca as principais características dos negócios digitalizados:

- Possibilidade de distribuir as várias etapas do processo produtivo em distintos países ao mesmo tempo em que podem acessar um grande número de clientes ao redor do globo. Podem, portanto, participar de forma significativa na vida econômica de uma determinada jurisdição sem nela ter uma presença física relevante;
- crescente importância dos ativos intangíveis, inclusive a propriedade intelectual, que pode ser de propriedade da empresa ou alugada de terceiros e que, para muitas empresas do ramo ocupam uma posição central nos modelos dos negócios;
- importância da participação dos usuários em negócios altamente digitalizados, que envolvem o acúmulo e o tratamento de dados e

---

[4] Tax Challenges Arising from Digitalization-Interim Report, chapter 2, 2018.

a sinergia com a propriedade intelectual (caso, por exemplo, das redes sociais). A participação dos usuários, todavia, não está correlacionada com o grau de digitalização, a exemplo da computação na nuvem, que pode ser considerada um negócio altamente digitalizado em que a participação do usuário é limitada.
- As relações desses distintos modelos de negócios com a geração de valor são reconhecidas pelos membros do "Inclusive Framework"[5], mas não há consenso a respeito de sua relevância, determinação do local em que o valor é criado e identidade do responsável. Em geral, todos concordam que a multiplicidade de jurisdições em que a empresa atua sem um volume expressivo de negócios é relevante para o valor criado em negócios digitais, mas também concordam em que isso não é fator único ou exclusivo.

Há concordância no que se refere à importância do processamento de informações (data) e da participação dos usuários para caracterizar negócios digitais, mas há divergências no que concerne à sua influência e importância para determinar o valor gerado pela empresa. Para representantes de alguns países, aqueles dois fatores são muito relevantes, pois a participação dos usuários representa é uma contribuição inteiramente nova e vai além do mero consumo do serviço, pois também contribui para a geração de conteúdo e pode ter um papel central na oferta dos negócios digitais e para a atração de novos usuários, gerando efeitos de rede.

Do outro lado, estão os países que veem a coleta de dados dos usuários, sua participação e o conteúdo por eles gerados como transações entre os usuários (os provedores de dados e de conteúdo) e os negócios digitalizados, que fornecem compensação, financeira ou não, a eles em troca pelos dados/conteúdo. A compensação não financeira viria sob a forma da guarda de dados, serviços de e-mail e entretenimento digital, o que poderia ser visto como uma operação de troca.

No centro dessa divergência, estariam os distintos interesses dos países envolvidos nas discussões sobre os desafios que a economia digital

---

[5] O *Inclusive Framework on BEPS* reúne mais de 100 membros de todos os países e jurisdições interessados no tema desse projeto. Outras organizações internacionais e organismos regionais que tratam da questão tributária também estão envolvidos no trabalho.

gera para a tributação da renda, que é o foco principal do projeto BEPS. A regra prevalecente para a tributação da renda empresarial tem como referência o local em que o lucro é gerado. Qualquer definição sobre a matéria implica que os países que atualmente concentram os grandes negócios digitais arcarão com prejuízos caso uma nova regra para a definição do local em que o valor é gerado venha a ser estabelecido. Isso interessa em particular aos países consumidores doa negócios digitais, que se beneficiariam do reconhecimento do valor gerado pelo mercado consumidor.

Maiores esforços na direção de investigar o processo de geração de valor precisam atentar para o outro lado das relações econômicas, isto é, para as principais características dos mercados digitais, dada sua importância para a o processo de formação de valor no mundo desses negócios. Baseado na literatura econômica que trata desse tema, o relatório acima citado da OCDE menciona a existência de um amplo consenso nessa literatura com respeito às principais características que definem os esses mercados, adotando a seguinte classificação proposta por Hagiu and Wright[6]:

- a. *Efeitos diretos de rede* – nos mercados digitais, a utilidade para o consumidor depende do número de outros usuários finais que consomem o mesmo bem ou serviço. Este efeito é chamado de *direct network externality*. Ela é positiva, pois quanto maior for a rede, maior é a utilidade para o usuário final. As redes sociais e os serviços de mensagem *online* (e-mails) são os principais exemplos desse modelo;
- b. *Efeitos indiretos de rede* – diferentemente dos efeitos diretos, os indiretos ocorrem no caso dos chamados *multi sided markets*. Surgem quando um grupo específico de usuários finais (por exemplo, usuários de uma rede social) se beneficiam da interação com outros grupos de usuários finais (anunciantes numa rede social) por meio de uma plataforma *online*, a exemplo dos mercados de aluguel de apartamentos, transporte e compra e venda de mercadorias entre pessoas;

---

[6] Haigu, A and J. Wright (2015a), "Market Place or Reseller?", Management Science Volume 61/1. P. 184-203.

c. *Economias de escala* – em muitos casos, a produção de bens e serviços digitais demandam elevados custos fixos e baixos custos variáveis. O desenvolvimento de softwares, por exemplo, requer pesados investimentos em infraestrutura e trabalho especializado que, quando concluídos, podem ser mantidos, vendidos ou distribuídos a custos marginais muito baixos;

d. *Custos de acesso e lock-in effects* – as transações digitais podem ser processadas em diferentes aparelhos eletrônicos que utilizam diferentes sistemas operacionais, de modo que os usuários finais ficam vinculados a um determinado sistema operacional, quando adquirem um particular aparelho. A troca de aparelhos envolve custos psicológicos e financeiros elevados, envolvendo a transferência e a possibilidade de perda de uma grande quantidade de dados e informações;

e. *Complementaridade* – muitos bens e serviços, negociados nos mercados digitais, são complementares. E a utilidade para os usuários é maior quando utilizam dois ou mais deles juntos. Por exemplo, a utilidade depende de eles consumirem mais de dois bens ou serviços, utilizando um laptop e um celular que usam o mesmo sistema operacional.

Embora essas características não sejam exclusivas da economia digital, as mudanças estruturais na economia, com a expansão das transações e geração de bens digitais, multiplicam sua relevância, visto que elas se fortalecem mutuamente. Combinado com os baixos custos marginais, o alcance global da internet permite que os negócios digitais possam aumentar rapidamente a escala de suas operações. Os efeitos diretos e indiretos de rede aumentam o valor gerado pelos negócios digitais, uma vez que uma base ampla de usuários se traduz diretamente em maior utilidade e maior valor econômico.

Ademais, a complementaridade entre diferentes linhas de negócios gera economias de escopo contribuindo para que negócios digitais ganhem vantagens competitivas expandindo a gama de suas atividades. Tudo isso concorre para que nos mercados digitais uma só empresa pode se tornar suficientemente grande para influenciar os preços de mercado, isto é, não são *price-takers*.

Todavia, a predominância que uma empresa do ramo ocupa no mercado não permite que ela se acomode. Os baixos custos marginais e a não rivalidade da maioria dos bens digitais criam condições para que novos entrantes nesse mercado possam substituir os incumbentes em um período relativamente curto de tempo, oferecendo bens de maior qualidade e tornando esses mercados altamente contestáveis, devido às possibilidades que a computação na nuvem oferece para isso.

Outra característica importante das mudanças em curso na economia é a velocidade das transações. No espaço digital entre usuários em diferentes jurisdições podem ser concluídas rapidamente e o conteúdo digital pode ser acessado instantaneamente de qualquer aparelho conectado à internet. Em decorrência, a disseminação de bens e serviços digitais e a circulação de ideias ocorrem de forma rápida, ficando muito mais fácil para as empresas identificar e desenvolver suas bases de consumidores. A velocidade da atividade econômica implica que as empresas podem ganhar vantagens competitivas, sendo a primeira a perceber a oportunidade e, desse modo, com potencial para dominar um novo mercado.

Em conjunto, as mudanças estruturais no mundo dos negócios, provocadas pela digitalização, criam modelos de geração de valor e alteram significativamente os antigos, pois há possibilidade de alcançar de forma rápida e barata, grande número de fornecedores e usuários em distintas jurisdições, por força da redução dos custos de comunicação. Em particular, os efeitos indiretos de rede e as características dos *multi-sided markets* são cruciais para a compreensão do sucesso de vários dos mais imaginativos negócios digitais. *Multi-sided markets* se definem por duas características: externalidades geradas pelo já referidos efeitos indiretos de rede e estratégias não neutras para a formação de preços. Na presença de externalidades indiretas, a empresa que opera a plataforma pode extrair benefícios maiores e acima da utilidade marginal dos usuários finais, permitindo que elas aumentem o número de usuários (ou de transações), cobrando mais pelo serviço em um lado do mercado e reduzindo o preço para o usuário final no outro lado do mercado. Isso resulta numa estrutura de preços não neutra, porquanto os preços podem ser menores do que o custo marginal de provisão dos serviços em um lado e maiores no outro lado. Nesse caso, usuários finais com menores elasticidades-preço serão mais sobrecarregados. Dependendo da magnitude das externalidades geradas pelos efeitos indiretos de rede, bem como das elasticidades-preço, as operadoras da plataforma podem optar por não cobrar pela provisão de bens e serviços usuários finais de um ou mais lados do mercado. Nesses casos, estabelece-se uma relação de troca em que as compensações não envolvem compensações monetárias em troca da obtenção de insumos relevantes, como o acesso a dados e a conteúdos gerados pelos usuários. Esse é o caso das plataformas operadas por muitas redes sociais e pelos provedores de serviços de e-mail.

As mudanças estruturais que ocorrem nos mercados com o avanço da economia digital alteram significativamente a maneira como se dá o processo de geração de valor no mundo. O conceito tradicional de cadeia produtiva na economia industrial, em que predominava a circulação de bens materiais, cede lugar para outros padrões que se caracterizam pelo rompimento de um processo cuja sequência era bem definida, pois as relações que se estabelecem ao longo das etapas de uma determinada cadeia não seguem esse modelo e tampouco são estáveis.

Na economia digital, o modelo tradicional da cadeia produtiva vem sendo alterado para adicionar as mudanças em curso, com a adoção de novos conceitos que incorporam o valor gerado pela informação (a cadeia virtual de valor), a globalização dos negócios (a cadeia global de valor) e a quebra do padrão tradicional de percurso sequencial ao longo da cadeia.

Um exemplo mencionado, em relatório da OCDE, é a rede de valor que se forma no caso de redes sociais financiadas por receitas provenientes da venda de anúncios na internet. Nesse modelo, um lado provê uma plataforma para que os usuários se conectem e compartilhem o conteúdo (Facebook e Linkedin são exemplos). No outro lado, a rede vende espaço àqueles que se interessam em anunciar ideias, produtos, marcas e serviços e a receita oriunda dessa venda é a principal fonte de receitas da rede.

Um modelo particular, é o denominado lojas de valor. O conceito de lojas de valor se aplica a casos em que em que as transações se limitam à aplicação de tecnologias intensivas para resolver um caso específico por demanda de um interessado na busca de solução. É particularmente importante na área médica, onde novas tecnologias para o diagnóstico e o tratamento de doenças são sempre requisitadas.

Uma maneira simples de resumir os fatos que impulsionam as mudanças no campo dos negócios e geram os problemas enfrentados pelas administrações tributárias, para evitar práticas lesivas aos interesses do fisco e dos contribuintes, consiste em chamar a atenção para o seguinte:

a. a mobilidade dos fatores de produção, principalmente do capital intelectual e dos usuários dos bens e serviços oferecidos ao mercado, permite a disseminação das várias etapas de uma atividade econômica em nível global, mantendo um controle centralizado sobre tudo. A interconectividade global na economia alcança níveis nunca vistos;

b. as múltiplas faces dos modelos de negócios, em que vários e distintos grupos de pessoas interagem por meio de uma plataforma, na qual as decisões de cada grupo de pessoas afetam o resultado de outros grupos por meio da geração de externalidades positivas ou negativas. Se as atividades geradas em um lado criam externalidade positiva para outro, o preço por ele praticado pode aumentar. Um exemplo disso é fornecido pelo mercado dos cartões de crédito, cujo valor para os comerciantes que fornecem o cartão é maior na proporção que for maior o número de usuários;

c. as inúmeras possibilidades criadas pelo avanço da computação na nuvem nos negócios digitais. Essas possibilidades, atualmente, se desdobram em três modalidades distintas de prestação de serviços: Infraestrutura como um Serviço (IaaS), Plataforma como um Serviço (PaaS) e Software como um Serviço (SaaS) – provedor de serviços que proporciona o acesso de usuários a vários serviços. O quadro 1 resume as principais características de cada uma delas;

d. o desenvolvimento de diferentes modalidades de pagamentos online e o surgimento das criptomoedas, também, se reflete na diversidade de formas de geração de receitas.

Nesse novo ambiente, multiplicam-se as oportunidades para a evasão fiscal por meio do planejamento tributário, tanto no caso da tributação direta quanto da indireta, No primeiro caso, as práticas mais comuns consistem em distribuir a localização das atividades de um negócio em diferentes jurisdições, visando obter vantagens decorrentes de condições mais vantajosas. No caso do VAT, a preferência por adquirir insumos digitais em locais remotos em que não é cobrado imposto ou ele é muito baixo. Torna-se necessário, portanto, não apenas examinar detidamente como os modelos de negócios têm evoluído na economia digital, mas também como eles poderiam ser estruturados e implementados de uma forma integrada numa escala internacional, tendo em vista as oportunidades que abrem para o planejamento tributário.

2. Quais os desafios que a economia digital cria para a tributação?

O exame dessa questão deve se concentrar nas transformações que a economia digital provoca na organização dos negócios, em particular na mudança que os autores citados na seção anterior destacam na maneira como ocorre a geração de valor. No novo modelo, que é desenhado para encorajar a flexibilidade, a inovação, o empreendedorismo e a entrega de soluções (*responsiveness*), o valor não é gerado em uma cadeia linear, como o que se formou na economia industrial, e sim algo que resulta de uma rede de valor, uma rede aberta que está sempre sofrendo mudanças[7].

Essa transformação concorre para a erosão da base tributária da renda empresarial, mediante novas possibilidades de as empresas acessarem mercados em que não estão fisicamente estabelecidas, repartir atividades entre jurisdições de tal forma a gerar lucro naquelas em que o imposto é mais baixo e aumentar as deduções por meio de pagamentos feitos a subsidiárias localizadas em jurisdições em que a tributação é mais favorável (OCDE, 2014).

QUADRO 1. Modalidades de Prestação de Serviços

IaaS – Infrastructure as a Service A ideia básica do IaaS é que o cliente tenha acesso ao poder de computação existente na web, por meio da cessão de infraestrutura virtual de Tecnologia da Informação (TI), por exemplo, hospedagem de máquinas virtuais e armazenamento de forma transparente para o cliente, conferindo um maior poder computacional para o cliente. (Exemplos de IaaS: Amazon Elastic Compute Cloud (EC2) e GoGrid).
PaaS – Plataform as a Service Uso de ferramentas de desenvolvimento de software oferecidas por provedores de computação em nuvem, em que os desenvolvedores (clientes) criam as aplicações utilizando a Internet como meio de acesso. As empresas que prestam o PaaS, oferecem serviços de hospedagem de aplicações, disponibilizam ferramentas para que seus clientes desenvolvam

---

[7] A rede de valor seria uma extensão (um passo adiante) do conceito de cadeia de valor desenvolvido por Michael Porter. em Paradigm Shift.

novos programas na nuvem, e gerenciam funcionalidades, como a administração de banco de dados e a configuração de servidores, entre outros. Exemplos: Microsoft Azure (IaaS + PaaS), Google App Engine e MicroStrategy.

SaaS – Software as a Service
SaaS é mais que uma disponibilização pura e simples de softwares. O software convencional é instalado na máquina do cliente e o licenciamento perpétuo. O SaaS é baseado no **uso** (cobra-se do cliente apenas as transações de serviço usadas) e no **tempo** (o cliente paga uma taxa fixa, por estação, por um determinado período, por exemplo, mensal ou trimestral, durante o qual terá direito ao uso ilimitado do serviço).

Fonte: Alberto Macedo – Apresentação no grupo de trabalho da Direito GV sobre tributação e novas tecnologias 1. 2017

Talvez maiores ainda sejam os desafios que geram para a aplicação do método do valor agregado à tributação do consumo. Na rede de valor, as relações entre as organizações que integram o *interconnected business* não seguem um padrão. Relações horizontais se entrecruzam, tornando difícil aferir o valor gerado em cada etapa do processo produtivo. A rigor, como produtores, consumidores e fornecedores interagem durante este processo, é a própria divisão do processo produtivo em etapas que fica difícil definir.

Além disso, como a rede de valor é aberta e está sujeita a constantes modificações, os procedimentos adotados para aferir o valor gerado em cada etapa precisariam estar sendo revistos e renovados, o que implicaria altos custos administrativos e de conformidade (*compliance costs*).

Os vários aspectos que caracterizam as relações entre novas tecnologias, nova economia e novas organizações se combinam para tornar mais difícil a aplicação do IVA, com destaque para o outsourcing de serviços técnicos, a expansão do comércio eletrônico, a fragmentação e internacionalização da cadeia de fornecedores, a desintermediação dos negócios e a pulverização do valor agregado.

Numa rede em que o conhecimento é o que mais contribui para a agregação de valor, a combinação desses aspectos agrega uma enorme complexidade à aplicação do IVA em uma economia global e digital, dada a diversidade de referências para aferir o valor do conhecimento em distintas partes do mundo, contribuindo para quebrar o paradigma do processo produtivo que levou à criação do IVA em meados do século passado.

Nessa quebra de paradigma, um ponto a ser destacado é a própria noção de etapas do processo produtivo. Como definir e classificar as etapas num novo modelo em que elas se misturam? De um lado, a busca por garantia de acesso a insumos estratégicos incentiva o retorno à verticalização e de outro a desintermediação dos negócios, juntamente com a participação de consumidores e fornecedores no processo de produção, apaga as linhas que dividiam as etapas de aquisição de produtos intermediários, a transformação no produto final, as redes de distribuição e a etapa final de venda ao consumidor.

As reflexões anteriores destacam dificuldades para aplicar o método do valor agregado para tributar o consumo de mercadorias e serviços na economia digital, por meio da apuração do imposto devido com base no regime do crédito fiscal. Nesse caso, o método da subtração ("base contra base"), na forma recomendada pela missão Shoup para ser adotado no Japão[8], seria uma alternativa para a tributação do consumo no século XXI? Nessa proposta, a apuração da base para o cálculo do imposto devido deduziria do valor das vendas todas as aquisições realizadas pela empresa, inclusive referentes a bens de capital, o que, como ressaltado, corresponderia a uma forma indireta de taxação do consumo.

A velocidade das mudanças que a economia digital provoca na organização dos negócios exige que a flexibilidade seja um princípio fundamental a ser observado no desenho de regimes tributários.

O assunto vem sendo estudado, mas ainda é cedo para que a convivência com as mudanças em curso permita definir com segurança qual o modelo de tributação que irá se conformando como o mais adequado para o século XXI.

Nesse contexto, as considerações anteriores recomendam cautela na elaboração de propostas para a reforma do regime tributário brasileiro. As atenções iniciais deveriam estar voltadas para a correção das conhecidas deformações existentes sem criar, todavia, situações que dificultem promover posteriormente os aperfeiçoamentos necessários para adaptá-lo ao novo mundo que vem se conformando com o avanço da economia digital.

---

[8] Para detalhes do modelo proposto para o Japão, ver o livro de Clara Sullivan listado nas referências bibliográficas.

3. Quais as medidas propostas pelos organismos internacionais para lidar com os impactos dos novos modelos de geração de valor na tributação?

Não obstante a análise das mudanças que ocorrem no mundo dos negócios, e os impactos dessas mudanças nos processos de geração de valor abordados nas seções anteriores, trabalhos produzidos no âmbito das organizações internacionais, que analisam as consequências das mudanças estruturais na economia para a tributação, têm privilegiado a busca de medidas para enquadrar a nova economia em um figurino tributário desenhado para a economia industrial do século XX, isto é, ajustar um novo corpo a um figurino desenhado para um corpo totalmente diferente.

3.1 OCDE – O projeto BEPS

A OCDE saiu na frente, com a criação do projeto que visa analisar a erosão das bases aplicadas à tributação do lucro da atividade empresarial decorrente, entre outras hipóteses, das distintas possibilidades que as empresas encontram no mundo da economia digital para reduzir ou evadir o pagamento desse tributo por meio do planejamento tributário.– BEPS, tendo em vista identificar as estratégias para lidar com os problemas associados à tributação direta, designadamente:

 a. minimizar a tributação no país que concentra o mercado, evitando a presença nesse local. No caso de haver presença transferindo o lucro ou maximizando deduções para reduzir o lucro líquido;
 b. evitar a tributação na fonte;
 c. alocar determinadas funções em jurisdições nas quais as alíquotas são baixas;
 d. localizar headquarters em países com baixa tributação do lucro.
 e. No relatório[9] que explorou o tema, foram apresentadas propostas para a implementação das ações previstas nesse projeto com o objetivo de:
 f. evitar "artificialmente" o status de estabelecimento permanente;
 g. assegurar que os preços de transferência, quando aplicáveis, estejam em linha com a criação de valor, tendo em vista as dificuldades para aferir o valor gerado em cada etapa e os conflitos relacionados ao processo de criação de valor;

[9] BEPS Action 1: Address the Tax Challenges of the Digital Economy, 2014.

h. reforçar as normas de controle sobre as companhias estrangeiras controladas (CFC) para evitar, por exemplo a transferência de intangíveis difíceis de avaliar para subsidiárias em locais, onde o imposto é baixo;
i. agir para evitar outras práticas que causam danos à tributação;
j. prevenir abusos em tratados internacionais.

No campo da tributação direta, o *interim report* da OCDE[10] menciona alguns resultados positivos das medidas tomadas, apesar do curto espaço de tempo decorrido desde o início do trabalho. Em particular, destaca que o estabelecido na Convenção Multilateral, que trata da adoção de medidas para prevenir a erosão da base tributária por meio do deslocamento dos lucros (MLI), registra alguns avanços, embora seja baixo no caso do tratamento dispensado a estabelecimento permanente. Dentre os avanços, cita os casos da Amazon, E-bay e Facebook, que teriam começado a mudar suas estruturas de transações substituindo vendas remotas por revendedores locais. Também significante seria o número de multinacionais que também se moveram na direção de alinhar suas estruturas corporativas à sua real atividade econômica, seja reconsiderando as práticas de preços de transferência, seja para realocar ativos de grande valor, a exemplo dos intangíveis, em jurisdições onde atividades econômicas expressivas ocorrem (*on-shoring* de ativos). Essas primeiras evidências poderiam ser vistas como sinais positivos no que respeita a promessa de afastar as exacerbadas preocupações com a digitalização. Há menos evidência, no entanto, com os mais amplos desafios tributários gerados pela digitalização (nexo, dados e caracterização). A explicação estaria no fato que os primeiros esforços se dirigiram para evitar a dupla não tributação e não os desafios tributários mais sistemáticos gerados pela digitalização.

No caso da tributação indireta, os esforços se dirigem para a busca de meios que proporcionem condições equivalentes (*level playing field*) a fornecedores domésticos e estrangeiros.

Nesse caso, o relatório também registra avanços. A grande maioria de países da OCDE e do G-20 adotaram normas para a cobrança do VAT nas vendas a consumidores (B2C) de serviços intangíveis por fornece-

---

[10] Tax Challenges Arising from Digitalization –Interim Report, 2018.

dores estrangeiros de acordo com o OECD Internacional *VAT/GST Guidelines*. Os primeiros dados disponíveis mostram significativos ganhos adicionais de receita em países que adotaram esses guidelines. A União Europeia constatou que a receita proveniente do *simplified compliance* regime em 2015, primeiro ano de sua aplicação, gerou uma receita adicional de 3 bilhões de euros.

3.2 União Europeia

O relatório do grupo de especialistas, instituído para abordar o tema, lançou as bases para a discussão, no âmbito da Comunidade Europeia, baseado na noção de que os sistemas tributários devem ser simples, estáveis e, na medida do possível, neutros. O relatório divulgado em 2014[11] concluiu que:

a. não deve haver um regime especial de tributação para empresas digitais. Ao contrário, as regras gerais devem ser aplicadas ou adotadas, de sorte que as empresas digitais sejam tratadas da mesma maneira que as outras empresas;

b. a digitalização fortalece o caso para regras de tributação simples, estáveis e previsíveis, pois reduz os custos para pequenas e médias empresas acessarem o mercado comum. Portanto, um sistema tributário bem coordenado, de fácil cumprimento e inspirado nas melhores práticas torna-se condição necessária para que a tecnologia digital contribua para que o potencial do mercado comum seja alcançado. Barreiras tributárias para pequenas e médias empresas que operam no mercado comum deveriam ser removidas;

c. incentivos tributários deveriam ser examinados com cautela e avaliados cuidadosamente ex-ante e ex-post. De modo geral, qualquer medida que desvie dos princípios da neutralidade e simplicidade deveriam ser justificadas à luz de falhas de mercado, incluindo os benefícios de externalidades positivas. Assinala, também, que os instrumentos tributários são os mais efetivos para lidar com as falhas de mercado.

Ao explorar as características da economia digital, o grupo destaca três delas: mobilidade, formação de redes e tratamento das informações.

[11] Commission Expert Group on Taxation of The Digital Economy – maio de 2014.

A mobilidade dificulta a cobrança dos impostos indiretos, ao passo que um produtor estrangeiro não tem presença física para ser objeto da tributação direta.

Os efeitos derivados da formação de redes (*network effects*) estreitam o espaço para que os preços sejam a principal referência para a competição. A competição se baseia na qualidade e na utilidade dos produtos, permitindo que os preços sejam maiores do que os custos marginais, conforme sugere a teoria de competição monopolista.

As novas companhias digitais se envolvem numa disputada corrida por inovação para criar melhores ou novas linhas de produção. Pequenas diferenças em qualidade podem atrair milhões de consumidores numa disputa por mercados em que os *winners take all*. A competição é por novos mercados e não pelos mercados existentes, gerando monopólios e grande volatilidade, visto que esses mercados são altamente contestáveis pela inovação.

Conforme mencionado anteriormente, uma espécie particular do *network effect* ganha proeminência. Um *two sided network* em que dois grupos de usuários interagem (exemplo na velha economia é o negócio dos cartões de crédito, que prospera quanto maior for o número de usuários do cartão e o de comerciantes que o aceitam).

No que se refere à importância da informação, a redução do custo de coletar, armazenar e processar dados diminui os custos de transação, aumentando as possibilidades de transacionar e reduzindo custos para os consumidores Empresas aumentam a competitividade, atendendo melhor às necessidades dos consumidores e otimizando as cadeias de valor.

Ao examinar o assunto o relatório destaca que as tendências na economia digital indicam que Inovação afetará toda a economia e exercerá pressão sobre os negócios para aumentar a competitividade por meio da inovação. Estratégias empresariais baseadas na redução do custo não sobreviverão em mercados baseados na inovação. A tecnologia digital reduzirá os custos de capital fixo para iniciar um negócio, reduzindo barreiras para acesso aos mercados e alterando profundamente o mercado de trabalho.

a. Impactos na tributação

Quanto maior for a mobilidade do capital e dos bens e serviços maior será a probabilidade de diferenças na tributação afetarem a escolha do local onde as atividades se darão. Isso levanta a questão da equidade na repartição das receitas tributárias entre países com respeito à tributação dos fluxos internacionais de bens, serviços, capital e trabalho. O tema envolve controvérsias e as soluções não atendem a distintos interesses. Seria necessário um grau de entendimento e de cooperação difícil de alcançar. A cooperação também teria que envolver as administrações tributárias, o que requer um intrincado grau de confiança.

O trabalho destaca duas principais implicações do avanço dos negócios digitais na tributação – na tributação do consumo e da renda. No tocante ao consumo, o relatório defende que em relação ao VAT seja aplicado o princípio do destino nas transações internacionais. No caso da renda empresarial, deveria prevalecer o princípio da fonte, de onde derivou a regra do estabelecimento permanente para tributar as subsidiárias das empresas multinacionais.

O relatório da Comissão enfatiza a importância de ver a digitalização não apenas como um desafio para a tributação, mas também como uma oportunidade para melhorar a administração tributária e reduzir o peso das obrigações acessórias aplicadas à tributação direta e indireta. Não obstante ressaltar apropriadamente os desafios, da mesma forma que a OCDE se aferra aos princípios vigentes para buscar caminhos para lidar com os problemas.

As sugestões apresentadas no relatório em questão oferecem alternativas para a adoção de mudanças nas regras que atualmente comandam a tributação do lucro e do consumo, dando um passo à frente na busca de opções para lidar com os problemas decorrentes do avanço na economia digital.

b. *Tributação do lucro*

No caso da tributação do lucro, o foco se concentra na apresentação de alternativa para a aplicação do conceito tradicional de estabelecimento permanente, admitindo outras regras para sua identificação, que não ficaria atrelada à existência de uma unidade fisicamente instalada em outros locais.

Nessa linha, defende a necessidade de adotar novo critério baseado na noção de presença econômica significativa (SEP), que levanta a questão de como definir o critério para identificar sua existência. Para contornar essa dificuldade propõe que seja adotado o conceito de Presença Digital Efetiva, que seria aferida por meio de informações sobre a participação dos utilizadores em uma rede global de valor, coletadas na internet.

Mediante sua participação numa rede global, o utilizador cria valor por meio da sua contribuição para um modelo de negócio digital de várias maneiras. Por exemplo, pela criação, atualização e revisão de conteúdo, pela oferta ou a procura de um negócio (propaganda), e por meio da participação na base de dados, em ferramentas de pesquisa *on line* e no mercado *on line* (hotéis, táxis e livros), entre outros meios.

Por meio de informações sobre a atividade do utilizador na cadeia de geração de valor, seria definida a existência de um estabelecimento virtual permanente, cuja existência, segundo a proposta submetida ao debate para vigorar a partir de janeiro de 2020, seria identificada com base em um, ou mais, dos seguintes critérios:

a. gerar mais de 7 milhões de euros em receitas, em um estado-membro;
b. ter mais de 100 mil utilizadores[12], naquele estado-membro em um ano fiscal
c. gerar mais de 3 mil contratos para prestação de serviços digitais, entre os provedores desses serviços e seus usuários no período de um ano.

O objetivo, afinal, seria garantir que a tributação dos lucros gerados pela provisão de serviços digitais ocorra no país em que esses lucros são gerados.

Para a atribuir ao Estabelecimento Permanente Digital a parcela dos lucros, propõe-se adotar a parcela que ele teria nos resultados se fosse uma empresa separada e independente, a desempenhar as mesmas ou similares funções nas mesmas ou similares condições tendo particularmente em consideração as transações com outras partes da empresa e tendo em conta as funções desempenhadas, os ativos e os riscos assumidos, através da plataforma digital.

---

[12] São considerados usuários qualquer indivíduo ou negócio que usa um endereço de IP (*internet protocol*) em um estado-membro e que registra logs on ou visita a plataforma digital de uma entidade durante o ano tributável.

Em essência, o que está sendo proposto é reconhecer a importância do valor gerado pelo mercado consumidor para o lucro acumulado em outros países. Isso levanta uma questão maior, que se estende ao restante da economia e precisa ser reconhecido numa revisão mais ampla das normas tributárias, pois é de grande interesse para as economias emergentes. A rigor, isso implica aplicar o princípio do destino à tributação do lucro (lucro gerado pelo mercado consumidor) e inversamente poderia ser estendido para repartir a tributação do consumo numa Federação, dada a dificuldade de identificar a jurisdição competente para tributar o consumo de bens e serviços virtuais.

Enquanto avança a discussão dessa proposta, recomenda-se a adoção de um regime provisório, a ser adotado por todos os países do bloco, para evitar medidas unilaterais que poderiam prejudicar a operação do mercado comum. Esse regime seria aplicado a algumas atividades digitais que hoje escapam inteiramente ao alcance do tributo.

> *a.* O regime provisório seria aplicado a atividades em que o usuário tem um papel relevante na geração de valor e que as regras tributárias atuais não alcançam. Incluem-se nesse grupo as receitas decorrentes de:
> *b.* venda online de serviços de publicidade
> *c.* atividades de intermediação digital que permitem a interação de usuários com outros usuários e podem facilitar a venda de bens e serviços entre eles;
> *d.* venda de dados gerados por informações disponibilizadas por usuários.

O tributo seria coletado pelo estado-membro em que o usuário está localizado e aplicado somente a empresas com receitas anuais mundiais de 750 milhões de euros e receitas na EU de 50 milhões de euros. Esses limites garantem que pequenas startups não sejam afetadas. A proposta de aplicar uma alíquota de 3% sobre as receitas anuais poderia gerar receitas anuais de 5 bilhões de euros nos estados-membros.

c. *Tributação do Consumo*

No caso do VAT, as transações com bens digitais são tributadas de modo distinto, nas transações entre empresas (B2B) e naquelas das empresas para os consumidores (B2C). No primeiro caso há diferenças se as transações ocorrem entre os países membro da organização ou com terceiros. Com as regras previstas para entrar em vigor a partir de 2015, o princípio do destino aplicar-se-á às transações internas e, portanto, não deve causar distorções, se as regras estabelecidas com base nesse princípio forem fielmente observadas. Mas com a expansão das operações na nuvem, a coisa muda de figura, pois crescem as dificuldades para identificar o local do suprimento, a natureza do serviço e a verificação da conformidade. De outra parte, emerge a tese de que a tecnologia digital também pode contribuir para a maior eficiência e efetividade das administrações tributárias.

No caso das vendas a consumidores, o grupo defendeu a implantação, em 2015, das *mini-one-stop-shop* (MOSS) como uma base para melhorias futuras. Nesse regime, os fornecedores poderão registrar, declarar e pagar, o VAT relativo ao fornecimento de serviços eletrônicos a consumidores finais em outro país membro, por meio de portal web no local de residência do fornecedor, em lugar de ter que se registrar em cada país nos quais vivem seus consumidores. Esse modelo pode ser ampliado para avançar no rumo de uma ampla *one stop shop* (OSS) que deveria abranger todas as transações B2C com bens e serviços, que reduziria significativamente os custos para SMEs negociarem no Mercado Comum Europeu. Para tanto, seria crucial haver cooperação e confiança das administrações tributárias dos países envolvidos.

3.3 Comentários

As primeiras iniciativas para tratar dos desafios, que a economia digital gera para a tributação, ainda estão longe de alcançar um entendimento capaz de fornecer uma base sólida para a apresentação de recomendações claras e precisas para lidar com o problema.

À medida em que o território deixa de ser a referência principal para a resposta à pergunta sobre o que e como tributar, as tentativas de ajustar o figurino tradicional a uma nova realidade encontram grande dificuldade para encontrar uma solução que atenda aos distintos interesses envolvidos nessa área. Isso explica o fato de encontrar imprecisão nas regras para a tributação do lucro das empresas, tendo em vista os conflitos entre as posições a respeito da localização e da responsabilidade por tributar o valor acumulado ao longo de uma cadeia global de geração de valor.

Na sequência dos estudos e das recomendações preliminares emanadas da OCDE e da EU, a Organização das Nações Unidas também se envolve no tema, tendo divulgado em 2017 um documento intitulado *"Tax Challenges in the Digitalized Economy: selected issues for possible comittee consideration"* (E/C 19 2017/CRP 22,11/20/2017. Nesse documento, a ONU busca ter em conta as iniciativas da OCDE e as posições dos países em vias de desenvolvimento e das respectivas administrações tributárias, enfatizando a importância de uma ação coordenada dos organismos internacionais.

O foco das preocupações é a tributação da renda das pessoas jurídicas (*corporate taxation*) de modo a lidar com a nova realidade em que as empresas podem gerar lucros provenientes da provisão de serviços digitais[13] em países em que não estão fisicamente presentes. Nessa nova realidade, os usuários dos serviços geram lucros para empresas localizadas em outros países e ocorre um descompasso entre o local em que o valor é gerado e o local em que o imposto é pago. Torna-se necessário, portanto, tributar o valor gerado pelo mercado consumidor, independentemente da localização de quem fornece o serviço.

Na proposta da União Europeia, essa questão é enfrentada mediante sugestão de criar uma regra para contornar as limitações decorrentes do desaparecimento da tradicional figura do estabelecimento permanente, com a ideia de um estabelecimento permanente virtual. É uma boa proposta para provocar a discussão, mas as condições para adotá-la não parecem ser factíveis. Ademais, parece ser logicamente inconsistente, pois se é permanente dificilmente será virtual.

4. Remendos não se sustentam com a expansão das operações na nuvem.

No livro recentemente publicado pelo Núcleo de Estudos Tributários da Direito GV,[14] o tema da tributação digital é explorado de distintas perspectivas por vários autores que contribuíram para essa publicação. Na excelente imagem apresentada no capítulo 2 do referido livro, a nuvem é formada por três camadas que correspondem às modalidades de

---

[13] No conceito de serviços digitais não se inclui as vendas pela internet.
[14] Tributação na Nuvem: conceitos tecnológicos, desafios internos e internacionais, coordenado por Tathiane Piscitelli e Gisele Barra Bossa, 2018.

prestação de serviços descritas no Quadro 1. A camada mais básica da nuvem é a infraestrutura fornecida pelo IaaS. Ela permite que o usuário não dependa de pesados investimentos para entrar no mercado. As possibilidades de acesso à essa infraestrutura oferecem aos usuários a sensação de contar com recursos computacionais ilimitados, permitindo que pequenas empresas participem no mercado com baixo investimento inicial e contem com os serviços necessários por prazos definidos, que podem ser renegociados. (exemplos de IaaS: Amazon Web Services, e Google Compute Engine).

A segunda camada é formada pela PaaS, que se situa acima da IaaS. Os usuários que desenvolvem as plataformas contratam a infraestrutura fornecida pelo IaaS e adicionam uma nova camada na nuvem. A soma dessas duas camadas é o que se conhece como nuvem.

A terceira camada á a conhecida pela sigla SaaS. As operações entre as duas camadas anteriores ocorrem entre empresas e são classificadas como do tipo B2B, pois correspondem a atuação de um intermediário, que utiliza o IaaS para prestar serviços a usuários finais, por meio, por exemplo, do oferecimento de aplicativos de software e de conteúdo. Para os usuários desses serviços, a vantagem é a terceirização da infraestrutura de informática. O SaaS, por seu turno, abrange as operações que se dirigem ao usuário final e são do tipo B2C.

No interior da nuvem fica cada vez mais difícil visualizar os detalhes das operações, identificar sua localização e mensurar o valor gerado em cada uma delas, o que indica que são cada vez menores as chances de solucionar os conflitos por meio de ajustes pontuais nas regras vigentes para tributar o lucro e o consumo em operações internacionais.

4.1 Tributação da renda

O conflito entre residência ou fonte, para repartir as competências para tributar a renda empresarial entre os países, é um ponto em destaque. A solução para esse conflito fica cada vez mais difícil, tendo em vista que as regras vigentes foram estabelecidas num contexto em que a localização das operações não envolvia grande dificuldade, o que não ocorre na economia digital. Neste novo mundo, não é possível responder de forma direta à questão de como alocar a competência tributária, pois não há conexão entre o local de residência da empresa e a jurisdição em que se concentram as atividades que contribuíram para a geração da renda.

A fonte está onde a renda é gerada, isto é, no mercado consumidor, mas pelas regras vigentes a renda é acumulada no local em que reside a empresa. Claro que vai ser difícil achar uma solução para esse conflito, visto que os interesses dos estados produtores e dos consumidores são distintos.

O princípio da capacidade contributiva está por detrás das regras que buscam repartir a tributação com base nos conceitos e residência e fonte, mas isso fica difícil de aplicar na economia digital. Os defensores do critério de residência admitem que só o país de residência pode verificar as condições dos contribuintes, para estar em sintonia com o princípio da capacidade contributiva e apurar a renda universal.

Mas o critério de residência torna-se impossível de aplicar no caso de tributação da renda da pessoa jurídica na economia digital, dada a globalização dos negócios e a natureza virtual das transações. O que na velha economia era considerado como atividades de caráter preparatório ou auxiliar e, portanto, não caracterizava a existência de um estabelecimento permanente passam a ser, agora, funções essenciais.

Na situação vigente, os tratados internacionais exigem a presença física de um provedor na nuvem para caracterizar um estabelecimento permanente no Estado Fonte, o que acaba inviabilizando a tributação dos lucros gerados na fonte.

Para evitar mudanças radicais, a OECD admite a possibilidade de serem adotados critérios adicionais para que os países fonte possam reter parte da base tributária gerada pelo negócio, mediante, por exemplo, a adoção de procedimentos para identificar uma presença econômica significativa em seu território: a tributação na fonte de remessas de recursos a empresas estrangeiras (caso dos *royalties*); e a aplicação de taxas de equalização *(equalization levy)*, o que pode ser vendido como uma forma de reduzir o ônus tributário sobre os detentores de capital nos países de residência.

O livro em tela destaca as duas principais fragilidades do conceito de residência. A constituição de estruturas jurídicas em países de baixa tributação e a dupla residência. A primeira gera incentivos à competição fiscal por atração de investimentos por meio de vantagens tributárias. Para lidar com esse problema, o BEPS defende o reforço das regras aplicadas a preços de transferência e maior controle sobre as CFC. Quanto à segunda. Seriam grandes as dificuldades para identificar sua existência.

No debate a respeito, posições divergentes buscam apoio em conceitos ultrapassados para reforçar sua posição. Alguns autores defendem o critério de residência na prestação de serviços digitas em escala global na nuvem, pois ele seria importante para evitar a bitributação e preservar os princípios de neutralidade e eficiência.

O texto que aborda essa questão conclui, acertadamente a meu ver, que os princípios atuais não são adequados para permitir que os lucros provenientes de atividades de computação na nuvem sejam efetivamente tributados pelo Estado-residência, tornando essa opção ineficiente. Quem defende o reconhecimento da fonte fundamenta-se em princípios de equidade e neutralidade e no critério do benefício. Se adotada a fonte, a competência seria do estado consumidor.

O livro menciona algumas dificuldades práticas e operacionais para a cobrança do tributo no Estado-fonte, entre eles a inexistência de ativos fixos dos provedores de serviços na fonte, e a dificuldade de dispor de documentos para a verificação da ocorrência do fato gerador do imposto de renda. Mas essas seriam considerações secundárias. As novas tecnologias podem resolver isso.

Um argumento relevante para a adoção da fonte é a ligação entre a oferta e a demanda. Não existe lucro se não houver oferta, mas a geração do lucro depende de que haja demanda.

A busca de princípios tradicionais para justificar uma ou outra posição não irá levar a lugar algum. Ambos os lados buscam reforçar sua posição manipulando os princípios em prol da providência que recomendam. Por esse caminho não vamos encontrar um novo regime tributário para a economia digital.

Convém destacar que, conforme mencionado no livro, o conceito de estabelecimento permanente foi desenvolvido em 1927 e oficialmente adotado em 1928. Em 1963 ele foi adotado pela OECD, tendo sofrido pequenos ajustes posteriores, e novamente alterado em 1977 pela Convenção Modelo, não sofrendo alterações significativas desde então. Um século depois de haver siso desenhado, esse figurino já não se ajusta às transformações que ocorrem no âmbito da economia digital.

Não obstante, os conflitos de interesse envolvidos nessa questão barram o avanço e conduzem a tentativas de remendá-lo O foco das iniciativas propostas pelo BEPS dirige-se para ajustes marginais no conceito de estabelecimento permanente, para ampliar as hipóteses de caracterização do EP, em benefício dos países desenvolvidos.

Nessa linha, uma sugestão para ajustar o figurino vigente é usar o servidor como referência para a existência de um EP. A OECD reconhece que o servidor de um provedor de serviços na internet localizado em outro país, que não o de residência, poderia configurar um EP, pois é uma propriedade tangível em local definido, desde que ele opere por um prazo mínimo de seis meses. Mas os inúmeros detalhes a serem observados levam os que analisam essa questão à conclusão de que só no caso do IaaS um servidor se enquadraria na condição de um EP, o que não teria nenhuma utilidade prática dada a parcela irrisória dos lucros do provedor de IaaS que seria atribuída ao servidor na condição de um EP.

De outro lado, a União Europeia busca um caminho aparentemente mais adequado, com a proposta de criação de um Estabelecimento Permanente Virtual, que conforme mencionado no livro "envolveria a aplicação simultânea de duas ficções: (1) a caracterização fictícia de um estabelecimento permanente virtual; e (2) a independência fictícia de um estabelecimento permanente virtual para fins de alocação de lucros"[15].

No entanto, a adoção do conceito de presença virtual significativa para fins de caracterização de um estabelecimento permanente no Estado-fonte é vista pelos autores como uma opção a ser considerada, tendo como referência a posição de Peter Hongler e Pasquale Pistone, que ela corresponderia a uma revisão dos critérios de alocação da competência tributária em operações internacionais, apoiando-se na teoria dos benefícios.

Enquanto não se chega a uma solução para tratar do problema em tela, o relatório da OECD menciona algumas medidas unilaterais adotadas por alguns países, supostamente como opções temporárias, classificando-as em três categorias: a) modificação dos limites mínimos para a caracterização de um estabelecimento permanente, adotadas por Índia e Israel, com base em regras para o teste da existência de presença econômica significativa, e pela Arábia Saudita, com a criação do estabelecimento permanente virtual; (b) a tributação na fonte, ou a adoção de turnover taxes, por meio de mudanças nas regras para cobrança de royalties, ou adoção outros meios; e c) a criação de regimes tributários

---

[15] Gomes, Daniel, Gomes, Eduardo e Canen, Doris. As medidas unilaterais adotadas internacionalmente e outras propostas de endereçamento no âmbito da Tributação Direta da Renda. Apud Santos, Ramon e Rocha, Sergio.

específicos para grandes multinacionais, a exemplo da taxa de equalização criada pela Índia e a exação sobre transações digitais, criada pela Itália.

A esta altura, parece claro que o prazo que a OECD estabeleceu para chegar a uma solução consensual sobre as novas regras a serem aplicadas à tributação da renda – 2020 – tem escassa chance de ser cumprido. Se assim for, quais seriam as possíveis consequências para a economia e a tributação das operações internacionais?

4.2 Tributação do consumo via VAT

Nesse caso, as regras atuais são as estabelecidas no *International VAT/GST Guidelines*, que adota o princípio do destino com soluções distintas para operações B2B e B2C. Por essas regras, a jurisdição em que o consumidor tem sua residência habitual tem direito de arrecadar o VAT no fornecimento de serviços remotos e intangíveis, inclusive no caso de fornecimento por não residentes, tendo em vista dar condições equivalentes a fornecedores domésticos e internacionais. Para tanto, é exigido que o fornecedor não residente se registre no país de residência do consumidor, cabendo observar que as regras a serem observadas para isso sejam simplificadas, a exemplo das *mini one stop shops– MOOS–* adotadas na União Europeia.

É uma medida que atenua os problemas decorrentes das operações de venda a consumidores finais, mas não é suficiente para lidar com as possibilidades abertas pela tecnologia para a distribuição da cadeia de geração de valor em escala global. Nesse caso, a localização de alguns elos da cadeia em locais onde a tributação é baixa oferece vantagens competitivas em mercados em que a tributação é alta, com desvantagem para os produtores locais, que terão de recolher o VAT integralmente, gerando incentivos para produtores locais migrarem para o exterior.

4.3 Remendos não vão funcionar

Ao analisar as opções que veem sendo contempladas para a tributação na nuvem, o capítulo 9 do livro em tela destaca que, com a atenção voltada para prevenir a erosão da base tributária e a transferência de lucro para exterior, o trabalho desenvolvido no âmbito do BEPS não se dedicou ao exame do modelo de repartição da competência tributária internacional na economia digital, visto que, conforme defende Jeffrey

Owens[16], é o avanço da globalização e do progresso tecnológico que irá determinar se são ou não necessárias novas regras para a tributação da economia digital, num contexto em que a presença física deixa de ser relevante para esse fim.

Apoiando-se em outros autores que enfatizam esse ponto[17], o texto destaca que a nova realidade gerada pelo avanço da economia digital demanda pôr de lado conceitos tradicionais para pôr em prática novas regras, ao invés de remendar as existentes.

Nessa linha, uma conclusão preliminar indica que ajustes no modelo atual de tributação, tanto no âmbito interno quanto no internacional, talvez não sejam suficientes para lidar com os desafios gerados pelo novo mundo da economia digital. Portanto, em face das dificuldades para ajustar o figurino antigo a um novo modelo, há que considerar a introdução de tributos específicos, ou a implementação de uma forma particular de tributação voltada à economia digital.

As dificuldades para desenhar um novo modelo residem nos conflitos de interesses que barram o percurso desse caminho. Enquanto isso, a morosidade na busca de um novo modelo tributário estimula a busca de medidas unilaterais para evitar prejuízos por parte dos países afetados, o que pode acarretar um ambiente caótico na tributação internacional.

O Brasil é um bom exemplo dos problemas apontados, tendo em vista a particular situação gerada pela atribuição aos estados para tributar mercadorias e aos municípios para tributar os serviços. Dada a dificuldade de separar com clareza esses dois campos, o conflito nessa área vem crescendo e cada um busca argumentos para defender suas posições, num contexto em que a crise fiscal estimula a busca de alternativas para aumentar as receitas.

Enfrentando o mesmo problema, o governo federal também busca usar de todos os meios possíveis para tirar um naco das transações que envolvem a circulação de bens digitais, via imposto de importação, imposto de renda e Pis/Cofins. Nesse ambiente, a recorrente revisão das normas aplicadas pelo governo federal, estados e municípios concorre para um ambiente de alta insegurança jurídica, que ao fim e ao cabo gera um ambiente hostil à atração de investimentos nessa área, com impactos não desprezíveis para o nosso desenvolvimento.

---

[16] Owens, J. Tax systenms in the new millennium.
[17] Galendi Jr, Ricardo e Galdino Guilherme.

Conclusões

Para onde vamos? Os paradigmas que alicerçaram o regime tributário da economia industrial já não fornecem uma base segura para o desenho de um novo figurino adequado à nova realidade que se estabelece com o avanço da economia digital. Mas a recusa em enfrentar o problema conduz à busca de alternativas irrealistas para evitar mudanças que ferem interesses daqueles que se beneficiam dos esforços para preservar o *status quo*.

É pouco provável, todavia, que isso se sustente por muito tempo. Ao contrário de rupturas anteriores, a que estamos vivendo tem alcance global e instantâneo, e avança a uma velocidade nunca vista. Ajustes marginais não irão funcionar e ao reconhecimento da necessidade de explorar as novas bases tributárias consentâneas com o novo mundo da economia digital não demorará muito para ser reconhecida.

Medidas unilaterais adotadas por alguns países para defender seus interesses irão se multiplicar na ausência de uma ação coordenada para pôr em discussão as novas bases tributárias para a economia do século XXI. O Brasil não pode ignorar esse fato num momento em que a reforma tributária retorna à pauta das prioridades nacionais.

Mas qual reforma tributária? Há muitos anos que a reforma tributária frequenta a pauta das reformas que transitam pelo Congresso, sem que tenha sido possível alcançar o entendimento necessário para fazê-la avançar.

A rigor, grande responsabilidade pelos sucessivos fracassos cabe ao governo federal, que frente a crescentes problemas fiscais sempre esteve receoso de que qualquer avanço nessa área acabasse trazendo prejuízos para a gestão das contas públicas, em decorrência da demanda por compensações de perdas que os estados demandavam para reformar o ICMS.

Durante todo esse tempo, os municípios ficaram de fora desse debate. O crescimento dos serviços beneficiava os grandes e pequenos incrementos no percentual das transferências processadas por meio do FPM aplacava momentaneamente as agruras dos municípios menos populosos. Em ambos os casos, o aumento de repasses diretos de recursos do orçamento da União comprava a adesão dos aliados políticos e ajudava a empurrar o problema com a barriga.

Com a revolução em curso na economia não dá mais para adiar o enfrentamento dessa questão. No caminho traçado para avançar no rumo da reforma tributária, cada etapa oferece melhores condições para percorrer a seguinte, de forma a facilitar a continuidade do avanço que deve levar ao objetivo final. Não há como alimentar a ilusão de que a trajetória pode ser facilmente percorrida, mas também não há como deixar de enfrentá-la.

Referências

CHARAM, Ram. Global Tilt. *Leading your business through the great economic power shift.* Crown Business, 2013.

FREITAS, Fernando Garcia de; MAGNABOSCO, Ana Lelia. *A questão da cumulatividade de impostos na contribuição sobre a folha, no imposto sobre o faturamento e na contribuição sobre movimentação financeira*, 2019.

KIM, W. Chan and Mauborgne, Renée. Blue ocean Strategy. *How to create uncontested market space and make the competition irrelevant.* Harvard Business Review Press, 2015.

OECD. BEPS Action 1: *Adress the Tax Challenges of the Digital Economy*, Public Discussion Draft, 2014

OECD. *Tax Challenges Arising from Digitalization –Interim Report*, 2018.

ONU. "*Tax Challenges in the Digitalized Economy: selected issues for possible comittee consideration*" (E/C 19 2017/CRP 22,11/20/2017.

SULLIVAN, Clara K. *The Tax on Value Added.* Columbia University press, 1965.

TAPSCOTT, Don. *The Digital Economy. Rethink Promise and Peril in the Age of Networked Intelligence.* McGraw-Hill Education. 20th Anniversary edition, 2015.

Tributação na nuvem. *Conceitos tecnológicos, desafios internos e internacionais*, coordenado por Tathiane Piscitelli e Gisele Bara Bossa. 2018.

União Européia. *Commission Expert Group on Taxation of The Digital Economy* – Maio de 2014.

7. A Reforma Tributária Infraconstitucional pelas Medidas Alternativas para Solução de Controvérsias

Heleno Taveira Torres

Quem confiar na retórica do paraíso prometido de extinção do atual sistema dos tributos indiretos ao final dos próximos 10 anos, precisa lembrar apenas de três coisas: não haverá "garantia" de que esta extinção de fato ocorrerá em 2029, pois sempre haverá o risco de "prorrogação" por nova PEC; ter a certeza de que poderá haver uma avalanche de ações judiciais que culminarão em grandes dos conflitos tributários e embates federativos no âmbito do Supremo Tribunal Federal; mas, principalmente, de que o novo imposto (IBS somado ao IPI, ao ICMS, ao ISS e ao PIS/COFINS) trará uma explosão de alíquotas que serão aplicadas à indústria e aos serviços (a serem definidas pelos estados dentro de um limite superior a 20%), sem falar do fim de todos os incentivos fiscais que estimulam o desenvolvimento regional, a tributação na origem para estados produtores e que será quase que extinto o SIMPLES, ao menos na forma que conhecemos hoje.

A confiança em promessas do Estado, sem atitudes concretas de proteção, é sempre algo temerário. Uma cena do filme, O Grande Ditador, ilustra bem essa situação. Chaplin, no papel do ditador de Tomânia, "Adenoid Hynkel", recebe o ditador de Bactéria, "Benzino Napaloni". Partem, então, para uma grande discussão sobre o que fazer com Osterlich, país vizinho de Tomânia. Napaloni insiste com Hynkel que assine o tratado para definição das fronteiras; Hynkel, por sua vez, defende que primeiro haja a retirada das tropas de Bactéria e que se deixe a assinatura para depois. Quem sofre, na briga, é o garçom, a parte mais fraca. A desconfiança mútua conclui-se com um conselho do ministro a Hynkel: assine o tratado e, assim, após a retirada das tropas por Napaloni, sem resistências, invadiremos Osterlich. E assim foi feito.

No caso do nosso novo imposto, tem-se o contribuinte, o eterno sofredor, que a tudo assiste taciturno, a supor que antes de 1º de janeiro de 2020 terá uma reforma total do sistema tributário, que resolverá todos os seus problemas. Não sabe ele que o espera unicamente a criação de um novo imposto.

A razão de dúvidas está fundada na experiência corrente da nossa República. Basta lembrar nossos tributos "provisórios" (CPMF) ou as quantas emendas à Constituição foram feitas com sucessivos aumentos de desvinculação de receitas da previdência, a DRU, atualmente em 30%. Ora, o mesmo Congresso Nacional que introduzirá uma PEC que cria mais um imposto (IBS) com a "promessa" de que o atual sistema de IPI, ICMS, ISS, PIS e COFINS será extinto em 2029, logicamente, detém poderes para apresentar quantas emendas (PEC) queira ao texto constitucional, que pode ser, inclusive, para ampliar o prazo ou, até mesmo, para manter, de modo definitivo, o convívio "fraterno" com ambos os sistemas de impostos indiretos: o novo (IBS) e o velho, que bem conhecemos, permeado de injustiças, sem nenhuma reforma.

Orçamento público exige previsibilidade de receitas estimadas para que as despesas possam ser realizadas, o que deve ser garantido principalmente por impostos pagos com elevado grau de espontaneidade. Somente quem desconhece o fenômeno da atividade financeira do Estado imagina que mudanças abruptas no sistema tributário possam ser feitas sem os cuidados de proteção do orçamento na sua totalidade.

A verdadeira reforma tributária, tenho insistido em várias colunas aqui publicadas, há de ser aquela de reforma dos tributos existentes. E todas poderiam estar prontas, com mudanças da legislação infraconstitucional. Ninguém tem dúvidas sobre onde estão todos os problemas e quais são as soluções. No ICMS, por exemplo, urge a redução dos incentivos fiscais (não sua extinção), a limitação da substituição tributária a poucos setores e a aplicação do regime de créditos financeiros, para tudo o que seja adquirido pela empresa. Igualmente no PIS/COFINS, a redução dos regimes especiais inúmeros e generosos, bem como o emprego de créditos financeiros.

Estas mudanças podem servir à aproximação dos modelos dos impostos existentes, em tal harmonização que, com seu amadurecimento, possamos vislumbrar, tão natural quanto factível, a unificação de todos em projeto equivalente ou até no mesmo sugerido pela Câmara dos Deputados, em um futuro próximo.

Para todos estes casos, tanto eu quanto Everardo Maciel, além de outros juristas, em diversos artigos, têm chamado a atenção para a proteção do federalismo e dos direitos dos contribuintes, com projetos que poderiam ser discutidos de imediato para confluir para melhoria substancial do ICMS, do PIS/COFINS, do IPI ou do ISS.

O contribuinte espera uma reforma da segurança jurídica. Mudanças que tragam simplificação, certeza jurídica, previsibilidade e garantias nas relações com o Fisco. Ao mesmo tempo, os entes federativos não podem abrir mão de aumento de receita, para atender às suas demandas e necessidades sempre crescentes.

Como estas mudanças tardam, impressiona ver a quantidade de iniciativas de notável qualidade e repercussão que autoridades públicas têm promovido para encontrar soluções válidas para os problemas de financiamento dos orçamentos públicos.

Na semana passada, a PGFN e a FIESP realizaram o "Congresso sobre Dívida Ativa da União – avanços e desafios na recuperação dos créditos da Dívida Ativa da União – diálogos interinstitucionais", promovido pela Escola da Advocacia-Geral da União e Procuradoria-Geral da Fazenda Nacional (PGFN).

Embates

Não é segredo para ninguém que o passivo da União, o estoque total da dívida ativa, bateu os R$ 2,1 trilhões e, nos últimos cinco anos, cresceu em média 11,4% ao ano. Temas como: uso de medidas alternativas para solução de conflitos, incidente de desconsideração da personalidade jurídica e responsabilidade patrimonial na execução fiscal, combate às fraudes fiscais estruturadas, recuperação de ativos, dentre outros, foram tratados como conteúdos necessários para serem enfrentados numa Reforma Tributária.

Portanto, neste conjunto de medidas, renovam-se esforços, mas agora com o reconhecimento de sua validade pela própria Procuradoria da

Fazenda Nacional, da necessidade e do emprego de métodos adequados de resolução de conflitos tributários, assim como a utilização de meios consensuais, como a arbitragem tributária ou mesmo a conciliação, administrativa ou judicial, para agilizar a pacificação das relações tributárias e reduzir os custos das dívidas tributárias, tanto para o Fisco quanto para o contribuinte.

Coincidentemente, recebi as conclusões alcançadas pelos Procuradores Fiscais dos 26 Estados da Federação e do DF, no "VII Encontro Nacional das Procuradorias Fiscais – ENPF", realizado entre os dias 08 a 10 de maio de 2019, no que definiram a "Carta do Rio de Janeiro".

Dentre outros temas, a respeito dos métodos alternativos de soluções de conflitos, estas foram as conclusões aprovadas por *unanimidade*, a saber:

- "A transação tributária, prevista no artigo 171 do CTN, não é benefício fiscal, não precisando, portanto, de prévia aprovação do CONFAZ.
- A indisponibilidade não impede a transabilidade do crédito tributário, nos termos do artigo 171 do CTN, desde que haja previsão legal específica.
- A transação tributária não fere o artigo 14 da Lei de Responsabilidade Fiscal.
- Programas de refinanciamento de dívidas que importem em anistia e remissão não se confundem com o instituto da transação tributária previsto no artigo 171 do CTN.
- Os advogados públicos que atuarem em transação tributária somente poderão ser responsabilizados nos casos de dolo ou fraude comprovados".

São conclusões precisas e que merecem especial atenção por parte de todos. Vale lembrar que os enunciados foram aprovados à unanimidade dos participantes das oficinas e submetidos ao plenário do Congresso. Daí sua importância para esta compreensão, além de outros temas igualmente relevantes, os quais serviram de conteúdo da Carta.

Estes movimentos, ainda que independentes entre si, revelam uma tendência das carreiras de estado, tanto federal quanto estadual, para a defesa de métodos alternativos para solução de conflitos tributários. É uma excelente notícia.

Há mais de 15 anos, tenho proposto uma simplificação do ordenamento tributário, com medidas equivalentes, como: 1) redução de litígios em varas de execuções fiscais, para manter nestas apenas aquelas de matéria (especializada) exclusivamente "tributária"; 2) ampliação de medidas preventivas de conflito na fase de lançamento tributário; 3) reforma da legislação de execução fiscal e do processo administrativo; 4) conciliação em todos os processos tributários; 5) uso da mediação, transação ou da "arbitragem tributária" (a exemplo da experiência de Portugal); 6) simplificação e eficiência das consultas tributárias; e 8) reforma do modelo de sanções tributárias e outros.

O sentido é sempre o mesmo. O direito tributário deve orientar-se em direção à praticabilidade e à segurança jurídica, mediante permanente observância dos princípios da certeza, da transparência, da confiabilidade, da simplicidade e da previsibilidade na criação de leis e na relação tributária.

No rol de "incentivos" não se inclui a modalidade da "transação", ou qualquer outra forma alternativa de solução de conflitos, até porque serão sempre uma decisão processual e dependente da existência de litígio. O artigo 14, da Lei de Responsabilidade Fiscal, é aplicável aos casos de concessão ou ampliação de incentivo ou benefício de natureza tributária da qual decorra renúncia de receita. A sua aplicação deve ser restritiva aos casos de incentivos ou benefícios fiscais e não a soluções de litígios. Se fosse assim, qualquer decisão administrativa ou judicial que resultasse em extinção do crédito tributário somente poderia ser adotada com compensação de receita. Ao mais, são de mesma hierarquia o art. 14 da LRF e o art. 156 do CTN. Ambos são leis complementares.

A única interpretação coerente, a partir da entrada em vigor do novo CPC, é aquela de se admitir um princípio do dever estatal de rápida solução dos litígios, e não sua eternização, com custos vários para o Estado. Dentre outros, o custo do próprio processo, os custos de perdas de oportunidades, pela não utilização dos recursos públicos, dentre outros. E o art. 3º do CPC, no seu § 3º, não deixa dúvidas. Ao falar de "defensores públicos", de se ver, inclui os procuradores dos estados e da União como destinatários dos princípios e deveres que contempla: estimular, inclusive no processo judicial, o uso da conciliação, a mediação e outros métodos de solução consensual de conflitos.

A conflitividade não é um problema social, mas resultado do estágio civilizatório da sociedade e da qualidade do seu sistema jurídico na prevenção ou solução dos conflitos. Busca-se, assim, a "normalidade", que é o "estado de segurança" ou o "estado de confiança". E esta virá precipuamente quando o ordenamento for capaz de propiciar uma continuada prestação jurisdicional, sem demoras ou custos excessivos.

O devido processo legal não pode ser um ônus para o cidadão. A jurisdição é meio de estabilidade da democracia, pelo controle da ação dos poderes, não instrumento ou fonte estimuladora de litígios, ciente de que os recursos públicos são escassos para a extinção de toda a litigiosidade na sociedade. Ao contrário, o desafio posto é responder às demandas com rapidez, eficiência e custos coerentes com nossa realidade econômica.

No Judiciário, atualmente, estão em andamento cerca de 100 milhões de processos, cuja demanda crescente tem sido atendida por um grupo aproximado de 16.500 juízes. Nesta quadra, desde 1988, o STF recebeu 1.524.060 processos, que tramitaram ou ainda tramitam naquela Corte. Contudo, o volume é crescente e em 2014 foram distribuídos 78.110 processos e julgados 110.603 processos. A maioria de natureza tributária e previdenciária.

Apenas para evidenciar o quanto a Constituição de 1988 surtiu efeitos de expansão de acesso ao Judiciário, noticia Moreira Alves, em artigo sobre "O Poder Judiciário no Brasil e o papel do Supremo Tribunal Federal", que em 1984 tramitavam 28.078 processos, dos quais haviam sido julgados ao final do ano 24.523. E que, dos 15.964 que chegaram naquele ano, 14.043 era recursos extraordinários. A expansão do acesso à justiça não pode ser vista como um "problema". Ao contrário. Devemos celebrar que, finalmente, o povo brasileiro tenha confiança no seu Poder Judiciário para a solução dos seus litígios e, estimulado pelas leis em vigor, faça valer seus direitos.

A dificuldade está em concretizar justiça em matéria tributária onde a demora gera custos recíprocos, ao Estado e aos contribuintes, mediante combinação de rigor técnico, celeridade, certeza e segurança jurídica. E somente com a combinação de métodos adicionais de solução de controvérsias pode-se chegar a este resultado.

Diversos países alcançaram bons êxitos na redução dos seus passivos tributários, acomodando os princípios de indisponibilidade do patrimônio público e segurança jurídica dos contribuintes, com aqueles da eficiência e simplificação fiscal. O êxito de Portugal com a arbitragem fiscal, que já soma mais de 3 mil processos julgados, e da Itália, com a mediação e com a conciliação judicial, são bons exemplos.

Cabe estabelecer, antes que uma cortina de preconceitos, os limites para a adoção desses regimes, como bem já o fizeram outros países de bases democráticas sólidas como França (Conciliation; Transaction; Régler autrement les conflits, de 1994), Alemanha, Itália (accertamento con adesione e conciliazione giudiciale), Inglaterra (Alternative Dispute Resolution – ADR) e Estados Unidos (Alternative Dispute Act, de 1990; Closing Agreement, Sec 7121, IRC), empregando-os de forma prévia à utilização da via judicial ou no seu curso, como nos casos de conciliação.

Sabe-se, muitos são os obstáculos teóricos e culturais a superar, tendo em vista conceitos e valores que merecem novos sopesamentos, diante do atual quadro de evolução técnica dos ordenamentos e renovação científica da doutrina. Há sempre o temor da corrupção, assim como o medo das autoridades administrativas em decidirem conflitos e que mais tarde, pelo simples fato da participação e assinatura dos atos, sejam alvo de penosos processos penais ou de improbidade administrativa. Entretanto, essas ressalvas devem ser motivo para impor rigores e controles, e não para se afastar o dever do adequado exame do emprego das formas jurídicas de solução dos conflitos.

O que vem a ser, precisamente, "indisponibilidade do crédito tributário"? O princípio da indisponibilidade do patrimônio público e, no caso em apreço, do crédito tributário, desde a ocorrência do fato jurídico tributário, firmou-se como dogma quase absoluto do direito de estados ocidentais, indiscutível e absoluto na sua formulação, a tal ponto que sequer a própria legalidade, seu fundamento, poderia dispor em contrário. E como o conceito de tributo, até hoje não definido satisfatoriamente, acompanha também essa indeterminação conceitual da sua indisponibilidade, avolumam-se as dificuldades para que a doutrina encontre rumo seguro na discussão do problema.

Porquanto "tributo" e "indisponibilidade" não sejam conceitos lógicos, mas, sim, conceitos de direito positivo, variáveis segundo a cultura de cada nação, próprios de cada ordenamento. Será o direito positivo a dar os contornos do que queira denominar de "direito indisponível", inclusive suas exceções (direito inalienável inter vivos, direito intrasmitível mortis causa, direito irrenunciável, direito não penhorável etc). Tome-se como premissa a inexistência, no direito de todos os povos, de um tal princípio universal de "indisponibilidade do tributo".

Berliri tentou responder a esta indagação ao fazer a diferença entre "rapporto giuridico tributario" e "obrigação tributária", definindo como indisponível apenas o primeiro. No Brasil, onde a Constituição Federal discrimina competências prévias, prescrevendo os tributos que cada pessoa pode criar, isso permitiria vislumbrar uma indisponibilidade absoluta da competência tributária; mas não do "crédito tributário" – previsto em lei – que pode ser disponível para a Administração, segundo os limites estabelecidos pela própria lei, atendendo a critérios de interesse coletivo, ao isolar (a lei) os melhores critérios para constituição, modificação ou extinção do crédito tributário, bem como de resolução de conflitos, guardados os princípios fundamentais, mui especialmente aqueles da igualdade, da generalidade e da definição de capacidade contributiva. Eis o que merece grande acuidade, para alcançar respostas adequadas aos temas de conciliação, transação, arbitragem e outros pactos na relação tributária, tomando como premissa a inexistência, no direito, de um tal princípio universal de "indisponibilidade do tributo".

Assim, no campo da aplicação, nada impede que a lei possa qualificar, dentro de limites e no atendimento do interesse coletivo, os melhores critérios para constituição, modificação ou extinção do crédito tributário, inclusive os meios de resolução de conflitos, vinculativamente e com espaço para discricionariedade, no que couber, visando a atender a economicidade, celeridade e eficiência da administração tributária.

Temos para nós que o legislador detém, sim, liberdade constitucional para proceder à identificação de métodos alternativos para extinção do crédito tributário, mediante solução de controvérsias em matéria tributária, ao tempo em que, ao fazê-lo, deverá predispor, de modo claro, os limites que permitirão aos contribuintes e à Administração alcançarem bom êxito na resolução de conflitos que tenham como objeto matéria de fato de difícil delimitação ou cujas provas apresentadas não permitam a formação de um juízo consistente para identificar a proporção da ocorrência factual ou mesmo a correta quantificação da base de cálculo do tributo. Havendo dificuldades nesses processos lógicos de subsunção, poderia ser útil a utilização de algum desses mecanismos.

Basta pensar nos casos que impliquem inversão do ônus da prova, por presunções e similares, que geralmente garantem largo espaço de disponibilidade à Administração, relativamente aos direitos patrimoniais envolvidos, ao permitir que as autoridades cheguem a uma média ou a uma quantificação meramente presumida. É o que se vê nos casos de incidências com bases de cálculo presumidas ou dependentes de arbitramento, como "preço de mercado", "valor venal", valor da terra nua", pautas de valores, definição de preços de transferência, definição de mercadorias, na qualificação de produtos, mediante tabela ordenada segundo a seletividade e essencialidade, custos e valor de bens intangíveis, hipóteses de cabimento de analogia e equidade etc.

A transação, em qualquer segmento do direito, extingue as obrigações, mediante concessões recíprocas. E com tal efetividade que, mesmo que apenas a fins equiparativos, usava-se afirmar que o acordo obtido detinha os efeitos de coisa julgada. Esta equivalência entre os efeitos do ato jurídico perfeito alcançado e a coisa julgada é de notável relevo, pois sequer a "lei" poderá prejudicar um ou outro, por surgir, do acordo, direito subjetivo à sua manutenção e irrevisibilidade (direito adquirido pelo contribuinte).

O fundamento das transações tributárias é a confiança recíproca, amparada na boa-fé objetiva, no respeito ao pacta sunt servanda e no fundamento constitucional do ato jurídico perfeito (art. 5º, XXXVI – a lei não prejudicará o direito adquirido, o ato jurídico perfeito e a coisa julgada). Enquanto perdurar a Constituição em vigor, nenhuma autoridade administrativa poderá usar de ato administrativo episódico ou alegar lei dirigida materialmente contra a coisa julgada, o direito adquirido ou o ato jurídico perfeito. O Código Tributário Nacional contempla a transação, no seu artigo 156, III, como meio de extinção do crédito tributário, aduzindo no art. 171, suas finalidades essenciais e requisitos.

Deveras, é difícil aceitar que a transação ou a arbitragem se possam prestar para discutir situações jurídicas formais ou adequadamente provadas, como bem salienta José Osvaldo Casás. Contudo, preferível, em muitos litígios, soluções individuais, caso a caso, do que as modalidades generalistas de generosos parcelamentos, sem atenção à situação típica de cada contribuinte, ou concessões de isenções que se aplicam indistintamente a todos. São formas de gastos tributários que poderiam ser perfeitamente evitados, com maior economia de resultado para o erário.

Formas alternativas para resolução de conflitos em matéria tributária podem ser desenvolvidas e aplicadas tanto de um modo preventivo, para aquelas situações antecedentes a contenciosos formalmente qualificados, como para as que se encontrem já na forma de lides, de modo incidental, servindo de objeto para processos administrativos ou judiciais em curso. No primeiro caso, temos diversas modalidades de procedimentos, alguns dos quais já adotados com plena eficácia, como é o caso do parcelamento (art. 155A, CTN), denúncia espontânea (art. 138, CTN), consignação em pagamento (art. 164, CTN), anistia (180, CTN); bem como outras experiências, como é o caso da arbitragem, presente no nosso ordenamento, mas limitadamente para os chamados "direitos disponíveis" (art. 1º, da Lei nº 9307/96). No outro, como alternativa para a solução de conflitos em andamento, parece-nos que a conciliação judicial, a mediação e a transação (administrativa, art. 171, CTN) e outros pactos na relação tributária, seriam os instrumentos recomendáveis, dentro dos limites que a legislação possa impor.

O que importa é que, ao final, tenha-se um ato administrativo, unilateral, constitutivo de um direito de crédito para a Fazenda Pública, segundo as previsões legais, mas que fica ainda dependente de extinção por parte dos contribuintes. Nada que ver com hipóteses de negócios contratuais ou coisa do gênero, até porque não há qualquer definitividade no crédito cumprido ao final, porque a disponibilidade limita-se à Administração, cabendo a revisão do ato dentro do prazo de prescrição.

A simplificação fiscal, porém, vista como critério hermenêutico que se presta também a garantir os conteúdos axiológicos superiores do sistema tributário, especialmente para os fins da exigibilidade dos tributos, como elemento de influência sobre os procedimentos e técnicas de resolução de conflitos em matéria tributária, deve coincidir com o princípio da indisponibilidade do patrimônio público (crédito tributário), na tentativa de garantir compatibilização entre ambos, mas este não pode ser um obstáculo intransponível para a realização daquele valor. Seu fundamento é a garantia de segurança jurídica e a eficiência do patrimônio público, ao que formas alternativas de resolução de conflitos, empregadas à luz dos critérios democráticos de uma tributação justa, certa, rápida e econômica, podem contribuir adequadamente à ampliação dos seus efeitos.

O procedimento de arbitragem aplicado em matéria tributária, para ser adotado na exigência de créditos tributários ou mesmo na solução de conflitos em geral, teria que atender a todos os ditames de legalidade, como: a) previsão por Lei, a definir a arbitragem como medida de extinção de obrigações tributárias e indicar seus pressupostos gerais, limites e condições; b) edição de lei ordinária pelas pessoas de direito público interno para regular, no âmbito formal, o procedimento de escolha dos árbitros, bem como a composição do tribunal arbitral, a tramitação de atos, e bem assim os efeitos da decisão e do laudo arbitral, além de outros (art. 37, da CF); e c) que ofereça, em termos materiais, os contornos dos conflitos que poderiam ser levados ao conhecimento e decisão do tribunal arbitral (art. 150, CF). A legalidade deve perpassar todo o procedimento, reduzindo o campo de discricionariedade e garantindo plena segurança jurídica na sua condução. Como visto, esta é uma questão que só depende de esforço político.

Sobre seus limites materiais, no âmbito de relações tributárias, a arbitragem poderia ser adotada para hipóteses de litígios fundados em questões de fato, mesmo que envolvendo aplicação do direito material; simples dúvidas sobre a aplicação da legislação tributária restaria como âmbito próprio para ser resolvidas por consultas fiscais; do mesmo modo que assuntos vinculados a matérias típicas de sujeição a julgamento sobre o direito material, como controle de inconstitucionalidade ou de legalidade, aplicação de sanções pecuniárias, dentre outras, continuariam sujeitas a controle exclusivo dos órgãos do processo administrativo ou judicial.

A principal característica da arbitragem é a atribuição do dever de sujeição das partes à decisão dos árbitros ou tribunal arbitral, a quem se submetem voluntariamente. Por isso, ao se ter como parte do litígio um órgão da Administração, a vontade desta há de ser externada por órgão competente, legalmente estabelecido, preferencialmente de composição coletiva, de sorte a garantir plena legitimidade da decisão, pela composição dos valores persistentes na garantia dos princípios de legalidade, indisponibilidade do crédito tributário (patrimônio público), moralidade, eficiência administrativa e isonomia tributária.

Quanto aos efeitos, o "compromisso arbitral" geraria eficácia vinculante para a Administração, que ficaria obrigada ao quanto fosse acordado e decidido no laudo arbitral, para os fins de lançamento e cobrança do crédito tributário. Para o contribuinte, teríamos como único efeito aquele de afastar o direito ao processo administrativo, ao assumir o compromisso de renunciar a qualquer espécie de recurso administrativo visando a discutir o conteúdo material da resolução alcançada. A Constituição, ao garantir o monopólio da jurisdição judicial, nos termos do art. 5º, XXXV, não admitiria que tal impedimento pudesse ir além dos limites administrativos. Nenhuma espécie de auto-executoriedade tampouco poderia ser reclamada pela Administração, objetivando superar a execução judicial de créditos tributários, na medida que a arbitragem não substitui nem os atos de lançamento, nem os de cobrança ordinária do crédito tributário. Isso não impede, outrossim, que a lei defina o "laudo arbitral" como espécie de título executivo extrajudicial, para os fins de execução fiscal dos créditos ali definidos e liquidados.

Outro exemplo de arbitragem prevista em matéria tributária, pode ser encontrado nos tratados internacionais para evitar a dupla tributação internacional firmados pelo Brasil, mediante o chamado procedimento amigável consultivo de eliminação de casos de bitributação, inserto na segunda parte do parágrafo 3º do art. 25, predisposto para resolução dos casos de dupla tributação internacional não previstos no texto convencional, com a devida eliminação das lacunas deste, através de uma relação direta de consulta entre os Estados. Cuida-se de uma típica espécie de arbitragem em matéria tributária. Todavia, os Estados não estão obrigados a chegar a uma "conclusão", eles apenas devem esforçar-se para chegar ao acordo. E mesmo este acordo, quando alcançado, fica vinculado às faculdades discricionárias das Administrações, para os fins do seu cumprimento.

Visto que a mediação e a arbitragem estão permitidas no direito brasileiro, ambas passíveis de serem adotadas como medidas de solução de conflitos em matéria tributária, no âmbito de procedimentos tipicamente administrativos, resta saber se haveria espaço para uma possível inserção de procedimento conciliatório preventivo no corpo do processo judicial, com idêntica finalidade, qual seja, resolver definitivamente o litígio de modo célere, prático, eficaz e econômico.

Uma alternativa que merece encômios, praticada atualmente no direito italiano como solução de controvérsia em matéria tributária, é a chamada conciliação judicial (Lei nº 656, de 30.11.94; D.L. nº 218, de 19.06.1997), à semelhança do que ocorre nos domínios de outras matérias, como a trabalhista ou de direito de família, que pode ser provocada no início de qualquer processo judicial, no âmbito de juízo singular, visando à composição da lide mediante acordo prévio, gerando efeitos vinculantes e definitivos para as partes, contribuinte e Administração, quando assim o confirme o recurso necessário. Materialmente, essa conciliação prévia não encontra qualquer restrição, podendo reportar-se a provas, matéria de fato ou de direito, bastando que se trate de tributos sobre os quais a "Comissione Tributaria" tenha domínio e o Juiz seja competente para julgar; e formalmente, constitui-se como instituto eminentemente processual, ao pressupor um processo judicial em curso. Seguindo uma espécie de "incidente processual", é oportunidade que a lei confere às partes para que ponham fim ao conflito, previamente ao procedimento judicial. Tanto a Administração como o contribuinte podem propor a conciliação, inclusive solicitando audiência própria para este fim. Alcançando bom êxito, a Administração expede um "decreto de extinção do processo", com eficácia provisória de 20 dias, dentro do qual o contribuinte poderá efetuar o pagamento e, consequentemente, promover a extinção da dívida tributária. Outro efeito adicional é reduzir a um terço o montante da sanção pecuniária eventualmente imposta ao contribuinte. Como fica demonstrado, não há maiores dificuldades para que se transponha para os demais processos existentes, em matéria tributária, essa rica experiência, aplicando-se critérios de transação ou conciliação para compor litígios em audiência própria para esse fim, alcançando, com isso, agilidade na percepção definitiva dos créditos tributários e evitando o desgaste de longos e morosos processos inúteis.

Por conta daqueles fundamentos, a revisibilidade do conteúdo de transações é peremptoriamente proibida, por serem, estas, causas de extinção do crédito tributário (art. 156, III, do CTN). Ora, dizer que a transação "extingue" o crédito tributário nada tem que ver com o "pagamento" desta eventualmente decorrente. Decerto que tal menção no rol das causas extintivas das obrigações tributárias só tem cabimento se entendermos a transação no contexto de extinção da pretensão tributária sobre o quanto foi concedido pela Administração tributária, com respeito às concessões (recíprocas) dos contribuintes. A legalidade constitucional (art. 150, I, da CF), aliada à impossibilidade de usar tributo com efeito de confisco (art. 150, IV, da CF), vedam que o procedimento de transação possa ser reaberto para qualquer tipo de revisão.

Há, sem dúvidas, para a Administração, um dever constitucional de proteção da confiança, como decorrência do seu dever de moralidade, como meio de concretização de justiça e formação de um ambiente de lealdade e certeza. Exemplo da proteção da confiança é a princípiologia que atualmente se vê consagrada na Lei do Processo Administrativo, a

Lei nº 9.784, de 29 de janeiro de 1999, cujo art. 2º prevê como princípios informadores o da segurança jurídica e o da atuação segundo padrões éticos de probidade, decoro e boa-fé.

Por fim, a meu ver, a reforma do contencioso tributário ora em vigor será a maior revolução do nosso sistema tributário. É imperioso agilizar as dívidas tributárias, mas com segurança jurídica e cautelas, para evitar prejuízos ao Estado ou aos contribuintes.

No processo administrativo, a impugnação para as delegacias regionais de julgamento (DRJ) poderia ser modificada, para ser admitida a ampla defesa, transparência e sustentação oral, com o dever de participação de ofício da PFN. O recurso poderia ser feito nesta mesma instância regional para colegiados maiores, observada a uniformização definida por outro colegiado superior. Isso poderia ser conseguido com substitutivo do CARF, na forma de conselho administrativo de uniformização das decisões tributárias, como órgão recursal para matérias de direito. Ademais, em qualquer etapa do processo administrativo ou judicial, o contribuinte ou a Fazenda poderia ter poderes para pleitear conciliação, segundo os critérios estabelecidos em lei.

No processo judicial, urge eliminar a multiplicidade de contenciosos a partir de único litígio. Assim, cumpre avaliar a possibilidade de separar varas especializadas a cobrança do crédito tributário e constituir um único processo tributário. E dado que isso promoverá forte redução de procedimentos e tempo, seria válido adotar a suspensão da exigibilidade do crédito tributário até decisão final do TRF. Após esta etapa, então caberia empregar a penhora administrativa (se houver recursos para STF ou para o STJ) ou promover a imediata execução administrativa, segundo os critérios definidos unicamente por via judicial. Com isso, protege-se o direito do inciso LIV, segundo o qual "ninguém será privado da liberdade ou de seus bens sem o devido processo legal".

E, além destes, a introdução de meios alternativos de controvérsias tributárias pode servir como auspicioso meio de ampliação das receitas tributárias no financiamento das necessidades públicas, pela recuperação dos créditos estagnados em processos que se eternizam. Para afastar qualquer temor com vícios no procedimento, mister que o espaço de discricionariedade se limite o mais que possível pelo texto legal, indicando precisamente o campo de atuação das autoridades competentes, as hipóteses de cabimento e outros elementos de mérito que mereçam demarcação prévia. Nenhuma quebra de legalidade ou de isonomia, por predeterminação normativa de conduta.

Afora estes, temos vários exemplos de contribuições notáveis ao aperfeiçoamento do ordenamento tributário, feitas com a mesma seriedade e dedicação, os quais deverão ser levados em consideração, neste esforço patriótico e republicano de uma reforma tributária responsável e coerente com as demandas da sociedade. A melhor e mais eficiente reforma tributária, sem dúvidas, será aquela infraconstitucional, que não tolha direitos dos contribuintes e garanta a continuidade das competências tributárias dos estados e municípios, ao mesmo tempo que contribua para a superação da crise, estimule a volta dos investimentos e garanta melhores horizontes fiscais para as gerações futuras.

8. Novas Tecnologias e a Necessidade de Reforma Tributária

Daniel Corrêa Szelbracikowski

Introdução

Em 30 de dezembro de 2016 foi publicada a Lei Complementar 157 que alterou a LC 116/03 relativamente ao imposto sobre serviços – ISS. Algumas das novas regras eram necessárias, tais como as que estabelecem a alíquota mínima do ISS, regulam a forma de concessão de benefícios fiscais de ISS e criam sanções para a hipótese de seu descumprimento. Houve, porém, inconstitucionalidades. Primeiro, porque o Congresso Nacional derrubou o veto da Presidência da República ao art. 1º da Lei Complementar 157/2016 e reestabeleceu a incidência do ISS sobre os serviços de administração de fundos de investimentos, consórcios, cartões de crédito/débito e congêneres, planos de saúde e arrendamento mercantil no Município do domicílio do tomador ao invés do Município onde o serviço é efetivamente prestado. Segundo, porque houve previsão de tributação de negócios jurídicos que não se qualificam como serviços, como é o caso do *streaming* (item 1.09 da lista de serviços) e do armazenamento e hospedagem de dados (item 1.03).

Os problemas gerados com as alterações implementadas pela LC 157/16 serão abaixo explorados e remeterão à necessidade de reformas no sistema tributário brasileiro. Nesse contexto, as principais propostas de reforma em tramitação no Congresso Nacional (PEC 45/19 e PEC 110/19) serão objeto de análise, crítica e sugestões de aprimoramento.

1. A guerra fiscal de ISS e as regras previstas pela LC 157/16

A guerra fiscal caracteriza-se pela competição generalizada entre os entes subnacionais pelos investimentos privados[1] tendo como contrapartida a concessão de incentivos ou benefícios tributários[2]. Essa disputa tem impacto sobre a livre concorrência e a receita pública, que tende a um ponto de equilíbrio "no fundo do poço" (*race-to-the-bottom*)[3]. Dentre outras possíveis causas, a guerra fiscal é reflexo da falta de cooperação no federalismo brasileiro, resultante da ausência de uma política de desenvolvimento nacional[4].

Para evitar a guerra fiscal relacionada ao ISS (entre Municípios), a LC 157/16 procurou regular o disposto nos incisos I e III do §3º do art. 156 da Constituição Federal. Referidos artigos impõem à Lei Complementar o estabelecimento das alíquotas mínimas e máximas do imposto, bem como a forma e as condições para a concessão de incentivos fiscais.

A LC 116/03 era omissa quanto à alíquota mínima e à forma de concessão dos incentivos fiscais de ISS. A questão vinha sendo tratada temporariamente pelo art. 88 do ADCT, o qual estabelece alíquota mínima de 2% para o ISS[5] e veda a concessão de incentivos que resultem, direta

---

[1] CAMARGO, Guilherme Bueno de. A guerra fiscal e seus efeitos: autonomia x centralização. In: CONTI, José Maurício (Org.). Federalismo fiscal. São Paulo: Manole, 2004, p. 187.
[2] Segundo o Supremo Tribunal Federal, "incentivos ou estímulos fiscais são todas as normas jurídicas ditadas com finalidades extrafiscais de promoção do desenvolvimento econômico e social que excluem total ou parcialmente o crédito tributário" (577348, Relator(a): Min. RICARDO LEWANDOWSKI, Tribunal Pleno, REPERCUSSÃO GERAL – DJe-035 26-02-2010).
[3] Vide AFONSO, José Roberto. ICMS: diagnóstico e perspectivas. In: REZENDE, Fernando (Org.). O federalismo brasileiro em seu labirinto: crise e necessidade de reformas. Rio de Janeiro: FGV, 2013, p. 212 e SHAH, Anwar. Competição inter-regional e cooperação federal: competir ou cooperar? Não é essa a questão. Fórum Internacional sobre Federalismo no México Veracruz. México, 15-17 novembro de 2001, p. 7.
[4] BERCOVICI, Gilberto. Desigualdades regionais, estado e constituição. São Paulo: Max Limonad, 2003.
[5] Excetuados os serviços de (i) execução, por administração, empreitada ou subempreitada, de obras de construção civil, hidráulica ou elétrica e de outras obras semelhantes, inclusive sondagem, perfuração de poços, escavação, drenagem e irrigação, terraplanagem, pavimentação, concretagem e a instalação e montagem de produtos, peças e equipamentos (item 7.02 da lista anexa de serviços), (ii) reparação, conservação e reforma de edifícios, estradas,

ou indiretamente, na redução da referida alíquota. Nesse ponto, a LC 157/2016 praticamente repetiu o que já estava posto no ADCT. Acresceu à LC 116/03 o artigo 8-A para estabelecer, em seu *caput*, a mesma alíquota mínima já prevista no ADCT (2%)[6]. No parágrafo primeiro do mesmo dispositivo[7] vedou definitivamente a possibilidade de concessão de incentivos fiscais de ISS, seja qual for a sua forma de atuação sobre a "regra-matriz de incidência tributária"[8]. Em regra[9], qualquer incentivo que atue sobre a alíquota, a base de cálculo ou mediante a concessão de créditos será considerado ilegal.

Em relação à fixação da alíquota mínima, poder-se-ia sustentar ter havido afronta à autonomia municipal (art. 18 da CF). No entanto, a ponderação entre os princípios da autonomia municipal e do pacto federativo sugere a prevalência do segundo (arts. 1º e 60, § 4º, I da CF). A fixação de alíquota mínima é essencial para evitar a concorrência fratricida entre os Municípios. Garante, portanto, a harmonia do pacto federativo. Esse sopesamento já havia sido realizado pelo constituinte derivado quando, por intermédio da EC 37/02, introduziu a norma do art. 88, I, do ADCT. Sem esse piso o caminho estaria aberto para os Municípios fixarem alíquotas reduzidíssimas do imposto com o consequente recrudescimento da guerra fiscal.

Quanto à forma de concessão de incentivos fiscais, a LC 157/16 parece não ter suprido a exigência do art. 156, §3º, III da CF. Isso porque a Constituição não veda definitivamente a concessão de incentivos de ISS. Ao contrário, a Carta Maior reza que caberá à lei complementar

---

pontes, portos e congêneres (item 7.05) e de transporte coletivo municipal rodoviário, metroviário, ferroviário e aquaviário de passageiros (item 16.01).

[6] Art. 8º-A. A alíquota mínima do Imposto sobre Serviços de Qualquer Natureza é de 2% (dois por cento).

[7] "§ 1º O imposto não será objeto de concessão de isenções, incentivos ou benefícios tributários ou financeiros, inclusive de redução de base de cálculo ou de crédito presumido ou outorgado, ou sob qualquer outra forma que resulte, direta ou indiretamente, em carga tributária menor que a decorrente da aplicação da alíquota mínima estabelecida no caput, exceto para os serviços a que se referem os subitens 7.02, 7.05 e 16.01 da lista anexa a esta Lei Complementar".

[8] Vide CARVALHO, Paulo de Barros, Curso de Direito Tributário, 26ª Ed., São Paulo: Saraiva, 2014, pp. 331/335.

[9] Exceto para os serviços também excluídos da alíquota mínima (itens 7.02, 7.05 e 16.01 da lista anexa à lei).

"regular a forma e as condições como isenções, incentivos e benefícios fiscais **serão** concedidos e revogados". O verbo "serão" denota que o Constituinte não pretendia vedar todo e qualquer incentivo fiscal, mas admitia que esses pudessem ser concedidos após a lei complementar estabelecer "a forma" e "as condições" para tanto. No mesmo sentido é a previsão para a "revogação" de incentivos que pressupõe, logicamente, sua prévia concessão. A necessidade de regulação por lei complementar gerou apenas uma proibição temporária para a concessão de incentivos, nos termos do art. 88, II do ADCT, enquanto não satisfeita a referida condição legislativa. Portanto, quanto a esse ponto específico, a lei complementar parece ter, por um lado, descumprido sua finalidade à luz do art. 156, §3º, III da CF ao deixar de regular a forma e as condições pelas quais os incentivos fiscais poderiam ser concedidos. Por outro lado, ao não regular e simplesmente vedar a concessão de qualquer incentivo, o legislador complementar invadiu a competência – e a autonomia – dos Municípios, desbordando de suas finalidades previstas no art. 146 da CF.

Destaca-se, ainda, a previsão da LC 157/16 de que será nula a lei ou o ato do Município ou do Distrito Federal que desrespeitar as referidas vedações "no caso de serviço prestado a tomador ou intermediário localizado em Município diverso daquele onde está localizado o prestador do serviço", possibilitando ao "prestador do serviço, perante o Município ou o Distrito Federal que não respeitar as disposições deste artigo, o direito à restituição do valor efetivamente pago do Imposto sobre Serviços de Qualquer Natureza calculado sob a égide da lei nula" (art. 8º-A, §§ 2º e 3º). Além dessa sanção direcionada à pessoa jurídica de direito público (Município), a lei complementar acresceu o art.10-A à Lei de Improbidade Administrativa (Lei 8.429/1992), segundo o qual o agente público que conceder (ato comissivo) ou manter (ato omissivo) benefício fiscal contrário às diretrizes constantes do art. 8-A da LC 116/03 responderá por ato de improbidade administrativa, perderá a função pública, terá seus direitos políticos suspensos de 5 a 8 anos e pagará multa de até três vezes o valor do benefício.

Essas três regras têm o condão de contribuir para a prevenção da guerra fiscal de ISS. Isso porque penalizam o agente público que manter ou conceder incentivos fiscais e o próprio Município na hipótese em que o serviço é prestado a tomador localizado em Município diverso. Em suma, se o Município reduz ilegalmente a alíquota mínima para serviço prestado exclusivamente em seu território – ou seja, causa um prejuízo apenas para si – a sanção ficará circunscrita ao agente público. Se o serviço for prestado a tomador ou intermediário localizado em outro Município – ou seja, o prejuízo extrapola os seus limites territoriais para atingir Municípios vizinhos – haverá sanção também aos cofres do Município incentivador que restituirá integralmente o tributo pago pelo contribuinte, sem prejuízo da aplicação da pena de improbidade ao agente público. As normas dos §§2º e 3º do art. 8-A da LC 116/03 podem induzir os Municípios a não concederem incentivos que afetem a concorrência intermunicipal, sob pena de serem obrigados a restituir o tributo incentivado.

Além de consubstanciar um "incentivo negativo"[10] aos entes subnacionais para a realização da guerra fiscal, as novas disposições legais revelam um "diálogo institucional"[11] entre o Congresso Nacional e o Supremo Tribunal Federal que, em 2016, fixou a tese de que "é inconstitucional lei municipal que veicule exclusão de valores da base de cálculo do ISSQN fora das hipóteses previstas em lei complementar nacional" no julgamento da ADPF nº 190[12].

Em suma, a LC 157/2016 parece ter descumprido sua finalidade ao deixar de regular o art. 156, §3º, III da CF relativamente à forma e às condições para a concessão de incentivos fiscais de ISS, simplesmente vedando-os. Por outro lado, ao estabelecer sanções aos Municípios e a responsabilização de agentes públicos pela concessão de incentivos ilícitos, a lei pode desestimular a guerra fiscal entre os Municípios e fortalecer a Federação.

2. A alteração do sujeito ativo do ISS para o Município do domicílio do tomador e a indeterminação normativa: tríplice inconstitucionalidade

O art. 1º da Lei Complementar 157/2016 também introduziu radical mudança na cobrança do imposto sobre serviço (ISS) incidente sobre os serviços de administração de fundos de investimentos, consórcios,

---

[10] Essa foi a expressão utilizada na exposição de motivos da LC 157/2016: https://www25.senado.leg.br/web/atividade/materias/-/materia/108390.
[11] Sobre o tema: VICTOR, Sérgio Antônio Ferreira. Diálogo institucional e controle de constitucionalidade: debate entre o STF e o Congresso Nacional. São Paulo: Saraiva, 2015.
[12] Julgamento realizado pelo Plenário do STF em 29/09/2016.

cartões de crédito/débito e congêneres, planos de saúde e arrendamento mercantil. O imposto passou a ser devido ao Município do domicílio do tomador ao invés do Município onde o serviço é prestado.

Entendemos[13] que a modificação é inconstitucional. Primeiro, porque a tributação da mera "tomada" de serviço em território no qual não há qualquer vestígio de serviço **implica a alteração dos critérios material, espacial e pessoal do imposto** previstos constitucionalmente no art. 156, III da Constituição. Isso porque o ISS incide sobre serviços de qualquer natureza. Dessa competência constitucionalmente outorgada aos Municípios decorrem os demais aspectos da hipótese de incidência, dentre os quais o material, espacial e pessoal. Só será competente para cobrar tributos aquele Município cujos fatos geradores ocorram no seu território. Se assim o é, o ISS não pode incidir em – e, portanto, ser cobrado por – Município no qual não há qualquer réstia de serviço, como ocorre nas hipóteses em exame em que todas as atividades são realizadas no estabelecimento do prestador e não no Município do tomador.

Segundo, a modificação viola os artigos 146, I e 150, I da Constituição ao potencializar os conflitos de competência em decorrência da indeterminação de seu texto, o que também contraria ao princípio da legalidade estrita em matéria tributária. De fato, a LC 157/16 foi absolutamente silente quanto a, por exemplo, quem seria o tomador nos serviços de administração de fundos (cotista ou fundo de investimentos?), de consórcios (grupo de consórcio ou consorciados?) e de planos de saúde coletivos (beneficiário do plano, empresa contratante ou filiais da contratante?); qual seria o domicílio fiscal do tomador nos casos em que esse é o critério para a determinação do Município competente para a cobrança e como seriam definidos os tomadores em operações realizadas pela internet e no exterior.

Ao invés de solucionar conflitos, a lei complementar criou enorme insegurança jurídica aos contribuintes e aos Municípios, potencializando a existência de disputas entre os Municípios brasileiros em torno de um único serviço. A prova disso é que Associações dos próprios

---

[13] Conforme já adiantamos em outro trabalho a respeito do tema: SOUZA, Hamilton Dias de; SZELBRACIKOWSKI, Daniel Correa. A inconstitucionalidade das leis que carecem de densidade normativa: o caso da LC 157/16. JOTA. 23 de abril de 2018. Acesso em 28/10/2019: https://www.jota.info/paywall?redirect_to=//www.jota.info/opiniao-e-analise/artigos/a-inconstitucionalidade-das-leis-que-carecem-de-densidade-normativa-23042018.

Municípios passaram a apoiar projetos de lei complementar em trâmite no Legislativo para padronizar obrigações acessórias de ISS (PLS 445/2017 e PLP 461/2017).

A inconstitucionalidade por falta de densidade normativa da LC 157/16 foi reconhecida pelo STF que concedeu liminar na ADI 5835, sob o fundamento de que a "alteração [realizada pela LC 157/16] exigiria que a nova disciplina normativa apontasse com clareza o conceito de 'tomador de serviços', sob pena de grave insegurança jurídica e eventual possibilidade de dupla tributação, ou mesmo inocorrência de correta incidência tributária"[14].

Além do acima exposto, o art. 1º da LC 157/16 parece ter desconsiderado o princípio da proporcionalidade (art. 5º, LIV, da CF). Isso porque os custos de observância[15] da LC 157/16 inviabilizam o exercício da atividade econômica dos setores envolvidos e interfere com inúmeros direitos e garantias individuais dos cidadãos, especialmente os relacionados ao acesso ao mercado, à saúde; à livre iniciativa, à isonomia e à neutralidade tributária (arts. 5º, *caput* e XXXII, 146, I e III, 'a', 146-A, 156, III e 170, *caput*, IV e parágrafo único, da CF).

A modificação introduzida pelo art. 1º da LC 157/16 demonstra que não é simples alterar aspectos da relação jurídica tributária, especialmente por intermédio da legislação infraconstitucional. Afinal, modificações irrefletidas podem afetar a outorga – rígida e inflexível – de competências tributárias aos entes da Federação e criar insegurança jurídica, conflitos e aumento desproporcional de custos de conformidade para os contribuintes.

---

[14] ADI 5835, Rel. Min. Alexandre de Moraes, DJe 04/04/2018.

[15] Conforme constou do Parecer de Bernardo Appy sobre o tema:
"A título de exemplo, para o conjunto dos cinco setores analisados neste parecer, o valor dos serviços prestados para tomadores finais estabelecidos ou residentes nos **municípios com menos de 10 mil habitantes corresponde a apenas 2,8% de sua receita total. Se houver o risco de litígio com os mais de 2.400 municípios com população inferior a 10 mil habitantes**, é possível que as **empresas prefiram deixar de ofertar os serviços nesses municípios** – ou seja, que recusem cotistas de fundos de investimento, consorciados e beneficiários de planos de saúde coletivos – a ter de correr o risco de uma enxurrada de disputas judiciais." (APPY, Bernard, Considerações sobre os impactos das mudanças introduzidas pela lei complementar nº 157, de 2016, Parecer Econômico, São Paulo: novembro de 2017, pp. 32/42/44). Acesso em 28/10/2016: http://redir.stf.jus.br/estfvisualizadorpub/jsp/consultarprocessoeletronico/ConsultarProcessoEletronico.jsf?seqobjetoincidente=5319735.

3. A tributação de novas utilidades da economia digital pelo ISS encontra limite na Constituição

A LC 157/16 também chama a atenção por prever a tributação de "novos" "serviços" por ocasião da alteração da lista de serviços anexa à LC nº 116/03. Destaca-se item 1.09 da lista de serviços anexa à LC 116/03, segundo o qual incidirá ISS sobre a "Disponibilização, sem cessão definitiva, de conteúdos de áudio, vídeo, imagem e texto por meio da internet, respeitada a imunidade de livros, jornais e periódicos (...)".

A partir dessa previsão, pretende-se tributar o denominado *streaming* (ou fluxo de mídia) que nada mais é do que a disponibilização de sons e/ou vídeos diretamente pela internet[16], "sem a necessidade de efetuar *downloads* do que está se vendo e/ou ouvindo, pois neste método a máquina recebe as informações ao mesmo tempo em que as repassa ao usuário"[17]. O fluxo de mídia é atividade que vem crescendo em função da revolução digital experimentada pela sociedade. Exemplos não faltam: *Netflix*, *Spotify*, *Youtube*, dentre outros.

O objeto do contrato de *streaming* é a disponibilização temporária de conteúdo de áudio/vídeo por meio da internet acessada por *smartphones*, *tablets*, tv's inteligentes, computadores e outros dispositivos. **Trata-se, portanto, de uma cessão temporária de direito de acesso a determinados conteúdos.**

Contudo, **o art. 156, III, da Constituição Federal não permite a tributação de cessão de direitos.** Apenas possibilita que os Municípios tributem "serviços de qualquer natureza, não compreendidos no art. 155, II, definidos em lei complementar", os quais pressupõem uma obrigação de fazer, segundo o entendimento majoritário[18] da doutrina[19].

Nesse sentido, a previsão contida no art. 156, III, da CF, analisada em conjunto com o art. 155, II, da CF, revela uma repartição clara de

---

[16] *"the activity of listening to or watching sound or video directly from the internet"* (http://dictionary.cambridge.org/pt/dicionario/ingles/streaming).
[17] http://www.interrogacaodigital.com/central/o-que-e-streaming/
[18] Não se ignora haver posição da doutrina no sentido da adoção de um conceito "econômico" de serviço em contraposição ao conceito jurídico-privatista: MORAES, Bernardo Ribeiro de, *Doutrina e Prática do ISS*. São Paulo: RT, 1975, p. 81-85; 97-101; 107; 153-154; 425-429.
[19] Vide: BARRETO, Aires F. ISS na Constituição e na lei, 2ª ed., São Paulo, Dialética, 2005, p. 45 e MARTINS, Ives Gandra da Silva e RODRIGUES, Marilene Talarico Martins, O ISS e a Lei Complementar nº 116/2003 – Aspectos Relevantes. In: ROCHA, Valdir de Oliveira (Coord.). O ISS e a LC 116. São Paulo: Dialética, 2003, pp. 206/207.

competências tributárias: aos **Estados** caberá tributar, em regra, as **obrigações de dar** (operações de circulação de mercadorias) e, excepcionalmente, três obrigações de fazer: prestação de serviços de comunicação e de transporte interestadual e intermunicipal. As demais obrigações de fazer ficarão, também em regra, sob a competência impositiva e exclusiva dos Municípios, o que justifica a expressão "não compreendidos no artigo 155, II".

É claro que há situações em que a prestação de serviço é acompanhada do fornecimento de mercadorias e vice-versa. Para essas atividades mistas ou complexas, o art. 156, III, da Constituição Federal contempla a expressão "definidos em lei complementar", o que significa que o legislador complementar estabelecerá se referidas atividades estarão sob a competência dos Estados ou dos Municípios, de sorte a evitar conflitos entre as diversas unidades da federação (art. 146, I, da CF/88).

O *streaming* não parece revelar uma obrigação de fazer. Isso porque não corresponde a qualquer esforço humano e pessoal praticado em proveito de terceiro[20] que tenha por objetivo executar, criar, ou elaborar algo até então inexistente[21]. O conteúdo disponibilizado pelo *streaming* já existe. O *Netflix* e o *Spotify*, dentre outros, apenas cedem temporariamente o direito de acesso aos vídeos (filmes, séries, etc.) e às músicas que já estão, perfeitos e acabados, em suas bases de dados. Se o *streaming* não é obrigação de fazer, não cabe tributá-lo pelo ISS, sob pena de subverter o conceito de serviço pressuposto constitucionalmente para os fins do art. 156, III da CF/88.

O *streaming* também não revela serviço de comunicação[22], já que não disponibiliza meios que possibilitam a transmissão de mensagens entre um emissor e um receptor por si sós. Com efeito, segundo o artigo 60 da Lei 9.472/97 (Lei Geral de Telecomunicações – LGT), o serviço de telecomunicações caracteriza-se pelo "conjunto de atividades que pos-

---

[20] Vide Ávila, Humberto, O Imposto sobre Serviços e a Lei Complementar nº 116/03. In: Rocha, Valdir de Oliveira (Coord.). O ISS e a LC 116. São Paulo: Dialética, 2003.

[21] Vide Carvalho, Paulo de Barros. "Não-incidência do ISS sobre Atividades de Franquia (Franchising)". In: Revista Direito Tributário Atual nº 20, São Paulo, Dialética, p. 205.

[22] Vide: Grego, Marco Aurélio; Lourenzo, Anna Paola Zonari de. ICMS – Materialidade e Princípios Constitucionais. In: Martins, Ives Gandra da Silva (Org.). Curso de Direito Tributário. 2. ed. Belém: Cejup, 1993. p. 155.

sibilita a oferta de telecomunicação"[23]. A oferta de comunicação por intermédio de um conjunto de atividades (serviço) não se confunde com o conteúdo comunicado. No caso do *streaming*, a utilidade comumente negociada entre as empresas e os consumidores é o conteúdo comunicado (filmes, vídeos, séries, músicas, novelas, etc) que, em função da aludida tecnologia, é acessado em tempo real desde que haja acesso a um serviço de comunicação (já tributado pelo ICMS) que disponibilize internet. Por essas razões, não havendo serviço de comunicação, o *streaming* igualmente não pode ser tributado pelo ICMS (art. 155, II, da CF).

Logo, estando fora da competência dos Estados e Municípios, conclui-se que atualmente o *streaming* apenas poderia ser tributado pela União Federal no eventual exercício de sua competência residual (art. 154, I, da CF).

Do mesmo modo, não há como incidir ISS sobre "armazenamento ou hospedagem de dados, textos, imagens, vídeos, páginas eletrônicas, aplicativos e sistemas de informação, entre outros formatos, e congêneres", segundo o disposto pela recente atualização do item 1.03 da lista de serviços pela LC 157/16.

É que essas atividades se caracterizam pela disponibilização de espaço virtual para a guarda de bens (dados ou *websites*, este último denominado de *web hosting*[24]). São **obrigações de dar** espaço virtual, semelhantemente ao que ocorre com os armazéns gerais, em que se contrata a guarda de determinados objetos em espaços físicos. A distinção ocorre aparentemente quanto ao tipo de espaço contratado e bem guardado, se físico ou virtual. Portanto, não parece haver serviço na acepção do que o termo representa para o direito privado (obrigação de fazer), mas algo similar à locação que não atrai a incidência do imposto municipal, segundo o STF[25].

---

[23] No mesmo sentido é a jurisprudência do STJ: Súmula nº 334/STJ e EREsp 456.650/PR, Rel. Ministro José Delgado, Rel. p/ Acórdão Ministro Franciulli Netto, PRIMEIRA SEÇÃO, julgado em 11/05/2005, DJ 20/03/2006. Neste julgado ficou assentada a não incidência do ICMS sobre o SVA e a possibilidade de incidência do ISS, desde que o "serviço" estivesse relacionado na lista anexa à LC 116/03. Não se discutiu se os SVAs seriam, de fato, serviço à luz da Constituição, até porque isso seria da competência do STF.

[24] Vide: Barbagalo, Erica B., Aspectos da responsabilidade civil dos provedores de serviços na internet. In: Lemos, Ronaldo; Wasberg, Ivo (Coord.). Conflitos sobre nomes de domínios. São Paulo: RT/FGV, 2002. p. 346-347.

[25] Súmula Vinculante nº. 31 do STF.

Referidos negócios jurídicos poderiam, ainda, ser considerados "serviços" de valor adicionado – SVA, os quais não se confundem com serviços de comunicação[26]. Segundo o artigo 61 da LGT, "serviço de valor adicionado é a atividade que acrescenta, a um serviço de telecomunicações que lhe dá suporte e com o qual não se confunde, novas utilidades relacionadas ao acesso, armazenamento, apresentação, movimentação ou recuperação de informações". O serviço de conexão à internet (SCI) é um exemplo de SVA.

Nada obstante, é curioso notar que as utilidades em análise, além da necessária utilização de um serviço de comunicação (já tributado pelo ICMS), já demandam o uso de um SVA (internet). O que dá suporte ao *Spotify*, por exemplo, não é apenas a operadora de telefonia (comunicação), mas também a internet (SVA) por ela disponibilizada. Tratar-se-ia, portanto, de um SVA suportado por outro SVA que, finalmente, é possibilitado por um serviço de comunicação? Parece-nos que não.

Ainda que assim não fosse, o fato de a lei denominar os referidos negócios de "serviço" ou incluí-los na lista anexa à LC nº. 116/03[27] não teria o condão de modificar a natureza jurídica das prestações à luz da Constituição[28]. Assim, enquanto o conceito de serviço pressuposto constitucionalmente for aquele compartilhado pelo direito privado – em contraposição a um conceito econômico – não se pode conceber a tributação dos negócios jurídicos mencionados.

---

[26] Sobre o tema, vide: TORRES, Heleno Taveira, ICMS e ISS não incidem sobre serviços de valor adicionado na telefonia móvel, Consultor Jurídico – CONJUR, 2014.
[27] A jurisprudência do STJ tem admitido a tributação dos serviços de valor adicionado pelo ISS, desde que estejam previstos na lista anexa à LC 116/03 (EREsp 456.650/PR, Ministro Franciulli Netto, DJ 20/03/2006). Essa visão legalista justifica-se em função de sua própria competência infraconstitucional. Quando é necessário o cotejo entre a atividade e o conceito constitucional de serviço o STJ mantém a tributação sob o prisma legal e/ou declina essa análise para o STF: AgRg no REsp 1117103/RJ, Rel. Ministro Napoleão Nunes Maia Filho, DJe 09/10/2015; AgRg no REsp 1075601/MG, Rel. Ministro Humberto Martins, DJe 17/12/2008, dentre outros.
[28] O STF tem entendido que a análise da incidência de ICMS sobre o SVA é infraconstitucional, impossibilitando o exame do tema à luz da Constituição: AI 698893 AgR, Ministra Rosa Weber, DJe 20-06-2013.

4. Necessidade de diretrizes atuais e seguras para gravar os fatos econômicos da economia digital: um encontro marcado com a reforma tributária

Na década de 1980 o Supremo encampou o "conceito econômico" de serviço, ao validar a incidência de ISS sobre a locação de guindastes[29]. Nos anos 2000, ao analisar novamente a incidência do ISS sobre locação de bens móveis, o STF adotou o conceito civilista de serviços[30]. Em 2009, analisando a expressão "de qualquer natureza" constante do art. 156, III, da CF, o STF novamente pareceu abandonar o conceito civilista de serviço ao autorizar a incidência do ISS sobre o *leasing* financeiro[31]. Para tanto, assentou que o *leasing* seria atividade complexa em que prevaleceria o financiamento, que seria serviço. Afastou, assim, a preponderância da locação (obrigação de fazer) ou da compra e venda (obrigação de dar) do referido contrato. Apesar disso, houve certa dicotomia entre os votos. Enquanto alguns Ministros assentaram que serviço não mais se confundiria com obrigação de fazer[32], outros se esforçaram para demonstrar que a administração do financiamento seria uma obrigação de fazer, ou seja, engajaram-se numa construção que não modificasse o conceito civilista[33]. Posteriormente, em 2010, o Supremo aprovou a Súmula Vinculante nº 31, reiterando o seu entendimento de que "é inconstitucional a incidência do Imposto sobre Serviços de Qualquer Natureza – IAA sobre operações de locações de bens móveis".

Ora, tivesse havido uma "mutação constitucional" acerca do conceito de serviço pressuposto pelo art. 156, III, da CF, o STF possivelmente não teria editado a Súmula Vinculante (que encampa o conceito civilista), mas sim retornado à interpretação que já havia sido atribuída ao termo na década de 1980.

---

[29] RE 112947, Relator(a): Min. CARLOS MADEIRA, Segunda Turma, julgado em 19/06/1987, DJ 07-08-1987 PP-15439 EMENT VOL-01468-04 PP-00784.

[30] RE 116121, Relator(a): Min. OCTAVIO GALLOTTI, Relator(a) p/ Acórdão: Min. MARCO AURÉLIO, Tribunal Pleno, julgado em 11/10/2000, DJ 25-05-2001 PP-00017 EMENT VOL-02032-04 PP-00669.

[31] RE 547245, Relator(a): Min. EROS GRAU, Tribunal Pleno, julgado em 02/12/2009, DJe-040 DIVULG 04-03-2010 PUBLIC 05-03-2010 EMENT VOL-02392-04 PP-00857 RT v. 99, n. 897, 2010, p. 143-159 LEXSTF v. 32, n. 376, 2010, p. 175-200.

[32] Ministros Eros Grau e Joaquim Barbosa, por exemplo.

[33] Ministro Carlos Ayres Britto, por exemplo.

Ao julgar o caso do ISS sobre planos de saúde o STF entendeu haver serviço tributável à luz (ainda) do conceito civilista de serviço consistente em obrigação de fazer. Isso foi esclarecido pelo Plenário do STF, em 2019, ao apreciar os embargos de declaração no recurso extraordinário 651.703, julgamento que também deixou claro que o STF tem encontro marcado, no futuro, com a discussão mais ampla a respeito do conceito de serviço à luz "das novas atividades tecnológicas"[34].

É possível que a ausência de uma diretriz clara do STF a respeito do tema e sua impossibilidade de superar conceitos decorrentes do direito privado decorra, da obsolescência da atual repartição constitucional de competências tributárias, cuja estrutura rígida, inflexível e tipologicamente fechada[35] impede interpretações extensivas que acompanhem a evolução dos fatos sociais.

---

[34] "Apesar de ressalvar o meu ponto de vista pessoal durante o julgamento de mérito, no sentido de que a classificação dicotômica entre "obrigação de dar" e "obrigação de fazer", com o pretenso objetivo de recortar a realidade econômica em duas categorias estanques, possui cunho eminentemente civilista e não corresponde à classificação efetuada pelo constituinte ao atribuir competências aos entes federados, **assumo que essa não foi a *ratio decidendi* de todos os votos proferidos na sessão de 29/09/16**. Esse é o principal ponto que denota a não superação ainda do precedente do RE 116.121 (Tribunal Pleno, Rel. Min. Octávio Gallotti, Rel. p/ acórdão Min. Marco Aurélio, DJ de 25/05/01), relativo à incidência do ISSQN sobre a atividade de locação de guindastes, **bem como da Súmula Vinculante nº 31**, editada por esta Corte com amparo no mencionado julgamento.(...) Por isso, digo que **o Colegiado entendeu que prevalece no caso o elemento inerente ao "fazer"**, devido às características específicas dos contratos de assistência privada à saúde celebrados pelas operadoras de planos de saúde, de natureza complexa. (...). Se a atividade judicial é voltada para o passado, é certo, porém, que não pode ignorar o futuro. Daí a importância de estarmos atentos às mudanças e, mais do que isso, de estarmos preparados para elas. Em razão disso é que, valendo-se da técnica jurisdicional "preventiva" como forma de garantir a continuidade jurídica, **deixo o alerta de que poderá ocorrer uma possível mudança no entendimento da Corte em relação ao assunto, pois não tardará para que este Tribunal se manifeste acerca das novas atividades tecnológicas que tem surgido**, com o objetivo de descortinar-lhes a natureza jurídica para fins de incidência tributária." (RE 651703 ED/PR, Rel. Min. Luiz Fux, DJe 07/05/2019, pp.14/18 do voto do Relator).

[35] De acordo com Geraldo Ataliba, "Da hirta distribuição de faculdades tributárias, da implícita consagração da permissibilidade expressa, como condição do exercício da tributação, **decorre necessariamente a inflexibilidade total do sistema**. As finalidades da rigidez da discriminação de rendas são: obviar a bitributação jurídica – o que se conseguiu amplamente –, assegurar efetivamente a autonomia financeira das pessoas políticas e evitar conflitos de competência em matéria tributária". (ATALIBA, Geraldo. *Sistema Constitucional Tributário Brasileiro*. São Paulo: Revista dos Tribunais, 1968, p. 24).

A rigidez da repartição constitucional de competências (e rendas) tributárias não é intrinsicamente ruim. Ao contrário, é necessária para a preservação da segurança jurídica do contribuinte e do fisco. Em sua dimensão objetiva[36], a segurança jurídica dirige-se aos três Poderes do Estado[37] e impõe a cognoscibilidade, praticabilidade e calculabilidade de normas constitucionais, gerais, legais ou regulamentares relativamente aos efeitos de atos ou fatos jurídicos praticados pelos indivíduos[38]. Em sua dimensão subjetiva, sobreleva notar que, para organizar razoavelmente sua atividade empresarial, o contribuinte precisa saber, com exatidão, se o fato econômico realizado será tributado, por quem será tributado, onde será tributado e em que medida será tributado. Havendo múltiplas e incertas possibilidades, seguramente o agente econômico evitará praticar o fato jurídico tributável. Sob a ótica do fisco, a segurança jurídica diz respeito a saber, principalmente, onde ocorreu o fato econômico e, consequentemente, quem o tributará. Havendo dúvida a esse respeito, tal como ocorreu com a edição da LC 157/16 em relação a alguns serviços (cf. demonstrado no tópico anterior), abre-se a possibilidade para a instauração de conflitos de competência e situação de pluritributação do mesmo fato. Portanto, a rigidez

---

[36] Em sua dimensão subjetiva o princípio da segurança jurídica "demanda a intangibilidade de situações subjetivas, com base no princípio da proteção da confiança" (STF – HC 127483, Rel. Min. Dias Toffoli, Tribunal Pleno, DJ 04-02-2016).

[37] "O objeto da segurança jurídica normalmente é qualificado como abrangendo as consequências jurídicas de atos ou de fatos: **há segurança jurídica quando o cidadão tem a capacidade de conhecer e de calcular os resultados que serão atribuídos pelo Direito aos seus atos**. Essa é a constatação geral". (ÁVILA, Humberto Bergmann, Segurança jurídica: entre permanência, mudança e realização no direito tributário. 2. ed. São Paulo: Malheiros Editores, 2012. p. 144).

[38] A propósito do tema, J.J. Canotilho assevera que "o **princípio da determinabilidade** das leis reconduz-se, sob o ponto de vista intrínseco, às seguintes idéias: **Exigência de clareza das normas legais**, pois de uma lei obscura ou contraditória pode não ser possível, através a interpretação, obter um sentido inequívoco, capaz de alicerçar uma solução jurídica para o problema concreto. **Exigência de densidade suficiente na regulamentação**, pois um acto legislativo que não contém uma disciplina suficientemente concreta (= densa, determinada) não oferece uma medida jurídica capaz de: – alicerçar posições juridicamente protegidas dos cidadãos; – constituir uma norma de actuação para a administração; – possibilitar, como norma de controle, a fiscalização da legalidade e da defesa dos direitos e interesses dos cidadãos" (CANOTILHO, J. J. Gomes. Direito Constitucional e Teoria da Constituição. 4.ed., p. 257).

e inflexibilidade da repartição de competências tributárias é fundamental para que haja racionalidade e respeito ao federalismo pressuposto constitucionalmente[39].

Embora essa rigidez seja absolutamente fundamental ao Estado Fiscal Federal, com o passar dos anos ela **pode se tornar insuficiente para regular novas atividades econômicas**, tornando-se necessário cogitar de sua alteração.

É nesse contexto que se insere o debate em torno da **reforma da matriz tributária brasileira**[40], o que poderia permitir a tributação das novas realidades econômicas.

De fato, a atual repartição constitucional de competências tributárias parece não comportar a dinâmica dos fatos sociais e da (r) evolução tecnológica que insiste em criar novos negócios até então inimagináveis. A ampliação da lista de serviços anexa à LC 116/03 para alcançar manifestações de disponibilidade patrimonial que não se confundem com prestação de serviço[41] demonstra essa realidade. De acordo com Celso Barros Correia Neto, José Roberto R. Afonso e Luciano Felício Fuck, "crescem os indícios de que muitos dos atuais tributos vão se tornar em breve obsoletos, diante do dinamismo do comércio eletrônico e da nova

---

[39] Como observa Tércio Sampaio Ferraz Júnior: "(...) o Sistema Tributário Nacional é estruturado como meio organizacional da própria Federação. E nele se insere a classificação dos tributos, a partir do que é feita a partilha de competência impositiva". Assim, "a racionalidade da sistematização material exige a discriminação entre os tributos. Isso não significa que, sem ferir a sua rigidez, novos tributos não possam ser introduzidos, mas que **os tributos discriminados não podem ser desfigurados, porque, sendo a Federação estruturada de forma que suas ordens parciais tenham fontes próprias de recursos (de arrecadação própria e partilhada), a desfiguração de tributos discriminados afeta a racionalidade da sistematização formal**, com o efeito, p.ex., de que a repartição de receita de impostos venha a ser subrepticiamente alterada. Afinal, o federalismo cooperativo impõe solidariedade, que proscreve a deslealdade" (FERRAZ JUNIOR, Tércio Sampaio. "*Sistema tributário e princípio federativo*. In: Direito Constitucional: liberdade de fumar, privacidade, estado, direitos humanos e outros temas. São Paulo: Manole, 2007, p. 348 – destacamos).

[40] Vide: GASSEN, Valcir, Matriz Tributária Brasileira: Uma perspectiva para pensar o Estado, a Constituição e a Tributação no Brasil, p. 27 e ss.

[41] Vide a esse respeito: GRECO, Marco Aurélio. "Sobre o Futuro da Tributação: a Figura dos Intangíveis". In: Revista Direito Tributário Atual nº 20, São Paulo, Dialética, p. 177.

economia. Renda, consumo e emprego foram profundamente afetados pelos novos valores, formas de negócio e de trabalho atuais"[42].

A reforma tributária também encontra justificativa na iniquidade do atual sistema tributário. Calcado na tributação sobre o consumo e no excesso de contribuições que suprem apenas os cofres da União, o sistema é caracterizado por regressividade, má-distribuição da carga, baixo retorno social, baixo estímulo a investimentos, entre outros vícios, segundo os "Indicadores de Equidade do Sistema Tributário Nacional"[43]. Há, ainda, problemas relacionados aos critérios materiais de incidência do ISS (obrigação de fazer, em regra) e ICMS (obrigação de dar, em regra), a cumulatividade do ISS, a não-cumulatividade precária do PIS/COFINS, a guerra fiscal de ISS e ICMS, o excessivo "esforço fiscal" dos contribuintes brasileiros para o cumprimento de suas obrigações tributárias[44], o excesso de tributos sobre a mesma base[45], dentre outras.

5. Quais reformas são possíveis no contexto do sistema tributário atual?

Se há consenso em torno da necessidade de reforma do sistema tributário, não se pode dizer o mesmo a respeito de "qual" reforma, ou mais precisamente, "quais reformas" devam ser feitas para gerar mais soluções do que problemas aos contribuintes e fiscos no Brasil.

Os projetos existentes, em especial as PECs 45/2019 e 110/19, têm sustentado a unificação de ISS, ICMS, IPI e outros tributos que gravam o consumo (PIS e COFINS) sob a forma de um IVA Nacional, não-cumulativo, incidente sobre todo e qualquer processo de agregação econômica de valor. Haveria uma aproximação do IVA europeu em que

---

[42] CORREIA NETO, Celso de Barros, AFONSO, José Roberto Rodrigues e FUCK, Luciano Felício, A Tributação na Era Digital e os Desafios do Sistema Tributário no Brasil, Revista Brasileira de Direito, 2019, p. 165.

[43] BRASIL. Presidência da República. Observatório da Equidade. Indicadores de Equidade do Sistema Tributário Nacional. Brasília: Presidência da República, Observatório da Equidade, 2009, p. 21-22.

[44] Fundo Monetário Internacional – FMI, "Determining countries' taxeffort". *Hacienda Pública Española / Revista de Economía Pública*, 195 – (4/2010): 65-87.

[45] Sobre alguns desses diagnósticos e distorções, vide: AFONSO, José Roberto; SOARES, Julia M.; CASTRO, Kleber. Avaliação da estrutura e o desempenho do sistema tributário brasileiro: livro branco da tributação brasileira. Washington: BID, IDB-DP-265, 2013.

serviço não é sinônimo de uma prestação de fazer humana (atividade) associada a uma utilidade, mas à própria utilidade decorrente de uma atividade que venha a **agregar valor no processo econômico**.

Alega-se que a criação de um IVA Nacional desse jaez, com receita partilhada entre todos os entes da federação[46], contribuiria para alcançar todos os fatos econômicos relevantes para a sociedade contemporânea, aumentando a eficiência da arrecadação e, ao mesmo tempo, simplificando o sistema mediante a eliminação de vários tributos por alguns poucos.

A PEC 45/19 prevê, por exemplo, a instituição do chamado Imposto sobre Bens e Serviços (IBS) por lei complementar federal, ao lado de um Imposto Seletivo (IS) incidente sobre fatos geradores de "externalidades negativas". O IBS substituiria o IPI, COFINS, PIS (Federais), ICMS (Estadual) e ISS (Municipal) e teria alíquota única para todos os bens e serviços existentes, sem exceção, com vedação expressa à concessão de incentivos fiscais. Os Estados e Municípios teriam competência para modificar as suas próprias alíquotas que, no entanto, continuariam uniformes para todos os fatos geradores. Haveria um Comitê Gestor para gerir o tributo nos termos do disposto em lei complementar.

A PEC 110/19, por sua vez, prevê a criação de um IBS estadual por lei complementar para substituir os mesmos tributos substituídos pelo IBS da PEC 45/19, mais o IOF, CIDE-Combustíveis e Salários Educação (todos Federais). Nesta proposta há previsão para isenção sobre itens básicos, tais como medicamentos e alimentos, e destinação de parte de sua arrecadação para a seguridade social. Sua gestão ficaria a cargo de um comitê formado apenas por Estados. Ao lado do IBS, essa proposta

---

[46] AFONSO assenta que "Caberia à União legislar e aos Estados cobrar, arrecadar e fiscalizar o novo imposto, cuja receita, a depender do conjunto de tributos que realmente forem a ele incorporados, teria um peso federal quase tão elevado quanto o estadual. (...) O IVA permitiria aos governos estaduais compartilhar a aplicação do imposto mais amplo da economia no lugar do ICMS, obviamente a depender da correta fixação da proporção que caberia a cada um dos dois níveis de governo da receita do novo imposto e, ainda, o critério para dividir a cota estadual entre cada uma das 27 unidades federadas." (AFONSO, José Roberto. ICMS: diagnóstico e perspectivas. In: REZENDE, Fernando (Org.). O federalismo brasileiro em seu labirinto: crise e necessidade de reformas. Rio de Janeiro: FGV, 2013, pp. 36/37). Vide também: Francisco Dornelles e José Roberto Afonso, "Desenvolvimento exige um novo sistema tributário", *Revista Brasileira de Comércio Exterior nº 102*, Rio de Janeiro: FUNCEX, Janeiro-Março 2010, pp. 8-18.

também prevê um imposto seletivo sobre utilidades específicas (blue chips), tais como energia, bebidas, fumo, telecomunicações, etc.

De início, o que chama a atenção é que o imposto previsto pelas propostas de reforma não se chama imposto sobre valor agregado – IVA, mas imposto sobre bens e serviços – IBS. Sem a pretensão de reduzir o debate à literalidade, o fato é que um imposto cuja denominação traz em si apenas as ideias de bens e serviços já nasce ultrapassado no contexto do século XXI. As palavras são importantes e a necessidade de fixação de diretrizes seguras e, ao mesmo tempo, atuais a respeito dos fatos tributáveis (cf. item IV acima) revela haver, no mínimo, um problema de técnica legislativa que precisa ser corrigido. Se assim não for, aprovada eventual reforma que preveja o IBS, corre-se o risco de judicialização de diversas situações para discutir, por exemplo, se houve serviço na etimologia civilista da palavra. Superado esse primeiro obstáculo, não há dúvida de que a ideia de um único IVA é atraente. Na prática, porém, há problemas jurídicos relacionados a sua conformação ao federalismo brasileiro e à capacidade contributiva.

Everardo Maciel[47], Hamilton Dias de Souza[48], Heleno Taveira Torres[49], Humberto Ávila[50], Ives Gandra da Silva Martins[51], José Maria Arruda de

---

[47] MACIEL, Everardo, Não entre. É um livro de receitas, Estadão, 4/7, B6, 2019.
_____, PEC 45, são muitos os que perdem, Estadão, 2019.
[48] SOUZA, Hamilton Dias de. Reforma tributária: a PEC 45/19 afronta o pacto federativo, JOTA, 03/07/2019. Acesso em 25/10/2019: https://www.jota.info/paywall?redirect_to=//www.jota.info/opiniao-e-analise/artigos/reforma-tributaria-a-pec-45-19-afronta-o-pacto-federativo-03072019
_____. Emenda substitutiva à PEC 293-A/2004 agride pacto federativo. Revista Consultor Jurídico, 03 de novembro de 2018. Acesso em 28/10/2019: https://www.conjur.com.br/2018-nov-03/dias-souza-substitutivo-pec-293-a2004-agride-pacto-federativo.
[49] TORRES, Heleno Taveira. Reforma tributária infraconstitucional precisa avançar. Revista Consultor Jurídico, 05 de junho de 2019. Acesso em 25/10/2019: https://www.conjur.com.br/2019-jun-05/consultor-tributario-reforma-tributaria-infraconstitucional-avancar.
[50] ÁVILA, Humberto; CARRAZZA, Roque Antonio; HARADA, Kiyoshi; MACIEL, Everardo, MARTINS, Ives Gandra da Silva, SOUZA, Hamilton Dias de; Reforma tributária: onerar mais não é o caminho; 2019, JUS, Acesso em 25/10/2019: https://jus.com.br/artigos/75628/reforma-tributaria-onerar-mais-nao-e-o-caminho. Também publicado em "O Estado de São Paulo" em 2 de julho de 2019. A2.
[51] Idem 43.

Andrade[52], Kiyoshi Harada[53], Ricardo Lodi Ribeiro[54], Roque Carrazza[55], Fernando Facury Scaff[56] têm sustentado que a unificação dos impostos estaduais, federais e municipais sobre consumo reduz gravemente a autonomia financeira de Estados e Municípios e ignora as disparidades regionais existentes em nossa extensa federação, razão por que encontra óbice na cláusula pétrea do pacto federativo (art. 60, § 4º, I da CF). Isso porque o IBS seria, na verdade, um imposto do tipo federal (criado, regulado e julgado por órgãos federais) que impossibilitaria a realização de políticas tributárias próprias de cada um dos entes subnacionais.

Haveria, ainda, um problema relacionado à previsão de alíquota única, tal como sugere a PEC 45/19. Humberto Ávila, Roque Antonio Carrazza e Hamilton Dias de Souza[57] demonstraram ser falaciosa a afirmação de que o padrão internacional é o de alíquotas únicas. Na realidade, de acordo com dados da OCDE, esse tipo de imposto agregado com mais de uma alíquota corresponde a 91% dos países pesquisados e, dentre os mais desenvolvidos, o percentual salta para 94%. A preocupação faz sentido, pois, de acordo com esses[58] e outros tributaristas[59], a existência de alíquota única – que grava de igual modo, por exemplo, os

---

[52] ANDRADE, José Maria Arruda de, Armadilhas retóricas da reforma tributária: entre o simples e o simplório, Revista Consultor Jurídico, 09 de junho de 2019. Acesso em 25/10/2019: https://www.conjur.com.br/2019-jun-09/estado-economia-armadilhas-retoricas-reforma-tributaria-entre-simples-simplorio.

[53] Idem 43.

[54] RIBEIRO, Ricardo Lodi, Reforma tributária simplifica, mas tem efeitos regressivos e centralizadores, Revista Consultor Jurídico, 08 de abril de 2019. Acesso em 25/10/2019: https://www.conjur.com.br/2019-abr-08/ricardo-lodi-reforma-tributaria-simplifica-efeitos-regressivos.

[55] Idem 43.

[56] SCAFF, Fernando Facury, Reforma tributária, a cláusula pétrea do federalismo e o STF, Revista Consultor Jurídico, 16 de abril de 2019. Acesso em 25/10/2019: https://www.conjur.com.br/2019-abr-16/contas-vista-reforma-tributaria-clausula-petrea-federalismo-stf.

[57] ÁVILA, Humberto Bergman, CARRAZZA, Roque Antônio; SOUZA, Hamilton Dias de, A reforma tributária que o Brasil precisa – parte I, Revista Consultor Jurídico, 08 de novembro de 2019. Acesso em 11/11/2019: https://www.conjur.com.br/2019-nov-08/opiniao-reforma-tributaria-brasil-parte.

[58] Idem.

[59] SCAFF, Fernando Facury, Algumas sugestões para aprimorar a Reforma Constitucional Tributária, Revista Consultor Jurídico, 07 de outubro de 2019. Acesso em 25/10/2019: https://www.conjur.com.br/2019-out-07/justica-tributaria-algumas-sugestoes-aprimorar-reforma-constitucional-tributaria.

itens alimentícios da cesta básica e os carros de luxo – acentua a regressividade de um sistema que já é notoriamente injusto, especialmente sobre itens e serviços básicos consumidos pela maior parte da população, tais como alimentação, habitação, transporte e saúde.

Por outro lado, Eduardo Maneira e Luis Eduardo Maneira sustentam a constitucionalidade dos projetos à luz do pacto federativo, sob o fundamento de que "o importante é que os entes federados tenham autonomia financeira, e não, necessariamente, ampla competência tributária"[60]. Para eles, o sistema atual já não garante autonomia para os entes subnacionais, visão também compartilhada por Virgínia Pillekamp, Fernanda Sá Freire Figlioulo e Marco Behrndt (que, por sua vez, contestam outros pontos das propostas de reforma tributária)[61]. Por fim, há aqueles como Sérgio André Rocha[62], para quem a PEC 45, em abstrato, não afronta o pacto federativo, o que não afasta eventual inconstitucionalidade em concreto, sob esse mesmo parâmetro, a depender da regulação do imposto e funcionamento do Comitê Gestor.

Embora já tenhamos sustentado, em tese, a possibilidade de instituição de um único imposto sobre consumo do tipo IVA para alcançar todas as realidades econômicas do mundo digital[63], o fato é que a conformação da federação brasileira realmente dificulta a aprovação de reformas que simplesmente suprimam competências tributárias originalmente previstas na Constituição.

Sob a ótica das receitas, desde 1988, houve forte centralização da tributação com o crescimento das contribuições da União (cujas receitas

---

[60] MANEIRA, Eduardo e MANEIRA, Luis Eduardo, PEC 45 coloca Brasil no rol de sistemas modernos de tributação, Revista Consultor Jurídico, 30 de julho de 2019. Acesso em 25/10/2019: https://www.conjur.com.br/2019-jul-30/opiniao-pec-45-coloca-pais-rol-sistemas-modernos-tributacao.

[61] PILLEKAMP, Virgínia, FIGLIOULO, Fernanda Sá Freire e BEHRNDT, Marco, Reforma tributária: falta de autonomia e violação ao pacto federativo?, Revista Consultor Jurídico, 23 de outubro de 2019. Consulta em 25/10/2019: https://www.conjur.com.br/2019-out-23/opiniao-violacao-pacto-federativo-reforma-tributaria.

[62] ROCHA, Sérgio André, O imposto sobre bens e serviços proposto na reforma tributária da PEC 45, Revista Consultor Jurídico, 13 de setembro de 2019. Acesso em 25/10/2019: https://www.conjur.com.br/2019-set-13/sergio-rocha-imposto-bens-servicos-pec-45.

[63] SZELBRACIKOWSKI, Daniel Corrêa. Novas tecnologias e a necessidade de reforma tributária. Revista Consultor Jurídico, 20 de janeiro de 2017. Acesso em 28/10/2019: https://www.conjur.com.br/2017-jan-20/daniel-correa-novas-tecnologias-exigem-reforma-tributaria.

não são repartidas com os demais entes da Federação), os Estados não receberam a compensação prevista em função da isenção do ICMS sobre exportações e houve diversas disputas judiciais na Federação em torno de recursos, tais como os do Fundo de Participação do Estados – FPE, da lei de repatriação, dos royalties de petróleo, das renúncias fiscais de impostos federais com receitas compartilhadas, etc. Por outro lado, os gastos públicos relacionados aos serviços estatais fundamentais para a população permaneceram descentralizados, isto é, a cargo de Estados e Municípios, a exemplo daqueles relacionados à educação, saúde e segurança. Esse quadro sugere ser praticamente "impossível gerir democraticamente um país de mais de 200 milhões de habitantes e com dimensões continentais do 'painel de controles da Esplanada'"[64].

Esse debate prévio a respeito da constitucionalidade dos projetos de reforma tributária à luz das autonomias dos entes federativas é fundamental e demonstra **uma única certeza**: eventual **reforma que unifique tributos de distintos entes federativos seguramente será questionada no STF**.

Se a ideia da reforma tributária é modernizar o sistema para alcançar a riqueza produzida pelas novas tecnologias[65], torná-lo mais justo

---

[64] BATISTA JUNIOR, Onofre Alves. Reforma tributária não pode servir para aprofundar o desequilíbrio federativo. Revista Consultor Jurídico, 31 de agosto de 2019. Acesso em 28/10/2019: https://www.conjur.com.br/2019-ago-31/onofre-batista-reforma-tributaria-desequilibrio-federativo.

[65] Conforme sustentaram Luciano Felício Fuck, Hully Rosário e Wesley Rocha: "A nova economia digital abrange um cenário de crescimento dos intangíveis; aumento do comércio eletrônico e alterações substanciais nas relações negociais e de trabalho, fatores inimagináveis à equipe legislativa que elaborou a Lei 5.172 de 1966 (Código Tributário Nacional), ou até mesmo ao constituinte originário, em 1988. Afinal, o mundo mudou e muito nesses últimos anos, com erosão expressiva de bases tributárias convencionais, a exemplo marcante do ICMS incidente sobre as telecomunicações, e desenvolvimento de novas formas negociais e contratuais. No mundo inteiro discute-se como adaptar a arrecadação a esta nova economia, desafio ainda maior ao Brasil em razão de seu rígido sistema tributário. Ainda não conseguimos tributar a locação de bens móveis, mas serviços compartilhados como aqueles providos pelos aplicativos *Uber*, *Airbnb*, *Ifood* etc. precisam também de tratamento tributário adequado. Nesse sentido, reconhecida a necessidade de o Estado obter recursos para atender às necessidades gerais da população, sem intervir de forma negativa no setor econômico, com maior transparência e amparando a economia digital diante de suas peculiaridades, anseia por alterações profundas na legislação Nacional." (FUCK, Luciano Felício, ROSÁRIO, Hully e ROCHA, Wesley, A Reforma tributária em debate no Congresso

(menos regressivo) e, não menos importante, garantir mais segurança a todos (de agentes econômicos ao fisco), **melhor seria evitar esse (aparente) encontro marcado com o STF**. Afinal, é de se imaginar o **caos tributário** materializado na **incerteza** dos **agentes econômicos** e dos **fiscos** que pode surgir **se reformas** que já preveem **longos prazos de transição da partilha de recursos** (cinquenta anos no caso da PEC 45/19 e quinze anos no caso da PEC 110/19), **duplicidade de sistema** por períodos específicos (dois anos no caso da PEC 45/19 e um ano no caso da PEC 110/19) e **inúmeros conceitos novos e indefinidos forem questionadas no STF** com a possibilidade de concessão/revogação de liminares, atribuição de efeitos prospectivos, etc.

Não faltam alternativas sugeridas pela doutrina[66] para evitar essa judicialização, em especial **modificando-se pontualmente – e não extensivamente – o texto constitucional e relegando-se outras alterações para o legislador infraconstitucional.**

De nossa parte, entendemos fundamental concentrar esforços na reorganização da tributação sobre o consumo e, principalmente, na reestruturação da tributação sobre a renda.

Seria possível, por exemplo, criar um IVA (e não IBS) Federal amplo, plenamente não-cumulativo e incidente sobre operações com utilidades econômicas onerosas, inclusive as cessões por meio digital, que substituiria o IPI, PIS e COFINS, com a possibilidade de mais de uma alíquota e isenções para utilidades de primeira necessidade. Aproveitando-se da reforma constitucional, seria importante estabelecer limites à criação de novas contribuições sociais e sanções decorrentes de desvio de arreca-

---

Nacional, Revista Consultor Jurídico, 23 de julho de 2019. Acesso em 25/10/2019: https://www.conjur.com.br/2019-jul-23/reforma-tributaria-debate-congresso-nacional.

[66] Vide, por exemplo, as sugestões de José Mari Arruda de Andrade e Márcio Holland (ANDRADE, José Mari Arruda de e HOLLAND, Márcio, Desafios e propostas para o debate da reforma tributária, Revista Consultor Jurídico, 18 de agosto de 2019. Acesso em 25/10/2019: https://www.conjur.com.br/2019-ago-18/estado-economia-desafio-propostas-reforma-tributaria), Onofre Alves Batista Júnior (BATISTA JUIOR, Onofre Alves, Reforma tributária não pode servir para aprofundar o desequilíbrio federativo, Revista Consultor Jurídico, 31 de agosto de 2019. Acesso em 25/10/2019: https://www.conjur.com.br/2019-ago-31/onofre-batista-reforma-tributaria-desequilibrio-federativo) e Fernando Facury Scaff (SCAFF, Fernando Facury, Estão propondo mais Brasília e menos governos estaduais em nossa federação, Revista Consultor Jurídico, 30 de julho de 2019. Acesso em 25/10/2019: https://www.conjur.com.br/2019-jul-30/contas-vista-propondo-brasilia-governos-estaduais.

dação para finalidades que não justificaram suas instituições, conforme há muito sustenta Hamilton Dias de Souza[67].

Ao lado do IVA Federal, seria possível reformar o ICMS, transformando-o em IVA (e não IBS) Estadual e atribuindo aos Estados a tributação das utilidades digitais, tendo-se por base os mesmos fatos geradores e princípios informadores do IBS Federal com tributação no destino. Tanto o IVA Federal quanto o Estadual deveriam incidir "por fora", evitando-se a incidência de tributo sobre tributo que aumenta artificialmente a carga tributária em prejuízo da transparência fiscal.

Além disso, o ISS poderia ser mantido e atualizado para atingir outras utilidades e cessões de uso de bens e de direitos, excetuados os digitais (acrescendo-se o "U" e o "C" à sigla do imposto), de forma a manter uma tributação sobre utilidades previstas, taxativamente, em lei complementar, *em especial aquelas prestadas a consumidor final*. Essa é a sugestão de Humberto Ávila, Roque Carrazza e Hamilton Dias de Souza que alertam para a impossibilidade de sobre esses serviços incidir, também, o IBS[68].

Para evitar problemas de praticabilidade e de conflitos entre mais de um Município, seria assentada a competência do Município do local da efetiva prestação do serviço para a cobrança do "ISSUC", tal como era

---

[67] Vide a esse respeito: SOUZA, Hamilton Dias de. Contribuições Especiais. In: Curso de Direito Tributário. Coord. Ives Gandra da Silva Martins. Ed. Saraiva. p. 688; SOUZA, Hamilton Dias de. Contribuições especiais. In: CURSO de Direito Tributário. 12ªedição São Paulo: Saraiva, 2010. p. 691-736; SOUZA, Hamilton Dias de; FERRAZ JR., Tércio Sampaio. Contribuições de Intervenção no Domínio Econômico e a Federação. In: ARTIGOS selecionados em homenagem aos 40 anos do Centro de Extensão Universitária – vol. 2. São Paulo: Revista dos Tribunais: Centro de Extensão Universitária, 2012. p. 515-560.

[68] "A fim de preservar a autonomia impositiva e financeira dos municípios, o atual ISS terá seu escopo alterado, passando a incidir sobre a prestação de serviços que atendam a interesses locais e que sejam prestados prevalentemente a consumidor final. Tais serviços deverão ser previstos de forma taxativa em lista veiculada por lei complementar. Sobre esses serviços não recairá o IBS. Dentre outros, estarão sujeitos ao novo ISS, em especial, aqueles serviços classificados pelo IBGE como "prestados às famílias", entre os quais: hotelaria, serviços de alimentação e bebidas, serviços de recreação, cultura e lazer, serviços esportivos e clubes sociais, além dos chamados serviços pessoais (lavanderias, salões de beleza, funerárias, estabelecimentos de ensino, pequenas clínicas e consultórios médicos)." (ÁVILA, Humberto Bergman, CARRAZZA, Roque Antônio; SOUZA, Hamilton Dias de, A reforma tributária que o Brasil precisa – parte II, Revista Consultor Jurídico, 09 de novembro de 2019. Acesso em 11/11/2019 https://www.conjur.com.br/2019-nov-09/opiniao-reforma-tributaria-brasil-parte-ii.

previsto pela LC 116/03 antes da (inconstitucional) alteração procedida pela LC 157/16. É preciso observar que o ISS, embora cumulativo, é fundamental para a autonomia de Municípios que contenham economia própria ancorada em serviços – ou utilidades – locais. Considerando que suas alíquotas são baixas e dificilmente há sobreposição de cadeias econômicas locais (o que minimiza problemas de cumulatividade), parece melhor atualizá-lo do que o extinguir.

Com esse desenho, as competências dos tributos sobre consumo seriam mantidas em suas essências e atualizadas para o mundo digital, evitando-se problemas relacionados à perda de autonomia e afronta ao pacto federativo.

A maior progressividade do sistema poderia ser implementada em duas frentes, necessariamente[69] simultâneas. Primeiro, estabelecendo-se uma **carga tributária menor** nos impostos **sobre consumo** (IVA Federal; IVA Estadual e ISSUC). Segundo, a partir de uma **ampla reforma do imposto de renda**, pessoa física e jurídica, que grave, em maior medida, a riqueza produzida pela sociedade e apropriada pelo Estado. Afinal, é precipuamente por intermédio do imposto sobre a renda, informado pelos princípios da universalidade e generalidade[70], **que se pode atingir diretamente a capacidade contributiva** dos indivíduos na sociedade.

Há estudos[71] que demonstram que as alíquotas do IR sobre altos rendimentos, no Brasil, são absolutamente ínfimas em comparação aos demais Países desenvolvidos[72]. De acordo com a OCDE[73], em 2010, a

---

[69] Só é socialmente aceitável majorar a tributação sobre a renda se houver diminuição na tributação sobre o consumo. Isso porque a carga tributária global no Brasil é muito elevada, tendo atingido 35,07% do PIB em 2018: https://economia.estadao.com.br/noticias/geral,carga-tributaria-bate-recorde-de-35-07-do-pib-mesmo-com-a-economia-fraca,70002944416).

[70] Artigo 153, § 2º, I, da Constituição Federal.

[71] BRASIL. Presidência da República. Observatório da Equidade. Indicadores de Equidade do Sistema Tributário Nacional. Brasília: Presidência da República, Observatório da Equidade, 2009, pp. 27/29.

[72] Conforme apurado pelo Instituto de Pesquisa Econômica Aplicada – IPEA, "a Dinamarca é o país que mais se ampara na tributação sobre a renda pessoal, em um patamar isolado na amostra, com uma taxa impressionante de 26,11% do PIB, que corresponde a mais da metade de sua tributação total. Os dados também evidenciam que há uma correlação positiva entre o nível de desenvolvimento do país e seu amparo no IR – com uma exceção para a Coreia do Sul, que, apesar de ser um país com alto nível de renda, arrecada apenas 3,73% do

média de tributação sobre renda e lucro nos países integrantes da OCDE era de 11,3% do PIB enquanto no Brasil era de 6,9% do PIB, levando-se em consideração, inclusive, o IRPJ e a CSLL. Se isso for comparado apenas com o imposto de renda incidente sobre rendimentos das pessoas físicas, a diferença é ainda maior. No Brasil isso corresponde a menos de 4% do PIB. Essa também é a conclusão de estudo do Instituto de Pesquisa Econômica Aplicada – IPEA, segundo o qual "a estrutura do IRPF é enxuta em termos de alíquotas marginais máximas aplicadas, inchada no tamanho da faixa de renda isenta e tímida quando se analisam os rendimentos de capitais especificamente"[74].

Nessa linha, uma reforma da CSLL, do IRPJ e do IRPF que (i) unifique os dois primeiros; (ii) reduza as alíquotas do IRPJ; (iii) aumente as alíquotas do IRPF e suas faixas de incidência e (iv) determine a tributação sobre dividendos pode contribuir para simplificar mais o sistema (com a unificação do IRPJ e CSLL), recuperar a arrecadação perdida com a unificação de alguns tributos sobre consumo (cujas alíquotas não podem ser elevadas para não inviabilizar a incidência, também, do IVA Estadual e do ISSUC) e garantir maior justiça e equidade fiscal.

Conclusões

Os avanços e problemas decorrentes da LC 157/2016 levam à reflexão em torno da necessidade de uma reforma tributária que propicie diretrizes seguras acerca da materialidade dos tributos e tributação dos negócios jurídicos nascidos no contexto da revolução digital experimentada pela sociedade. Se, por um lado, demonstram que uma alteração

---

PIB com o imposto –, o que denota que a expansão do tributo pode estar, até certo ponto, condicionada a esta variável. Deste modo, a Turquia, os países do leste europeu e o Brasil, além da Coreia do Sul, são os únicos países na amostra que tributam menos de 5% do PIB. Ainda assim, o Brasil é o país com menor nível de arrecadação nessa modalidade, tributando apenas 2,69% do PIB,37 em média 1 ponto percentual (p.p.) abaixo destes outros países, o que sugere uma margem para sua expansão, mesmo que em direção a um patamar ainda muito inferior à média da OCDE." (FERNANDES, Rodrigo Cardoso, CAMPOLINA, Bernardo e SILVEIRA, Fernando Gaiger, Imposto de renda e distribuição de renda no Brasil, Instituto de Pesquisa Econômica Aplicada. Brasília: Rio de Janeiro: IPEA, 2019, pp. 10/11. Acesso em 28/10/2019: http://repositorio.ipea.gov.br/bitstream/11058/9136/1/TD_2449.pdf.
[73] OECD, 2012: *Revenue Statistic in Latin America*, 1990-2010. Acesso em 28/10/2019: http://www.oecd.org/ctp/tax-global/BRAZIL_PT_country%20note_final.pdf.
[74] Idem 69, p. 40.

substancial do sistema, caracterizado por sua rigidez e inflexibilidade, só é possível mediante alterações constitucionais, por outro sugerem que essas alterações fiquem restritas ao mínimo necessário, evitando-se disputas, insegurança jurídica e problemas de conformação ao federalismo brasileiro, o que possivelmente ocorrerá se forem aprovadas as versões originais das PECs 45/19 ou 110/19.

Nesse contexto, ao invés de criar um único IBS Federal em substituição a tributos federais (vg.: PIS/COFINS/IPI), estadual (ICMS) e municipal (ISS), talvez seja válido ponderar em torno de possibilidades que garantam o não esvaziamento das competências tributárias dos entes federativos, a atualização do sistema para a economia digital e uma equidade maior na tributação, tais como: (i) unificação dos impostos federais (PIS/COFINS/IPI/dentre outros) sob um IVA Federal não-cumulativo e com pluralidade de alíquotas; (ii) reforma do ICMS, transformando-o em IVA Estadual, não-cumulativo, para gravar todas as utilidades onerosas, inclusive as digitais, e com cobrança no destino; (iii) reforma do ISS, possibilitando que este incida também sobre utilidades locais e cessões onerosas de utilidades não digitais (ISSUC), previstos taxativamente em lei complementar; (iv) unificação do IRPJ com a CSLL com a redução de suas alíquotas; (v) reforma do IRPF com a inclusão de mais alíquotas progressivas por faixas de rendimentos e tributação de dividendos e (vi) gradação da carga tributária de modo a reduzi-la na oneração do consumo (considerados os impostos das três esferas de poder), aumentando-a em relação à tributação da renda.

Referências

AFONSO, José Roberto. ICMS: diagnóstico e perspectivas. In: REZENDE, Fernando (Org.). *O federalismo brasileiro em seu labirinto: crise e necessidade de reformas*. Rio de Janeiro: FGV, 2013, p. 212.

AFONSO, José Roberto; DORNELLES, Francisco. "Desenvolvimento exige um novo sistema tributário", *Revista Brasileira de Comércio Exterior nº 102*, Rio de Janeiro: FUNCEX, Janeiro-Março 2010, pp. 8-18.

AFONSO, José Roberto; SOARES, Julia M.; CASTRO, Kleber. *Avaliação da estrutura e o desempenho do sistema tributário brasileiro: livro branco da tributação brasileira*. Washington: BID, IDB-DP-265, 2013.

ANDRADE, José Maria Arruda de. Armadilhas retóricas da reforma tributária: entre o simples e o simplório, *Revista Consultor Jurídico*, 09 de junho de 2019. Acesso em 25/10/2019: https://www.conjur.com.br/2019-jun-09/estado-economia-armadilhas-retoricas-reforma-tributaria-entre-simples-simplorio.

ANDRADE, José Mari Arruda de e HOLLAND, Márcio. Desafios e propostas para o debate da reforma tributária, *Revista Consultor Jurídico*, 18 de agosto de 2019. Acesso em 25/10/2019: https://www.conjur.com.br/2019-ago-18/estado-economia-desafio-propostas-reforma-tributaria.

APPY, Bernard. Considerações sobre os impactos das mudanças introduzidas pela lei complementar nº 157, de 2016, *Parecer Econômico*, São Paulo: novembro de 2017, pp. 32/42/44). Acesso em 28/10/2016: http://redir.stf.jus.br/estfvisualiza dorpub/jsp/consultarprocessoeletronico/ConsultarProcessoEletronico.jsf?seqobjetoincidente=5319735.

ATALIBA, Geraldo. *Sistema Constitucional Tributário Brasileiro*. São Paulo: Revista dos Tribunais, 1968, p. 24.

ÁVILA, Humberto Bergmann. O Imposto sobre Serviços e a Lei Complementar nº 116/03. In: ROCHA, Valdir de Oliveira (Coord.). *O ISS e a LC 116*. São Paulo: Dialética, 2003.

_____. *Segurança jurídica: entre permanência, mudança e realização no direito tributário*. 2. ed. São Paulo: Malheiros Editores, 2012. p. 144.

ÁVILA, Humberto; CARRAZZA, Roque Antonio; HARADA, Kiyoshi; MACIEL, Everardo, MARTINS, Ives Gandra da Silva, SOUZA, Hamilton Dias de. *Reforma tributária: onerar mais não é o caminho; 2019*, JUS, Acesso em 25/10/2019: https://jus.com.br/artigos/75628/reforma-tributaria-onerar-mais-nao-e-o-caminho. Também publicado em "O Estado de São Paulo" em 2 de julho de 2019. A2.

ÁVILA, Humberto Bergman, CARRAZZA, Roque Antônio; SOUZA, Hamilton Dias de, A reforma tributária que o Brasil precisa – parte I, *Revista Consultor Jurídico*, 08 de novembro de 2019. Acesso em 11/11/2019: https://www.conjur.com.br/2019-nov-08/opiniao-reforma-tributaria-brasil-parte.

_____,
A reforma tributária que o Brasil precisa – parte II, *Revista Consultor Jurídico*, 09 de novembro de 2019. Acesso em 11/11/2019 https://www.conjur.com.br/2019-nov-09/opiniao-reforma-tributaria-brasil-parte-ii.

_____,
A reforma tributária que o Brasil precisa – parte III, *Revista Consultor Jurídico*, 10 de novembro de 2019. Acesso em 11/11/2019 https://www.conjur.com.br/2019-nov-10/opiniao-reforma-tributaria-brasil-parte-iii.

BARBAGALO, Erica B. Aspectos da responsabilidade civil dos provedores de serviços na internet. In: LEMOS, Ronaldo; Wasberg, Ivo (Coord.). *Conflitos sobre nomes de domínios*. São Paulo: RT/FGV, 2002. p. 346-347.

BARRETO, Aires F. *ISS na Constituição e na lei*, 2ª ed., São Paulo, Dialética, 2005, p. 45.

BATISTA JUNIOR, Onofre Alves. Reforma tributária não pode servir para aprofundar o desequilíbrio federativo. *Revista Consultor Jurídico*, 31 de agosto de 2019. Acesso em 28/10/2019: https://www.conjur.com.br/2019-ago-31/onofre-batista-reforma-tributaria-desequilibrio-federativo.

BERCOVICI, Gilberto. *Desigualdades regionais, estado e constituição*. São Paulo: Max Limonad, 2003.

BRASIL. Presidência da República. *Observatório da Equidade. Indicadores de Equidade do Sistema Tributário Nacional*. Brasília: Presidência da República, Observatório da Equidade, 2009, p. 21-22.

CAMARGO, Guilherme Bueno de. A guerra fiscal e seus efeitos: autonomia x centralização. In: CONTI, José Maurício (Org.). *Federalismo fiscal*. São Paulo: Manole, 2004, p. 187.

CANOTILHO, J. J. Gomes. *Direito Constitucional e Teoria da Constituição*. 4.ed., p. 257).

CARVALHO, Paulo de Barros. *Curso de Direito Tributário*, 26ª Ed., São Paulo: Saraiva, 2014, pp. 331/335.

_____. "Não-incidência do ISS sobre Atividades de Franquia (Franchising)". In: *Revista Direito Tributário Atual nº 20*, São Paulo, Dialética, p. 205.

CORREIA NETO, Celso de Barros, AFONSO, José Roberto Rodrigues e FUCK, Luciano Felício. A Tributação na Era Digital e os Desafios do Sistema Tributário no Brasil, *Revista Brasileira de Direito*, 2019, P. 165.

FERNANDES, Rodrigo Cardoso, CAMPOLINA, Bernardo e SILVEIRA, Fernando Gaiger. Imposto de renda e distribuição de renda no Brasil, Instituto de Pesquisa Econômica Aplicada. Brasília: Rio de Janeiro: IPEA, 2019, pp. 10/11. Acesso em 28/10/2019: http://repositorio.ipea.gov.br/bitstream/11058/9136/1/TD_2449.pdf.

FERRAZ JUNIOR, Tércio Sampaio. "*Sistema tributário e princípio federativo. In*: Direito Constitucional: liberdade de fumar, privacidade, estado, direitos humanos e outros temas. São Paulo: Manole, 2007, p. 348 – destacamos.

FUCK, Luciano Felício, ROSÁRIO, Hully e ROCHA, Wesley. A Reforma tributária em debate no Congresso Nacional, *Revista Consultor Jurídico*, 23 de julho de 2019. Acesso em 25/10/2019: https://www.conjur.com.br/2019-jul-23/reforma-tributaria-debate-congresso-nacional.

FUNDO MONETÁRIO INTERNACIONAL – FMI, "Determining countries' taxeffort". *Hacienda Pública Española / Revista de Economía Pública*, 195-(4/2010): 65-87.

GASSEN, Valcir, Matriz Tributária Brasileira: *Uma perspectiva para pensar o Estado, a Constituição e a Tributação no Brasil*, p. 27 e ss.

GREGO, Marco Aurélio; LOURENZO, Anna Paola Zonari de. ICMS – Materialidade e Princípios Constitucionais. In: MARTINS, Ives Gandra da Silva (Org.). *Curso de Direito Tributário*. 2. ed. Belém: Cejup, 1993. p. 155.

GREGO, Marco Aurélio. "Sobre o Futuro da Tributação: a Figura dos Intangíveis". In: *Revista Direito Tributário Atual nº 20*, São Paulo, Dialética, p. 177.

MACIEL, Everardo de Almeida. Não entre. É um livro de receitas, *Estadão*, 4/7, B6, 2019.

_____. PEC 45, são muitos os que perdem, *Estadão*, 2019.

MANEIRA, Eduardo e MANEIRA, Luis Eduardo. PEC 45 coloca Brasil no rol de sistemas modernos de tributação, *Revista Consultor Jurídico*, 30 de julho de 2019. Acesso em 25/10/2019: https://www.conjur.com.br/2019-jul-30/opiniao-pec-45-coloca-pais-rol-sistemas-modernos-tributacao.

MARTINS, Ives Gandra da Silva e RODRIGUES, Marilene Talarico Martins, O ISS e a Lei Complementa nº 116/2003 – Aspectos Relevantes. In: ROCHA, Valdir de Oliveira (Coord.). *O ISS e a LC 116*. São Paulo: Dialética, 2003, pp. 206/207.

MORAES, Bernardo Ribeiro de. *Doutrina e Prática do ISS*. São Paulo: RT, 1975, p. 81-85; 97-101; 107; 153-154; 425-429.

OECD, 2012: Revenue Statistic in *Latin America*, 1990-2010. Acesso em 28/10/2019: http://www.oecd.org/ctp/tax-global/BRAZIL_PT_country%20note_final.pdf.

PILLEKAMP, Virgínia, FIGLIOULO, Fernanda Sá Freire e BEHRNDT, Marco. Reforma tributária: falta de autonomia e violação ao pacto federativo?, *Revista Consultor Jurídico*, 23 de outubro de 2019. Consulta em 25/10/2019: https://www.conjur.com.br/2019-out-23/opiniao-violacao-pacto-federativo-reforma-tributaria.

RIBEIRO, Ricardo Lodi. Reforma tributária simplifica, mas tem efeitos regressivos e centralizadores, *Revista Consultor Jurídico, 08 de abril de 2019*. Acesso em 25/10/2019: https://www.conjur.com.br/2019-abr-08/ricardo-lodi-reforma-tributaria-simplifica-efeitos-regressivos.

ROCHA, Sérgio André. O imposto sobre bens e serviços proposto na reforma tributária da PEC 45, *Revista Consultor Jurídico, 13 de setembro de 2019*. Acesso em 25/10/2019: https://www.conjur.com.br/2019-set-13/sergio-rocha-imposto-bens-servicos-pec-45.

SCAFF, Fernando Facury. Reforma tributária, a cláusula pétrea do federalismo e o STF, *Revista Consultor Jurídico, 16 de abril de 2019*. Acesso em 25/10/2019: https://www.conjur.com.br/2019-abr-16/contas-vista-reforma-tributaria-clausula-petrea-federalismo-stf.

_____. Algumas sugestões para aprimorar a Reforma Constitucional Tributária. *Revista Consultor Jurídico, 07 de outubro de 2019*. Acesso em 25/10/2019: https://www.conjur.com.br/2019-out-07/justica-tributaria-algumas-sugestoes-aprimorar-reforma-constitucional-tributaria.

_____. Estão propondo mais Brasília e menos governos estaduais em nossa federação, *Revista Consultor Jurídico, 30 de julho de 2019*. Acesso em 25/10/2019: https://www.conjur.com.br/2019-jul-30/contas-vista-propondo-brasilia-governos-estaduais.

Shah, Anwar. Competição inter-regional e cooperação federal: competir ou cooperar? Não é essa a questão. *Fórum Internacional sobre Federalismo no México Veracruz*. México, 15-17 novembro de 2001, p. 7.

Souza, Hamilton Dias de. Contribuições Especiais. In: *Curso de Direito Tributário*. Coord. Ives Gandra da Silva Martins. 12ªedição São Paulo: Saraiva, 2010, p. 688.

_____. *Reforma tributária: a PEC 45/19 afronta o pacto federativo*, JOTA, 03/07/2019. Acesso em 25/10/2019: https://www.jota.info/paywall?redirect_to=//www.jota.info/opiniao-e-analise/artigos/reforma-tributaria-a-pec-45-19-afronta-o-pacto-federativo-03072019.

_____. *Emenda substitutiva à PEC 293-A/2004 agride pacto federativo*. Revista Consultor Jurídico, 03 de novembro de 2018. Acesso em 28/10/2019: https://www.conjur.com.br/2018-nov-03/dias-souza-substitutivo-pec-293-a-2004-agride-pacto-federativo.

Souza, Hamilton Dias de; Ferraz Jr., Tércio Sampaio. Contribuições de Intervenção no Domínio Econômico e a Federação. In: *ARTIGOS selecionados em homenagem aos 40 anos do Centro de Extensão Universitária* – vol. 2. São Paulo: Revista dos Tribunais: Centro de Extensão Universitária, 2012. p. 515-560.

Souza, Hamilton Dias de; Szelbracikowski, Daniel Correa. *A inconstitucionalidade das leis que carecem de densidade normativa: o caso da LC 157/16*. JOTA. 23 de abril de 2018. Acesso em 28/10/2019: https://www.jota.info/paywall?redirect_to=//www.jota.info/opiniao-e-analise/artigos/a-inconstitucionalidade-das-leis-que-carecem-de-densidade-normativa-23042018.

Szelbracikowski, Daniel Corrêa. *Novas tecnologias e a necessidade de reforma tributária*. Revista Consultor Jurídico, 20 de janeiro de 2017. Acesso em 28/10/2019: https://www.conjur.com.br/2017-jan-20/daniel-correa-novas-tecnologias-exigem-reforma-tributaria.

Torres, Heleno Taveira, ICMS e ISS **não incidem** sobre serviços de valor adicionado na telefonia móvel, *Revista Consultor Jurídico*, 24 de setembro de 2014. Acesso em 29/10/2019: https://www.conjur.com.br/2014-set-24/consultor-tributario-icms-iss-nao-incidem-valor-adicionado-telefonia-movel.

_____. Reforma tributária infraconstitucional precisa avançar. *Revista Consultor Jurídico*, 05 de junho de 2019. Acesso em 25/10/2019: https://www.conjur.com.br/2019-jun-05/consultor-tributario-reforma-tributaria-infraconstitucional-avancar.

Victor, Sérgio Antônio Ferreira. *Diálogo institucional e controle de constitucionalidade: debate entre o STF e o Congresso Nacional*. São Paulo: Saraiva, 2015.

9. Sistema Constitucional *versus* Novos (e Desconhecidos) Tributos[1]

José Roberto R. Afonso
Lais Khaled Porto
Luciano Felício Fuck

Mais do que apenas mudanças tecnológicas, as relações econômicas e também as sociais se transformam em uma velocidade e intensidade nunca antes experimentada na história.

A dita quarta revolução industrial, que teve início na virada do século XXI e baseia-se na nova dinâmica digital, impõe-se de forma drástica e abrupta, por meio do dinamismo e ubiquidade atingidos pela (outrora já existente) internet, que passa a se estabelecer de modo mais dinâmico[2]. Trata-se de um complexo sistema de computadores, *softwares* e redes, que se popularizam em sensores cada vez menores e mais baratos e evoluem em sistemas de inteligência artificial e aprendizagem automá-

---

[1] O presente trabalho toma como referência e incorpora trechos dos artigos de Fuck, Luciano Felício; Afonso, José Roberto. A Tributação do futuro e a rigidez constitucional. In. *Revista Consultor Jurídico*. Mai. 2017. Disponível em: <https://www.conjur.com.br/2017-mai-13/observatorio-constitucional-tributacao-futuro-rigidez-constitucional>; e Afonso, José Roberto. Da mutação à lipoaspiração. In. *Revista Conjuntura Econômica*. Mai. 2017.
[2] Schwab, Klaus. *A Quarta Revolução Industrial*. Trad. Daniel Moreira Miranda. São Paulo: Edipro, 2016. p. 16.

tica. Isso levará aos efeitos mais complexos e anteriormente inimagináveis da revolução digital, como a substituição de processos industriais por impressões 3D.

Mudam não apenas processos industriais e comerciais, mas as próprias relações e bases econômicas. A tributação não escapa desse processo de transformações, seja já realizado, seja em curso, seja ainda por acontecer, sem ninguém poder prever que rumo exatamente tomará.

Há muito já se discute no exterior como modernizar o sistema tributário[3]. O que se pode considerar como caso mais emblemático e já antigo é a proposta de imposto sobre robôs, para fazer frente ao desemprego estrutural derivado de processo generalizado de automação das atividades produtivas, até mesmo as intelectuais (não apenas as ligadas às atividades manuais, como anteriormente imaginava-se). Recentemente, alguns países já criaram e implantaram chamados impostos digitais, tentando tributar os ganhos das corporações gigantes da era da internet.

Tal debate ainda é muito incipiente no Brasil, na academia e entre especialistas, e inexistente entre autoridades governamentais e parlamentares.

Ocorre que, debatida ou não, regulamentada ou não, as novas dinâmicas vêm se antecipando e se impondo às leis de forma incontornável.

Para exemplificar, vale citar mudança talvez mais intensa no Brasil do que no resto do mundo: a conversão de empregados de empregados com carteira assinada em prestadores de serviços por meio de pessoas jurídicas (inclusive microempreendedores). Esta foi uma clara resposta ao país que impõe aos seus empregadores os maiores custos em todo o mundo para contratar um trabalhador (entre impostos, encargos e

---

[3] Cf. RASTELETTI, Alejandro. La economía colaborativa y los retos para la política y administración tributaria. In. BID, Gestión Fiscal. *Recaudando Bienestar*. 2017. Disponível em: <https://blogs.iadb.org/gestion-fiscal/es/economia-colaborativa-y-retos-para-la-politica-tributaria/>; OECD, *Tax Policy Reforms 2018: OECD and Selected Partner Economies*, OECD Publishing, Paris. https://doi.org/10.1787/9789264304468-en; GUPTA, Sanjeev; KEEN, Michael; SHAH, Alpa; VERDIER, Geneviève. 2017. Digital Revolutions in Public Finance. Washington, DC: International Monetary Fund; COCKFIELD, Arthur J. Tax Law and Technology Change. In. BROWNSWORD, Roger; SCOTFORD, Eloise; YEUNG, Karen (editors). *The Oxford Handbook of Law and Regulation of Technology*. Dez. 2016. Disponível em: <https://www.oxfordhandbooks.com/view/10.1093/oxfordhb/9780199680832.001.0001/oxfordhb-9780199680832-e-48>.

incerteza jurídica)[4]. Se esse processo foi disparado e alimentado pela busca do empregador em baratear o custo do trabalho que contratava, por outro lado, no futuro tenderá a ser amplificado pela crescente preferência de muitos trabalhadores, sobretudo os mais jovens e mais qualificados, por serem empreendedores no lugar dos clássicos empregados que devem trabalhar em um local fixo, com horários pré-determinados e com vínculo de um contrato de trabalho. Significa que cada vez mais se optará por trabalhar sem ter um empregador.

Hoje ninguém sabe ao certo como serão cobrados impostos em um futuro não muito distante. A única certeza é que nada mais será exatamente igual ao atual sistema tributário. Serão modificadas, certamente, suas definições de competências, que devem levar em conta os condicionantes sociais, econômicos e políticos da época em que são instituídos e cobrados os tributos.

Logo, é extremamente desafiador para qualquer País a preparação e a estruturação para cobrança de tributos sem que se tenha uma visão clara de quais serão – ou mesmo sobre quais bases incidirão. Deve restar claro, no entanto, que diante da volatilidade das novas dinâmicas socioeconômicas, ficará cada vez mais difícil fazer previsões de longo prazo.

O *timing* para análise de situações e criação de respostas e quadros regulamentares não será mais o mesmo. O estabelecimento de modelos de governança ágeis se faz imprescindível diante de dinâmicas socioeconômicas em constante transformação. Como aponta SCHWAB, "[...] *a capacidade de adaptação dos governos irá determinar sua sobrevivência*"[5].

No Brasil, o desafio da governança ágil em matéria tributária se torna mais monumental do que na maioria dos outros países diante de um fato peculiar de nossa institucionalidade: nenhum outro país traz tantas definições e detalhes tributários no texto constitucional.

O objetivo desta análise é contextualizar os desafios institucionais para o Brasil e adotar outro sistema tributário que seja funcional e eficaz para outra economia e sociedade, muito diferentes das atuais, mas das quais ainda pouco se sabe neste momento. A rigidez ditada pela inscrição de muitas normas no corpo permanente da Constituição Federal

---

[4] *Cf.* AFONSO, José Roberto. Imposto de renda e distribuição de renda e riqueza: as estatísticas fiscais e um debate premente no Brasil. Revista de Estudos Tributários e Aduaneiros, Brasília, DF, v. 1, n. 1, p. 28-60, 2014.

[5] SCHWAB, op. cit., p. 73.

promulgada em 1988 (CF/88) se tornará um entrave muito maior neste novo contexto do que já foi no passado.

Se a estabilidade de regras e normas pode ser uma virtude dessa constitucionalização exacerbada por outro lado, tal vantagem se esvairá e tenderá a se tornar um enorme problema ou limitador quando for preciso atualizar ou criar novos impostos, de forma rápida e muitas vezes, sem muito se conhecer previamente qual deverá ser sua incidência.

Estudo comparado coordenado por TORRES[6] demonstra, no que tange aos direitos fundamentais, o centralismo do ordenamento brasileiro em torno da Constituição.

A defesa do contribuinte, por exemplo, que comumente se dá por meio de normativo próprio (os chamados Estatutos do Contribuinte) – à exemplo dos Estados Unidos, Itália e Espanha –, é contemplada, de forma analítica, pela CF/88, em toda a Seção II, do Capítulo I, do Título VI – fora algumas normas em outros títulos, como é o caso das contribuições para a sociedade social e a de intervenção no domínio econômico. Pela exposição dos autores, contudo, isso não fortaleceu a segurança do contribuinte. Ao contrário, a necessidade de manutenção das disposições constitucionais se dá, especificamente, por serem tudo o que existe acerca da matéria, destacando-se o entendimento de que o contribuinte estaria melhor assistido caso editado regramento específico, infraconstitucional, contemplando seus direitos.

A experiência estrangeira demonstra, por meio de constituições mais antigas e consagradas do que a nossa, o excesso brasileiro. Aqui, só há espaço para se comparar com poucos outros países e respectivas Constituições, mas se optou por alguns que sejam próximos da nossa tradição cultural ou da realidade federativa.

A Constituição Portuguesa, por exemplo, não discrimina impostos ou delimita bases tributárias, mas, tão somente, define, de modo genérico, os parâmetros e finalidades da tributação – em seus 2 artigos sobre o tema, contra 14 da Constituição Brasileira.

---

[6] TORRES, Heleno Taveira *et al.* Sistema tributário e direitos fundamentais no constitucionalismo comparado. In; TORRES, Heleno Taveira (Coord.). *Sistema tributário, legalidade e direito comparado*: entre forma e substância: proteção dos direitos fundamentais: responsabilidade tributária: procedimentos fiscais: tributação das operações internacionais. Belo Horizonte: Fórum, 2010. p. 21-76.

Artigo 103º
Sistema fiscal
1. O sistema fiscal visa a satisfação das necessidades financeiras do Estado e outras entidades públicas e uma repartição justa dos rendimentos e da riqueza.
2. Os impostos são criados por lei, que determina a incidência, a taxa, os benefícios fiscais e as garantias dos contribuintes.
3. Ninguém pode ser obrigado a pagar impostos que não hajam sido criados nos termos da Constituição, que tenham natureza retroativa ou cuja liquidação e cobrança se não façam nos termos da lei.

Artigo 104º
Impostos
1. O imposto sobre o rendimento pessoal visa a diminuição das desigualdades e será único e progressivo, tendo em conta as necessidades e os rendimentos do agregado familiar.
2. A tributação das empresas incide fundamentalmente sobre o seu rendimento real.
3. A tributação do património deve contribuir para a igualdade entre os cidadãos.
4. A tributação do consumo visa adaptar a estrutura do consumo à evolução das necessidades do desenvolvimento económico e da justiça social, devendo onerar os consumos de luxo.

Observe-se, por exemplo, o item 4 do Artigo 104º: o mesmo define, tão somente, que haverá tributação sobre o consumo, que esta serve ao desenvolvimento econômico e à justiça social e que deve onerar os consumos de luxo – em uma perspectiva de progressividade/extrafiscalidade.

A Constituição Brasileira, por sua vez, não só estabelece, especificamente, a incidência de um imposto para circulação de mercadorias e prestação de alguns serviços específicos (art. 155, II), como reparte o consumo *lato sensu* com outro imposto, de competência de outro ente (art. 156, inciso III). Ademais, além das imunidades gerais, são estabelecidas hipóteses de não-incidência específicas para cada um desses impostos – também no texto Constitucional (*e.g.* artigo 155, §2º, inciso X) – sem falar no detalhamento de outros tributos que também atingem o consumo, como o Imposto sobre Produtos Industrializados (IPI) e contribuições sociais.

A Constituição portuguesa ainda menciona a tributação em outros dois dispositivos: artigo 165º, 1, i), que estabelece a competência para legislar (da Assembleia da República); e artigo 254º, 1 e 2, que firma a participação dos municípios na receita de impostos diretos – jogando para lei infraconstitucional a definição da sistemática e, inclusive, o estabelecimento de meios para persecução de receita tributária própria.

Não obstante a proximidade cultural de Brasil com Portugal, devemos observar que as necessidades de regulamentação constitucional se fazem diferentes em um e outro Estado, particularmente por serem concebidos em diferentes formas – federado e unitário, respectivamente. Por isso pertinente analisar, também, a realidade de Federações – especialmente as que mais inspiram o constitucionalismo brasileiro.

A celebrada *Grundgesetz*, Lei Fundamental Alemã, abarca item inteiramente destinado ao Sistema Financeiro (X), que define, em suma:

a) Aspectos estritamente federativos, tais quais a repartição de despesas e as chamadas ajudas financeiras para investimentos (comparáveis às transferências brasileiras, com a especificidade de que, embora constitucionalmente previstas, o texto alemão não impõe obrigatoriedade mas atribui a especificação dos repasses a normas infraconstitucionais, vinculando, tão somente, os gastos aos quais os recursos repassados devem se destinar) – artigos 104-a – 104-d;

b) Competências legislativas tributárias e a distribuição de receitas tributárias e lucro de monopólios fiscais – artigo 105 – 106[7];

---

[7] **Artigo 105 [Competências na legislação tributária]**
(1) À Federação compete a legislação exclusiva sobre os direitos aduaneiros e os monopólios fiscais.
(2) À Federação compete a legislação concorrente sobre outros impostos, se lhe couber parcial ou integralmente a receita desses impostos ou caso se verifiquem as condições previstas no artigo 72 §2.
(2a) Os Estados têm competência legislativa para os impostos locais de consumo e das despesas de representação, enquanto e na medida em que eles não sejam análogos aos impostos regulamentados por lei federal. Eles têm a competência para determinar a alíquota do imposto sobre a renda imobiliária.
(3) Leis federais sobre impostos, cuja receita se destine integral ou parcialmente aos Estados ou municípios (associações de municípios), necessitam de aprovação pelo Conselho Federal.

Artigo 106 [Distribuição da receita tributária e do lucro de monopólios fiscais]
(1) Cabem à Federação o produto dos monopólios fiscais e as receitas provenientes dos seguintes impostos:
1. as taxas alfandegárias;
2. os impostos de consumo, contanto que não correspondam aos Estados segundo o §2, à Federação e aos Estados conjuntamente segundo o §3, ou aos municípios segundo o §6;
3. os impostos do transporte rodoviário de cargas, os impostos sobre veículos automotores e outros impostos de trânsito relacionados com veículos motorizados;
4. os impostos de movimento de capitais, o imposto de seguros e o imposto sobre letras de câmbio;
5. as taxas únicas sobre o patrimônio e os tributos de compensação, recolhidos para realizar a compensação das despesas;
6. as taxas complementares do imposto de renda de pessoas físicas e do imposto de renda de pessoas jurídicas;
7. taxas no âmbito das Comunidades Europeias.
(2) Correspondem aos Estados as receitas provenientes dos seguintes impostos:
1. o imposto sobre o patrimônio;
2. o imposto de sucessão;
3. os impostos de trânsito, contanto que não correspondam à Federação segundo o §1, ou à Federação e aos Estados conjuntamente segundo o §3;
4. o imposto sobre a cerveja;
5. as taxas das casas de jogo.
(3) A receita do imposto de renda de pessoas físicas, do imposto de renda de pessoas jurídicas e do imposto sobre mercadorias e serviços cabe à Federação e aos Estados em conjunto (impostos comuns), na medida em que a receita do imposto de renda de pessoas físicas, segundo o §5, e a receita do imposto sobre mercadorias e serviços, segundo o §5a, não sejam destinadas aos municípios. A Federação e os Estados participam da receita do imposto de renda de pessoas físicas e do imposto de renda de pessoas jurídicas em partes iguais. As participações da Federação e dos Estados no imposto sobre mercadorias e serviços são fixadas por lei federal, que requer a aprovação do Conselho Federal. Na fixação, deve-se partir dos seguintes princípios:
1. No âmbito das receitas correntes, a Federação e os Estados têm igual direito à cobertura das respectivas despesas necessárias. O volume das despesas deve ser calculado em função de um planejamento financeiro que abranja vários anos.
2. As necessidades de cobertura da Federação e dos Estados devem ser harmonizadas entre si de tal forma, que se alcance uma compensação equitativa, se evite uma sobrecarga dos contribuintes e se mantenha a uniformidade das condições de vida no território federal. Adicionalmente, na fixação das participações da Federação e dos Estados no imposto sobre mercadorias e serviços, será levada em conta a diminuição da receita fiscal dos Estados, a partir de 1º de janeiro de 1996, resultante da consideração dos filhos no direito do imposto de renda. A matéria será regulamentada por lei federal mencionada na terceira frase.
(4) As participações da Federação e dos Estados no imposto sobre o faturamento devem ser novamente fixadas, se a proporção entre as receitas e as despesas da Federação e dos Estados

tiver registrado uma evolução substancialmente distinta; não se considerará aqui a diminuição das receitas fiscais que, segundo o §3, quinta frase, são levadas em conta na fixação das participações no imposto sobre mercadorias e serviços. Se uma lei federal impuser aos Estados gastos adicionais ou lhes reduzir a receita, a sobrecarga poderá ser compensada por dotações financeiras da Federação, através de lei federal que requer a aprovação do Conselho Federal, contanto que tais dotações sejam limitadas a curto espaço de tempo. Na lei serão determinados os princípios para a fixação dessas dotações financeiras e para a sua distribuição entre os Estados.

(5) Os municípios recebem uma parte da receita do imposto de renda de pessoas físicas, que os Estados devem transferir aos seus municípios com base nas contribuições de imposto de renda de pessoas físicas dos seus habitantes. A matéria será regulamentada por lei federal que requer a aprovação do Conselho Federal. Ela pode determinar que os municípios fixem as alíquotas da participação municipal.

(5a) Os municípios receberão, a partir de 1º de janeiro de 1998, uma parte da receita resultante do imposto sobre mercadorias e serviços. Esta parte será transferida pelos Estados aos seus municípios conforme um critério determinado que considere as circunstâncias locais e econômicas. A matéria será regulamentada por lei federal que requer a aprovação do Conselho Federal.

(6) A receita do imposto territorial e do imposto industrial cabe aos municípios, a receita dos impostos locais de consumo e das despesas de representação cabe aos municípios ou, segundo determinação da legislação estadual, às associações de municípios. Deve ser conferido aos municípios o direito de fixar, no âmbito da lei, as alíquotas do imposto territorial e do imposto industrial. Não havendo municípios no Estado, cabe ao Estado a receita do imposto territorial e do imposto industrial, bem como dos impostos locais de consumo e das despesas de representação. Através de uma redistribuição, a Federação e os Estados podem participar da receita do imposto industrial. Uma lei federal, que requer a aprovação do Conselho Federal, fixará os pormenores dessa redistribuição. Conforme a legislação estadual, o imposto territorial, o imposto industrial, bem como a participação municipal na receita do imposto de renda de pessoas físicas e do imposto sobre mercadorias e serviços poderão servir de base para a fixação das redistribuições.

(7) Da participação do Estado na receita total dos impostos comuns, será destinada em conjunto aos municípios e associações de municípios um determinado percentual, a ser fixado por legislação estadual. Nos demais casos cabe à legislação estadual determinar, se e em que medida a receita dos impostos estaduais será revertida em favor dos municípios (associações de municípios).

(8) Se a Federação criar em determinados Estados ou municípios (associações de municípios) instituições especiais, que originem diretamente para esses Estados ou municípios (associações de municípios) aumentos de gastos ou reduções de receita (encargos especiais), a Federação assegura a compensação necessária, quando e na medida em que não se puder exigir dos Estados ou municípios (associações de municípios) que assumam tais encargos especiais. Pagamentos de indenizações por terceiros e vantagens financeiras que resultem para esses Estados e municípios (associações de municípios) em consequência das instituições, serão levados em conta na compensação.

c) Diretrizes de partilha de receita e compensação financeira entre entes – artigos 106-a – 107; e
d) Administração financeira e questões especificamente orçamentárias – artigos 109 – 115.

É natural e necessário que a Lei Fundamental alemã traga disposições relativas à repartição de despesas e receitas, tanto próprias quanto partilhadas, suficientes à garantir a manutenção da autonomia dos entes federados, o que não acontece com a Constituição da República Portuguesa – que ainda que conte com certo grau de descentralização não parte de um pressuposto de obrigatória e insuperável autonomia, porquanto constituída em Estado unitário. Mas ainda a Alemanha, como Federação que é, não detalha tantos aspectos tributários em sua Carta Magna quanto o Brasil – não prevê percentuais de partilha, imunidades ou características pormenorizadas dos impostos, por exemplo.

A comparação com a Constituição dos Estados Unidos da América é marcada por ainda maior distância. A Carta norte-americana data do século XVIII e sofreu apenas 27 emendas – 2 em matéria tributária[8] – e não delimita competências tributárias, mencionando apenas à tributação da renda.

O texto constitucional norte-americano estabelece, basicamente, a repartição de tributos diretos pelos Estados (Artigo 1, seção 2, parágrafo 3 e seção 9, parágrafo 4); e a competência do Congresso para instituir e cobrar tributos de modo uniforme por todo o território dos Estados Unidos (Artigo 1, seção 8, parágrafo 1). Ademais, determina, pontualmente, exceção à repartição para a única competência tributária que especifica: a renda[9] (Emenda XVI); e única imunidade tributária: sobre exportações (Artigo 1, seção 9, parágrafo 5) – preceito básico para o equilíbrio econômico, mas que ainda gera controvérsias no Brasil[10].

(9) Como receitas e despesas dos Estados, no sentido deste artigo, são consideradas também as receitas e despesas dos municípios (associações de municípios).
(*LEI FUNDAMENTAL DA REPÚBLICA FEDERAL DA ALEMANHA*. Tradução por: Assis Mendonça, Aachen; e revisão jurídica pro: Urbano Carvelli, Bonn. Disponível em: https://www.btg-bestellservice.de/pdf/80208000.pdf)
[8] Emendas XVI – *Income Tax* – e XXIV – *Abolition of the Poll Tax Qualification in Federal Elections*.
[9] A Constituição dos Estados Unidos nem sequer menciona tributação sobre o consumo.
[10] Sobre a questão, análise de José Roberto Afonso e Lais Khaled Porto disponível em: <https://www.conjur.com.br/2019-nov-05/opiniao-icms-exportacoes-avancar-passado>.

Feita a comparação, percebe-se quão peculiar é o sistema brasileiro, rígido e disciplinado analítica e pormenorizadamente no texto constitucional[11]. No excessivo zelo de dispor sobre o sistema tributário, a Constituição de 1988 desce a detalhes comezinhos – que tem como caso exemplar a regulamentação do ICMS. Por isso não é de espantar a dificuldade de se aprovar uma reforma tributária, ainda que concentrada tão somente na tributação sobre o consumo.

Essa prodigalidade de normas constitucionais tem outra consequência importante, apesar de pouco explorada na literatura: concentra no Supremo Tribunal Federal a solução de inúmeras questões e controvérsias sobre tributos. Como efeito da massiva demanda, ainda são comuns as declarações de inconstitucionalidade de leis tributárias revogadas ou vigentes há mais de uma década, a exemplo do caso do Funrural (no RE 363.852/MG, Rel. Min. Marco Aurélio, Pleno, DJe 23/4/2010), em que foi reconhecida a inconstitucionalidade, em 2010, de tributo cobrado desde 1992.

O STF, regra geral, pode-se dizer que tem exercido influência decisiva no desenho e no funcionamento do sistema constitucional tributário, mantendo papel fundamentalmente institucional na apreciação das questões constitucionais e na concretização dos direitos fundamentais. Cada vez mais, esse papel institucional não se liga à orientação garantista em relação aos contribuintes nem ao endosso das políticas fiscais exaradas pela administração pública e aprovadas pelo Legislativo, mas ao equilíbrio alinhado ao Estado fiscal[12].

Alguns episódios, no entanto, revelam-se quase que trágicos, tanto pelo procedimento quanto pela conclusão adotados pelo STF, como (i) ADI-MC 4.389/DF (Rel. Min. Joaquim Barbosa, Pleno, DJe 25/5/2011), em que a corte deu interpretação conforme à item da lista de serviços do ISS de maneira muito pouco precisa, tornando ainda mais complexa e controvertida a questão constitucional; (ii) AC-MC 1.657/RJ (Red. para o acórdão Min. Cezar Peluso, Pleno, DJe 31/8/2007), em

---

[11] A propósito das características e evolução do sistema constitucional tributário brasileiro cf. ATALIBA, Geraldo. *Sistema Constitucional Tributário Brasileiro*. São Paulo: Revista dos Tribunais, 1968. P. 57 e ss.

[12] *Cf.* FUCK, Luciano Felício. *Estado Fiscal e Supremo Tribunal Federal*. São Paulo: Saraiva, 2017. P. 351-3.

que o tribunal manteve sanção política por inadimplência de obrigação tributária para indústria de cigarro; e (iii) ADI 2.588/DF, (Red. para o acórdão Min. Joaquim Barbosa, Pleno, DJe 11/2/2014), sobre Imposto de Renda de empresas coligadas e controladas no exterior, cujo julgamento durou mais de dez anos e o resultado proclamado, quase incompreensível, consistiu em verdadeira colcha de retalhos com zonas de indecisão. Tratou-se, neste último caso, de verdadeira não decisão, em que a solução salomônica criou mais controvérsias e problemas do que soluções.

O STF também teve acórdãos memoráveis e paradigmas que mudaram o panorama do Direito Tributário e até do controle de constitucionalidade no país, como (i) a ADI 939/DF (Rel. Min. Sydney Sanches, Pleno, DJ 18/3/1994), primeira vez em que o Supremo declarou a inconstitucionalidade de uma emenda constitucional, para considerar como cláusulas pétreas garantias individuais dos contribuintes e imunidades; (ii) a ADI 3.105/DF (Red. para o acórdão Min. Cezar Peluso, Pleno, DJ 18/2/2005), em que foi proferida decisão demolitória com efeitos aditivos para manter isonomia quanto ao mínimo existencial dos inativos do serviço público, em paridade com os filiados ao RGPS, ao mesmo tempo em que se validou a instituição de nova competência tributária essencial para o equilíbrio financeiro do Estado fiscal; e (iii) a ADI-MC 2.247/DF (Rel. Min. Ilmar Galvão, Pleno, DJ 10/11/2000), que, apesar de sucinta, examinou e reconheceu a violação da legalidade tributária sob aspecto formal (edição de mera portaria para instituir taxa) e material, rejeitando a vagueza e imprecisão das especificações da hipótese de incidência da regra matriz da taxa.

Atualmente, tem causado polêmica a decisão no RE 574.706/PR (Rel. Min. Cármen Lúcia, Pleno, DJe 02/10/2017), que rompeu com a centenária jurisprudência da corte de admitir a incidência de tributos sobre tributos e ainda pende de julgamento de embargos de declaração. Nada obstante as nefastas consequências dessa incidência por dentro dos tributos, não se pode negar que o sistema tributário brasileiro é fundado nessa premissa desde sua primeira constituição.

Governos, leis e, por conseguinte, Justiça parecem chegar atrasados para tentar lidar com fatos já consumados, na economia e na sociedade – atraso esse que só tende a piorar na (nova) era digital e que é potencializado pela baixíssima dinamicidade de um sistema excessivamente constitucionalizado.

Neste contexto institucional e histórico, o ideal seria promover uma abreviação da matéria tributária no texto constitucional, notadamente no que toca a definição das competências tributárias. Isto significa que a Constituição poderia sofrer drástico e radical encurtamento em suas normas tributárias. É preciso assegurar princípios mais elementares, como a proteção básica dos contribuintes – *e.g.* legalidade e anterioridade – e a autonomia dos entes federados. Agora, não se deveria sequer denominar os novos impostos no texto constitucional, sob pena de não contemplar todas as novas atividades e fatos geradores, ou o fazer de forma parcial ou inadequada. A definição poderia ficar a cargo de Lei Complementar, com quórum de alteração mais baixo – logo, mais adaptável.

Seria o caso de aproveitar que a reforma tributária voltou à agenda nacional para se defender uma nova estratégia institucional. Porém, é importante reconhecer e alertar, desde já, que o caminho ideal é o oposto da maioria dos projetos de reforma apresentados e em debate no Congresso Nacional, que pretendem aumentar ainda mais o escopo de matérias tributárias no corpo permanente da Constituição. As propostas de reforma tributária no Brasil, por sua vez, focadas na unificação de tributos em um único Imposto sobre Valor Agregado – IVA[13], se configuram em uma perspectiva de suposta simplificação que não abarca a simplificação do texto constitucional – ao contrário, mantém a sistemática de detalhamento sobre a cobrança de impostos, previsão de hipóteses gerias e específicas de não-incidência e regramentos para estabelecimento de alíquotas.

Reconhece-se que politicamente os ventos sopram na direção radicalmente inversa da que a racionalidade recomenda diante de transformações tão intensas quanto ainda desconhecidas.

Abreviar a constitucionalização da matéria tributária poderia passar por manter no corpo permanente da Carga Magna tão somente as diretrizes daquilo que caberia à instrumento infraconstitucional precisar

---

[13] As propostas atualmente mais debatidas no Legislativo Federal denominam o pretenso novo imposto de IBS – Imposto sobre Bens e Serviços. Dentre elas, destacam-se a Proposta de Emenda à Constituição nº 45/2019, de autoria do Deputado Baleia Rossi (MDB/SP); e a PEC nº 110/2019, proposta por grupo de Senadores encabeçado pelo Presidente da Casa, Senador Davi Alcolumbre (DEM/AP), e cujo texto repete o Substitutivo à PEC nº 293/2004, sob relatoria do então Deputado Luiz Carlos Hauly (PSDB/PR) – aprovada em Comissão Especial em dezembro de 2019 e arquivada por encerramento da legislatura.

e destrinchar. Tal lei complementar poderia ser única para todo o sistema e significaria o resgate do Código Tributário de 1966, de inegável e excelente abrangência, coerência e consistência, mas que se tornou obsoleto diante das mudanças estruturais e institucionais. Como se faz com outras matérias econômicas muito dinâmicas como as finanças privadas, sobretudo o sistema financeiro, cabe à lei dar forma muito mais detalhada e eficiente do que se faz possível em um texto constitucional. E mesmo que o brasileiro contenha mais de duas centenas de artigos (só em seu corpo permanente) e já some mais de uma centena de emendas em três décadas de vigência.

Essa lógica é reforçada pela constatação de que, além do extenso rol de limitações ao poder de tributar inscritos na Constituição, também se constata excessivo grau de detalhamento de competências tributárias no mesmo texto magno. Em contraponto, não se defende em si o esvaziamento do sistema tributário da Constituição, mas a manutenção, tão somente, das diretrizes essencialmente necessárias à preservação do sistema, como os limiares básicos à coibição de abusos e à garantia da autonomia federativa. Recusa-se, também, flexibilização que esbarre na legalidade: não se faz necessário recorrer a esse extremo para retirar a carga de estagnação que advém da inscrição de tantas normas na Lei Maior, com o mais rigoroso quórum de atualização (três quintos dos votos, em dois turnos, nas duas Casas Legislativas).

Em suma, a tributação do futuro exige uma Constituição mais enxuta ao lado de um código tributário mais extenso, que concentre as definições dos pilares de um novo sistema, a fim de proporcionar maior agilidade e flexibilidade para ajustar o sistema tributário à nova e imparável realidade da economia e da sociedade. Impreterivelmente, um novo e verdadeiro sistema terá de ser construído, materializando mais do que uma reforma da tributação sobre o consumo – que tanto se deseja e promete no Brasil –, mas, idealmente, com um movimento de desconstitucionalização e reorganização das instituições, pela concepção de novo e consistente modelo, com maior capacidade adaptativa. Eis algo mais válido para nos inspirarmos na experiência estrangeira: lipoaspiração constitucional.

Em uma democracia ainda recente e em uma federação em que governos não pactuam, é compreensível a desconfiança na lipoaspiração da matéria tributária no texto constitucional (como neste defendida).

Por outro lado, também é inquestionável a necessidade de rever sensivelmente a forma tradicional de cobrar tributos na economia brasileira, como em qualquer outra mundo afora. De pouco adiantará a Constituição assegurar conquistas e direitos – individuais e coletivos – se o poder público não for capaz de financiar e, por conseguinte, não puder prestar de forma suficiente e adequada os serviços públicos básicos.

É hora de aproveitar o ímpeto reformista que impera no cenário político para ir além do que já está sendo repensando mundo afora, mas para projetar o futuro de maneira verdadeiramente disruptiva. Mais importante em um cenário de incertezas não é acertar em um sistema ideal (até porque esse ou nunca existirá, ou também, eventualmente, se tornará defasado), mas ter flexibilidade suficiente para (tempestiva e eficientemente) introjetar as mudanças necessárias à manutenção da ordem estatal justa e democrática.

10. Impactos da Revolução Digital na Tributação: uma Primeira Revisão Bibliográfica

José Roberto R. Afonso
Thaís Ardeo
Bernardo Motta

Introdução

O impacto das novas tecnologias na economia é profundo e suas consequências ainda não são exatamente claras. A sociedade e a economia estão em um constante e intenso processo de transformação em função do surgimento e combinação de diversas novas tecnologias e inovações. Ao sermos empurrados para esses novos cenários, somos forçados a vivenciar e interagir com essa nova realidade. O ritmo desse ciclo, no entanto, está cada vez mais reduzido e antes que tenhamos tempo de nos adaptar e dar início a um relacionamento mais adequado com eles, os cenários mudam novamente. Uma sensação viralizada e angustiante do nosso próprio, rápido e inevitável obsoletismo.

Apesar de ter uma presença cada vez maior em diferentes esferas da sociedade, as novas tecnologias e inovações ainda carregam com si um certo caráter místico. Como se fosse uma religião, muitos se comportam como fiéis fervorosos, que, ao contrário de São Tomé, não precisam ver (ou entender) para crer. Expressões particulares como inteligência artificial, robótica, impressoras 3D, big data, internet das coisas, computação na nuvem, blockchain, criptomoedas etc. são amplamente utilizadas, mas, por diversas vezes de forma incorreta.

Os sistemas tributários, por sua vez, também não passarão ilesos por essa onda transformações, e é desejável que não passem. É necessário que a forma de tributar se adapte a esse novo contexto de complexidade. Caso as leis tributárias não se alteram, a arrecadação do sistema será cada vez menor. Há uma recente e incipiente literatura econômica internacional abordando a natureza dessas mudanças, buscando entender as alternativas viáveis e tentando prever as suas consequências econômicas.

O objetivo deste trabalho é levantar e revisitar as primeiras análises que trataram desse tema, sob uma ótica econômica. Há tempos as mudanças tecnológicas já afetam os sistemas tributários, o desempenho e a estrutura de sua arrecadação. Mais do que entender como a mudança de paradigma tecnológico leva a uma queda da receita tributária, é preciso ir além e descobrir formas de utilizar as novas tecnologias para reverter esse movimento. Tal como uma vacina que utiliza o próprio agente patogénico para nos defender do mesmo.

Nesse sentido, propõe-se traçar uma revisão bibliográfica das primeiras reflexões acerca das mudanças tributárias que se tornaram necessárias em função da revolução digital, tipicamente aquelas publicadas e referentes à primeira década deste século.

Não serão tratadas as mais recentes iniciativas de projetos de reformas ou de criação de novos impostos sobre negócios digitais, sobretudo na Europa, bem como propostas em discussão na OCDE ou outros organismos multilaterais. Estas são iniciativas da segunda metade desta década e fogem do escopo de trabalho proposto.

1. Revolução Tecnológica

É ponto inequívoco que estamos passando por uma revolução digital de alcance global e com profundas implicações socioeconômicas. Essa transformação tem origem em avanços tecnológicos produzidos na terceira revolução industrial, como os computadores pessoais, a internet, fibra ótica e os smartphones. São essas tecnologias que dão base para o desenvolvimento da quarta fase da revolução industrial. Ainda não é consenso se já estamos vivendo essa nova etapa ou se ainda nos encontramos em um momento de transição, no entanto, é certo que ela virá e que será caracterizada pela atenuação das fronteiras entre as esferas físicas, digital e biológica. Assim como se deu nas fases anteriores, a quarta revolução industrial implicará em novas formas de organização social e na adoção de novos modelos de produção e consumo. Nesse sentido, essa revolução altera drasticamente nossas vidas, especificamente no que se refere ao modo como nos relacionamos entre si e com o meio ambiente, alterando as antigas dinâmicas de arrecadação e alocação de recursos.

Um dos estudiosos dedicados a refletir sobre as consequências dessa revolução é Max Tegmark, professor do MIT, que, em uma entrevista feita à revista El País, destacou que: "Nossa estratégia habitual consistia em aprender com nossos erros. Inventamos o fogo, pisamos na bola umas quantas vezes, e depois inventamos o extintor; inventamos o carro, voltamos a pisar na bola várias vezes, e inventamos o cinto de segurança e o airbag. Mas com uma tecnologia tão poderosa como as armas atômicas e a inteligência artificial sobre-humana não vamos poder aprender com nossos erros. Precisamos ser proativos."[14]

Schwab, por sua vez, sustenta que a nova era das máquinas é "caracterizada por uma internet mais ubíqua e móvel, por sensores menores e mais poderosos que se tornam mais baratos e pela inteligência artificial e aprendizagem automática (ou aprendizado de máquina) " (SCHWAB, 2016, p. 16). Segundo a OCDE, ao menos quatro características definem o que se convencionou chamar de "economia digital": (1) a acentuada dependência de intangíveis; (2) o uso maciço de dados, especialmente os de caráter pessoal dos usuários e consumidores; (3) a frequente adoção de modelos de negócios multilaterais; e (4) a dificuldade de determinar a jurisdição na qual a criação de valor ocorre, notadamente em razão da marcante mobilidade dos ativos e "estabelecimentos" (OECD, 2015, p. 16).

A economia compartilhada e das plataformas digitais expande-se, e seu tamanho ainda não está devidamente mensurado. Além das vantagens fiscais, outros fatores parecem contribuir para esse crescimento, como o emprego de ativos, muitas vezes, subutilizados em poder de particulares – como no caso dos aplicativos de locação de imóveis ou de transporte – bem como a utilização de demanda ainda reprimida por

---

[14] Entrevista completa disponível em: https://bit.ly/2QqkYdi.

diferentes padrões de trabalho (em tempo parcial, temporário ou adicional) ainda pouco explorados.

Do ponto de vista do consumidor, a praticidade do uso, o baixo custo e a facilidade e velocidade busca, aquisição e pagamento eletrônicos certamente são peças importantes desse quadro (OCDE, 2019, p. 11). Hoje, as cinco marcas mais valiosas do mundo pertencem a empresas de tecnologia: as gigantes Apple, Google, Microsoft, Facebook e Amazon, segundo a revista americana FORBES.

Dentre as mudanças tecnológicas em curso, vale pontuar brevemente a conceituação de uma delas. A Inteligência Artificial (IA) é um ramo de pesquisa da Ciência da Computação que se ocupa em desenvolver mecanismos e dispositivos tecnológicos que possam simular o raciocínio humano, ou seja, a inteligência que é característica dos seres humanos.

A Inteligência Artificial atual é conhecida como IA periférica ou fraca (narrow or weak AI). É desenvolvida para certos objetivos específicos, como dirigir, reconhecimento facial ou pesquisas na internet.

Porém, no longo prazo, a meta de muitos pesquisadores é criar a IA geral – ou IA forte ou superinteligência (general AI, AGI, Strong AI or superintelligence). Enquanto a IA periférica pode superar os humanos quando se trata de algum trabalho específico, como um jogo de xadrez ou em resolver uma equação, a IA geral irá performar melhor que os humanos em praticamente todos os trabalhos que exigirão capacidade cognitiva.

É interessante sintetizar os fatos e mitos no que diz respeito à inteligência artificial no quadro a seguir[15].

Mitos	Fatos
Superinteligência será inevitável já em 2100 ou a superinteligência será impossível já em 2100.	A Superinteligência pode ocorrer em décadas, séculos ou nunca, os próprios pesquisadores da área discordam, e nós simplesmente não sabemos.
Apenas Luddites tem preocupações com a AI.	Muitos pesquisadores de ponta de AI têm suas preocupações

15 Resumo retirado da matéria: "Benefits & risks of artificial intelligence". Acesso disponível em: https://bit.ly/2Qo8yCN.

AI pode se tornar do mal ou AI pode se tornar consciente	AI pode se tornar competente e com metas desalinhadas com as nossas
Robôs são a nossa principal preocupação	Metas desalinhadas são nossa principal preocupação, não é necessário ter um corpo, basta estar conectado à internet
AI não pode controlar os humanos	Inteligência proporciona controle: nós somos capazes de controlar os tigres porque somos mais inteligentes.
Máquinas não podem ter metas	As máquinas podem ter metas, por exemplo as metas dos foguetes era buscar o calor
A AI chegará daqui a poucos anos.	A AI demorará, no mínimo, décadas para se tornar realidade, mas talvez seja necessário esse mesmo período de tempo para torná-la segura.

São várias as repercussões da tecnologia nas relações econômicas e sociais. Os novos tipos de negócio e a substancial alteração da natureza do trabalho e das formas de realizá-lo tendem a interferir radicalmente nesse quadro, a ponto de se poder afirmar que trabalho já não mais será tomado necessariamente como "emprego com carteira assinada", assim como o trabalho por conta própria também não significará necessariamente informalidade.

As novas tecnologias repercutem profundamente na relação entre capital e trabalho. A primeira e mais óbvia maneira de enxergar o tema é enfatizar os impactos negativos da automação, isto é, o efeito de substituição que a tecnologia digital provoca sobre diferentes profissões e atividades econômicas, normalmente por meio da robótica, inteligência artificial e internet das coisas. É inegável que a automação representa uma ameaça crescente para grande parcela das ocupações profissionais de hoje, que em breve podem acabar suplantadas por robôs ou programas de computador.

Faz-se necessário, portanto, que encaremos as questões concretas que surgem a partir dessa revolução. Além de temas como a gestão da desigualdade gerada pela automação do trabalho, é preciso que haja um movimento mais amplo em torno de um esforço filosófico considerável, que defina aquilo que é razoavelmente bom para toda a humanidade, para que possamos transmitir e reproduzir isso nas máquinas.

2. Aspectos Tributários Mais Abrangentes

A iminente queda na arrecadação e o crescimento notável da desigualdade social, tornam inadiável a avaliação e constante reavaliação da nossa estrutura tributária. De maneira geral, tal avaliação gira entorno de três grandes eixos: i. como a legislação tributária reage à mudança de paradigmas tecnológicos? ii. como a mesma legislação provoca mudanças tecnológicas? iii. como preservar os interesses tradicionais (ex. a arrecadação de receitas) à luz da mudança tecnológica?

Esses questionamentos compreendem diferentes facetas de um mesmo problema. Como é o caso da preocupação de que a interação entre a mudança tecnológica e a legislação pode ter um impacto substancial nos indivíduos, nas comunidades. Já os interesses nacionais podem diferir do uso pretendido pela tecnologia (por exemplo, mecanismos automáticos de cobrança de impostos podem prejudicar a privacidade dos contribuintes).

Dentre um dos possíveis caminhos alternativos que tem sido levantado, está a idea do destination-based cash flow tax – DBCFT, ou "imposto sobre o fluxo de caixa com base no destino". Essa proposta foi debatida recentemente pelo partido Republicano nos Estados Unidos, para substituir o corporate income tax. O novo imposto teria como características básicas:

1. Territorialidade estrita: Receitas de exportação são isentas, importações são tributadas. Despesas e receitas realizadas no exterior não são levadas em conta. Despesas e receitas financeiras só são consideradas em operações internas.
2. Tributação baseada em fluxo de caixa: Receitas são tributadas quando recebidas, despesas são deduzidas quando pagas. Empréstimos recebidos são tributados, aplicações financeiras são dedutíveis.
3. Depreciação instantânea: Bens tangíveis (instalações, equipamento, estoque de mercadorias) são dedutíveis imediatamente quando adquiridos no país. São abandonados os métodos de depreciação.

Uma alternativa mais ousada é a proposta de Posner e Weyl (2018), que defende um tributo sobre a riqueza com alíquota de aproximadamente 7%, em que as pessoas precificam seus ativos, e devem estar dispostas a vende-los se receberem uma oferta nesse valor autodefinido. Este imposto financiaria um sistema de dividendo social, com o objeto de reduzir as desigualdades.

Até aqui destacamos os aspectos potencialmente ameaçadores para a arrecadação tributária, no entanto, é possível encarar a revolução digital como uma oportunidade, em especial no que se refere à utilização das novas tecnologias para melhor o desempenho da administração fiscal.

Em post recente no site do Centro Interamericano de Administraciones Tributarias, Raul Zambrano diretor de Assistência Técnica e Tecnologia da instituição, chamou a atenção para a possibildade da utilização de robôs nas administrações tributárias, destacando que algumas já estão testando chatbots para assistência. Em sua opinião, o robô "estará lá para nos ajudar a liderar a administração, fazendo muitas coisas, interagindo com muitos contribuintes, dando tempo aos seres humanos, não para hibernar, mas para cuidar das coisas difíceis e raras que exigem reflexão."

Cockfield (2016) também destaca a responsabilidade dos governos de explorar as novas tecnologias como ferramentas para o cumprimento das leis tributárias,

> "Por exemplo, os sistemas de cobrança automática de impostos podem incentivar maior conformidade e levar a maiores receitas tributárias. Da mesma forma, os governos precisam permanecer sensíveis ao impacto social e político da tecnologia sobre indivíduos e comunidades para proteger, entre outras coisas, a ameaça à privacidade dos contribuintes apresentada por esses sistemas de cobrança."

3. Imposto sobre robôs

Tão logo ficou claro que a automação provocaria uma importante destruição de emprego cresceram ideias para atenuar o seu impacto e para tentar de alguma forma penalizar quem e o que causa tal efeito negativo. Esse é o espírito geral que cerca a ideia da tributação sobre robôs. Começou a ser defendida por especialistas da área de robótica e chegou a ser discutido no parlamento europeu e em debates eleitorais de países ricos.

O termo que ficou mais famoso é o de Robot Tax. A ideia era que robôs devem pagar imposto de renda para reduzir o impacto negativo que poderiam gerar sobre os locais de trabalho e sobre os empregos humanos.

Os recursos arrecadados poderiam ser utilizados em favor da mão de obra que antes fazia trabalho repetitivos e realocá-la em funções que são necessitam de empatia social, como cuidar de idosos, ou dar aulas para turmas menores de crianças. Essas atividades onde empatia e entendimento humano ainda são muito necessários e insubstituíveis e ainda lidamos com uma imensa escassez de pessoas tendo essas ocupações. A expectativa era que a realocação dos recursos geraria um maior benefício social.

Especificamente, a proposta ficou mais conhecida depois que passou a ser defendida por Bill Gates[16], como um tributo sobre a utilização e a propriedade de um robô. Não se precisou os contornos do tal tributo, mas o empresário aventou que fosse baseada nos impostos antes recolhidos pelo trabalhador que ocupava a função a ser substituída pelo robô. A cobrança deveria ser na forma lump-sum, no momento em que ele substitui um empregado por um robô. Gates reconhecia que poderia haver melhores formas de cobrança, ele foca em destacar a necessidade de cobrar. A arrecadação a ser angariada deveria ser utilizada para financiar o investimento em capacitação dessa mão-de-obra ociosa e para uma espécie de Renda Básica Universal.

A proposta do Robot Tax logo esbarrou em críticas. Foram alegadas algumas dificuldades práticas. Existem máquinas operadas por robôs que nunca foram operadas por seres humanos, logo não haveria renda humana anterior para atuar como salário de referência para o cálculo dos impostos que esses robôs devem pagar. É fácil pensar em um empregado saindo e um robô entrando, mas na prática não ocorre assim. Alguns robôs substituem o trabalho humano sim, mas muitos trabalham com funções que, apesar de úteis, não eram exercidas anteriormente.

É difícil filosoficamente justificar forçar o empresário a pagar um "imposto de renda" por um robô e não por suas máquinas. Essa distinção, na prática, não é clara. A taxação apenas incentivaria os produtores de robôs a empacotar inteligência artificial dentro de outras máquinas, se aproveitando assim, da distinção nebulosa entre robôs e máquinas. É difícil imaginar a existência de um imposto de vendas do robô sem que haja um imposto generalizado sob vendas de capital, o que diminuiria drasticamente a produtividade e a competitividade.

---

[16] O bilionário americano defendeu a ideia em 2017, em uma entrevista para a Quartz. Acesso disponível em: https://bit.ly/2CXEQMJ.

Em um artigo de opinião[17], Robert J. Shiller, prêmio Nobel de economia em 2013 afirmou que,

"Um imposto moderado sobre robôs, mesmo um imposto temporário que simplesmente desacelere a adoção de tecnologia prejudicial, parece um componente natural de uma política concebida para enfrentar a desigualdade crescente. A arrecadação poderia ser direcionada para o seguro-salário [destinado aos que foram obrigados a trabalhar por salários mais baixos], a fim de ajudar pessoas substituídas por novas tecnologias a fazerem a transição para uma outra carreira"

Alguns alegam que o imposto sobre robô se assemelharia aos atuais impostos cobrados sobre propriedade de veículos automotivos[18]. Isso poderia solucionar a crítica à forma de cobrar o novo imposto porque o valor devido passaria a ser uma porcentagem do valor de mercado do robô, assim como ocorre com os carros. Se teria a vantagem da simplicidade, por outro lado, se contrapôs que tal forma de taxação não teria qualquer vínculo com o tributo que seria recolhido pelo trabalhador desligado da empresa por causa da aquisição do robô. Poderiam ser taxados até aquelas máquinas que não necessariamente desempregassem diretamente alguém.

Conclusões

Ainda que a discussão esteja em curso, e não haja soluções e caminhos definido é possível destacar alguns princípios norteadores do debate futuro. De maneira geral, será preciso adotar leis tributárias mais simplificadas, mais amplas e mais integradas internacionalmente.

Será essencial taxar aquilo que não se capta com variáveis físicas, mas que representa valor – denominado na literatura estrangeira de "reconhecimento tributário do capital intelectual. Essa tributação do intangível engloba desde, de conhecimento e habilidades a diets e bens incorpóreos, como o espectro eletromagnético.

É necessário também que os governos cada vez mais entendem que se por um lado a transformação digital representa uma ameaça ao

---

[17] Acesso disponível em: https://bit.ly/2qlybJL.
[18] Leis tributárias, especialmente os referentes à propriedade de automóvel. Disponível em: https://bit.ly/35Bh8BP.

nível de arrecadação, ela também possibilita novas forma de atuação das administrações tributária, permitindo maior eficiência no processo de arrecadação. Pois como destaca Schwab (2016),

"Em última análise, a capacidade de adaptação dos governos irá determinar sua sobrevivência. Eles resistirão se abraçarem um mundo de mudanças exponencialmente disruptivas e se submeterem suas estruturas aos níveis de transparência e eficiência que podem ajudá-los a manter suas vantagens competitivas."

O debate é atual e repleto de controvérsias e, ainda que não admitam, há muitas dúvidas permeando os discursos, independente do ponto de vista sobre o tema. O que não há dúvidas é sobre a relevância e urgência em debatê-lo seriamente e profundamente. Quanto mais unirmos sociólogos, programadores e a população em geral, menos deixaremos o futuro da arrecadação pública e dos empregos e da sociedade nas mãos do acaso.

Referências

COCKFIELD, Arthur J. *Tax Law and Technology Change*. Oxford Handbook of the Law and Regulation of Technology (University of Oxford Press, 2017 Forthcoming), 2016.

Confederação Nacional da Indústria. "*Indústria 4.0: novo desafio para a indústria brasileira*" Disponível em: http://www.portaldaindustria.com.br/agenciacni/noticias/2016/05/pesquisa-inedita-da-cni-mostra-cenario-da-industria-4-0-no-brasil/

FINANCIAL TIMES, *Bill Gates calls for income tax on robots*. FINANCIAL TIMES. 2017. Disponível: https://www.ft.com/content/d04a89c2-f6c8-11e6-9516-2d969e-0d3b65Acesso em: 6º de novembro de 2019.

FORBES.*The World's Most Valuable Brands 2018*. FORBES. 2018. Disponível em: https://www.forbes.com/sites/kurtbadenhausen/2018/05/23/the-worlds-most-valuable-brands-2018/#30452d7a610c Acesso em: 6º de novembro de 2019.

OCDE. *Eletronic Commerce: taxation Framework Conditions*. OECD. 1998. Disponível em: https://www.oecd.org/ctp/consumption/1923256.pdf. Acesso em: 16º de novembro de 2019.

OECD. Organisation for Economic Co-operation and Development.Addressing the Tax Challenges of the Digital Economy, *Action 1 – 2015 Final Report, OECD/G20*. Base Erosion and Profit Shifting Project. Paris: OECD Publishing, 2015.

POSNER, Eric A.; WEYL, E. Glen. *Radical markets*: Uprooting capitalism and democracy for a just society. Princeton University Press, 2018.

SCHWAB, K. (2016). *A quarta revolução industrial*. São Paulo: Edipro.

Gestão

11. LA FACTURA ELECTRÓNICA EN AMÉRICA LATINA: PROCESO Y DESAFIOS
12. OS LIMITES DA FISCALIZAÇÃO TRIBUTÁRIA SOB A ÓTICA DAS NOVAS TECNOLOGIAS: O DESAFIO DO USO DOS ALGORITMOS
13. ECONOMIA DIGITAL E IVA EM PAÍSES FEDERATIVOS: OS DESAFIOS DO CASO CANADENSE
14. CONCEITO DE SERVIÇO COMO "OBRIGAÇÃO DE FAZER" E SEUS REFLEXOS PARA A REFORMA TRIBUTÁRIA E ECONOMIA DIGITAL

11. La Factura Electrónica en América Latina: Proceso y Desafíos[1]

Alberto Barreix
Raul Zambrano

Introducción

La factura electrónica fiscal[2] (FE) es uno de los aportes de América Latina a la fiscalidad internacional en apoyo a la lucha contra la evasión, al esfuerzo global de transparencia tributaria, y a la digitalización de las administraciones tributarias (AATT). Fue el fruto del esfuerzo innovador de las AATT más avanzadas de la región, en especial, las que comenzaron su proceso de modernización durante la década de los 90 bajo el impulso de las ideas propuestas del Consenso de Washington y la influencia del *"reinventing government"* (Osborne y Gaebler, 1993) para la gestión pública, que postulaba un servicio focalizado en la misión y el

---

[1] Los autores del capítulo agradecen la colaboración de Luis Fernando Corrales (BID); a Daniel Álvarez (Banco Mundial) y Horacio Castagnola (AFIP) por su valiosa revisión; a Iván Beltrán, Marcelo Costa (AFIP), Juan Carlos García (DGI) y Jerónimo Roca (DGII) por los aportes a este documento; y por último, a Beatriz Abizanda (BID) por la edición del mismo.
[2] Dentro de este texto, entenderemos como factura electrónica fiscal a la factura electrónica que no solo tiene validez para todos los fines fiscales, sino que además son en su totalidad recibidas por la AT.

ciudadano y bajo criterios de eficiencia basados en resultados.[3] El otro factor clave que explica la modernización de las AATT fue el imperativo de mejorar la eficiencia recaudatoria de los gobiernos de la región, para compensar los desequilibrios causados por las crisis financiero-fiscales.

Inicialmente, la FE fue concebida como un instrumento de control documental del proceso de facturación, tanto para evitar la omisión de ventas como para la inclusión de compras falsas. El concepto original se fue extendiendo a otras áreas de control tributario, por ejemplo, la nómina salarial, mercadería en tránsito y nuevos servicios, como el caso del *factoring*. De alguna manera, la FE puede considerarse el inicio del proceso de digitalización de la administración tributaria (AT) en sentido amplio.

La FE también puede considerarse como un instrumento de la tercera revolución industrial (computación, internet y telecomunicaciones; Schwab, 2016) basada en la generación y difusión de datos. Muy probablemente, la FE será la punta de lanza de avance de la digitalización de otros tributos, como el uso generalizado de la nómina electrónica, y como nuevo instrumento de control del incumplimiento vía análisis de riesgo. Tanto así, que existe evidencia para América Latina que la FE mejora la recaudación. Por ejemplo, en este capítulo se resumen cinco evaluaciones del impacto[4] de la FE, mostrando efectos positivos en la recaudación en los cinco casos estudiados: los resultados muestran un efecto diferencial positivo en el pago y declaraciones de IVA[5] desde su implementación en países con características diferentes tanto en su estructura y momento del ciclo económico como en su legislación y AT.

Adicionalmente, la FE va a cambiar la relación con el contribuyente, el sector privado en general y el propio sector público. Por un lado, la FE permite ofrecer servicios adicionales al contribuyente y así se aleja un poco de la lógica tradicional de control y represión. Por ejemplo, el *factoring*, el control del tránsito de mercaderías o la divulgación de

---

[3] El Consenso de Washington instó el proceso de modernización de las AATT pero su énfasis se enmarcaba en una lógica macro-fiscal (recaudación) y de apertura económica. Sin embargo, es justo reconocer la importante influencia y avances impulsados por el concepto de *"reinventing government"* y sus nuevos paradigmas de servicio en la administración pública.
[4] En adición, se incluye un capítulo en el libro que analiza en detalle las evaluaciones realizadas. Las mismas se encuentran disponibles los estudios individuales en la web.
[5] En el caso mexicano también se evaluó el impacto en el impuesto a la renta empresarial.

precios de ciertos bienes constituyen una mejora en el acceso, la eficiencia y la claridad de los diferentes mercados. Todo ello ayudará al sector público, como se verá, a mejorar su función reguladora para asegurar la efectiva competencia en los mercados y a transparentar los precios de contrataciones públicas de servicios. Pero, además, la implantación de la FE también puede incluir un mecanismo novedoso de colaboración del sector privado. Un ejemplo de ello es el caso mexicano que requirió de un trabajo conjunto con las empresas de infraestructura tecnológica, para asegurar el funcionamiento eficaz de la FE. En definitiva, la FE y estos innovativos servicios cambiarán la relación de la administración tributaria (AT) de controladora del cumplimiento fiscal del contribuyente a proveedora de servicios al mismo, y al propio sector público en una interacción más flexible.

Poder implementar eficazmente la FE y optimizar su potencialidad en usos innovadores será un verdadero desafío para las AATT que requerirá que adapten: su misión, sus facultades, su organización, sus procesos, su dotación tecnológica, pero, sobre todo, el perfil y la capacidad de sus recursos humanos. Y quizás también, su nuevo potencial de generación de información y su capacidad incrementada de control del comportamiento puedan influir en la creación de nuevos diseños de política tributaria.

El siglo XXI ha sido testigo de este esfuerzo modernizador que inicia en Chile en 2003 y que, a mediados de 2017, cuenta con otras experiencias avanzadas en Argentina, Brasil, Ecuador, México, Perú y Uruguay. Existen proyectos en proceso en varios países de la región, entre ellos, Costa Rica, Colombia, Guatemala, Panamá y Paraguay, y se ha manifestado la intención de desarrollar sistemas nacionales en El Salvador, Honduras, la República Dominicana y Venezuela. Inclusive, algunos países del sudeste asiático, en particular Corea[6], están considerando el

---

[6] Corea desde fines del siglo pasado ha impulsado el pago y declaración tributaria por internet, el uso de medios de pago electrónicos y la emisión de facturas electrónicas entre empresas y consumidores finales, e inclusive en el pago de salarios. Luego de considerar que la opción de la facturación electrónica no era efectiva, la volvió obligatoria en desde 2009. En 2011 se incluyeron todas las empresas corporativas y en 2014 ya ingresaron todas las empresas que facturen más de US$250 mil, alcanzándose una cobertura de aproximadamente 500 mil empresas. Singapur permite el uso de la facturación electrónica desde 2003 entre contribuyentes siempre que soliciten la autorización a la administración y cumplan con los

establecimiento de la FE fiscal. En tanto, en varios países de la Unión Europea existe desde principios de los 2000 la facturación electrónica en el sector privado como Alemania, Austria, Francia y el Reino Unido. En algunos países europeos se está en proceso de requerir el uso de la FE solo para todas las transacciones con el sector público, en particular, Dinamarca donde es obligatorio desde 2005, Finlandia e Italia que obligará el uso de factura electrónica para las operaciones B2B a partir de 2019. Por su parte, existen proyectos en países africanos como Kenia y Angola, ambos miembros del CIAT.

Este capítulo caracterizará los hechos estilizados de la FE y su experiencia en América Latina. En una primera parte, se explicará en qué consiste la FE y su relación con los estándares de transparencia, describiéndose además cómo esta idea, originada en Latinoamérica, ha llegado a convertirse en una herramienta global con gran potencial para el combate a la evasión. La segunda sección se enfocará en describir las condiciones previas para la implementación de un sistema robusto de FE y los modelos operativos existentes. Tras esta sección, se describirán las ventajas y desafíos de la implementación de la FE, tanto desde el punto de vista de las AATT como del resto de agentes económicos, seguido por un cuadro comparativo las características de los países que han implementado la FE sistematizadas en el libro. Seguido se resumen las evaluaciones del impacto que ha tenido esta herramienta en la recaudación en cinco jurisdicciones. El capítulo finaliza con unas reflexiones a modo de conclusión sobre el proceso de la FE.

1. ¿Qué es la FE?

La descripción más simple de lo que se entiende por factura electrónica viene dada por su propio nombre. Es una factura que existe electrónicamente y que cumple, en todas las situaciones y ante todos los actores, los mismos propósitos que una factura en papel, tanto para los emisores y receptores, como para terceros interesados; dicho de otra forma, es

---

requisitos de legislación del IVA y desde noviembre de 2008 requieren que la FE en la venta de bienes y servicios al gobierno (Lee, 2016). Taiwán desde 2011 ha vuelto obligatorio para todas las empresas que emitan facturación electrónica deban utilizar la plataforma establecido por Ministerio de Finanzas y, por ende, a transmitiendo toda la información a esta base de datos estatal (Chen et al, 2014).

un documento que registra operaciones comerciales de una entidad en forma electrónica, cumpliendo los principios de autenticidad, integridad y legibilidad en todas las situaciones que aplique y ante todos los actores del proceso, en los ámbitos comercial, civil, financiero, logístico y, ciertamente, tributario.

La característica de ser electrónica añade algunas condiciones propias de la digitalización de documentos. Entre estas, que los documentos pueden ser almacenados y transmitidos por medios electrónicos, que no existen diferencias entre originales y copias, ya que son idénticas, y que existe un conjunto de reglas y procesos definidos que permiten interpretar esa estructura de datos como la documentación de una transacción.

Los sistemas de FE latinoamericanos coinciden en ciertas características, aunque al mismo tiempo mantienen diferencias importantes, de tal forma que no hay dos implementaciones iguales de FE. Los puntos en común que caracterizan estos sistemas son:

1.1. La existencia de un formato estándar

Cada jurisdicción define un único formato para ser utilizado por todos sus contribuyentes emisores, cuya estructura está regulada por la AT. Esta característica es fundamental ya que, dentro del territorio nacional, viabiliza que todos los contribuyentes puedan emitir y recibir facturas con el mismo formato y bajo el mismo modelo operativo; ello evita que el documento electrónico sea viable solo para grupos pequeños de contribuyentes, o que grupos de contribuyentes impongan formatos a los demás usuarios del sistema.

1.2. La administración tributaria tiene todos los documentos

Esta característica genera a la vez enormes potencialidades y desafíos para la administración. El solo almacenamiento de todos los documentos se torna un reto, cualquier procesamiento de los mismos demanda una capacidad de cómputo muy superior a la que una administración determinada habría tenido antes de la implantación del sistema. Cuando el sistema esté plenamente implantado (masificación), número de facturas electrónicas que la administración tributaria (AT) recibirá y procesará en unos pocos días, será significativamente mayor al número de declaraciones y archivos de información de terceros recibidos en un año.

Las características del modelo operativo, que requiere la toma decisiones que van desde la autorización previa, al uso de terceros como auxiliares de la administración, condicionan y determinan el esfuerzo que se requerirá para una implementación apropiada, tanto en las inversiones iniciales como en el crecimiento continuo de las capacidades de almacenamiento y procesamiento.

Y es que las potencialidades de la FE para la administración son extraordinarias y se presentan tanto en las áreas de control tributario como en las de servicios. En cuanto al control, resulta obvio que la simple acumulación de débitos para un contribuyente en las facturas emitidas y de créditos en las facturas recibidas, contrastados con la declaración periódica del impuesto correspondiente, genera una capacidad de control ligada al procesamiento de declaraciones muy superior a cualesquiera de las prácticas de control masivo aplicadas con anterioridad. Procesos como el muestreo de facturas emitidas en etapas de verificación y auditoría se tornan obsoletos cuando se dispone ya en medio electrónico, dentro de los sistemas de la administración, de la totalidad de los documentos. De la misma manera, es claro también que algunos mecanismos de defraudación, como la clonación de facturas (entendiéndose a facturas con el mismo número entregadas a dos compradores distintos por operaciones distintas) se tornan inviables.

Sin embargo, la potencialidad con relación al control va más allá de esa simple sumatoria y comprobación que pasa a ser solo un primer paso. Utilizando técnicas y herramientas estadísticas, analíticas y de inteligencia artificial aplicada, se pueden mejorar los procesos de gestión de riesgo y selección de casos para análisis detallado y auditoría de manera significativa, identificado desde probables errores de datos hasta probables esquemas de defraudación que involucran a grupos relacionados.

1.3. Beneficios del usuario (contribuyente)

La implementación de un sistema nacional de facturación electrónica de carácter generalizado supone ventajas importantes para los contribuyentes, tanto en cuanto a la disminución del costo de cumplimiento, como en la posibilidad de mejorar su eficiencia gracias a la reducción de costos operativos y a las posibilidades de automatización. La disminución de los costos para los contribuyentes que son grandes emisores de facturas viene dada por aspectos como ahorro de papel, espacio físico de almacenamiento de documentos por el tiempo requerido por la norma; y en el ahorro relacionado con el envío físico de documentos a los clientes.

Estos beneficios se extienden a los pequeños y medianos contribuyentes gracias a que las AATT se han asegurado de que existan mecanismos para que puedan participar del sistema con bajos costos, sea con un sistema en línea operado en un sitio de la AT, como en Chile o Argentina; bien, mediante aplicaciones gratuitas que pueden ser descargadas e instaladas por los contribuyentes como en Brasil o Ecuador; o bien asegurando que los terceros autorizados a certificar documentos ofrezcan opciones gratuitas a los contribuyentes, como en México.

Otro importante beneficio para los contribuyentes es la disminución del costo de cumplimiento es la posibilidad de alivianar ciertas obligaciones antes las AATT, por ejemplo, el envío de información a la administración, o inclusive la obligación de llevar libros de compras y ventas. En septiembre 2017, el SII de Chile empieza a generar propuestas de declaraciones prellenadas y ofrece el registro de compras y ventas a una considerable proporción de los contribuyentes del país[7].

Finalmente, cabe destacar que las oportunidades de reducción de costos de transacción para los contribuyentes incluyen la mejora de sus propios procesos, por ejemplo, la mejora del registro contable de cobranza, pagos a proveedores y gestión de inventarios, a la posibilidad incluso de inter-operar con otros contribuyentes.

1.4. Los documentos están firmados digitalmente

Las FE son firmadas y autenticadas para que permitan precisar la autoría del documento, impidan el rechazo del mismo por parte del emisor. Asimismo, incorporan mecanismos que garantizan, para todos los fines prácticos, que el contenido del documento es íntegro y que no presenta alteraciones después del proceso de firma.

En general esto se ha logrado a través de la firma digital del documento electrónico soportado por una plataforma PKI[8], soportada por la

---

[7] En un lapso de cuatro meses (agosto a noviembre de 2017) se presentaron 1,2 millones de declaraciones. Los principales usuarios son las empresas PYMIPE, con un 95% Villalón (2018).
[8] Infraestructura de clave pública.

autoridad nacional de certificación o la propia AT. La aplicación de las capacidades criptográficas asociadas al uso de certificados digitales permite además que el contenido de los documentos esté cifrado durante la transmisión de los mismos, a través de Internet, a la AT.

1.5. Obligatoriedad de uso

Aun cuando se puede considerar una buena práctica introducir un sistema de facturación electrónica con carácter optativo durante un amplio espacio de adhesión voluntaria, la experiencia internacional muestra que estos sistemas solo se consolidan con la obligatoriedad de su uso.

Algunos países han optado ya por obligar al uso de documento electrónico a todos los contribuyentes responsables de impuestos indirectos al consumo, otros han establecido estrategias progresivas para extender el alcance de la misma, por aspectos como actividad o sector económico, volumen de facturación, situación previa de los contribuyentes en relación con la emisión de facturas de papel, total de ventas o ubicación geográfica.

Más allá de las objeciones que se han generado al inicio de los proyectos se puede observar que los contribuyentes han recibido de buena manera la utilización de los sistemas de facturación electrónica, incluso su obligatoriedad.

2. La FE en el contexto de la Transparencia Tributaria y la lucha contra la evasión

Los procesos de cooperación internacional para la transparencia tributaria y la lucha contra la evasión, promovidos por el G20 y liderados por la OCDE se tornaron una prioridad de política tras dos acontecimientos geopolíticos críticos. El primero, los ataques de 11 de septiembre de 2001, que gatillaron del esfuerzo global contra el Lavado de Activos y el Financiamiento del Terrorismo (LA/FT) con el fortalecimiento del Grupo de Acción Financiera[9] (FTAF por su sigla inglés). El segundo

---

[9] En América Latina el Grupo de Acción Financiera de Latinoamérica (GAFILAT) es la entidad regional perteneciente a la red internacional de organismos dedicados a la prevención y al combate del lavado de activos y financiamiento del terrorismo. GAFILAT es una organización intergubernamental de base regional que agrupa a 16 países de América del Sur, Centroamérica y América de Norte.

hito fue el estallido de la crisis financiera del mundo desarrollado occidental y su consecuente crisis fiscal, que impulsó el desarrollo conceptual y la implementación práctica de los estándares de transparencia tributaria y el intercambio de información. Todo ello se implementó para el combate de la evasión y la elusión producto de la planificación fiscal agresiva de grandes empresas multinacionales (proyecto "Erosión de la base imponible y traslado de beneficios", BEPS por su acrónimo en inglés) para trasladar sus beneficios a países de escasa o nula tributación para eludir el pago del impuesto sobre sociedades.

Una de las reacciones inmediatas a la crisis financiera de 2008 fue impulsar un esfuerzo internacional liderado por el G20 (ver Figura 1), para implementar medidas de Transparencia Tributaria (TT). Este intento por mejorar la claridad en los mercados se intensificó tras la crisis fiscal y de deuda soberana de las economías avanzadas. En efecto, el desarrollo de los principios de TT e Intercambio de Información entre jurisdicciones constituyó una de las dos grandes áreas de consenso internacional. La segunda área de consenso fue la coordinación de las ayudas ("*bailouts*") al sistema financiero[10] y a los países por las instituciones multilaterales, pues se tuvieron que toman medidas financieras críticas, que siguen aplicándose, tanto en mercados financieros locales, como abordar la crisis fiscal subsiguiente que aún azota varios países. Estas ayudas han ido evolucionando durante el periodo denominado de la "gran recesión" que está llegando a su fin.

Y es que, efectivamente, la crisis financiera de 2008 cambió el *status quo* de las AATT en todo el mundo. Estos cambios surgieron en los países desarrollados por las necesidades fiscales originadas por la crisis y por la presión de la opinión pública, que reaccionó ante los rescates al sector financiero y la revelación de prácticas de planificación financiera agresiva de (grandes) ahorristas y empresas, algunas de ellas favorecidas por tratamientos especiales de las propias jurisdicciones receptoras.

---

[10] Los EE. UU. y Europa sufrieron una pérdida de ahorros (activos) y un aumento del riesgo país, como consecuencia del desmoronamiento de los mercados financieros. En su conjunto cayeron en el trienio 2007 a 2009. Inclusive, 17 de las 30 mayores instituciones financieras (y de seguros) globales tuvieron que ser asistidas por las autoridades monetarias. La mayor bolsa de valores (*Wall Stree*t) llegó a perder un 40% de su cotización de mercado, cerca de seis billones de dólares, en tanto que tan solo un banco europeo registraba un tercio de esa pérdida en activos personales.

Resulta evidente que los países en desarrollo también han sido favorecidos con este proceso de TT, dados sus mayores niveles de evasión y menor capacidad institucional (organismos recaudadores, reguladores y judiciales) con mucho menor grado de desarrollo y muy limitadas facultades de control.

FIGURA 1. Proceso de Transparencia Internacional Estándares de Foro Global, Acciones de BEPS y Recomendaciones del GAFI

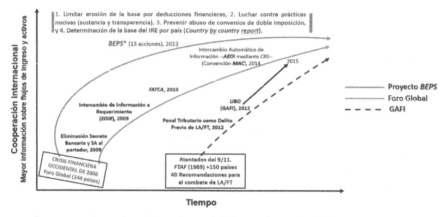

Fuente: Elaboración propia.

En buen romance, la implementación de los estándares de TT, desarrollados en el Foro Global[11], permite completar el conocimiento "externo" de los flujos financieros y el stock de la propiedad. En efecto, el intercambio de información tributaria es regulado por la Convención Multilateral en Asistencia Administrativa Mutua en Tributación (firmada por 114 países a la fecha). La Convención permite la transmisión periódica y sistemática[12] de información no preseleccionada, desde el Estado de la fuente al Estado de residencia, con relación a una serie

---

[11] El Foro Global (FG), integrado por casi 146 jurisdicciones, incluyendo los mayores centros financieros ha completado más de 250 revisiones de los estándares de intercambio a requerimiento en 7 años y ha emitido 121 calificaciones.
[12] En 2014 se adoptó el Estándar Común de Reporte (CRS por su sigla en inglés), que sirve como guía de soporte para las AATT y las instituciones financieras para cumplir con los compromisos y obligaciones derivados del intercambio automático de información.

de categorías preestablecidas de renta: dividendos, intereses, regalías, salarios, pensiones, etc.[13] Adicionalmente, se permite el conocimiento (registro) del último beneficiario de la propiedad[14] (UBO por su sigla en inglés) mediante el cual se conoce el stock de capital tanto de la empresa como de la persona física.

Complementariamente al conocimiento que facilita el intercambio internacional de información tributaria, la FE y sus desarrollos (como veremos más adelante) son herramientas para un mejor conocimiento del sujeto tributario en sus operaciones domésticas, pues quedan bajo control de las instituciones nacionales. En efecto, la FE es un instrumento que le permite a la AT contar con información casi completa del universo de los contribuyentes y de las transacciones realizadas. De esta manera, se puede dar seguimiento a varios eslabones de la cadena de la actividad económica (producción de bienes y servicios) y, por lo tanto, se mejora la efectividad de la fiscalización tributaria, que gracias a la introducción de la FE ha mejorado su capacidad de validar, agregar y contrastar todos los datos disponibles para identificar errores en las declaraciones, registros contables o indicios de defraudación.

Adicionalmente, una de las extensiones (casi naturales) de la FE es la Nómina Electrónica (NE), donde se cuenta con información de los asalariados, que permite transparentar tanto la determinación y el pago de Impuesto de Renta Personal, como las Contribuciones a la Seguridad

---

[13] Se debe conceder un mérito particular a la Ley de Cumplimiento Tributario de las Cuentas Extranjeras (*Foreign Account Tax Compliance Act*, FATCA por su sigla en inglés) de 2010 de los EE. UU. que transformó el panorama internacional del intercambio. Bajo FATCA, las instituciones financieras extranjeras (FFI por su sigla en inglés) deben identificar cuentas de ciudadanos o personas (de interés) estadounidenses y reportar información sobre dichas cuentas al *Internal Revenue Service* (IRS) de manera periódica o automática. La FFI que no accediera a reportar información enfrenta una retención tributaria de 30% sobre ciertos pagos de origen estadounidense efectuados a ellas.

[14] El beneficiario final de la propiedad (BO por su sigla en inglés) es un concepto desarrollado por el Grupo de Acción Financiera Internacional (GAFI) que liga la transparencia fiscal con el proceso para combatir el lavado de dinero y la financiación del terrorismo. Se refiere a la(s) persona(s) natural(es) que finalmente poseen o controlan a un cliente y/o la persona natural en cuyo nombre se realiza una transacción e incluye también a las personas que ejercen el control efectivo final sobre una persona jurídica u otra estructura jurídica. Es decir, lo relevante es quien disfruta los beneficios sin perjuicio que tenga un porcentaje menor de la propiedad o que ese individuo (o grupo de individuos), que directa o indirectamente, tiene el poder de voto o influencia en las decisiones de un activo financiero o una compañía.

Social. Y para completar el círculo de control, el establecimiento de la FE en el comercio exterior ayudaría a resolver desde el "carrusel[15]" europeo a los precios de transferencia. La conjunción de estos tres sistemas, que contendrían los tres pilares (Barreix et al, 2017) de la recaudación a nivel mundial (IVA, renta y contribución a la Seguridad Social), incorporan información vasta y valiosa sobre los contribuyentes.

3. Evolución de la Institucionalidad Tributaria en ALC

La gestión de los tributos ha evolucionado considerablemente desde mediados del siglo pasado; es muy probable que la digitalización acelere ese proceso. Desde la consolidación de los estados nacionales, el tributo dominante eran los aranceles de importación complementados con impuestos a la propiedad inmueble y algunos al consumo de bienes específicos. A la salida de la Segunda Guerra Mundial, en América Latina se comienzan a desarrollar entidades autónomas para la administración de impuestos. Por un lado, para los impuestos específicos al consumo y las transacciones, y separadamente el impuesto de renta. En esta etapa primigenia, que denominamos *por impuesto* en la Figura 2, se consolidan padrones de contribuyentes y primeras formas de recaudación y auditoria de cada tributo.

---

[15] El régimen (transitorio) del IVA en el mercado común europeo desde 1993 establece que los bienes y servicios que son adquiridos por un país miembro para ser transportado hasta otra jurisdicción miembro quedan exentos de IVA en su origen (IVA en suspenso), por lo que algunas empresas se aprovechan de esta exención para comprar y vender productos (reales o ficticios), siendo proveedor de todos ellos una empresa, muchas veces inexistente, que no ingresa el IVA. Inclusive, en algunos casos, este abuso de la operativa intracomunitaria encubre lavado de activos.

FIGURA 2. **Administración Tributaria: institucionalidad en principales hitos, 1950-2017**

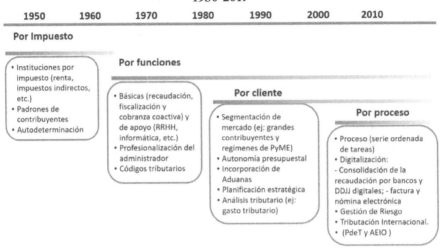

Fuente: Elaboración Propia.

Con la intensificación de la imposición a la renta de empresas, y también la masificación de la renta personal, comienzan a consolidarse las AATT modernas *por funciones* (sustantivas –recaudación, fiscalización, cobranza, etc.– y de apoyo –planificación, informática, etc.–) y la profesionalización de su personal. Este proceso se refuerza con la introducción del IVA en la región desde mediados de los 60. Luego, a partir de la llamada década perdida de las crisis financieras y fiscales en los 80, que hizo imprescindible incrementar la recaudación para servir la deuda contraída y financiar los crecientes presupuestos. Así las AATT comienzan a segmentar su gestión por cliente implantando las unidades de control y cobro expedito para los grandes contribuyentes y regímenes especiales ventajosos para los pequeños. En ese periodo también varios países comienzan a cambiar la institucionalidad al unificarse las AATT con las aduanas, e inclusive en la primera década del siglo XXI en pocos casos (tres países) concentrando el cobro de las contribuciones a la seguridad social. Se aumentan las facultades de la AT, incluyendo la independencia presupuestal de algunas de ellas, y se profundiza la profesionalización de su personal.

Por último, con el avance de la informática y de las telecomunicaciones, se han ido implantando metodologías de gestión tributaria por procesos[16], pero también se han extendido las tercerizaciones de determinadas actividades, por ejemplo, la recaudación por bancos y las declaraciones digitales. A partir de los nuevos procesos que permite el avance tecnológico, la FE y sus extensiones son de los procesos más avanzados, aparecen el desarrollo de nuevas áreas como la gestión de riesgo o prestar de servicios como el *factoring* o la transparencia de los precios ofertados que trataremos más adelante. Obviamente, esta división en el tiempo remarca las características de cada etapa, pero es un proceso concéntrico en el sentido que sigue existiendo la influencia de los impuestos en la organización. Por ejemplo, el sector de auditoria de impuesto a la renta o de devoluciones de IVA, o de las funciones que siguen presentes en los organigramas las unidades de recaudación a nivel internacional como tal o inclusive a nivel descentralizado como las cobranzas en las oficinas regionales o locales.

Esta evolución de las AATT tiene un correlato inherente con los desarrollos de la empresa, en sentido amplio, de la administración científica y del mercadeo (Witzel, 2012). En efecto, en buena parte del mundo occidental, las grandes empresas concentraban su actividad en proveer pocos productos, así como las AATT proveían la gestión de una limitada gama de impuestos. La industria automotriz es un ejemplo de este proceso, donde tras un proceso de concentración industrial en oligopolios productores dominantes hasta mediados del siglo pasado, las grandes empresas, en especial las manufactureras, comenzaron a diversificarse en otros sectores como ser el financiamiento de los bienes fabricados, o la distribución y ventas, todos ellos procesos que fueron cobrando importancia en las estructuras funcionales empresariales (Drucker, 2009). Esta transformación es de alguna forma análogo al proceso de profesionalización y diversificación de las AATT en la región, que en la actualidad se organizan con base en criterios funcionales, y ya no con base en estructuras definidas por tipo de impuesto (directos e indirectos).

Más tarde, sobre el último cuarto del siglo XX, a medida que los mercados se volvieron más abiertos, la segmentación y focalización de la clientela, también de los proveedores, se vuelve crucial como fuente de ventaja competitiva (Armstrong y Kotler, 2016) en forma similar a la

---

[16] Los procesos son definidos como una serie ordenada de tareas para el logro de una meta específica.

diferenciación de contribuyentes que comenzaron a hacen las AATT en la región en los años 80.

Finalmente, desde hace casi dos décadas se inicia, junto con los grandes avances de informática y telecomunicaciones, una gestión deslocalizada por procesos[17] con características de transversalidad y cierta descentralización de la entidad. Inclusive, aprovechando la globalización se han extendido las cadenas de valor asignando operaciones en varios países desde la fabricación de aeronaves a la de vestimenta o de servicios desde los *call centers* a los servicios de computación. En forma similar, pero con jurisdicción nacional, las AT ejecutan con equipos dedicados a un proceso determinado tanto sea, por ejemplos, para el intercambio de información internacional o para a la propia implementación de la FE.

Respecto a la situación de las AATT de América Latina, es evidente su disparidad en términos de niveles de recaudación y su composición (Barreix y Diaz, 2017), así como su diversidad institucional y organizacional. También hay que hacer mención a la desigualdad en la estructura productiva al interior de los países. Hay sectores altamente concentrados y muy sofisticados en sus modos de producción, comercialización y financiamiento con tecnologías de última generación que utilizan servicios de asesoramiento legal y tributario altamente capacitados conviviendo con contribuyentes y/o sectores empresarios de mediana envergadura y otros que están o bordean la informalidad.

Sin embargo, es claro que los indicadores de gestión establecen un rezago de las administraciones centroamericanas y caribeñas (BID-CAPTAC-CIAT, 2013 y CIAT, 2016). También es evidente que la región no se adapta a las variables explicativas tradicionales del nivel de desarrollo de la AT, como lo es el ingreso per cápita, el nivel del gasto público o las características de su comercio internacional.

Considerando válida la evolución de las AATT previamente descrita, las disponibilidades en materia tributaria, cabe preguntarse qué provoca la modernización de las AATT en la región y, consecuentemente, a su adaptación a los avances tecnológicos como la digitalización.

---

[17] Un proceso es definido como como una serie ordenada de tareas para el logro de un producto (o servicio) concreto.

FIGURA 3. Crisis fiscales y Reformas de la Administración Impositiva y Aduanera en Latinoamérica, 1990-2015

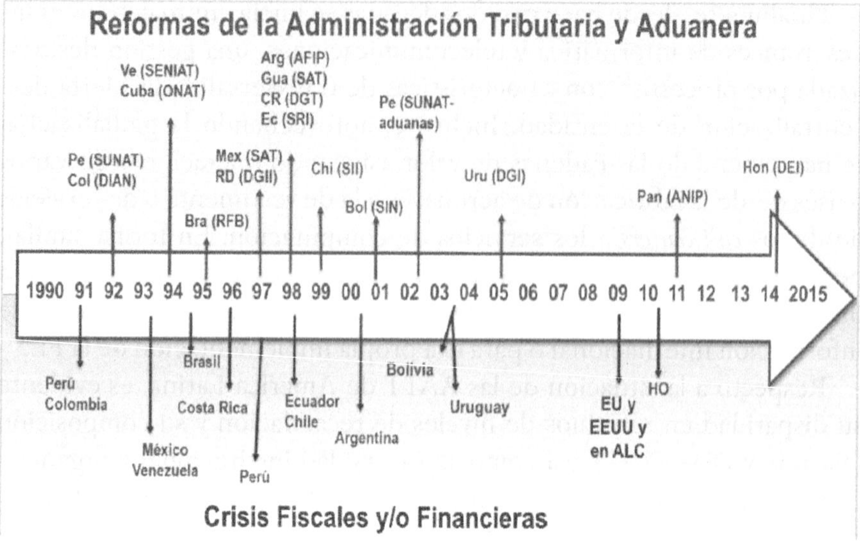

Reformas de la Administración Tributaria y Aduanera

```
            Ve (SENIAT)    Arg (AFIP)
            Cuba (ONAT)    Gua (SAT)
                           CR (DGT)    Pe (SUNAT-
                           Ec (SRI)    aduanas)

   Pe (SUNAT)   Mex (SAT)
   Col (DIAN)   RD (DGII)   Chi (SII)                              Hon (DEI)
                                        Bol (SIN)   Uru (DGI)     Pan (ANIP)
                    Bra (RFB)

   1990 91 92 93 94 95 96 97 98 99 00 01 02 03 04 05 06 07 08 09 10 11 12 13 14 2015

                    Brasil               Bolivia
       Perú                                                    HO
       Colombia                                               EU y
                    Costa Rica   Ecuador    Uruguay           EEUU y
                                 Chile                        en ALC
       México                    Argentina
       Venezuela    Perú
```

Crisis Fiscales y/o Financieras

Fuente: Elaboración propia con la colaboración de M. Pecho (FMI).

De un análisis más simple, basado en la línea de tiempo reciente de las reformas de la administración acompañadas a veces de la política tributaria que se presenta en la Figura 3, se observa que se suceden en muchos casos luego de una gran crisis financiero-fiscal. De ello, puede inferirse que, en la mayoría de los casos de América del Sur, la reforma se debe a la necesidad de mejorar la AT para la supervivencia misma del gobierno (del Estado) que no dispone de crédito externo para financiarse. En cambio, la mayoría de las crisis centroamericanas y caribeñas se abordaron con diferentes formas de salvatajes (*bailout*), probablemente porque privaron razones geopolíticas o de tamaño de las ayudas financieras, que resolvieron la emergencia fiscal sin la necesidad de profesionalizar la AT y sin pagar los costos políticos de obligar a pagar los tributos al electorado. En definitiva, los *bailout* financiados desde el exterior parecen sustituir la voluntad política necesaria para impulsar la modernización de la AT que es la verdadera fuerza que impulsa su mejora, incluyendo la ampliación de sus facultades, su actualización tecnológica y la profesionalización de sus recursos humanos.

4. Condiciones previas para la implementación de la FE

La complejidad de los procesos asociados a la facturación electrónica hace necesario un conjunto mínimo de condiciones que tanto la AT, como la infraestructura tecnológica del país, deben cumplir antes de su puesta en marcha. Si una AT tiene problemas en el procesamiento de las declaraciones de impuestos, o las mismas no son hoy presentadas mayoritariamente a través de la Internet, es poco probable que existan condiciones suficientes para la implementación de un sistema de FE que supera en orden de magnitud la cantidad actual de transacciones manejadas de forma electrónica por la AT.

Sin esas condiciones previas, es probable que el intento y aún la implementación parcial de un sistema de FE perjudique significativamente la capacidad de gestión de la AT, afecte su reputación, disminuya la sensación de riesgo en el contribuyente en relación con el cumplimiento y al final, no aporte ninguno de los beneficios al que aspirarían los contribuyentes. En definitiva, la brecha de gestión puede ampliarse aún más por la brecha digital de la propia AT, afectando al resto de la economía, privándole de nuevos y mejores servicios, como se verá posteriormente.

4.1. Procesos operativos mínimos de la administración tributaria

La AT debe tener operativos y funcionando de manera razonable los siguientes procesos:

- El registro de contribuyentes. Particularmente en lo relativo a las obligaciones de los contribuyentes, en relación tanto a los impuestos a los que está sujeto como a las obligaciones formales. Los problemas de identificación, duplicación de registros, gestión de sucesión y baja permanente, suspensión o anulación de inscripción, y otros elementos relacionados deben operar de manera razonable.
- La recepción y procesamiento de declaraciones electrónicas, particularmente las relacionados con los impuestos al consumo.
- La recepción frecuente y rutinaria de información de terceros por medios electrónicos.
- La presencia de auditores eficaces y una cobranza coactiva efectiva impulsan el cumplimiento voluntario debido a la percepción de riesgo de ser efectivamente sancionados ante un incumplimiento.

4.2. Capacidad tecnológica de la administración tributaria

Es evidente que una AT requiere las capacidades de infraestructura, almacenamiento y comunicaciones necesarias para soportar la cantidad de documentos. Pero, adicionalmente, es deseable que tanto la funcionalidad de los sistemas de información como la inteligencia de negocio asociada al uso de la misma para fines de gestión y control, sean propiedad de la administración. Esto garantizaría que la evolución natural del programa de facturación electrónica no sufra alteraciones de continuidad en función de limitaciones asociadas a los flujos disponibles para contratación de desarrollos informáticos a terceros.

Es evidente que la realidad de países en vías de desarrollo, o con administraciones de tamaño relativamente menor, no tendrían la capacidad de enfrentar estos desarrollos con recursos propios, pero aun en este caso, se debe procurar que la administración defina y determine los objetivos y alcances de los desarrollos contratados o desarrollados por terceros.

4.3. Actitud positiva al cambio y la innovación

La implantación de un sistema nacional de facturación electrónica genera retos derivados del necesario ajuste de procesos, en particular los de fiscalización, además de los retos tecnológicos mencionados. Para que el proceso genere réditos importantes en plazos relativamente cortos es indispensable que los funcionarios de la administración estén anuentes a modificar los nuevos procesos de control.

4.4. Credibilidad de la administración tributaria

Este es claramente un tema sensible. Es poco probable que la sociedad acepte de buen grado que la AT tenga en su poder todas las facturas del país, o la parte más importante de las mismas, si no existe un clima de confianza y credibilidad de la sociedad hacia esa administración. Pareciera indispensable que no existan en el pasado reciente eventos que la desprestigien: en la implementación de sistemas de carácter masivo, en el uso adecuado y no abusivo de las facultades de control y, aún más importante, eventos de corrupción relativamente recurrentes.

4.5. Infraestructura de comunicaciones

La capacidad tecnológica disponible en el país, en particular la relacionada con las comunicaciones y la disponibilidad de Internet, es un aspecto crítico para el despliegue nacional de la FE. Esta disponibilidad se torna aún más crítica si todas las transacciones, incluidas las del consumidor final, se ven sujetas a facturación electrónica pues el sistema entonces deberá estar disponible y operativo en zonas remotas y económicamente menos favorecidas que pueden tener bajos niveles de conectividad y debilidad en la infraestructura de telecomunicaciones.

En otras palabras, una implantación efectiva de la FE que facilite el cumplimiento voluntario requiere ciertas condiciones previas: algunas, relacionadas con la institucionalidad del Estado, como la capacidad instalada de fiscalización de la AT para crecientes volúmenes de transacciones, la velocidad de cobro judicial, o la aplicación efectiva de sanciones. Otros de estos requisitos previos están relacionados con la operatividad de la infraestructura física de comunicaciones. Por ello, es importante recalcar que que el éxito de la facturación electrónica depende de la solidez de la AT y no al contrario causal.

5. Modelos operativos

Más allá de las similitudes ya mencionadas, los modelos operativos de los sistemas nacionales de facturación electrónica en América Latina son distintos entre ellos. En un intento por caracterizarlos utilizaremos los siguientes criterios:

5.1. Por el alcance

Los sistemas nacionales de facturación electrónica dan cobertura a otros documentos electrónicos. Las notas de crédito y débito son naturalmente incorporadas en el sistema, pero se puede contar con documentos de soporte al transporte interno de mercaderías, certificados de retención, certificados de aportes previsionales de empleo, etc.

Por otro lado, el tipo de operaciones cubiertas puede o no incluir las operaciones con consumidores finales o B2C. Argentina, Chile o Brasil utilizan documentos distintos para estas operaciones, aunque en Argentina las facturas tipo B, que cubren estas operaciones, están soportadas por el mismo sistema de facturación electrónica. Mientras en Ecuador o México no se hace distinción de este tipo de facturas.

En Brasil se ha iniciado un proceso de implementación de una factura electrónica para consumidor final, implementada ya con éxito en varios estados[18]. Se observa una tendencia a la paulatina sustitución de las máquinas de emisión de cupón fiscal por el sistema electrónico.

En Chile se utiliza la "boleta" para las operaciones de consumidor final al detalle y existe un modelo electrónico utilizado fundamentalmente por cadenas de supermercados, etc. La "boleta" en Chile puede también ser sustituida por el comprobante de pago con tarjeta de crédito de estas operaciones que sería enviado al Servicio de Impuestos Internos.

Esta diferencia es importante considerarla al revisar los números totales de emisión de documentos electrónicos entre los distintos países y modelos. Aquellos que utilizan el mismo sistema como México o Ecuador tendrán números relativamente mayores a los de otros países.

5.2. Por el gestor del modelo

Un rasgo distintivo entre los distintos modelos de operación de la FE es la figura del gestor del receptor centralizado de los documentos electrónicos, que puede ser la propia AT o empresas privadas autorizadas por la AT para actuar en su nombre.

En este sentido, la administración de México cuenta con operadores autorizados que prestan el servicio, los denominados Proveedores Autorizados de Certificación (PAC). El modelo ha funcionado de manera satisfactoria y está siendo considerado por otros países de la región (Colombia, Perú). Se cuenta con un número importante de PAC, más de setenta, que brindan el servicio de certificación y recepción inicial de los comprobantes.

Los demás países desarrollaron sus sistemas con modelos gestionados directamente por las AATT. Esto significa que la operación normal del sistema, los recursos necesarios para asegurar la alta disponibilidad del sistema, la existencia de sitios de respaldo, la operación en modo de contingencia, y la recepción, almacenamiento y procesamiento de documentos recaigan bajo la responsabilidad de la AT. Consecuentemente, el esfuerzo total de la inversión inicial, la operación de los centros de

---

[18] El ICMS es un impuesto similar al IVA, de competencia estadual.

datos, así como el desarrollo, mantenimiento y evolución de las soluciones que prestan servicios internos y externos recaen en la propia administración.

En el caso del modelo federal de ICMS de Brasil, se cuenta con varios actores en esos procesos: la propia AT estadual, el denominado "Ambiente Nacional" operado a nivel de la Unión por parte de la Empresa Pública SERPRO, y la denominada "SEFAZ Virtual" operada por la Secretaría de Hacienda de Río Grande do Sul. Estos ambientes son operados de manera independiente y constituyen respaldos los unos de los otros para facilitar la operación, lo que en cierta medida reduce el esfuerzo financiero individual de cada estado.

La solución implementada en México, por su parte, disminuye el esfuerzo necesario de la AT con relación a la recepción y certificación de documentos y los PAC, por el propio modelo, pueden ser respaldos uno de los otros. En este sentido el volumen de inversiones directo de parte de la administración es relativamente menor, así como el esfuerzo en la implementación del modelo en la gestión de soporte técnico y en la garantía de alta disponibilidad.

5.3. Por el formato

Como fue anticipado, la existencia de un formato común, regulado por la administración, de utilización obligatoria dentro del territorio nacional, ha sido uno de los elementos claves en el desarrollo y expansión de los sistemas nacionales de facturación electrónica.

A pesar de la existencia de estándares definidos propuestos para la factura, solo Perú y Colombia optaron por adoptar el estándar UBL[19] como base de su formato nacional. Los demás países han optado por un formato propio, definido durante la concepción del proyecto inicial, depurado en los pilotos, gestionado generalmente en consulta con el sector privado y actualizado en el tiempo con versiones y revisiones. Incluso los formatos utilizados en Perú y Colombia (en proceso) han sido complementados con elementos de información no presentes en el estándar original.

Seguramente las causas por las que se escogieron formatos propios en lugar de estándares definidos son varias y no necesariamente idén-

---

[19] Universal Business Lenguage, definido por la firma OASIS.

ticas de uno a otro país. Pero, probablemente, primó la posibilidad del control sobre el formato; el uso del idioma y terminología de uso común; los usos y costumbres sobre la identificación de direcciones, unidades de medida; y la disposición de impuestos y tasas.

5.4. Por el momento de la transmisión y el rol de la administración

Se puede identificar tres tipos de modelos operativos en la región:

5.4.1. Aquellos en que el envío de la información a la AT de las facturas ocurre en un momento posterior a la emisión de la factura y de su entrega al receptor

En estos casos, el modelo bifurca en términos prácticos el ciclo de vida del documento electrónico. Por una parte, el receptor del documento lo recibe y procesa con independencia de lo que ocurra con el documento en la AT. En casos de problemas de validación, por ejemplo, la administración notificará al emisor, quien deberá actuar frente a su cliente con la emisión de notas de crédito/débito que ajusten los problemas.

El papel de la administración es menos inmediato y no interviene efectivamente en el proceso de facturación ni en su entrega y recepción. Por consiguiente, las dificultades de operación o fallas del sistema de información no interfieren en las operaciones entre terceros.

5.4.2. Modelos en que el envío a la AT, o a una empresa autorizada para el efecto, para su validación y autorización ocurre necesariamente antes del envío al receptor

En estos casos, el envío al receptor, salvo las operaciones en contingencia, solo ocurre después de que la autorización de uso se envía al receptor.

En este modelo el rol de la AT es determinante, pues interviene directamente durante la transacción. Las posibles fallas e interrupciones impactarán directamente en las operaciones y tendrán consecuencias negativas para los participantes y para la reputación de la propia administración. Este modelo ha sido adoptado de manera general por Brasil y México; y en determinados casos en Argentina y Ecuador. Este modelo suele emplearse como una solución de bajo costo para pequeños y medianos contribuyentes cuyas transacciones se efectúan en línea, operados por la administración, o una empresa autorizada por ella.

5.4.3. Aquellos en que el envío de la factura al receptor y a la AT ocurren en términos prácticos de manera simultánea.

Este modelo se puede asimilar al anterior ya que, en la práctica, muchos contribuyentes envían los documentos a la AT primero, y al receptor solo después de conocer la validación de los documentos por parte de la administración.

En términos prácticos, una interrupción del servicio puede generar demoras y molestias para los contribuyentes cuyos procesos internos se pueden atrasar al haberlos adaptado para esperar la confirmación de la validación de los documentos electrónicos.

5.4.4. Aquellos en que la administración no recibe los documentos electrónicos sino la información detallada de las facturas emitidas, en un lapso relativamente corto de pocos días después de emitidas las facturas.

Este modelo ha sido adoptado con algunas variaciones por España y Portugal, cuya experiencia se presenta en los capítulos correspondientes en el presente libro. En América Latina, la primera versión de factura electrónica en México tuvo una concepción relativamente similar, es decir, los contribuyentes transmitían al SAT resúmenes de las facturas emitidas y no los propios documentos electrónicos. Este modelo, denominado CFD fue reemplazado por el actual CFDI en 2011. Los detalles de estas transiciones se desarrollan en el capítulo correspondiente al país.

Cabe destacar también que en la Unión Europea se ha desarrollado una propuesta para que el estándar de mensaje de reporte de los elementos de carácter o interés tributario sea de factura a factura, remitido bien con posterioridad a la operación o bien en tiempo real.

El cuadro 1 muestra otras características distintivas de las modalidades de FE de los países que la han adoptado masivamente, cuyo detalle está desarrollado en los capítulos de los sistemas de FE de cada país.

Cuadro 1. Características de la Factura Electrónica

Característica	Argentina	Brasil-SP	Chile	Ecuador	México	Perú	Uruguay
Año de inicio del proceso de Factura Electrónica.[1]	2006	2006	2003	2012	2004	2010	2012
Año en que se completaron los grandes contribuyentes.[2]	2014	2010	2014	2015	2014	2016	2017
Modelo obligatorio para los contribuyentes.[3]	Sí	Sí	Sí	Sí	Sí	Sí	Sí
Formato estándar de los documentos (XML).[4]	Sí	No	Sí	Sí	Sí	Sí	Sí
Portal en al AT gratuito para pequeños contribuyentes u otros.[5]	Sí	Sí	Sí	Sí	Sí	Sí	Está en planes para el 2019
La FE es obligatoria para el consumidor final.[6]	No	Sí	No	No	Sí	No	No
¿Incluye a los profesionales (como vendedor)?[7]	Sí	No	Sí	Voluntario	Sí	Sí	Sí
¿Se controla la factura exenta o de tasa cero?[8]	Ambos	Ambos	Ambos	Ambos	Ambos	No	Sí
¿Se controlan las exportaciones?[9]	Sí	Sí	Sí	Sí	Sí	No	Sí
Certificado Digital obligatorio para la firma de documentos.[10]	No (mediante servicios con clave fiscal)	Sí	Sí	Sí	Sí	Sí	Sí

Cuadro 1. Características de la Factura Electrónica (continuación)

Certificado Digital para la comunicación con la AT o plataforma de terceros.[11]	No (mediante servicios con clave fiscal)	Sí	Sí	Sí	Sí	Sí	Sí	
Certificado Digital de personas.[12]	No (mediante servicios con clave fiscal)	No	Sí	Sí	Sí	Sí	NO	
Certificado Digital de empresas.[13]	No (mediante servicios con clave fiscal)	Sí	No	Sí	Sí	Sí	Sí	
Entidades Certificadoras Digital privadas.[14]	No	Sí	Sí	Sí	No	Sí	Sí	
Certificación soluciones de Factura Electrónica por parte de la AT.[15]	No	No	Sí	No	No	No	No	
Encargado de la plataforma de validación de documentos.[16]	Admin tributaria	No	Admin tributaria	Admin tributaria	Terceros certificados	Admin tributaria/ terceros	Admin tributaria	
La validación de los documentos es...[17]	Tiempo real	Tiempo real	Tiempo real	Tiempo real y Ex-post	Tiempo real	Tiempo real	Ex-post	
El comprador tiene notificacion de acepatación o rechazo de documentos.[18]	No	Tiempo real	Sí	No	No	No	Opción de rechazo	
El comprador tiene confirmación de aceptación o rechazo de documentos.[19]	Opción de consulta	Sí	Opción de consulta	Opción de consulta	No	Opción de consulta y Posibilidad de Rechazo	Opción de consulta	
Plataforma de la Entidad Tributaria para la Cesión de Créditos (Factoring).[20]	Está en planes	Sí	Sí	Sí	Está en proceso	Sólo valida la FE	No	

253

CUADRO 1. Características de la Factura Electrónica (continuación)

Representación gráfica de los documentos con código de barras.[21]	Sí	Está en planes	Sí	Sí	Sí	Sí	Sí
Intercambio de documentos entre las empresas vía E-mail.[22]	Sí	Sí	Sí	Sí	Sí	Sí	Sí
Sistema de retención de IVA por el comprador para control de facturas dudosas (tipo Factura M Argentina).[23]	Sí	No	Sí	Sí	Sí	Sí	No

Fuente: Elaboración propia con entrevista a las AATT.

AR   7/Se puede incluir, pero no es obligatorio, en Brasil no aplica en relación con el ICMS.

BR-SP   Factura de San Pablo. Solo aplica entre contribuyentes del ICMS. 7/ Se puede incluir, pero no es obligatorio, en Brasil no aplica en relación con el ICMS.

CH   2/Grandes contribuyentes obligados a contar de 01.11.2014 (Ley 20.727); 6/En Chile es obligatoria la emisión o cuando se trata de consumo intermedio, no considera consumidor final; 7/En Chile la emisión del documento factura es por ley sólo en formato electrónico, en el caso de los profesionales si estos emiten factura y dado que tienen actividades de primera categoría (capital prima sobre las actividades personales) está obligado a emisión de Factura Electrónica.; 15/La certificación de las soluciones en voluntaria (a la fecha existen 4 soluciones certificadas). Lo obligatorio es la certificación de los documentos emitidos por las soluciones más que las soluciones mismas.; 18/En Chile solo los documentos aceptados cuentan con certificación; 21/ En Chile es un Timbre Electrónico basado en código de barras de 2 dimensiones (PDF 417); 23/En Chile existe la Factura de Compra, para contribuyentes de difícil fiscalización o sin acceso a documentación.

EC   3/Por resolución se establecen grupos de obligatoriedad; 5/Facturador electrónico de escritorio y portal web SRI&YO en línea.; 7/ Se puede incluir, pero no es obligatorio, en Brasil no aplica en relación con el ICMS; 14/Entidades de certificación públicas (2) y privadas (2); 17/A partir de entro 2018 es mandatorio esquema Offline.; 18/En caso de que el receptor no tenga correo electrónico se entrega representación impresa del documento electrónico (RIDE).

MX   1/Si bien la facturación electrónica en México fue incorporada en las normas en 2004, fue hasta enero de 2005 cuando se emitió la primera factura electrónica. A partir del 2014, la emisión de la factura es obligatoria para todos los contribuyentes; 5/El

SAT ofrece dos servicios gratuitos disponibles para los contribuyentes.;**6/**Todos los contribuyentes que deseen deducir o acreditar deben tener una factura electrónica.; **15/**En el caso de México, se evalúan los servicios que ofrecen los proveedores autorizados de certificación; **16/**En el caso de México, tanto el SAT como los proveedores tienen plataforma de validación de documentos.

PR **6/**Hay que analizar la fecha de obligatoriedad para monotributista en Argentina; **7/** Se puede incluir, pero no es obligatorio, en Brasil no aplica en relación con el ICMS.

UR **2/**Faltan 33 de 338, entre ellas los bancos; **3/**Para aquellos cuya inclusión fue determinada preceptivamente (determinados giros de interés para la AT y luego se universaliza por el nivel de ingresos); **6/** No están incluidas en el cronograma de universalización aquellas empresas de ingresos inferiores a 305 000 ui (tope del régimen simplificado, unos 40.000 USD), también se excluyeron a los agro con ingresos menores a 400 000 ui; **8/** Está incluida en el formato de CFE enviado a DGI; **9/** Hay un CFE específico para documentar las exportaciones; **18/** Si DGI rechaza el CFE, el emisor debe comunicar ese rechazo al receptor; **19/** En la del vendedor si es a consumo final, para el resto en la web de DGI; **21/** Se optó por QR code; **22/** Como plataforma mínima de intercambio.

Si bien este libro está dedicado al estudio de las modalidades de FE implantadas en América latina, se incluye también el análisis de la FE de España y Portugal porque han implementado sistemas electrónicos de control de facturación que comparten ciertas características con los sistemas de FE latinoamericanos. En efecto, las AATT de ambos países reciben la información de las operaciones realizadas por los operadores económicos en un relativamente corto espacio de tiempo para gestionar el IVA. Así, en Portugal, desde 2013 y con independencia de que las facturas sean electrónicas o en papel, es obligatorio para los operadores comunicar electrónicamente el contenido de dichas facturas a la AT. La comunicación de los datos de las facturas que requiere la AT por todos los agentes económicos debe realizarse hasta el día 20 del mes siguiente en que hayan sido emitidas.

En el caso de España, desde 1 de julio de 2017, unos 63.000 contribuyentes –que representan aproximadamente el 80% del total de la facturación empresarial del país– deben suministrar sus registros de facturación electrónicamente mediante el sistema llamado "Suministro Inmediato de Información" (SII). Para ello debe remitir a la Agencia Tributaria los detalles sobre la facturación por vía electrónica en un plazo máximo de 4 días desde la realización de la operación.

En ambos casos, al tiempo que se reducen obligaciones formales y se ponen las bases para implementar sistemas de pre-declaración del IVA, los propios contribuyentes pueden corregir errores e inconsistencias y se refuerzan las posibilidades de lucha contra el fraude fiscal permitiendo agilizar la gestión de las devoluciones del IVA.

6. Ventajas y Desafíos de la FE

6.1. Ventajas

Como se indicó en los párrafos anteriores, la FE tiene la obvia ventaja de contar con vasta información sobre los contribuyentes.

Sin embargo, existen otros beneficios que se derivan de la implementación del sistema de FE, y que probablemente no son tan obvios. Particularmente, podemos dividir las ventajas en cuatro categorías: (i) control tributario, (ii) dinámica económica, (iii) beneficios contables para contribuyentes y (iv) seguridad de la información. De hecho, como se mencionará seguidamente, los puntos (ii), (iii) y (iv) hacen referencia a ventajas directas para los contribuyentes, lo cual es muy relevante para el funcionamiento del sistema de FE. En efecto, la virtud del sistema (si está bien diseñado) gira en torno a compatibilizar los incentivos tanto de contribuyentes como de las AATT, en el cual resulta óptimo para los primeros transparentar sus relaciones comerciales con los demás participantes del sistema.

6.1.1. Control tributario y acciones de auditoría

La primera ventaja es la de control tributario, la cual es evidente por razones antes mencionadas, pero que vale la pena desarrollar. La primera razón es que permite el control por oposición de intereses, lo que no solo asegura que los contribuyentes tengan incentivos para ser parte del sistema, sino que también hace poco probable su colusión para tratar de engañar al fisco. Por otro lado, la información generada por el sistema de FE contribuye a detectar comportamientos inusuales o irregulares de los contribuyentes, lo cual mejora la efectividad de la equidad fiscal. Una tercera ventaja en términos de control tributario es la identificación del momento de causación de los impuestos (IVA, renta, etc.), lo cual colabora a dirigir mejor los esfuerzos para el cobro impositivo, es decir, sin espacio para maniobras espurias. Por último, la implementación de la Nómina Electrónica (NE) como extensión de la FE, contribuye a transparentar la relación empleado-empleador, primordial para el cobro de impuestos de Renta y Contribuciones a las Seguridad Social.

La fiscalización de los contribuyentes ha evolucionado hasta el punto de contar, incluso, con datos en tiempo real de las transacciones. Además, la información hoy día es de mayor calidad y exactitud, y lo más importante es que con FE se cuenta con un panorama más amplio de las transacciones en la economía. Para la auditoría de los contribuyentes, contar con esta vasta cantidad de información es claramente positivo. Incluso, si es que los costos de almacenamiento y procesamiento de información fueran materiales, estos son compensados por los beneficios de controlar basta información en tiempo real.

En relación con la inmediatez de la información, cabe preguntarse ¿por qué este modelo es idóneo para América Latina? En el modelo ibérico, por ejemplo, la información de la facturación electrónica se envía semanalmente –y no instantáneamente– a la AT. ¿No es este modelo apto para América Latina? Si la calidad de la información remitida semanalmente a la AT fuese alta y replicase perfectamente los datos de la facturación, no habría demasiadas diferencias entre un modelo y otro. Pero en América Latina, la experiencia indica que la información relativa a la facturación suele ser de mala calidad. El modo más efectivo de asegurar la calidad de esa información es que la misma sea enviada instantáneamente, pues se tienen dos efectos: (i) la percepción de riesgo es mayor por parte de los contribuyentes, lo cual alinea los incentivos con los objetivos de la AT; y (ii) reduce las posibilidades de maniobras de los contribuyentes y sus asesores para eludir o evadir, en especial la relativa a ventas entre empresas (B2B) y ventas minoristas.

Es importante mencionar que la percepción de riesgo se diluirá si los contribuyentes captan que la información no es utilizada intensivamente con fines de fiscalización y solo se acumula improductivamente en la AT. No son pocos los países de América Latina que han vivido esta experiencia con la información proveniente de las impresoras fiscales, sub-utilizada o directamente no utilizada. Adicionalmente, las validaciones que realiza la AT de las facturas que recibe también afirman o minan la seriedad del proceso. Si, por ejemplo, el número de registro del comprador no es validado, los contribuyentes captarán el débil control del sistema, actuarán en consecuencia y, además, dificultarán las auditorias.

En cuanto a las acciones de auditoría, podemos mencionar dos casos: Chile y Uruguay. Chile desde agosto 2017 puso en operación la primera declaración mensual prellenada de IVA y de anticipos de impuesto a la renta, basada en la información originada en los cerca de 40 millones de FE mensuales emitidas. Este sistema se había comenzado formular desde 2011 al disponer del total de créditos y débitos de casi el 100% de las transacciones por la obligatoriedad generalizada de la FE. Esta propuesta busca obligar a los contribuyentes, con diferencias entre la propuesta y sus registros, a coordinarse para solucionar los problemas con sus proveedores. De esta manera, se logra aumentar la capacidad de acción de la AT producto del autocontrol del contribuyente.

Respecto al caso de Uruguay, la AT cuenta con "cubos" para el manejo de la información masiva que genera la FE.[20] Estos cubos pueden tener propósitos múltiples de fiscalización, por ejemplo, hacer comparaciones masivas de las diferencias entre lo declarado por el contribuyente y los registros diarios de la FE. Es decir, se comparan dos/tres fuentes de información y como resultado se pueden: i) generar listas de personas físicas que están comprando cantidades importantes de productos que se salen del circuito formal en las etapas posteriores de comercialización y ii) identificar compras personales que no corresponden a actividades empresariales, entre otros usos. Quedan pendientes de desarrollar capacidades en "minería de datos" en las AATT, para explorar y analizar los detalles de las facturas, enfocándose en variables como precios, detalle, volúmenes, etc., para evitar el abuso normativo de algunos contri-

---

[20] La información masiva de la FE se almacena en los cubos de datawarehouse (Análisis Multidimensional). Básicamente, se cuenta con 2 cubos. Uno de ellos (Cubo de FE) contiene información proveniente de dos fuentes: a) datos registrales (tipo de contribuyente, unidad operativa, giro, naturaleza jurídica, etc.) y b) información de los comprobantes en sí (fecha de emisión, datos del emisor, datos del receptor). Por tanto, en este cubo puedo acceder o bien por el emisor o bien por el receptor ya que se cuenta con la información de las "2 puntas" de la operación. El otro cubo (Cubo de reportes versus declaraciones) cuenta con tres fuentes de información. La primera (a) es común al cubo descripto anteriormente (datos registrales). Las otras dos son: b) datos de los reportes diarios que contienen el total de ventas, IVA y retenciones facturadas por contribuyente más allá de los comprobantes que se hayan enviado y c) datos de las declaraciones juradas de esos contribuyentes y, en particular, las declaraciones de IVA y de las retenciones realizadas y vertidas a la DGI. Este cubo permite hacer una comparación masiva de las diferencias entre lo reportado por cada contribuyente y lo declarado en las declaraciones antedichas.

buyentes que incluyen ventas o compras falsas, innecesarias para su negocio o para actividades no declaradas.

6.1.2. Dinámica Económica

La FE imprime una fuerte dinámica en las relaciones comerciales de los contribuyentes, por lo que se puede considerar como una externalidad positiva. En efecto, la FE hace más eficientes las operaciones comerciales, puesto que se pueden llegar a eliminar completamente los registros físicos de las transacciones. Lo anterior, aunado a un entorno donde las Tecnologías de Información y Comunicación (TICs) son lo habitual y están al alcance de la mayoría de la población, hacen de la factura electrónica un mecanismo que colabora con la inmediatez de las relaciones económicas. De hecho, el comercio electrónico se podría impulsar por el uso generalizado de la factura electrónica, pues mejora la percepción de confianza en las transacciones y, por lo tanto, la interacción con los clientes. Por último, mantener registros electrónicos de las transacciones de compras y ventas hace que el impuesto se deduzca de manera automática y por lo tanto disminuyen los costos de cumplimiento tributario.

6.1.3. Beneficios contables

La creación de una plataforma informática para el soporte de la FE también tiene ventajas para los contribuyentes. La primera de ellas es que tiene el potencial para convertirse en un sistema contable para los contribuyentes. Esto es especialmente importante para pequeñas y medianas empresas que no cuentan con recursos para un sistema contable robusto. Además, reduce los costos de facturación pues se prescinde del papel, también se prescinde de los costos de almacenamiento de papelería como resguardo contable y administrativo.

Por esto es altamente recomendado que la AT ofrezca un sistema para que pequeños contribuyentes puedan emitir la factura electrónica, cuyas características principales deben ser que esta sea gratuita y constituya una alternativa económica para los contribuyentes pequeños cuando la obligatoriedad los alcance. De esta manera, se tienen amplios beneficios como: i) se completa el universo de contribuyentes lo cual facilita su control, y en especial los contribuyentes difíciles de gravar (*hard to tax)*, mediante la obligatoriedad (sea con el sistema de la administración o no) y a bajo costo por la gratuidad; ii) se reducen las disparidades tecnológicas entre pequeñas y grandes empresas, dado que la AT ofrece una plataforma gratuita, en general con varios servicios complementarios (contabilidad, inventarios, etc.); iii) se fomenta el uso de la tecnología en pequeñas empresas; y iv) se favorece el uso de la FE para otros fines que incluso pueden beneficiar directamente a pequeños contribuyentes (ver caso del *factoring* en Chile).

6.1.4. Seguridad de la información

Por último, es importante mencionar que la infraestructura tecnológica de un sistema FE debe ser lo suficientemente robusta para permitir un resguardo de la información contable de los contribuyentes con las garantías suficientes requeridas por la ley. Además, al ser un sistema público con tanta información de los contribuyentes, es necesario utilizar sofisticados sistemas seguridad. Actualmente, ya es habitual el uso de firmas electrónicas u otros dispositivos de seguridad (por ejemplo *"blockchain"*) para sistemas de todo tipo. Las opciones para el resguardo de la información son variadas en la actualidad, lo cual apuntala la extensión de la FE en otros países de América Latina y más allá de sus fronteras. Pero además de la seguridad en términos de resguardo de información, es importante complementar con sanciones legales a las prácticas que apunten a vulnerar el sistema que, en América Latina, van desde cierre del negocio hasta considerarlo como un delito penal.

En definitiva, la experiencia indica que no existe la completa garantía para la confidencialidad de la información. Acontecimientos pasados (hacking), han afectado tanto al sector financiero, al comercio minorista por internet (e-commerce), e incluso a las propias empresas tecnológicas; asimismo, también fueron afectadas organizaciones políticas y sociales. Por lo que se puede concluir que las brechas en la seguridad informática son inevitables. Lo importante, en nuestro criterio, es corregir las brechas o errores de las AT y, sancionar civil y, sobre todo, penalmente cuando corresponda a los infractores que estén al alcance de su jurisdicción.

6.2. Desafíos

Si bien los beneficios de implantar sistemas de FE no son menores, existen desafíos que se deben tomar en cuenta a la hora de implementarlos. La experiencia de la región ha dejado varias lecciones aprendidas que otros países interesados en implementar el sistema debieran considerar. En particular, las lecciones se pueden dividir en cuatro grandes categorías: (i) facturas electrónicas apócrifas, (ii) calidad de datos, (iii) riesgo de inacción y (iv) incremento de la demanda por nuevos servicios de las AATT.

6.2.1. Facturas electrónicas apócrifas

En efecto, el hecho de que la factura sea electrónica no elimina el tradicional problema de las facturas apócrifas, que se emiten ilícitamente sin apego a la realidad económica. Detrás de la factura apócrifa está, generalmente, la intención de disminuir de manera fraudulenta los montos a declarar y pagar de los impuestos, o en otros casos, los de disimular y justificar operaciones o ingresos no justificados.

La incorporación de la factura electrónica incide en el abordaje del problema de la falsificación de las facturas, particularmente en los casos de falsedad material. Sin embargo, el documento electrónico *per se*, no elimina las dificultades que surgen de la falsedad ideológica o de la simulación de operaciones. En estos casos se utilizan documentos fiscales auténticos, incluso con flujos de dinero comprobables, pero que no reflejan la realidad de los hechos, sea por la alteración de los elementos descritos o por su completa inexistencia. En los casos en que existan flujos financieros comprobables, el generador de esos pagos recupera los montos después del cobro de las "comisiones" generadas en el proceso.

En estos escenarios se encuentran los emisores de los documentos apócrifos, que emiten fraudulentamente los documentos, que en general no tienen actividad económica real, no tienen la capacidad económica de generar el volumen de operaciones sustentado por la facturación declarada o tienen una actividad que no corresponde al giro declarado a la documentada en las facturas generadas. También se encuentran en este escenario los receptores de los documentos apócrifos, generalmente contribuyentes con una actividad económica real, que consciente e ilegalmente los adquieren y utilizan para incorporar créditos fiscales inexistentes o gastos no correspondientes, con el fin de disminuir su carga tributaria, o, incluso, apropiarse de impuestos recogidos y pagados por terceros.

La capacidad de la administración para detectar estos problemas ha motivado a las personas que actúan ilegalmente con este tipo de prácticas a perfeccionar sus esquemas fraudulentos; por ejemplo, la creación de empresas aparentemente legítimas y cumplidoras, diseñadas para no caer en perfiles de riesgo que sean detectables rápidamente por la administración, y que tienen una vida relativamente corta. Ante esta amenaza es necesario reconocer que, en un mundo electrónico, la capacidad que estas empresas tienen para causar enormes problemas en períodos muy cortos es un riesgo importante para la recaudación y consecuentemente la salud fiscal del estado.

Algunas medidas de carácter administrativo y jurídico contra la factura falsa incluyen la tipificación de delito tributario con consecuencias penales a los involucrados, tanto para emisores como para usuarios; la inversión de la carga de la prueba sobre la realidad económica de las operaciones sospechosas, para que se puedan reconocer o no los créditos tributarios y los gastos reportados; la suspensión de la inscripción como contribuyente; o la publicación de los contribuyentes que han utilizado estos mecanismos.

La FE de México ha permitido implementar nuevas medidas de carácter administrativo ante casos de facturas apócrifas, con el mecanismo de EFOS[21] y EDOS[22] que se describen en detalle en el anexo al capítulo del país. Básicamente, EFOS y EDOS encuentran patrones en el comportamiento de las empresas que las implique en fraudes hacia el fisco, específicamente realizando deducciones con comprobantes falsos o simulando operaciones inexistentes[23]. Una vez que se encuentra prueba de que la empresa compradora utilizó documentación fraudulenta, se procede a un proceso legal hasta que se priva de las deducciones de las cuales se benefició. Otra alternativa utilizada en Argentina es la factura Tipo M, en la que los emisores considerados riesgosos bajo ciertos

---

[21] Empresas que realizan deducciones fiscales utilizando comprobantes fiscales que amparan operaciones inexistentes.
[22] Empresas que facturan de operaciones inexistentes o simuladas.
[23] Estos patrones son descritos en el anexo de capítulo de México.

supuestos bien definidos[24], sufren una retención integral del IVA y una retención a cuenta del Impuesto a las Ganancias, lo que, más allá de los temas financieros disminuye el problema del fraude. Estas retenciones de impuestos son temporales, hasta que, posteriormente, se le revalúan al emisor las declaraciones juradas mensuales del IVA. Si la evaluación es satisfactoria se le permite emitir factura Tipo A (donde no se le hacen retenciones); si no entonces continúa con la factura Tipo M hasta la próxima revaluación (Costa, 2017). Por último, Ecuador considera la emisión y recepción de facturas falsas como delito penal tributario, además de las sanciones pecuniarias.

6.2.2. Calidad de datos

Las deficiencias en la calidad de los datos transmitidos es uno de los mayores riesgos asociados a la gestión de un sistema con tan elevados volúmenes de información. Los volúmenes de información son tan elevados una vez que inicia el proceso de masificación, que en términos prácticos resulta imposible corregir los problemas con posterioridad al envío. Es decir que, en general, *los procesos de validación en la recepción de información original* son el mejor punto de control para obtener datos de suficiente calidad. Si no se obtiene ese mínimo deseable de calidad de información es poco probable que la utilización de los documentos electrónicos cumpla con las expectativas. Incluso problemas serios de la calidad de datos podrían volver los documentos inutilizables, tanto para la AT en términos de control, como para los propios contribuyentes en procesos de automatización.

Las acciones dirigidas a mejorar la calidad de datos pasan por incrementar la cantidad de validaciones, de manera que estas vayan más allá del control de rangos, dominios y tipos, y se extiendan a la definición de códigos tipo campo valor para diferentes conceptos de uso recomendado. También se pueden emplear técnicas de análisis de datos para encontrar datos estadísticamente improbables para los emisores. Estos elementos deben, necesariamente, ser sopesados en el efecto que podría inducir en cuanto al cumplimiento a los contribuyentes, de manera que los mismos no se vuelvan una carga excesiva.

---

[24] Solicitantes que no posean suficiente solvencia fiscal, de acuerdo con un conjunto de parámetros que han sido determinados mediante técnicas de *"big data"* (Costa, 2017).

6.2.3. Riesgo de inacción

Un escenario que las administraciones deben evitar es desatender los procesos de control que naturalmente se habilitan con la implementación de la factura electrónica. Si la administración falla por períodos largos en reaccionar ante situaciones concretas se corre el riesgo de perder el efecto subjetivo sobre el comportamiento voluntario.

6.2.4. Demanda de servicios

Las AATT, en virtud de tener los documentos electrónicos en su totalidad, va a recibir demandas de servicios asociados a la gestión del sistema que antes no esperaba y que requerirán recursos, procesos y soporte técnico. Muchos de esos servicios pasan por la gestión de los propios documentos, como mecanismos de consulta y descarga de todos los documentos emitidos por y para un contribuyente, comprobación de validez de representación impresa y hasta de dar fe de la integridad de un documento ante terceros.

7. Extensiones de la FE en la práctica

Como se describió en líneas anteriores, la implementación de la factura electrónica en América Latina se circunscribe en la experiencia de Argentina, Brasil, Chile, Ecuador, México, Perú y Uruguay. En la región existen casos específicos que valen la pena enfatizar por los usos que se le han dado a la factura electrónica, más allá de simplemente mejorar la trazabilidad de los impuestos. Las experiencias que se abordarán en este libro son la de Argentina con la nómina salarial electrónica, Brasil con la integración de la tecnología de control de mercadería en tránsito con los documentos fiscales electrónicos y el Sistema Público de Contabilidad Digital, Chile con la influencia de la factura electrónica en el desarrollo del *factoring*, y México con la tercerización y estándar tecnológico en la emisión de facturas electrónicas.

En adición a estas 4 experiencias analizadas en sus respectivos capítulos, comentamos la contribución de la FE a la agenda de la transparencia, y, por ende, a la eficiencia de los mercados. Por ejemplo, en términos de claridad en los precios relevantes a los que se ofrecen en los mercados los bienes de consumo masivo y compras públicas en Brasil; y también la experiencia del Ecuador sobre la determinación de la composición del mercado, y el valor agregado nacional, en bebidas alcohólicas. En ambos casos, la FE permite obtener que es información fundamental para asegurar competencia efectiva y también para el otorgamiento de incentivos fiscales.

7.1. Nómina Electrónica en Argentina

El caso de la NE en Argentina es muy relevante por lo que significan las contribuciones a la seguridad social y el impuesto de renta personal en el total de recaudación, no solamente en este país sino en toda la región. Esta herramienta ha sido clave para centralizar la información y agilizar la validación de la información sobre las Declaraciones Juradas de impuestos hechas por los empleadores. De esta manera, la Administración Federal de Ingresos Públicos (AFIP) ha logrado eliminar las inconsistencias en la información, simplificar las tareas del empleador, transparentar la relación empleado-empleador, y lo más importante: facilita el control de los pagos de aportes y contribuciones a la seguridad social. La información para fiscalizar a los contribuyentes es significativa, por lo que se recomienda la adopción de esta herramienta en otras AATT de la región, dada la relevancia de las contribuciones a la seguridad social y el peso de la renta personal dentro del total recaudado por el impuesto de renta.

Específicamente, el gráfico 4.a muestra la cuña fiscal salarial para los países de ALC, y el promedio de esta región y los países de la OCDE. Como se muestra en el gráfico, las contribuciones a la seguridad social como porcentaje del costo laboral del empleado son especialmente importantes en ALC, siendo estas el tercer pilar de recaudación en la región. La nómina salarial electrónica contribuye a dilucidar las verdaderas cargas que deben afrontar patrono y trabajador, lo cual mejora la transparencia y la fiscalización de las AATT. Por otro lado, la recaudación por renta personal representa alrededor de dos tercios del total que se recauda por impuesto de renta, lo cual representa otro motivo para la implementación de la nómina salarial electrónica[25]. Es importante

---

[25] Es importante apuntar que en el caso de la nómina salarial electrónica podría existir problemas de evasión o elusión, pues el número de actores que proporcionan información es reducido (empleado y empleador) y por lo tanto es fácil la colusión con beneficios mutuos contra el fisco (y la sociedad). En el caso de la factura electrónica comercial esta situación es más compleja, pues el costo de coordinación entre los participantes en el proceso de

señalar que en su implementación se debe reconocer que puede existir riesgo de exacerbar la evasión e informalidad, que ya de por sí es alta para ALC.

GRÁFICO 1. GRÁFICO 1.A: Cuña fiscal salarial en América Latina y el Caribe y OCDE (% costos laborales de empleado soltero sin hijos con salario promedio, 2013).
GRÁFICO 1.B: Informalidad laboral en América Latina (% de trabajadores que no contribuyen a la seguridad social, 2013)

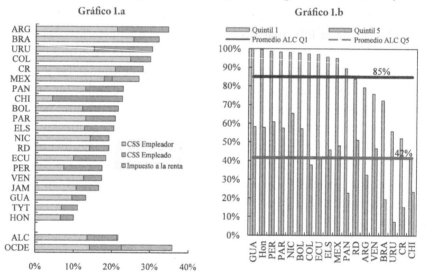

Fuente: BID (2015) y OECD/CIAT/IDB (2016).

El problema de informalidad laboral es importante en ALC, con un 64% de los trabajadores que no contribuyen a programas de seguridad social (OECD/CIAT/IDB, 2016). Como muestra el gráfico 4.b, la informalidad es muy elevada en los primeros quintiles de ingreso de ALC, alcanzado un promedio de 85% de trabajadores que no contribuyen a programas de seguridad social. También, OECD/CIAT/IDB (2016) han

producción y comercialización es elevado y complejo en mercados, inclusive los muy concentrados o integrados, por tratarse de toda una cadena de actores y por compatibilidad de incentivos. Algo similar, sucede con los servicios personales (profesionales) de servicios donde la cadena de producción es relativamente más corta, el consumidor final y el prestador del servicio.

calculado los costos teóricos de formalización, donde muestran que estos llegan alrededor del 70% para el primer decil, y luego se reduce a un rango del 35% al 20% para el resto de los deciles. Es claro que a diferencia de la FE donde existe opción de intereses tanto por el débito-crédito de IVA como en ingreso-deducción en renta en la cadena de transacciones en la nómina, es más sencilla la colusión entre empleador-empleado para el mutuo beneficio de la evasión. Más allá de este riesgo, es muy relevante comenzar el proceso de nómina electrónica para dotar de mayor claridad a los mercados laborales y resaltar la importancia de la fiscalización en el combate a la informalidad.

7.2. Factoring en Chile

Por otro lado, en Chile la obligatoriedad de la factura electrónica impulsó el desarrollo del factoring, debido a la mayor seguridad y velocidad con las que se pueden realizar transacciones respecto a su contraparte en papel. Estas dos condiciones de la factura electrónica facilitaron el acceso a financiamiento a los contribuyentes. Por un lado, el hecho de que la factura sea electrónica confiere inmediatez a las transacciones, lo cual facilita el intercambio de información y por lo tanto las actividades comerciales. Respecto a la seguridad, es sustancial el hecho de que a las facturas emitidas se les otorgó mérito ejecutivo, lo que permite exigibilidad para el cobro de las mismas. Lo anterior contribuye a la seguridad jurídica del sistema, elemento importante para el buen desarrollo de cualquier mercado.

En consecuencia, el *factoring* ha tenido un aumento notable en los últimos cuatro años, con una tasa de crecimiento de un 50% en promedio, y rebasando los US$20.000 millones de dólares en montos cedidos de forma electrónica en el año 2016 (cerca del 8% del PIB). Además, es destacable el hecho de que este modelo de financiamiento es muy relevante para las micro y pequeñas empresas, pues es común que estas tengan problemas para acceder a fuentes de financiamiento, como por ejemplo la banca[26]. Es decir, en cierta medida, el *factoring* ha completado una parte importante del mercado financiero.

---

[26] Es justo reconocer que el nivel de bancarización de Chile es alrededor del 63%, comparable con el promedio de los países de la OCDE.

7.3. Control de carga en vehículos terrestres

La experiencia de factura electrónica en Brasil nos muestra usos innovadores para esta herramienta. Concretamente, las AATT de Brasil están desarrollando un proyecto de rastreo de vehículos de carga por radio frecuencia, integrado a documentos fiscales electrónicos asociados a las mercancías transportadas. Durante el recorrido de los vehículos, se les realiza una lectura por medio de antenas cada vez que pasan por unidades de fiscalización de transporte de mercancías, localizadas a lo largo de las carreteras. Esto permite que las AATT den seguimiento a la circulación de las mercancías en tiempo real, las cuales están asociadas a sus respectivos documentos fiscales. Pero adicional al control fiscal, se espera que el intercambio de información contribuya también a reducir los robos de vehículos y cargas.

Adicionalmente a este control de cargas en tiempo real, la incorporación de tecnologías de información en los estados brasileños ha traído consigo la simplificación de obligaciones de las empresas hacia las AATT. En Brasil se desarrolló adicionalmente el Sistema Público de Contabilidad Digital (SPED), el cual se convirtió en el único canal entre las empresas y las AATT. Este sistema incorpora módulos de: factura electrónica, teneduría de libros contables digitales, teneduría de libros fiscales digitales, entre otros proyectos.

7.4. Ampliación de servicios en México

Por último, en México se han establecido nuevos modelos de gestión tributaria que posibilitan servicios ofrecidos por terceros que dispongan de infraestructura tecnológica, brindando de esta manera más opciones y canales de atención a elección del contribuyente. La existencia de terceros da mayor respaldo a la información y agrega un testigo al proceso de la FE. Esta es otra faceta nueva y diferencial, en este caso impulsado por la FE, de la era digital por la cual el sector privado colabora con la AT para cumplir con la función de control (antagónica con otros contribuyentes y represiva de la evasión) que siempre le ha caracterizado.

7.5. Usos más allá de la Administración Tributaria

En adición a estos casos incluidos en este libro existen dos experiencias muy relevantes del uso de la FE que vale la pena describir como servicios a la eficiencia de los mercados.

7.5.1. En Brasil

Para empezar, *en Brasil*, existen nuevas aplicaciones de Internet que utilizan como insumo el banco de datos de la FE para favorecer la competencia, completando la información en el mercado. Específicamente, existen dos usos que mejoran la información, mayor transparencia y, por ende, eficiencia de los mercados, por el lado de la demanda: i) aplicaciones de consulta de precios que tienen las empresas para el consumidor final; y ii) la definición de precios máximos a ser aceptados en adquisiciones públicas.

Respecto al primer uso, se utilizan como insumo los datos de la Factura del Consumidor Electrónico (correspondiente a compras de bienes finales). De esta manera, los consumidores poseen información sobre los precios de los bienes, para identificar los más convenientes. Este uso está desarrollado en los estados de Piauí, Amazonas, Espírito Santo y Paraná, siendo este último estado el que se considera que posee el mejor modelo. Mas específicamente, la FE se convierte en un *pilar de la claridad en merados liberados en productos relevantes* como ser el precio de combustibles o bienes intermedios, por ejemplo, insumos de construcción, y de relevancia por ser de consumo masivo.[27]

Respecto a los *precios máximos de las adquisiciones públicas*, cabe mencionar que el banco de datos de la FE permite obtener el detalle de productos y cantidades vendidas, y se trata de comprar el precio de productos que sean similares, de esta manera poder obtener el trato más conveniente para el Estado. Los estados de Amazonas, Bahía y Río Grande do Sul cuentan con esta aplicación.

7.5.2. En Ecuador

En Ecuador, *mediante la trazabilidad de la FE se identificó y analizó valor agregado y la composición de mercado*, el porcentaje de bienes y servicios de fuente nacional en los encadenamientos productivos para una serie de sectores de la economía, complementando con otras fuentes información. Este tipo de estudio tiene dos aplicaciones relevantes en el conocimiento de la cadena de valor. La primera para apoyar el diseño

---

[27] Este proceso se enmarca en el respeto del sigilo tributario mediante la autorización de divulgación correspondiente y regulada según la normativa correspondiente en cada estado brasileño.

de políticas públicas identificando los nodos de producción nacional y las industrias de mayor encadenamiento y, la segunda, para mejorar el impacto de la inversión pública y los incentivos fiscales orientándolos a aquellas actividades con mayor componente nacional y efecto multiplicador. En definitiva, esta aplicación otorga a la AT un papel en el proceso de regulación y competencia, además, de mejorar las políticas hacendarias tradicionales sobre el diseño de la inversión pública y los incentivos fiscales.

7.6. Factura Electrónica en el comercio internacional

Finalmente, *la implementación de la FE en el comercio internacional* sería de gran utilidad y un apoyo a la digitalización de las aduanas. En efecto, la comunicación entre las AATT y aduanas de los países permitirían combatir la evasión como en el caso del fraude del "carrusel" (ver nota al pie 14) en el mercado único europeo en el caso de bienes y servicios. Asimismo, a nivel global facilitarían controlar la elusión al poner a disposición relevante información sobre precios de bienes y servicios, desde fletes a seguros, y rentas de capital, desde regalías a intereses. Ya varios de los países estudiados tienen operando la FE a nivel exportador y por lo que acuerdos de intercambio pudieran ser un objetivo próximo, que también podría ser considerado por la OMC.

La posibilidad de que las administraciones tributarias y aduaneras intercambien automáticamente las facturas electrónicos de exportación de bienes y servicios es muy viable técnicamente sin requerir cambios significativos a los modelos operativos nacionales. Se requerirá eso sí un convenio específico de intercambio espontáneo automático para viabilizarlo que probablemente pudiera globalizarse con el asesoramiento técnico de la OMC como autoridad de colaboración técnica en la materia.

El uso de factra electrónica tiene ventajas para los países que la adoptan aun sin el intercambio automático de documentos. En las exportaciones, las facturas de venta emitidas por los exportadores pueden ser procesadas de manera muy ágil por la administración aduanera, mientras que las facturas de compra recibidas tienen los niveles de seguridad y las características de no repudiación por lo que el proceso de devolución de IVA a exportadores, incluyendo una mejor gestión de riesgo, se puede acelerar de manera significativa, aportando así a la competitividad del país. En las importaciones, cuando el país exportador tiene factura electrónica, la veracidad de la misma puede de manera individual ser verificada, contribuyendo a la imagen del país al eliminar problemas de subfacturación en la emisión.

Una experiencia interesante que consideramos necesario imitar es la que se tiene en Brasil, donde los importadores deben preparar una factura electrónica de importación, reflejo idéntico (en descripción y cantidades) a la factura de venta en el otro país, con los valores expresados en moneda nacional e incluyendo los impuestos indirectos locales, que pasa a ser parte integral del sistema a partir de entonces mejorando así las posibilidades de análisis de valor agregado. Incluir este primer eslabón en la cadena de valor (consumo) permite evitar que se "pierda" el IVA con intermediarios fraudulentos, sobre todo en bienes de consumo masivo en venta minorista informal, práctica que suele estar ligada al contrabando y el lavado de dinero.

En resumen, la implementación de la FE es fase crucial del desarrollo de la digitalización de la AT: no solo abarcará otros tributos y una forma de gestionarlos más eficazmente, sino que proveerá nuevos servicios a la economía como los descritos que, probablemente, se innovarán en el futuro cercano (Brynjolfsson y McAffee, 2014). Así, las AATT suman a su función de controladores tributarios la de productor (colaborador) en la economía digital. Para estar a la altura del reto de la modernización de su misión principal y la nueva de creador de valor para clientes las AATT requerirán una adaptación sustantiva de sus facultades legales, su estructura organizativa, sus procesos de funcionamiento y los recursos, en especial, las capacidades de sus recursos humanos.

8. Evaluaciones de Impacto

La relevancia cuantitativa de la FE y la Nómina Electrónica (NE) radica en lo importantes que son el IVA, el intento de imposición a la renta y las contribuciones a la seguridad social como los tres pilares fundamentales de la recaudación a nivel mundial y, por supuesto, en América Latina. En efecto, el conjunto de éstos alcanza, al menos, dos tercios de los ingresos fiscales (ver gráfico 2). Además, como porcentaje de la recaudación, lo que cobrado por concepto de FE es de, al menos, un 30%, y si es que se incluye el potencial de recaudación con nómina electrónica, se estaría abarcando cerca del 65%. Esto da una idea de la potencia que imprimiría la FE al control tributario.

GRÁFICO 2. Rendimiento de los impuestos controlados por la Factura Electrónica (FE) y Nómina Electrónica (NE) y cómo % del a recaudación total, 2015

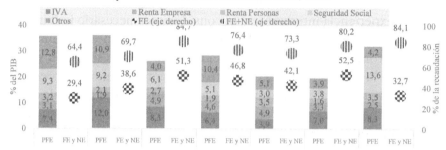

Fuente: Elaboración propia con base de datos PFE, BID-CIAT (2015).

Adicionalmente, es importante señalar que en estos países la FE aún no se ha implementado a un 100% para todos los contribuyentes. Un ejemplo de ello es lo reflejado en el gráfico 3, donde se puede apreciar que el porcentaje de los contribuyentes de IVA que emiten FE aún no ha llegado al 100%, e incluso se pueden ver procesos más incipientes como son los casos de Perú y Uruguay con 10% y 4%, respectivamente[28]. En este mismo gráfico, también se muestra que aún no se llega al 100% de facturas emitidas electrónicamente, lo cual es un resultado de que no todos los contribuyentes del IVA están en el sistema de FE.

---

[28] Debe recordarse que los grandes contribuyentes representan una altísima proporción de la facturación, tanto de compras como de ventas. Por ende, controlando sus operaciones, compras y ventas, se monitorea una altísima proporción del total de operaciones de la economía (la llamada "teoría del reloj de arena").

GRÁFICO 3. Porcentaje de contribuyentes que emiten Factura Electrónica (FE) como porcentaje del total de contribuyentes de IVA y porcentaje de FE emitidas del total de facturas emitidas, 2016

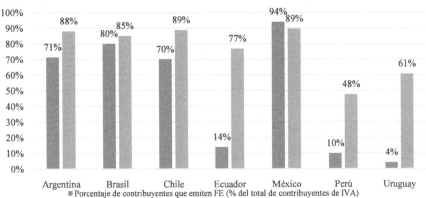

Fuente: Elaboración propia con base en encuesta a las autoridades de cada país. [a] Tasa de 10% para ciertos bienes y servicios de la canasta básica. [b] último dato disponible 2007.

Por último, para terminar de reflejar la importancia de implementar cabalmente la FE, la tabla 1 muestra las estimaciones de evasión en IVA y renta de los países tratados en este libro. En el caso del IVA, las tasas se encuentran alrededor del 18%, y en el caso de la renta se encuentran por encima del 45%. Es importante lograr la obligatoriedad de la FE para tratar de combatir estas tasas de evasión, pero además resalta el potencial que tiene la nómina electrónica para poder controlar la evasión en renta.

CUADRO 2. **Tasa de IVA y Renta a Empresas con su respectiva Evasión, Funciones de Administración y Autonomía de la AT[29]**

	IVA		Renta		Funciones de Adm.		Autonomía[e]
	Tasa	Evasión	Tasa	Evasión	Seg. Social	Aduanas	
AR	21%/10,5%[a]	19,8%[c]	35%	49,7%	Sí	Sí	Sí
CH	19%	22,2%	27%	48,4%	No	No	Sí
EC	12%	ND	22%	65,3%	No	No	Sí
MX	16%[b]	21.8%[d]	30%	46,2%	No	Sí	Sí
PE	18%	28.3%	27%	51,3%	Sí	Sí	Sí
UR	22%/10%[a]	10,5%	25%	49%	No	No	No

Fuente: Barreix, A. y F. Velayos (2013), Gómez-Sabaini y Morán (2016) y respectivos Ministerios de Hacienda y Finanzas de cada país. [a] Tasa de 10% para ciertos bienes y servicios de la canasta básica. [b] Casi toda la canasta básica tiene tasa 0%. [c] 2007 último dato disponible. [d] 2012 último dato disponible. [e] Autónomo o dependiente del Ministerio de Economía (o su equivalente), con alguna autonomía o autonomía total en recursos humanos y presupuesto en relación con el resto de la administración pública.

Es evidente que estos temas deben que ser estudiados teórica y empíricamente, pero ya se cuenta con un punto de partida para generar las preguntas de política pública que atañen al alcance de estos novedosos instrumentos.

En el presente libro, y como un primer paso en la investigación empírica sobre el efecto de la FE, hemos hecho una recopilación de las evaluaciones de impacto que se encuentran disponibles para la región, cuatro de ellas realizadas concomitantemente con este libro. Un resumen de los detalles de las mismas se encuentra a continuación y se desarrolla en el capítulo específico; complementariamente, los estudios originales pueden accederse electrónicamente.

8.1. Metodologías aplicadas y resultados obtenidos

En este libro se reseñan las evaluaciones de impacto de la factura electrónica en varios países de la región, donde se documenta evidencia científica de su impacto positivo en la recaudación. Esto es un elemento muy importante que se suma a los expuestos en párrafos anteriores, donde no solamente se tienen ganancias de eficiencias en los procesos tributarios y externalidades positivas de su implementación, si no que

---

[29] No hay datos disponibles para Brasil-SP, pues el ICMS no tiene datos de evasión y la administración es estadual.

efectivamente la suma de todas estas bondades impacta positivamente la recaudación.

El capítulo 3 del libro resume las metodologías y resultados obtenidos. Según las evaluaciones cuantitativas aplicadas, la FE ha tenido un impacto positivo en la mejora de la recaudación y del control en cinco de las siete jurisdicciones donde se ha implementado: Argentina, Brasil-Sao Paulo[30], Ecuador, México y Uruguay, para los impuestos al valor agregado (IVA) e impuesto de renta. En dichos ejercicios se estimó la proporción del crecimiento de los ingresos tributarios atribuible a la implementación de la factura electrónica. A tal fin, se utilizaron técnicas econométricas de evaluación de impacto para aislar correctamente el efecto que tiene la FE en el crecimiento de la recaudación y otras variables, de manera que éste no se confunda con efectos adicionales que puedan incidir en el crecimiento en las variables a estudiar[31]. Para esto, es importante definir un escenario contrafactual donde no se ha implementado la factura electrónica y compararlo con el escenario real, para así medir el verdadero impacto.

La técnica econométrica empleada va a depender de las características de cada escenario en particular. Al ser cuasi experimentos se deben aprovechar cualidades propias del evento a estudiar, para encontrar el verdadero impacto de la factura electrónica. A lo anterior se le conoce como estrategia de identificación. Concretamente, las evaluaciones de impacto que se han hecho de factura electrónica en América Latina han utilizado tres técnicas: Regresión Discontinua, Diferencias en Diferencias y Apareamiento (*matching*). Cada una de ellas tiene un principio de identificación distinto, y el uso de una u otra técnica va a depender de cada experiencia específica.

Por un lado, el principio de identificación de la *regresión discontinua* es que en el experimento existe una variable para la cual un valor en específico genera un "corte". Este corte es en esencia un salto discreto en los datos, el cual es interpretado como el efecto de tratamiento. Así, los valores de un lado del corte son los elementos no tratados (contrafactual), mientras que los valores del otro lado representan los elementos

---

[30] Solamente se realizó en el estado de San Pablo, por lo que en el resto del documento se hará referencia a Brasil-SP para aclarar que el estudio solamente se hizo en dicho estado.
[31] Por ejemplo, cambios en la actividad económica o cambios en la legislación tributaria.

tratados. La magnitud de este salto discreto es el impacto de la factura electrónica. Por otro lado, el principio de identificación de la técnica de *diferencias en diferencias* se basa en estudiar los cambios de las variables, de esta forma se decanta el efecto que otros cambios distintos al de factura pudiesen haber tenido en nuestra variable de estudio. Al usar esta técnica se asume implícitamente que el cambio de las observaciones no tratadas habría sido el cambio de las observaciones tratadas, si estas no hubiesen adoptado la factura electrónica (supuesto de tendencias paralelas). Por último, la metodología de *apareamiento*, como su nombre lo sugiere, basa su principio de identificación en asociar una observación tratada con otra u otras que no fueron tratadas, pero que tienen características similares. Intuitivamente, sería como buscar "gemelos" y comparar el gemelo tratado con el no tratado. De esta manera, las diferencias en la variable dependiente entre un grupo y otro se deben a si fue o no tratado. Para una discusión más amplia de estas metodologías, véase el capítulo de evidencias del impacto de la factura electrónica donde se sintetizan las evaluaciones de la FE en América Latina.

Los resultados, resumidos en el cuadro 2, muestran que la mayoría de los efectos han sido positivos y significativos. De hecho, ninguno de los escasos efectos negativos de la factura electrónica es significativo, lo cual muestra que la factura electrónica genera beneficios de recaudación y cumplimiento en todos los países estudiados.[32]

---

[32] Es justo reconocer que no incluimos un análisis de costo beneficio dado que son todas las FE han tenido desarrollos diferentes. Además, deberían considerarse un número muy importante de factores, incluidos varios tipos de costos y beneficios, muy difíciles y costosos de medir en procesos relativamente recientes, inclusive todavía no se han logrado desarrollar nuevos usos como ser percepción de riesgo, análisis de competencia, etc., en aplicaciones todavía no han alcanzado su madurez.

Cuadro 3. **Impacto de la factura electrónica en países seleccionados**

Estudio	País	Periodo	Estrategias empíricas	Variable dependiente	Efecto porcentual sobre recaudación
Artana y Templado (2017)	Argentina	2005-2016	• 2007-2015 Diferencias en diferencias. • En 2016, regresión discontinua.	Recaudación	Aumento en la recaudación de entre 0% en 2008 hasta un 10.7% en 2013.
Naritomi (2015)	Brasil-SP	2004-2011	Diferencias en diferencias	Utilidades reportadas	El programa aumentó el reporte de utilidades de las firmas en 22% en 4 años.
Ramírez et al. (2017)	Ecuador	2011-2016	Diferencias en diferencias con selección de controles con *Propensity Scose Matching* y *Pipeline*	Impuesto causado	2015: Efecto positivo de 18% significativo. 2016: Impacto positivo de 25% significativo.
Fuentes et al. (2016)	México	2010-2015	Regresión discontinua	Monto declarado de ingresos acumulados	Se encontró un incremento de 6,5% y 6,6% en el ISR causado para personas morales para los años 2014 y 2015.
Bergolo et al. (2017)	Uruguay	2010-2016	• Estudio de eventos • Diferencias en Diferencias	Recaudación	Se estimó un impacto de 3.7% sobre el monto de los pagos de las firmas.

Fuente: Elaboración propia de las evaluaciones que son presentadas en detalle en el capítulo resumen de las evaluaciones cuantitativas de este libro.

Estos aumentos se podrían explicar por el hecho de que la factura electrónica genera varios efectos. En primer lugar, es evidente que mejora el control de las AATT, pues mejora la trazabilidad de las transacciones (en el caso del IVA y también en la renta). Además, genera consecuencias, al menos al inicio de su implementación, en la percepción de riesgo de los contribuyentes, pues al reportar electrónicamente presuponen que aumenta la probabilidad de ser detectados en fraude. Por último, es importante mencionar que incluso hay AATT que aprovechan y potencian los incentivos que genera la FE a ser más transparentes en las declaraciones.[33] En conclusión, la evidencia empírica

---

[33] Un ejemplo de lo anterior son los incentivos que entregó Brasil-SP para que los consumidores cumplieran un papel de "auditores fiscales". La Nota Fiscal Paulista entregaba recompensas monetarias a los consumidores finales por pedir recibos en sus compras.

muestra efectos positivos en la recaudación por la implementación de la factura electrónica, los cuales pueden ser aprovechados por las AATT.

Por último, es importante mencionar que no se pueden comparar las magnitudes de los impactos de la factura electrónica entre países, ya que existen diferencias estructurales que hacen inadmisible la comparación. En concreto, existen factores estructurales que influyen la calidad del diseño del sistema tributario, por ejemplo, si el IVA tiene tasa cero para mercado interno, incentivos o exenciones, se paga en base caja[34], o la calidad de la AT en un sentido amplio. Además, no solo se trata de la eficacia de los impuestos internos y aduana, sino también otros factores institucionales como los registros públicos, la calidad de los servicios públicos o la ejecutividad del poder judicial para resolver casos de fraude tributario, entre otros. De manera que los impactos de la FE son comparables en el mismo país, pero no entre países.

Conclusiones

La FE es un aporte de América Latina al proceso global de transparencia tributaria, además de un instrumento con enorme potencial para el combate a la evasión y para fomentar el cumplimiento voluntario. Asimismo, es el proceso inicial que brinda una oportunidad al desarrollo digital de las administraciones y los contribuyentes, que puede constituirse como una base para nuevas aplicaciones digitales avanzadas, tal es el caso las declaraciones "sombra" de la actividad del contribuyente o los nuevos desarrollos de análisis de riesgo, o de su expansión a otros tributos como la nómina electrónica. A su vez, la FE como desarrollo inicial del proceso de digitalización, también permite brindar nuevos servicios a los usuarios, por ejemplo, facilitar operaciones de *factoring*, o mejorar el control de transportistas y de mercadería fletada o apuntalar la difusión de precios de bienes y servicios homogéneos de consumo masivo. Paralelamente, es un insumo relevante para las mejorar el sistema de compras públicas, y un instrumento para el análisis de las estructuras de mercado, que permite tanto el apoyo a los procesos de regulación y competencia, como también el diseño de políticas de inversión pública y de incentivos fiscales.

---

[34] Como en el caso mexicano.

Esta nueva función de proveedor de servicios al contribuyente y al propio gobierno mejorando la eficiencia y transparencia de los mercados trae aparejado un papel de colaborador (productor) del sector privado y la economía en general que se suma a la modernización de la función de gestión (control de cumplimiento y represión de la evasión) de la recaudación de los ingresos tributarios.

Sin embargo, no podemos dejar de mencionar que, para que pueda rendir frutos, la FE tiene requisitos de implementación para la AT: debe tener un con un desempeño adecuado en sus funciones básicas (registro, recaudación, auditoria y cobranza). También el país debe contar con una capacidad de procesamiento de datos suficientes, una adecuada infraestructura de telecomunicaciones y un mínimo de cultura informática de los contribuyentes. En efecto como todo instrumento, en especial los tecnológicos, la FE es una condición necesaria para catalizar la modernización de las AATT, pero no es suficiente para lograr la modernización en el desempeño de las administraciones fiscales.

Tampoco se pueden dejar de lado los nuevos retos que conlleva la efectiva implementación de la FE. Algunos de ellos pueden ser considerados como de defensa de la AT y el contribuyente, desde la seguridad y confidencialidad de los datos a la detección y tratamiento de las facturas apócrifas. En tanto, otros se derivan de los desafíos de implantar un instrumento de la tercera revolución industrial (Schawb, 2016) como la FE hacia desarrollos y aplicaciones de la cuarta revolución como ser el desarrollo de la inteligencia artificial o el manejo de *Big Data*. Las aplicaciones de la FE permitirán mejorar el control fiscal y el cumplimiento voluntario, en oposición al contribuyente, pero también trabajarán a su favor, creando valor al brindar nuevos servicios, en colaboración con el sector empresarial y el resto de la economía, e inclusive con las jurisdicciones socias en el comercio exterior.

Por último, estos cambios promovidos por la FE y la digitalización de las AATT harán perentorio actualizar, sus procesos y su infraestructura tecnológica, pero también sus facultades (derechos y deberes), su gobernanza, su organización y, muy especialmente, las capacidades y el estatuto de sus recursos humanos, que son fundamentales en la prestación de un servicio tan relevante en el funcionamiento económico de un país.

Referencias

Armstrong G. y P. Kotler (2016). *"Marketing: An Introduction"*. Pearson. 13th Edition.

Artana, D. y I. Templado. (2018). *"Análisis del impacto de la Factura Electrónica en la Argentina"*. Documento de Discusión. Banco Interamericano de Desarrollo (BID). Disponible en: https://publications-new.iadb.org/handle/11319/8775.

BANCO INTERAMERICANO DE DESARROLLO (BID). (2015). *"Sistema de Indicadores de Mercado Laboral y Seguridad Social (SIMS)"*. Disponible en: https://www.iadb.org/es/datos-trabajo.

Barreix, A. y F. Velayos. (2013). *"Aprovechando al máximo la administración tributaria"*. En A. Corbacho, V. Fretes y E. Lora (Ed.), Recaudar no Basta (pp 151-170). Desarrollo en las Américas (DIA) (Departamento de Investigación y Economista Jefe); IDB-AR-103.

Barreix, A., L. F. Corrales, S. Diaz de Sarralde, y C. Garcimartín. (2017). *"Actualización de la presión fiscal equivalente en América Latina y el Caribe. BID CIAT"*. Disponible en: https://publications.iadb.org/handle/11319/8601.

Bergolo, M., R. Ceni y M. Sauval. (2018). *"Factura Electrónica y Cumplimiento Tributario: Evidencia a partir de un Enfoque Cuasi-Experimental"*. Documento de Discusión. Banco Interamericano de Desarrollo (BID). Disponible en: https://publications-new.iadb.org/handle/11319/8774.

BID-CAPTAC-CIAT (2013). *"Estado de la Administración Tributaria en América Latina: 2006-2010"*. BID-FMI-CIAT. https://publications.iadb.org/handle/11319/3506?locale-attribute=es.

Brynjolfsson, E. y A. McAffee. (2014). *"The Second Machine Age: Work, Progress and Prosperity in a Time of Brilliant Technologies"*. W. W. Norton and Company.

Chen, S., Miau, S., y Wu, C. (2014). *"Toward a Smart Government: An Experience of E-invoice Development in Taiwan"*. PACIS 2014. Proceedings. Paper 124. http://aisel.aisnet.org/cgi/viewcontent.cgi?article=1266&context=pacis2014.

CIAT (2016). *"Las Administraciones de Ingresos en América Latina y el Caribe, 2011 – 2013"*. Publicaciones CIAT. Disponible en: https://ciatorg-public.sharepoint.com/biblioteca/DocumentosTecnicos/Espanol/2016_Estado_AT_ ALC_2011-2013.pdf.

Costa, M. (2017). *"Experiencia en Métodos de Evasión de Alto Impacto Detectadas por las Administraciones Tributarias"*. Ponencia en la 51 edición de la asamblea general del Centro Interamericano de Administraciones Tributarias (CIAT). Asunción, Paraguay.

Drucker, P. (2009). *"The Essential Drucker"*. HarperCollins.

Fuentes, H., A. Zamudio, A., S. Barajas, S., G. Ayllón, G. y M. Serrano. (2016). *"Impacto en la Evasión por la Introducción de la Factura Electrónica"*. Instituto Tecnológico y de Estudios Superiores de Monterrey. No. IA-006E00002-E37-2016.

Gómez Sabaini, J. C. y D. Morán. (2016). *"Evasión tributaria en América Latina: nuevos y antiguos desafíos en la cuantificación del fenómeno en los países de la región"*. Naciones Unidas, febrero de 2016. Serie Macroeconomía del Desarrollo 172.

Koch, B. (2016). *"E-invoicing/E-billing"*. Disponible en: http://www.documentwereld.nl/files/2016/juni_2016/E-Invoicing_E-Billing.pdf.

Lee, H. C. (2016). *"Can electronic tax invoicing improve tax compliance?"*. Policy Research Working Paper 7592. World Bank.

Naritomi, J. (2015). *"Consumers as tax auditors"*. Unpublished paper, Harvard University.

OECD/IDB/CIAT. (2016). *"Taxing Wages in Latin America and the Caribbean 2016"*. OECD Publishing, Paris.

Osborne, D. y T. Gaebler, (1993). *"Reinventing Government: How the Entrepreneurial Spirit Is Transforming the Public Sector"*. Plume/Penguin books.

Ramírez, J.R., N. Oliva y M. Andino. (2018). *"Facturación Electrónica en Ecuador: Evaluación de impacto en el cumplimiento tributario"*. Documento de Discusión. Banco Interamericano de Desarrollo (BID). Disponible en: https://publications-new.iadb.org/handle/11319/8776.

Schawb, K. (2016). *"The Fourth Industrial Revolution"*. Crown Publishing.

Villalón, V. (2018). *"Propuesta prellenada de IVA en Chile"*. Centro Interamericano de Administraciones Tributarias. Blog disponible en: https://www.ciat.org/pre-filled-vat-form-in-chile/.

Witzel, M. (2012). *"A History of Management Thought"*. Routledge.

12. Os Limites da Fiscalização Tributária sob a Ótica das Novas Tecnologias: o Desafio do Uso de Algorítimos

Luiz Gustavo A. S. Bichara
Rafaela Monteiro Montenegro

Introdução

Não é novidade que a tecnologia faz parte da rotina tributária brasileira. Nesse contexto, porém, há de ser enfrentado o debate sobre os limites que as Administrações Tributárias possuem para utilizar essas novas ferramentas e, assim, aprimorar a relação mantida junto aos contribuintes, pessoas físicas e jurídicas, em prol de um modelo de gestão mais eficiente.

O Brasil é pioneiro ao permitir o preenchimento e a entrega da declaração de imposto de renda da pessoa física (Declaração de Ajuste Anual) através da *internet* Até o início dos anos 90, o contribuinte recebia formulário, em papel, que depois de ser preenchido precisava ser entregue presencialmente, prática esta que, embora burocrática, ainda hoje é utilizada em outros países, como os Estados Unidos. Esse simples exemplo bem demonstra a evolução da tecnologia na fiscalização tributária entre nós.

Não se pretende, neste artigo, defender que o uso da tecnologia, por si, representa um risco ou perigo para os contribuintes. Na verdade, parece certo que a tecnologia, em especial a utilização de processos envolvendo padronização de dados através de algoritmos,[1] reduz o tempo incorrido com a análise manual destes, e pode solucionar o problema da baixa produtividade que (infelizmente) existe no aparelho burocrático brasileiro.

O objetivo desse ensaio é, portanto, refletir sobre os impactos que a Era Digital pode ter na execução da atividade fiscalizatória, desempenhada por auditores-fiscais e por computadores, diante da inexistência de normas que tratem, no Brasil, sobre a utilização de algoritmos pelo Fisco.

Numa época em que se busca aumentar a eficiência arrecadatória, em grande medida através do cruzamento das informações disponíveis, ocupa lugar de destaque o potencial alcance que a automatização das decisões pode ter. Contudo, é preciso equilíbrio entre o objetivo arrecadatório do Estado (manifestação do interesse público), e, de outro lado, o respeito aos direitos dos contribuintes, preceito constitucional de observância inarredável.

1. Quanto à base de dados disponível ao fisco

O Código Tributário Nacional, instituído pela Lei nº 5.172, de 1966 – "CTN", estabelece que a obrigação tributária se divide entre "principal" e "acessória". A primeira – obrigação principal – é aquela relativa ao pagamento do tributo em si, ou de penalidade (multa) devida em pecúnia pelo contribuinte. A obrigação "acessória", por sua vez, como o próprio nome já diz, é acessória à obrigação principal, e de acordo com o CTN existe para atender aos interesses da arrecadação/fiscalização dos tributos. Veja-se:

> Art. 113. A obrigação tributária é principal ou acessória.
>
> § 1º A obrigação principal surge com a ocorrência do fato gerador, tem por objeto o pagamento de tributo ou penalidade pecuniária e extingue-se juntamente com o crédito dela decorrente.

---

[1] Há questão matemática envolvida no conceito de algoritmos, que, em linhas gerais, podem ser definidos como uma sequência de instruções voltadas à solução de determinado problema. Com base em programação computacional, e algoritmos, é possível criar padrões a serem seguidos e, assim, automatizar decisões relativas ao processamento de uma base de dados.

§ 2º A obrigação acessória decorre da legislação tributária e tem por objeto as prestações, positivas ou negativas, nela previstas no interesse da arrecadação ou da fiscalização dos tributos.

§ 3º A obrigação acessória, pelo simples fato da sua inobservância, converte-se em obrigação principal relativamente à penalidade pecuniária.

Dito de outra forma, as obrigações acessórias são deveres instrumentais que os contribuintes têm que cumprir e que auxiliam as autoridades na verificação da conformidade tributária.[2] É através desse instrumento que os governos federais, estaduais e municipais recebem informações sobre os fatos econômicos que dão origem ao surgimento das obrigações tributárias, bem como o recolhimento dos tributos de sua competência.

Como dito antes, no caso do imposto de renda devido pela pessoa física ("IRPF"), devido à União, o contribuinte deve preencher a Declaração de Ajuste Anual, e transmitir *online* as informações exigidas pela Receita Federal do Brasil, que é o órgão competente para fiscalizar esse tributo, sob pena de multa.

No âmbito do IRPF, há, ainda, outras obrigações acessórias que variam conforme as circunstâncias do contribuinte (pessoa física). Quem recebe rendimentos a título de aluguel deve efetuar o *download* de programa específico (carnê leão), e pagar mensalmente o imposto devido. Aquele que aliena bem/direito precisa preencher um outro programa, conhecido como "GCAP" e pagar o tributo eventualmente devido sobre o ganho de capital obtido. Se empregador doméstico, então, haverá exigência de prestar as informações previdenciárias e trabalhistas decorrentes dessa relação.[3]

Para as pessoas jurídicas, as exigências em termos de obrigação acessória são mais complexas, o que leva o país a ser reconhecido internacio-

---

[2] Há imposição de penalidade pecuniária (multa) pelo atraso, incorreção e pelo não cumprimento de obrigações tributárias acessórias à Receita Federal do Brasil, e também às Secretarias de Fazenda dos Estados e dos Municípios.

[3] Dentre os tributos exigidos das pessoas físicas, a exceção do IRPF, a maior parte (IPVA, IPTU e ITBI) prescinde do cumprimento de obrigação acessória sendo suficiente informar às autoridades a propriedade dos bens e efetuar o pagamento da guia gerada automaticamente. Mesmo assim, a dificuldade está na burocracia envolvida.

nalmente como demasiadamente burocrático.[4] Embora não seja parte deste artigo aprofundar a análise ou as críticas sobre o tema, é impossível deixar de mencioná-lo quando se estuda o assunto.

Apenas na esfera federal, as empresas precisam manter em dia o Sistema Público de Escrituração Digital (SPED), formado por 12 (doze) módulos, quais sejam, CT-e, ECD, ECF, EFD/ICMS-IPI, EFD Contribuições, EFD-Reinf, e-Financeira, e-Social, NF-e, NFS-e, MDF-e e NFC-e. Embora o detalhamento dessas obrigações fuja ao escopo do presente artigo, a quantidade de declarações e formulários oferece uma dimensão da quantidade de informações a que os contribuintes estão obrigados a prestar.

A depender da atividade econômica desenvolvida (indústria, prestação de serviços, comercio de mercadorias etc.), e de diversos outros fatores, o preenchimento do SPED deve ocorrer de forma diferente, ou seja, os 12 (doze) módulos não são exigidos indistintamente. Dadas as especificidades, as pessoas jurídicas precisam empenhar os melhores esforços, em termos de recursos humanos e de sistemas internos, para conseguirem se manter regulares.[5] A parte positiva é que os módulos do SPED são transmitidos ao Fisco de forma *online*.

Mas o SPED não é tudo. Há outras obrigações acessórias, igualmente transmitidas ao Fisco através da *internet*, que precisam ser cumpridas. São exemplos as seguintes declarações: Declaração de serviços médicos (DMED), Declaração do Imposto de Renda Retido na Fonte (DIRF), Declaração de Informações sobre Atividades Imobiliárias (DIMOB) e Declaração de Operações Imobiliárias (DOI), a Declaração de Operações com Cartão de Crédito (DECRED).[6]

---

[4] Com base no relatório *"Doing Business"*, do *Word Bank Group*, o Brasil ocupa o 124º lugar no ranking de países em termos de proporcionar ambiente que facilita a realização de negócios.
[5] Sobre essa questão do tempo necessário à conformidade tributária das pessoas jurídicas, há interessante estudo elaborado pela Associação Comercial de São Paulo, em parceria com a *Pricewatercoopers*, que demonstra que, no caso do Imposto sobre Produtos Industrializado – "IPI", o contribuinte precisa informar o "valor" do "débito" em pelo menos 6 (seis) lugares diferentes, o que demonstra o desperdício de tempo gasto nessa tarefa.
[6] A Administração Pública costuma ser criticada, em termos de ineficiência, pois os instrumentos que já existem à disposição não desempenham, na prática, as funções que deveriam. Exemplo disso é a DECRED, que embora instrumento relevante, no que tange à verificação de gastos incompatíveis aos rendimentos declarados pelo contribuinte, poderia ser melhor utilizada para essa função arrecadatória.

Para além das informações obtidas diretamente pelo Fisco federal, é importante ressaltar a existência de mecanismos de assistência mútua, relativamente à troca de informações fiscais, entre as Fazendas Públicas dos diferentes níveis da federação e, inclusive, Estados estrangeiros. Sobre essa prerrogativa, há disciplina tanto na Constituição da República Federativa do Brasil, de 1988 (art. 37, inciso XXII), como no próprio CTN, no sentido de que é necessário que haja lei ou convênio celebrado entre as partes:

> "Art. 199. A Fazenda Pública da União e as dos Estados, do Distrito Federal e dos Municípios prestar-se-ão mutuamente assistência para a fiscalização dos tributos respectivos e permuta de informações, na forma estabelecida, em caráter geral ou específico, por lei ou convênio.
>
> Parágrafo único. A Fazenda Pública da União, na forma estabelecida em tratados, acordos ou convênios, poderá permutar informações com Estados estrangeiros no interesse da arrecadação e da fiscalização de tributos. (Incluído pela Lcp nº 104, de 2001)"

Como se pode notar, o volume de dados obtidos todos os dias pelas autoridades fiscais é massivo, colocando a Administração Tributária em posição privilegiada, por ter ao seu dispor informações relativas a praticamente todos os aspectos das atividades e das vidas dos contribuintes, sejam eles pessoas físicas ou jurídicas, incluindo até mesmo as movimentações bancárias.[7]

Essa base de dados formidável à disposição do Fisco já seria mais do que suficiente para suscitar preocupações quanto ao acesso, uso e manipulação das informações nela contidas. No entanto, o acesso que a Administração Tributária possui aos dados dos cidadãos e empresas é ainda mais amplo e não se limita àquilo que é informado em declarações fiscais ou por meio do intercâmbio de informações com entidades congêneres.

---

[7] No Brasil, a possibilidade de acesso direto aos dados bancários pelo fisco, independentemente de ordem judicial, decorre da inovação trazida pela Lei Complementar nº 105, de 2001, julgada constitucional pelo Supremo Tribunal Federal, conforme julgado do RE 601.314 e ADIs 2390, 2386, 2397 e 2859.

As autoridades fiscais, no exercício da função fiscalizatória, podem eventualmente ter acesso e analisar outras bases de dados mantidas pelo próprio Poder Público. Inclusive, convém mencionar o recém editado Decreto nº 10.046, de 2019, que instituiu o "Cadastro Base do Cidadão". Com a criação desse mecanismo, passou a existir autorização normativa para uma circulação facilitada de dados entre órgãos da Administração federal, independentemente da celebração de convênio que determine a finalidade desse compartilhamento.

Embora os dados protegidos por sigilo não façam parte desse novo cadastro,[8] por expressa exclusão estabelecida no art. 1º, §2º, do Decreto, o oposto não se verifica. Isso significa dizer que, embora outros órgãos não possam ter livre acesso aos dados fiscais dos cidadãos, o Fisco Federal, detentor natural dessas informações, terá acesso à extensa base de dados da União para, assim, otimizar as suas funções. Veja-se:

> "Art. 1º Este Decreto estabelece as normas e as diretrizes para o compartilhamento de dados entre os órgãos e as entidades da administração pública federal direta, autárquica e fundacional e os demais Poderes da União, com a finalidade de:
> [...]
> III – possibilitar a análise das condições de acesso e manutenção de benefícios sociais e fiscais;
> [...]
> V – aumentar a qualidade e a eficiência das operações internas da administração pública federal."

Mas de que maneira esse cadastro poderia ser utilizado como insumo ao exercício da atividade arrecadatória dos tributos, afinal? A bem da verdade, sendo uma inovação legislativa tão recente, ainda é cedo para afirmar quais usos para essa base de dados poderão ser desenvolvidos pelo Fisco. Porém, dada a sensibilidade e a extensão das informações, é legítimo e urgente que se exija, desde já, transparência absoluta a respeito desse tema, permitindo que a sociedade civil e órgãos fiscalizatórios debatam e controlem os limites a serem observados.

---

[8] A Portaria RFB nº 2.344, de 2011, exemplifica as informações protegidas por sigilo fiscal.

Neste sentido, o caso russo pode ser considerado emblemático. Conforme noticiado pela imprensa internacional, a Administração Tributária do país desenvolveu um poderosíssimo sistema digital que permite o acesso detalhado, em tempo real, às operações praticadas por contribuintes. A despeito do potencial ganho em eficiência dessa ferramenta, para otimizar os trabalhos desempenhados pela fiscalização, o seu uso vem causando preocupações, havendo temores a respeito de possíveis desvios de finalidade nas mãos de governantes com nítida inclinação autoritária.[9]

O assunto adquire ainda mais relevância se levarmos em consideração um aspecto cultural marcante: ainda não há, no Brasil, uma preocupação maior quanto à proteção de dados e da privacidade.[10] A maioria das pessoas não questiona a apresentação do número do CPF quando o lojista oferece, em contrapartida, um desconto no preço da mercadoria. A biometria também é abertamente utilizada para franquear o acesso de pessoas a ambientes de trabalho e até mesmo academias de ginástica, sem que os envolvidos enxerguem, nesse compartilhamento, qualquer risco potencial a direitos.[11]

Na esfera fiscal, diante do constante surgimento e aprimoramento de tecnologias, a exemplo da utilização de filtros em decisões baseadas em algoritmos, é preciso que haja transparência e certeza a respeito do espaço que a Administração possui, na prática, para utilizar novas ferramentas com o objetivo de melhorar o seu desempenho.

As boas práticas demonstram, seja na esfera pública ou privada, no Brasil ou no exterior, que as inferências obtidas a partir da padronização do banco de dados devem ser cautelosas. E se o mundo está em constante evolução, e a Administração Pública tem o dever de aprimorar as suas ferramentas, então os ganhos em eficiência devem ocorrer de forma

---

[9] Nesse sentido, a notícia divulgada pelo Financial Times. Disponível em: https://www.ft.com/content/38967766-aec8-11e9-8030-530adfa879c2. Acesso realizado em 20/11/2019.

[10] Sobre o tema, interessante registrar que em julho de 2019, na Bulgária, o sistema da *Nacional Revenue Agency* (equivalente à Receita Federal no Brasil) foi invadido e dados dos contribuintes foram acessados e divulgados indevidamente, conforme Organização para a Cooperação e Desenvolvimento Econômico – OCDE. Disponível em https://www.oecd.org/tax/transparency/statement-on-the-data-breach-in-the-national-revenue-agency-of-bulgaria.htm. Acesso realizado em 20/11/2019.

[11] Em agosto de 2020 entrará em vigor no Brasil a Lei Geral de Proteção de Dados (Lei nº 13.709, de 2018), a ser observada, inclusive, pela União, Estados e Municípios.

transparente, com ampla divulgação sobre os critérios utilizados para o processamento da base de dados disponível ao Fisco.

2. A utilização de tecnologia por autoridades fiscais

A escalada tecnológica na atividade de fiscalização tributária foi iniciada há duas décadas, com os esforços principalmente da Receita Federal do Brasil, no sentido de promover integração e interoperabilidade entre os seus diversos sistemas, possibilitando o cruzamento das informações prestadas pelos contribuintes e os sujeitos com quem se relacionam.

Os dados disponibilizados pelo Fisco federal demonstram que têm sido alcançados seguidos recordes nos valores arrecadados em decorrência da atividade fiscalizatória.[12] Segundo costuma ser divulgado, os avanços são, em grande parte, atribuídos ao ganho de eficiência decorrentes do emprego de novas e cada vez mais sofisticadas tecnologias nas fiscalizações, do que é exemplo a gigantesca capacidade de processamento e armazenamento de dados que possibilita o cruzamento automático entre as informações obtidas a respeito dos contribuintes pessoas físicas ou jurídicas, a partir das obrigações acessórias e das outras fontes à disposição da Fazenda Pública.

Através de ferramentas desenvolvidas nos últimos anos, como *softwares*, e do investimento na aquisição de novos equipamentos, é possível confrontar em menor espaço de tempo, e com celeridade, as divergências sistêmicas, e facilmente identificar, por exemplo, fraudes em despesas médicas sem lastro na (DEMED) e a ausência de CPF que justifique a inserção de "dependente" na Declaração de Ajuste Anual.

À primeira vista, parece positivo que os diferentes sistemas e bases de dados utilizados pela Administração Tributária, como exposto, sejam integrados e se comuniquem através de alertas sempre que não houver conformidade entre as informações. É, de fato, esperado que as autoridades fiscais possam rapidamente identificar divergências e/ou inconsistências no quotidiano do contribuinte.

---

[12] De acordo com dados disponibilizados, no Plano Anual de Fiscalização 2018, a fiscalização bateu recorde em autuações em 2017. De fato: foram R$ 204,99 bilhões arrecadados contra R$ 143,43 bilhões estimados. Isso representa um acréscimo de 68,5%, o maior resultado de lançamento de crédito tributário já atribuído à Receita Federal do Brasil.

Nesse sentido, é inegável o potencial impacto que a tecnologia pode gerar em termos de eficiência, que, como é sabido, constitui princípio norteador da ação da Administração Pública em geral. A análise manual das informações pelos auditores-fiscais, a partir de fontes distintas, seria extremamente limitada, inviabilizando que fossem exploradas, em todo seu potencial, as informações existentes e tornando virtualmente impossível a identificação de diversas das falhas cometidas.

Por outro lado, embora consista em ferramenta de valor inestimável, que pode – e deve – ser utilizada para embasar as análises realizadas pelos agentes estatais encarregados da fiscalização tributária, o cruzamento de dados, por meio de previsões algorítmicas, não deve ser tido como critério único para a tomada de decisões, como se pudesse substituir a atividade humana.

Em âmbito federal, já faz parte da rotina das empresas o recebimento de decisões (os chamados "despachos decisórios") rejeitando compensações efetuadas por iniciativa dos contribuintes, com a utilização de créditos tributários por eles identificados, quando fundamentadas única e exclusivamente na mera identificação automática de inconsistências entre as obrigações acessórias transmitidas pela pessoa jurídica e, eventualmente, pelas outras entidades com as quais mantém relações comerciais.

Tal prática vem sendo acertadamente repelida pelos órgãos julgadores na esfera administrativa,[13] sob a justificativa de que viola o direito fundamental dos cidadãos e empresas à motivação e fundamentação dos atos da Administração Pública, sobretudo aqueles que impliquem restrições ao direito de propriedade, como é o caso das exigências fiscais.

Mais recentemente, novos mecanismos baseados em ferramentas tecnológicas têm sido desenvolvidos pelas administrações tributárias no Brasil e no mundo para aprimorar as suas atividades. Dentre essas

---

[13] Vide acórdão nº 1003-001.065, julgado, por unanimidade de votos, pela 1ª Seção de Julgamento, 3ª Turma Extraordinária, do Conselho Administrativo de Recursos Fiscais – "CARF", em 10/10/2019, em cuja ementa se lê: "COMPENSAÇÃO. ANÁLISE DE PROVAS. DIREITO DE DEFESA. OBSERVÂNCIA OBRIGATÓRIA. NULIDADE DO DESPACHO DECISÓRIO. Cabe à autoridade guiar-se pelos princípios elementares que regem o processo administrativo, dentre eles o formalismo moderado, do contraditório e da ampla defesa. Configurado o desrespeito aos princípios do contraditório e da ampla defesa, deve o processo retornar à DERAT Rio de Janeiro para a emissão de um novo Despacho Decisório, nos termos do artigo 59 inciso II, §§ 1º e 2º do Decreto 70235/1972. [...]".

novas ferramentas, destaca-se o desenvolvimento de soluções baseadas em inteligência artificial, do que é exemplo o uso de algoritmos para automatizar decisões que fazem parte da rotina dos órgãos encarregados da arrecadação tributária, como a seleção dos contribuintes a serem submetidos à fiscalização.

O objetivo desse tipo de programação – algoritmos de inteligência artificial – é identificar e criar padrões comportamentais e, assim, solucionar problemas, como o crime de sonegação fiscal. De fato, além de poderosas ferramentas capazes de gerar ganhos significativos, em termos de eficiência e precisão na análise e processamento de dados, a fiscalização digital, através de algoritmos, pode eliminar os indesejáveis subjetivismos e vieses inerentes a toda atividade humana, evitando o uso arbitrário de poder.

Contudo, não se pode perder de vista que, por serem elaborados por seres humanos, que são os responsáveis por selecionar os parâmetros a serem considerados nas avaliações automáticas e conclusões geradas pelos algoritmos, o uso desses códigos pode se tornar questionável, ameaçando garantias constitucionais.

Veja-se o exemplo da DECRED, que é obrigação acessória entregue por administradoras de cartão de crédito. Essas empresas informam ao Fisco as operações acima de determinado limite, e a partir desse conjunto de dados o Fisco pode, em tese, identificar omissões de rendimentos e inconsistências diante do gasto mensal incorrido pelo contribuinte. Mas gastar muito, ou estar negativado perante instituições financeiras, não significa, necessariamente, a prática de crimes, como o de sonegação fiscal, a ensejar sanção. O contribuinte que gasta mais do que ganha/declara pode estar praticando sonegação, ou pode apenas ser descontrolado financeiramente. Por esse motivo, apenas a análise bruta e isolada desses dados embora indique um caminho, não tem máxima eficiência pois há situações que comprometem o resultado da verificação.

É preciso aprimorar a análise dessa base, assim como a de outras fontes. No entanto, é urgente, em paralelo, que haja transparência na definição dos critérios a que serão submetidas as informações, pois é sensível a criação de padrões comportamentais para os contribuintes no âmbito da atividade fiscal.

Embora ainda tímida a discussão sobre o controle a ser exercido no uso dessa tecnologia pelo Fisco, é possível estabelecer premissas mínimas, principalmente de transparência na definição dos parâmetros utilizados para a criação dos referidos padrões.

Cass Sunstein, Jon Kleinberg, Jens Ludwig, e Sendhil Mullainathan destacam que,[14] em diversas circunstâncias, a inserção de informações relativas a gênero e raça nos parâmetros utilizados pelo algoritmo, por exemplo, pode produzir decisões discriminatórias e violadoras do direito constitucional à igualdade. E é por isso que os autores realçam como necessária uma absoluta transparência quanto aos *inputs* que integram as cadeias de decisões percorridas pelos códigos matemáticos que são os algoritmos.

Uma reflexão semelhante voltada ao uso de algoritmos nas funções de fiscalização tributária nos obriga a questionar a legitimidade dos parâmetros adotados pelos desenvolvedores destes códigos. Atualmente, a realidade é que pouco se conhece acerca do tema, não havendo debate público a respeito de em quais situações os algoritmos são empregados e os parâmetros considerados, o que inviabiliza completamente o exercício de controle social.

Ora, se, em determinadas situações, esses algoritmos definem e orientam a atuação de agentes estatais dotados de poderes consideráveis e municiados de uma infinidade de informações a respeito de todo e qualquer cidadão, o mínimo que se pode exigir é que haja diálogo aberto sobre o seu funcionamento, ou seja, que estejam claros os mecanismos utilizados para filtrar quem deve ser fiscalizado, e em que circunstância isso deve ocorrer.

A ausência de disciplina normativa sobre a tomada de ações e decisões estatais baseadas em engenharia computacional abre espaço para uma discricionariedade desmedida dos agentes públicos, deixando-os também sob risco de praticar atos pelos quais poderão ser responsabilizados futuramente.[15]

---

[14] Kleinberg, Jon and Ludwig, Jens and Mullainathan, Sendhil and Sunstein, Cass R., *Discrimination in the Age of Algorithms* (February 5, 2019). Disponível em: https://ssrn.com/abstract=3329669. Acesso realizado em 23/01/2019.

[15] É esperado que a Lei de Abuso de Autoridade (Lei nº 13.869, de 2019) seja questionada judicialmente por entidades representativas de auditores-fiscais, pois, segundo defendem, poderia haver inconstitucionalidade na restrição de suas competências.

Um caso tornado público ilustra bem o que se está a dizer. Como se sabe, a imprensa noticiou que uma ampla investigação fiscal a cargo de unidade especial da Receita Federal do Brasil vinha sendo conduzida sobre diversas autoridades de diferentes Poderes do Estado, incluindo até mesmo ministros do Supremo Tribunal Federal.

Defendendo-se das acusações de que tais investigações teriam origem política, buscando retaliar essas autoridades por seus posicionamentos no exercício de suas atribuições, a Receita Federal do Brasil afirmou que as ações fiscais teriam tido início a partir da seleção automatizada dos contribuintes, com fundamento em determinados parâmetros objetivos, como renda, movimentação financeira, evolução patrimonial e a sua compatibilidade com rendimentos conhecidos, não havendo o que se falar em retaliação, critérios efetivamente objetivos e legítimos, e é o que se deve crer, na ausência de controles claros.

Por óbvio, autoridades públicas devem se submeter aos controles a que se sujeita qualquer cidadão, sendo legítimo que se exija um rigor ainda maior nesses casos. No entanto, à falta de uma maior transparência no uso de algoritmos que definem o contribuinte a ser fiscalizado, e de uma disciplina normativa mínima sobre o tema, é urgente o debate sobre os limites da utilização de sofisticadas tecnologias pelo Fisco.

Se a divulgação dos critérios adotados no desenvolvimento dos códigos utilizados na atuação estatal constitui um pressuposto mínimo em um estado democrático de direito, em que deve prevalecer a transparência, fato é que isto não esgota o debate público. Conhecidas as premissas que integram os algoritmos, caberá a análise acerca da sua legitimidade.

Tome-se como exemplo o Estado de São Paulo, que instituiu, através da Lei Complementar nº 1.320, de 2018,[16] o Programa de Estímulo à Conformidade Tributária – "Nos Conformes",[17] o qual permite classificar os contribuintes do Imposto Sobre Operações Relativas à Circulação de Mercadorias e Sobre Prestações de Serviços de Transporte Interesta-

---

[16] O Decreto Estadual nº 64.453, de 2019, regulamenta a classificação dos contribuintes do ICMS, no Estado de São Paulo, conforme previsto no art. 5º da Lei Complementar nº 1.320, de 2018.

[17] O Estado de São Paulo disponibiliza informações detalhadas sobre o Programa no seu site, disponível em https://portal.fazenda.sp.gov.br/servicos/nosconformes/Paginas/Sobre.aspx. Acesso realizado em 20/11/2019.

dual e Intermunicipal e de Comunicação ("ICMS") a partir do grau de cumprimento das normas tributárias, sistemática usualmente conhecido como *rating*.[18]

Em certa medida, a iniciativa pode ser considerada louvável, uma vez que ao fim e ao cabo, busca legitimamente incentivar pagamento do ICMS em seu território, premiando os contribuintes que alcançam as melhores pontuações com critérios diferenciados de fiscalização, prioridade na restituição de tributos, dentre outras vantagens oferecidas por esta categorização.

No entanto, um exame mais acurado dos critérios estabelecidos para a atribuição das "notas" aos contribuintes revela a utilização de parâmetros de validade duvidosa nesse programa, mais especificamente aquele que diz respeito à classificação, no próprio *ranking* da Fazenda Estadual, das pessoas jurídicas contratadas pelo contribuinte para o fornecimento de mercadorias e serviços. A esse respeito, o Superior Tribunal de Justiça já se manifestou pela impossibilidade de o Estado impor sanções ao adquirente de boa-fé em função de irregularidade praticada por fornecedores.[19]

Dessa forma, verifica-se que a automação das decisões tomadas no exercício das funções típicas da fiscalização tributária encontra limites também na própria jurisprudência consolidada dos tribunais administrativos e judiciais. Sendo assim, os parâmetros cuja adoção implique em consequências rechaçadas pela jurisprudência jamais deveriam ser incorporados aos algoritmos utilizados pela Administração Pública.

De todo modo, o caso da legislação paulista – que, nesse momento, ainda pode ser considerada uma iniciativa isolada no sistema tributário brasileiro – demonstra a importância da divulgação dos critérios utilizados, corroborando o dever de transparência, ao permitir que os contribuintes paulistas submetam os próprios algoritmos a controle judicial, se assim entenderem correto.

---

[18] A Receita Federal do Brasil disponibilizou a Consulta Pública nº 4, de 2018, para receber opiniões sobre programa a ser lançado pelo Órgão, que pretende estimular as empresas a adotarem boas práticas por meio do estabelecimento de rating de contribuintes. Na esfera federal, a iniciativa denominada "Pró-Conformidade" ainda não está em vigor.

[19] STJ. Súmula nº 509. "É lícito ao comerciante de boa-fé aproveitar os créditos de ICMS decorrentes de nota fiscal posteriormente declarada inidônea, quando demonstrada a veracidade da compra e venda".

Não é demais mencionar, por fim, que em 2020 entrará em vigor a Lei Geral de Proteção de Dados (Lei nº 13.709, de 2018), garantindo aos contribuintes a possibilidade de saberem quais dados se mantém armazenados, de que forma são tratados, bem como o direito de requererem a retificação ou eliminação, conforme o caso, quando estes forem utilizados de forma equivocada. E é claro, então, que a atividade fiscalizatória não poderia ser ignorada diante de todo esse contexto.

Conclusões

No presente artigo, partiu-se do pressuposto de que, em um mundo no qual, cada vez mais, análises e decisões humanas são substituídas por máquinas e processos automatizados, em busca de maior eficiência, velocidade e precisão, é esperado e até mesmo necessário que a Fazenda Pública siga o mesmo caminho. A utilização de ferramentas tecnológicas, a exemplo dos algoritmos, é uma realidade e pode garantir ganhos significativos na arrecadação tributária e no uso racional dos recursos públicos.

Com efeito, a depender dos *inputs* realizados em sistemas de triagem, sobre quem fiscalizar, como fiscalizar e por que fiscalizar, bem como nos bancos de dados mantidos à disposição, os resultados obtidos podem ser enviesados e até mesmo discriminatórios. Por isso, para que haja legitimidade das decisões administrativas é preciso, antes de tudo, que exista transparência na utilização da tecnologia. Afinal, em uma democracia constitucional, que pressupõe a imposição de limites ao poder do Estado, a transparência dos atos praticados por agentes estatais precisa ser a regra.

Diante desse contexto, buscou-se proporcionar uma reflexão acerca da necessária observância dos limites impostos pelos mandamentos constitucionais que norteiam a atuação da Administração Pública, bem como pelos direitos e garantias individuais dos contribuintes. Tais limites devem ser respeitados, sob pena de se transmudar o agir legítimo e imparcial das autoridades fiscais em arbítrio.

Referências

KLEINBERG, JON AND LUDWIG, JENS AND MULLAINATHAN, SENDHIL AND SUNSTEIN, CASS R., *Discrimination in the Age of Algorithms*. Disponível em https://ssrn.com/abstract=3329669or http://dx.doi.org/10.2139/ssrn.3329669.

LAKS, L. R. Liberdade de informação e privacidade: o debate sobre a constitucionalidade da transferência do sigilo bancário à administração tributária. In: Revista de Direito Público. Londrina, 2017.

13. Economia Digital e IVA em Países Federativos: os Desafios do Caso Canadense

Melina Rocha Lukic

Introdução

A aprovação da reforma tributária no Brasil parece ser uma realidade cada vez mais próxima. Os modelos propostos centram-se na implementação de um IVA, seja um IVA único partilhado entre União, Estados e Municípios ou separadamente através de um modelo dual.

Seja qual for o modelo, fato que é que a simples adoção de um modelo IVA nos padrões internacionais vai solucionar inúmeros problemas que o atual sistema brasileiro enfrenta, principalmente no que tange aos desafios impostos pela economia digital.

Atualmente, a repartição da base tributável entre produção, comércio e serviços impõe enormes problemas principalmente relacionados à identificação do « fato gerador » e, por consequencia do ente competente para tributar. A economia digital não está mais restrita na dualidade produtos X serviços e, portanto, um sistema tributário com base fragmentada tal como o brasileiro não é capaz de responder a estas questões sem maiores discussões. Serviços e produtos como computação na nuvem (cloud computing), economia compartilhada (sharing economy), internet das coisas (IoT), não podem ser apreendidos pelo atual modelo brasileiro. O principal problema do atual modelo brasileiro está no enquadramento das atividades da economia digital, já que podem ser muitas vezes identificadas como mercadoria, sobre as quais deveria incidir ICMS, mas ao mesmo tempo como serviços sujeitas, portanto, ao ISS.

Com uma base ampla e uma alíquota que deverá ser única independentemente do tipo de transação, a distinção entre produtos tangíveis, intangíveis e serviços tende a ser irrelevante no sistema IVA. Entretanto, tendo em vista a característica federal do Brasil, a discussão passará a ser onde a transação é efetuada, já que, para garantir o pacto federativo e a autonomia dos entes, as principais propostas garantem uma liberdade para escolha das alíquotas pelos diferentes entes federativos.

Esse é um dos principais problemas no sistema tributário canadense. Tendo adotado um sistema de IVA dual, com alíquotas que podem ser diferenciadas a depender da província, a questão central é localizar onde determinada foi realizada e onde se localiza o seu destinário/consumidor.

O objetivo do presente artigo é analisar, à luz do modelo canadense, os desafios da economia digital em um país federativo em que a competência para tributar o consumo é repartida entre o governo federal e as unidades subnacionais e estes podem escolher diferentes alíquotas. Conforme veremos a seguir, a discussão não se centra mais na qualificação do fato gerador, mas em onde este ocorre, bem como na localização do destinatário final da operação.

1. A base tributável do IVA Canadense é ampla o bastante para incluir os produtos e serviços da economia digital?

O Canadá implementou o GST (Goods and Services Tax) – imposto nos moldes do IVA – na esfera federal em 1991. De acordo com a Constituição canadense, visão que também foi referendado pela Suprema Corte do país, tanto a esfera federal quanto as províncias têm competência para criar tributos indiretos sobre o consumo. Por razões políticas e federativas, o governo federal decidiu unilateralmente iniciar a implementação do GST primeiramente na sua esfera, mas a proposta original já previa a possibilidade das provinciais adotarem o IVA em suas esferas de forma harmonizada ao GST do governo federal. Atualmente 5 das 10 províncias adotam o modelo harmonizado. Nestas províncias, se aplica o HST (Harmonized Sales Tax), com uma alíquota total que engloba a federal (5%) e a provincial (8% ou 10%). Quebec tem seu próprio IVA (QST) mas que é quase totalmente harmonizado ao IVA Federal. Nas demais províncias só se aplica o GST federal e as províncias mantém seus próprios retail sales tax.

A base de incidênia do tributo é o «supply» (fornecimento). Assim, uma das perguntas mais importantes a ser respondida ao considerar a aplicação das regras do GST Canadense é saber se um «supply» foi feito. Sempre que houver um «supply» seja do que e como for, haverá a tributação pelo GST. O «supply» é amplamente definido pela legislação como a provisão de bens ou serviços de qualquer maneira.

O termo é amplo o suficiente para abranger praticamente todas as transações, incluindo: venda ou aluguel de mercadorias; prestação de serviços; venda, arrendamento, licença ou outra transferência ou concessão direito de uso de bens imóveis; cessão de direitos sob um contrato; licenciamento para uso de direito autoral ou patente; permuta ou troca de bens ou serviços, etc[1].

Para que o GST incida o «supply» tem que ser de propriedade e serviços. A legislação define então amplamente propriedade como «qualquer propriedade, real ou pessoal, móvel ou imóvel, tangível ou intangível, corporal ou incorpórea, e inclui um direito ou interesse de qualquer espécie, uma ação e uma ação escolhida, mas não inclui dinheiro»[2]. Serviços são igualmente definidos de forma ampla como sendo «qualquer coisa que não seja propriedade».

Estas definições tão amplas tanto de propriedade quanto de serviço fazem com que a base tributável do GST inclua a maioria dos produtos e serviços da economia digital. O desafio, portanto, não seria o enquadramento das transações praticadas pela economia digital, mas onde elas ocorrem.

[1] Além disso, a legislação considera vários outros eventos como «supply», tais como: apropriação de ativos comerciais para uso pessoal de um acionista, sócio ou pessoa relacionada; benefícios tributáveis concedidos a funcionário; um construtor de instalações residenciais novas ou substancialmente reformadas que usa as instalações como um imóvel para aluguel; e bem decapital que é usado em uma atividade comercial isenta. Estas equiparações a «supply» geralmente são criadas para evitar distorções econômicas (atividades parecidas são tributadas enquato outras não) ou para diminuir a possibilidade de evasão fiscal.
[2] Excise Tax Act, section 123: "Any property, whether real or personal, movable or immovable, tangible or intangible, corporeal or incorporeal, and includes a right or interest of any kind, a share and a chose in action, but does not include money."

2. «Place-of-supply» e os desafios da economia digital em um país federativo

O IVA Dual do Canadá implica no fato de que a alíquota do HST (a parte provincial) varia de acordo com a província. Para se definir a alíquota aplicável, bem como para fins de determinação da destinação do dinheiro entre as províncias (já que a arrecadação é feita de forma centralizada pelo governo federal), se faz necessário definir onde o «supply» ocorre. Estas regras são chamadas de «place-of-supply rules».

São estas regras que trazem mais dificuldades aos novos produtos e serviços da economia digital. Isto porque, para se definir a regra e as alíquotas aplicáveis, é preciso determinar, primeiro, se o supply se refere a um produto tangível, intangível ou a um serviço. Regra geral, o local do fornecimento de bens mercadorias tangíveis é determinado pelo local da entrega. Se a entrega ocorre na província de Ontário, por exemplo, se aplica o HST com a alíquota de Ontário (13%). Quanto aos serviços, a regra geral é que os serviços são prestados no local de domicílio do tomador do serviço. Entretanto, alguns serviços – chamados de «pessoais» – são tributados no local onde eles são prestados.

As regras se complicam ainda mais quando se trata de bens intangíveis. Quanto a estes, as regras variam dependendo se os direitos podem ser usados principalmente apenas em uma província ou não, se não são restritos e se podem ser usados em todo o Canadá sem restrição geográfica.

A diferenciacão das «place-of-supply rules» de acordo com o que está sendo fornecido tem trazido dificuldades na aplicação do GST/HST no Canadá já que, em virtude destas regras, se faz necessário uma determinação quanto à natureza do fato gerador que está sendo tributado (se bem tangível, intangível ou serviços).

Mesmo que não se tenha muitas dúvidas que o supply será tributado, já que a sua definição é bem ampla, a determinação do local onde ele ocorre e da alíquota aplicável na prática exigem o mesmo tipo de determinação quanto à natureza do fato gerador e, portanto, acabam gerando o mesmo tipo de discussão de um sistema de bases fragmentadas ou de alíquotas diferenciadas.

3. Vendas efetuadas por não-residentes e não inscritos no Canadá ou nas províncias

Se as «place-of-supply rules» determinarem que o supply foi realizado dentro do Canadá, então a transação ficará sujeita à incidência de GST/HST. Entretanto, o governo federal não exige que as empresas que fornecem produtos ao país se registrem, recolham e paguem o GST/HST a não ser que estejam «carrying on bussines» no Canadá.

As regras de «carrying on bussines» não são objetivas e apenas indicam um série de critérios (em geral ligados à presença física do fornecedor) para definir se uma pessoa deve se registrar ou não para fins de GST/HST e, assim, passar a recolher e pagar o tributo sobre as vendas realizadas no país. Caso o fornecedor não seja registrado, o destinatário do bem ou serviço passa a ser o responsável pelo pagamento do tributo devido (self-assessment.).

Ou seja, tendo em vista que as regras de *«carrying on bussines»* dificilmente se aplicam a fornecedores de bens e serviços digitais, já que não mantém qualquer presença física no país, os consumidores de tais bens e serviços deveriam pagar o tributo de forma espontânea.

Este é um problema recorrente em diversos países do mundo e muitos deles têm criado regras especiais para exigir o registro e o recolhimento dos tributos pelos fornecedores estrangeiros quando o consumidor está localizado no respectivo país.

Entretanto, o atual governo federal do Canadá já afirmou em diversas oportunidades que não apresentará regra semelhante à de outros países para não-residentes. Apenas duas províncias – Quebec e Saskatchewan criaram regras mais abrangentes para registro de não residentes, de modo a enquadrar fornecedores de bens e serviços digitais que não tem presença física nas províncias.

No Quebec, são obrigados a se registrarem e a recolherem o QST os não residentes do Quebec que fornecerem bens tangíveis, intangíveis e serviços para destinatários localizados na província. A província inclusive criou regras especiais para plataformas digitais. Neste caso, a plataforma é a única resposável a reoclher o tributo pelas vendas por ela realizadas.

Conclusões

Conforme analisado, um IVA com base ampla tende a abranger todos os serviços e produtos fornecidos pela economia digital. Entretanto, quando se trata de um país federativo em que diferentes alíquotas podem ser aplicadas pelos entes subnacionais, a questão passa a ser onde se realiza a operacão e qual aliquota aplicar. Esta discussão deve ser bem definida nas novas regras a serem criadas pela reforma tributária no Brasil para não voltarmos a toda discussão sobre a natureza da operacão tal como ocorre no atual modelo.

14. O Conceito de Serviço como "Obrigação de Fazer" no Direito Tributário Brasileiro, seus Reflexos para a Reforma Tributária e Economia Digital

ANA CLARISSA MASUKO

Introdução

O alcance semântico do termo "serviço" e suas repercussões no direito tributário brasileiro não é assunto novo: grandes juristas vêm se debruçando sobre o tema, especialmente à luz da crescente importância que o setor terciário alcançou no âmbito da economia digital.

A revolução nas telecomunicações e a criação de novas tecnologias, permitiram não apenas o surgimento de novos serviços, como o fenômeno da "servicificação", entendido como a crescente interconexão entre o setor de serviços, e os demais setores econômicos – da agricultura e da indústria. Os serviços são importantes insumos para a produção, agregam valores dentro dos processos internos das empresas e das mercadorias.

Com o advento da estruturação cadeias de fornecedores de forma global e a necessidade de redução de custos e aumento de eficiência, alocou-se suas etapas em diversas jurisdições; em decorrência, incrementou-se o processo de "servicificação", atrelados a serviços como P&D, *design*, logística, serviços de pós-vendas, *branding*.[1]

---

[1] SANTOS, Vanessa. A servicificação da manufatura: conceitos, evidências e implicações. Disponível em: https://economiadeservicos.com/2018/11/16/a-servicificacao-da-manufatura-conceitos-evidencias-e-implicacoes/.

"Serviço", na esfera econômica é reputado como categoria residual. Pesquisando-se vários autores, de diversas nacionalidades, que investigaram o tema, tem-se, em comum, o caráter residual do setor de serviços, alcançado após a delimitação dos setores primário (que envolve a agricultura e a extração mineral) e secundário (abrangendo a indústria e a manufatura), o que acaba por incluir, nesse conjunto, universo heterogêneo de bens.

Anita Kon ao consolidar as principais características tradicionais dos serviços, elencou[2] i. intangibilidade – os serviços são intangíveis e perecíveis, sendo, normalmente, consumidos no ato da produção, não podendo ser estocados; ii. efemeridade; iii. alta interação entre prestador-consumidor; iv. alta intensidade de trabalho – a qualificação do produtor é vendida diretamente ao consumidor, sendo, normalmente, difícil a venda em massa; v. dificuldade de mensuração da eficiência, que são subjetivas, havendo grande variação de preços e fuga de padrões teoricamente estabelecidos; vi. necessidade de proximidade territorial ao mercado consumidor.

Essas características são variáveis em função das espécies de serviços e estão em plena transformação, com os avanços experimentados nas telecomunicações. Anita Kon ressalta a mudança dos conceitos tradicionais aplicados aos serviços, após as transformações substanciais perpetradas pela informática. É o caso de serviços em que a produção e o consumo são simultâneos, no tempo e espaço, que passam a poder ser entregues por serviços de telecomunicação.

O comércio exterior de serviços, na atualidade, excede em volume e em valor o de mercadorias – cerca de dois terços das operações globais ou 65%, desenvolveram-se no setor de serviços. O desenvolvimento tecnológico permitiu a progressiva internacionalização do setor que, desde o ano de 2000, cresce a uma média de 11% ao ano, compondo parte substancial da pauta de exportações, de países como China, Índia, Singapura[3]. No âmbito das economias internas dos países, o protagonismo crescente dos serviços também é uma realidade global.

---

[2] KON, Anita. Nova Economia Política dos Serviços, p. 203 et seq. São Paulo, Perspectiva, CNPq, 2015.

[3] Cf. ORTINO, Federico. *Regional Trade Agreements and Trade in Services, Bilateral And Regional Trade Agreements: Commentary, Analysis And Case Studies*, Lester & Mercurio, eds, Cambridge University Press.

A crescente relevância do setor de serviços demanda novos mecanismos para a estruturação da tributação, seja pelos embaraços no estabelecimento de mecanismos eficientes para captação dos fluxos dos bens intangíveis, pela heterogeneidade desses bens, pela possibilidade desenvolvimento de atividades prescindindo de presença física dos agentes nas respectivas jurisdições.

Os novos modelos de negócios, focados na intangibilidade dos bens, trazem desafios globais, especialmente considerando a velocidade em que ocorrem as transformações, que pouca margem deixa para que os sistemas jurídicos se apropriem e processem essas informações.

Um dos desafios primários é a própria definição do termo "serviço", núcleo material da norma jurídica de tributação e determinação do seu âmbito de incidência. A heterogeneidade e a amplitude do setor terciário, que inclui serviços públicos, serviços sensíveis às políticas públicas, como financeiros, de educação e telecomunicações, são fatores que contribuem para esses embaraços.

O Acordo Geral sobre Comércio de Serviços, ou *General Agreement on Trade in Services* – GATS[4] celebrado no âmbito da Organização Mundial do Comércio – OMC, como um dos apêndices que resultaram das negociações da Rodada do Uruguai, assinado no encontro ministerial em Marrakesh, em abril de 1994, estabeleceu a plataforma legal para o comércio de serviços no plano multilateral. Traz regras a serem seguidas pelos Estados como o princípio da nação mais favorecida e do tratamento não – discriminatório, regras para liberação de mercados, transparência fiscal, dentre outras.

Não há, contudo, no GATS, uma definição de serviços, reconhecendo-se a inexistência de uma aceitável definição que contemple, adequadamente, a natureza intangível dos serviços[5], trazendo, em seu lugar, modos de prestação de serviços.

Sobre os precedentes históricos do GATS, Umberto Celli Junior relata que a formulação de um acordo multilateral sobre serviços foi incluído na mesa de negociações da Rodada Uruguai em 1986, contudo, essas se desenrolaram lentamente, pois a maioria dos países o encarava com

---

[4] Disponível em: http://www.wto.org/english/docs_e/legal_e/26-gats.pdf.
[5] MONROE Olsen, GATS – National Treatment and Taxation, The Relevance of WTO Law for Tax Matters. Linde Verlag Wien Ges.m.b.H., Wien, 2006, p. 110.

cautela e os países em desenvolvimento estavam refratários à sua inclusão nas negociações multilaterais, por temer o domínio do comércio internacional de serviços e das novas tecnologias, pelos países desenvolvidos.[6]

No âmbito dessas negociações foram apresentados diversos estudos e pesquisas por países desenvolvidos, que convergiram, para as seguintes conclusões[7-8]:

> i. faltava uma definição mais clara sobre o comércio de serviços;
> ii. os dados disponíveis sobre esse comércio eram incompletos;
> iii. muitos setores de serviços, tais como financeiros, comunicações e transportes eram fortemente regulamentados e a grande variedade de regulamentação adotada por diferentes países, dificultava a abertura do setor;
> iv. uma ampla gama de barreiras comerciais, tais como restrições de acesso a mercado, limitações quanto à condução de negócios por empresas estrangeiras e medidas restritivas à circulação de moedas, impedia o comércio de serviços; e
> v. a importância do setor de serviços requeria uma reavaliação de seu papel na formulação de políticas comerciais.

As principais discordâncias nas negociações relacionaram-se à própria definição de "serviços", a abrangência do segmento, quais regras do comércio seriam apropriadas para regular as operações, cronograma para os membros assumirem compromissos, relações com o comércio de mercadorias.

O setor terciário é bastante diversificado, congregando uma série de atividades distintas entre si, cujos denominadores comuns são a invisibilidade e a intangibilidade, fatores que dificultaram a análise quantitativa de barreiras.

---

[6] CELLI Junior, Umberto. Negociações Relativas ao Comércio de Serviços na Rodada Uruguai do GATT: semelhanças com a Rodada Doha da OMC, Revista da Faculdade de Direito da Universidade de São Paulo v. 102, jan./dez. 2007, p.p. 507-508.
[7] Ibidem, p. 511.
[8] As informações detalhadas sobre a posição dos países nas negociações podem ser encontradas em CELLI Junior, Umberto. Comércio de serviços na OMC: liberalização, condições e desafio. Curitiba: Juruá, 2009 p. 50 et seq.

Muito embora o GATS, tenha sido ratificado em 1994, são poucos os avanços no comércio de serviços, especialmente porque, a despeito de trazer princípios e regras gerais para a disciplina do setor, nos moldes do GATT, sua eficácia é bastante prejudicada por Listas de Compromissos Específicos, que condicionam as obrigações assumidas à aceitação de cada membro e pela hierarquia nos instrumentos de proteção.

Esses desafios apresentam-se para o direito tributário, diante da importância dos serviços, da constatação das deficiências da sua tributação com o esmaecimento das fronteiras para a estruturação financeira das empresas multinacionais, da consideração de que substancial parte da economia é composta por serviços e intangíveis, vitais para a economia mundial e da grande mobilidade de pessoas e fatores econômicos.[9]

Na OCDE a Conferência de Ottawa desenvolveu as *International VAT/GST Guidelines* para serviços e intangíveis, para orientar os Estados na edificação de sua legislação interna, com vistas à eliminação dos riscos de múltiplas tributações ou da não-tributação, na aplicação dos tributos indiretos no comércio internacional de serviços[10]. Esse é um trabalho de consolidações periódicas, abertas a consultas públicas, prestando-se como relevante referência, em virtude dos esforços de sistematização, que contam com a colaboração de membros.

Nas *International VAT/GST Guidelines* operou-se com uma definição de serviços que tem na tangibilidade o critério para a classificação dos bens, dividindo-os em bens corpóreos, ou aqueles apreensíveis pelos nossos sentidos, que podem ser vistos e tocados e ocupam lugar no espaço; e bens incorpóreos, que não têm existência física e não são apreensíveis por nossos sentidos. Todos os bens intangíveis seriam serviços. "Serviço" seria uma categoria que englobaria o fornecimento de trabalho, como jurídico, contábil, de engenharia, além da locação de bens móveis, cessão de direitos, como direito de marca, de autor, de *softwares*, *royalties*.

A União Europeia logrou harmonizar as principais características do IVA, através de diversas diretivas, em especial, a Sexta Diretiva, que

---

[9] LIAO, Tizhong. *Taxation Of Cross-Border Trade In Service: A Review Of The Current International Tax Landscape And The Possible Future Policy Options*, 2013, E/C.18/2013/CRP.16, 2013, p. 21. Disponível em::http://www.un.org/esa/ffd/tax/ninthsession/CRP16_CrossBorderTrade.pdf
[10] Disponível em: http://www.oecd.org/ctp/consumption/international-vat-gst-guidelines.htm

permite algumas variações na legislação dos membros. Essa circunstância permitiu que o IVA europeu servisse de modelo para o direito positivo de muitos países, de sorte que, no âmbito da OCDE, apenas a Nova Zelândia e o Japão guardam diferenças relevantes em relação a esse modelo.[11]

Sob a inspiração do imposto sobre o valor acrescido francês, TVA, de 1954, adotou-se, na União Europeia, um conceito de serviços por exclusão, isto é, são todos os bens imateriais – um conceito pela negativa. Portanto, no IVA europeu, que tributa sob uma base unificada, mercadorias e serviços, a racionalidade para a diferenciação entre os bens, é a mesma da OCDE.

Essa forma de definição de serviços, pela negativa ou como categoria residual, além de se coadunar com os critérios que a Economia emprega, o que já lhe reveste de operacionalidade no estabelecimento de políticas fiscais, possibilita praticabilidade na tributação do consumo e atende os desígnios da economia digital.

Sob esse último tópico, num ambiente econômico que, como já referido, os bens intangíveis detêm protagonismo crescente, como também, há o surgimento cotidiano de novos bens, esse critério lógico de classificação, permite a acomodação dessa evolução.

O objeto do trabalho é analisar como o ordenamento jurídico brasileiro define "serviço" para a tributação e seus reflexos no conflito de competências tributárias e no fomento da economia digital, a mutação da jurisprudência do Supremo Tribunal Federal-STF e reflexões sobre como as propostas de reforma tributária absorverão essas questões.

1. Conceito de "serviço" no Brasil: doutrina civilista e econômica

No Brasil, classicamente, há duas correntes para definição dos serviços: a "econômica" e a "jurídica" ou "civil". De acordo com a primeira, o Direito Tributário apropria-se do conceito atribuído pela Economia aos serviços, ao passo que, na segunda, esse conceito é construído pelo Direito Civil.[12]

---

[11] Cf. THURONYI, Victor. Comparative Tax Law. The Hague: Kluwer Law International, 2003, p. 313.

[12] Partidário da corrente econômica, afirma Sérgio Pinto Martins que "*o entendimento do que seja serviço acha-se radicado na Economia (na ideia de serviço produzido, serviço bem econômico incor-*

Certo é que no direito brasileiro consagrou-se a definição de serviços adotada pela doutrina civilista, cujo conteúdo semântico é de "obrigação de fazer", em contraposição à "obrigação de dar", que implica na constituição de direito real sobre o bem (domínio, direito de uso), e de "não fazer", que se refere a deveres de abstenção, como raízes no direito romano.

Enquanto "obrigação de fazer", "serviço" é considerado espécie do gênero "trabalho", definido como a *"produção, mediante esforço humano, de uma atividade material ou imaterial"*.[13] A "obrigação de fazer" implicaria na elaboração, execução de algo inexistente[14], ao passo que a "obrigação de dar", implicaria na obrigação de entregar algo já existente.[15]

Para os partidários da doutrina civilista, a CF, no inciso III do art.156, teria adotado a definição de "serviços" como instituto próprio do Direito Privado, pois o intuito do legislador constitucional seria atribuir efeitos tributários a atos civis, na forma do art.110 do CTN.[16] A CF veicularia um conceito de "serviço de qualquer natureza" que não comportaria a delimitação de seu alcance semântico nas normas infraconstitucionais, sob pena de se violar a repartição de competências tributárias.

O STF consolidou esse entendimento, em julgado sobre locação de bens móveis, o RE 116121, da relatoria do Ministro Marco Aurélio, e no Ag.Rg. no RE 446003, da relatoria do Ministro Celso de Mello, segundo o qual, a locação de bens móveis não se coaduna com o conceito de serviços, constituindo-se em "obrigação de dar". Posteriormente, esse entendimento se cristalizou na Súmula Vinculante nº 31[17].

---

póreo suscetível de apreciação econômica) e não no Direito (prestação de serviços– relação jurídica)." (Manual do Imposto sobre Serviços. 8ª ed., São Paulo: Atlas, 2013, p. 21).

[13] BARRETO, Aires F. ISS na Constituição e na Lei, 2ª ed., São Paulo: Dialética, 2005, p. 43.

[14] Segundo Orlando Gomes:
"Nas obrigações de dar, o que interessa ao credor é a coisa que lhe deve ser entregue, pouco lhe importando a atividade que o devedor precisa exercer para realizar a entrega. Nas obrigações de fazer, ao contrário, o fim que se tem em mira é aproveitar o serviço contratado."(Obrigações. 18ª ed., rev. e atual., Rio de Janeiro: Forense, 2016, p. 67).

[15] BARRETO, Aires Fernandino. Op. citada, p. 42.

[16] Nesse sentido, Gustavo Machado Pagliuso (Aspectos Tributários da Importação de Serviços. São Paulo: Almedina, 2015, p. 23-31).

[17] "É inconstitucional a incidência do imposto sobre serviços de qualquer natureza – ISS sobre operações de locação de bens móveis."

Para a doutrina "civilista" ou "jurídica", ainda prevalecente, a CF de 1988 teria encampado um conceito de "serviço" originado no Direito Civil, que seria vinculante para o legislador tributário, por força da prescrição do art.110 do CTN.

Nesse contexto, Aires Barreto conceitua serviço como "obrigação de fazer", concernente ao *"esforço de pessoas desenvolvido em favor de outrem, sob regime de direito privado, com conteúdo econômico, em caráter negocial, tendente a produzir uma utilidade material ou imaterial"*.[18] Para o autor, para efeitos de incidência do ISS deve ser verificada, no caso concreto, se há obrigação de entregar coisa já existente, o que configuraria "obrigação de dar" ou de entregar algo a ser executado, o que configuraria a "obrigação de fazer".[19]

Para José Eduardo Soares de Melo, o cerne da materialidade da hipótese de incidência não se refere a "serviço", mas a "prestação de serviço", compreendendo um *"negócio (jurídico) pertinente a uma obrigação de 'fazer'"*, nos moldes do Direito Privado.[20,21]

Nos contratos de prestação de serviço, o "fazer" assumiria maior relevância, pois o prestador é contratado por força de sua *expertise*, ao passo que nas "obrigações de dar", a qualidade e quantidade do objeto, prevaleceriam. Pressupõe essa espécie atividade autônoma, com inde-

---

[18] Op. citada, p. 63.
[19] Nesse sentido, Aires F. Barreto:
A distinção entre dar e fazer como objeto de direito é matéria das mais simples. Basta – aos fins que nos propusemos – salientar que a primeira (obrigação de dar) consiste em vínculo jurídico que impõe ao devedor a entrega de alguma coisa já existente; por outro lado, as obrigações de fazer impõem a execução, o fazimento de algo até então inexistente. Consistem, estas últimas, num serviço a ser prestado pelo devedor (produção, mediante esforço humano, de uma atividade material ou imaterial). Nas obrigações de fazer segue-se o dar, mas este não pode se concretizar sem o prévio fazimento, que é o objeto precípuo do contrato (enquanto o "entregar" a coisa feita é mera consequência).*Ibidem*, p.42-43.
[20] MELO, José Eduardo. ISS – Aspectos Teóricos e Práticos, 5ª ed., São Paulo: Dialética, 2008, p. 37-38.
[21] No mesmo sentido, Kiyoshi Harada, em ISS: Doutrina e Prática. São Paulo: Editora Atlas, 2008, p. 36. CARVALHO, Paulo de Barros. Conceito de "exportação de serviços" para fins de não incidência do imposto sobre serviços de qualquer natureza. BRITTO, Demes (coord) Temas atuais no direito aduaneiro brasileiro e notas sobre o direito internacional: teoria e prática. vol.1.São Paulo: IOB, 2012, p.p. 176-177.

pendência técnica, sem subordinação hierárquica, remunerável e, invariavelmente, de breve duração.[22]

Os adeptos dessa corrente enfatizam o "fazer" ou a execução do serviço, como determinante para a estruturação da tributação, ou seja, o fato gerador, seria a "prestação de serviços", ao passo que o "serviço" seria o objeto do imposto, um *"elemento extrajurídico e econômico"*, como afirma Kiyoshi Harada.[23]

A doutrina do "conceito econômico" do serviço, por sua vez, confere um espectro semântico maior a serviços, mais aderente ao conteúdo atribuído pela Economia, enquanto setor econômico terciário.

Bernardo Ribeiro de Moraes afirma que serviço é *"o resultado da atividade humana na criação de um bem que não se apresenta sob a forma de bem material, v.g., a atividade do transportador, do locador de bens móveis, do médico etc."*[24].

Para Sérgio Pinto Martins, a CF teria adotado um critério econômico para a classificação dos tributos, tendo a Comissão de Reforma Tributária Constituinte buscado nos trabalhos do Mercado Comum Europeu a inspiração para a formatação do sistema tributário brasileiro, cuja definição de serviço engloba bens incorpóreos, na etapa de circulação econômica. "Serviço" seria um conceito lato, que incluiria fornecimento de atividade humana ou de trabalho a terceiro, locação de bens móveis e cessão de direitos, o que se reflete na lista de serviços anexa à LC n. 116/2003.[25]

2. "Serviço" no direito positivo brasileiro

Tomando-se como premissa de análise o dispositivo que fundamentou a Súmula Vinculante nº 31, qual seja, o art.110 do CTN, deve ser verificado como o termo "serviço" é disposto no direito positivo brasileiro.

E isso, por diversas razões, iniciando-se pelo estabelecimento da premissa de que o Direito é uno, isto é, segundo uma visão sistêmica do ordenamento jurídico, não se sustenta o entendimento sobre a

---

[22] Cf. entendimento de Gustavo Pagliuso, em Aspectos Tributários da Importação de Serviços, São Paulo: Almedina, 2015, p. 31.
[23] HARADA, Kiyoshi.Op.citada, p. 36.
[24] MORAES, Bernardo Ribeiro. Doutrina e Prática do Imposto sobre Serviços, São Paulo: Revista dos Tribunais, 1978, p. 42.
[25] MARTINS, Sergio Pinto. Manual do Imposto sobre Serviços, 8ª ed., São Paulo: Atlas, 2013, p.p. 20-26.

prevalência de uma ou outra divisão que apenas devem ser compartimentalizadas para efeitos didáticos. O operador do direito, ao interpretar e constituir a norma jurídica, deverá verificar como os enunciados prescritivos se combinam, tendo como referência uma concepção orgânica do Direito.

Assim, se determinado termo compor enunciados prescritivos voltados para regulação de distintas relações jurídicas, não se tratará de relações de prevalência, rechaçando-se o entendimento de que o Direito Tributário seria um "direito de sobreposição".

Destarte, entender o Direito Tributário como "direito de sobreposição" colidiria com o disposto no art. 146, III, 'a', da CF, como bem afirma Aldemário Araujo Castro[26]. Nos termos do referido dispositivo constitucional, o legislador constituinte teria autorizado o tributário, a definir os fatos geradores e bases de cálculo dos impostos, independentemente do que o Direito Privado dispor.

As leis tributárias devem ser interpretadas em consonância com o contexto normativo em que se inserem, mas o legislador tributário está livre para observar as estruturas do direito privado. O legislador infraconstitucional está adstrito a molduras previamente identificadas na CF, pois esta é a opção que se harmoniza com o modelo constitucional rígido do sistema tributário brasileiro; não obstante, poderá ou não manter a mesma conotação empregada na linguagem ordinária e/ou especializada, oriundas de outros ramos do Direito ou mesmo de outros sistemas, como a Contabilidade.

Destarte, nos termos da competência constitucional atribuída pelo art. 146, II, a, da CF, o legislador tributário poderá manter a significação de base original de determinado termo, acomodando-a ao contexto do sistema jurídico. Todavia, no caso de alteração da conotação original ou corrente do termo, deve haver enunciado prescritivo explícito no direito positivo; do contrário, entende-se que são mantidos os critérios conotativos linguagem originária.

A pragmática demonstra que na maioria dos casos, os termos são tomados no significado vernacular corrente ou de outro subsistema social,

---

[26] CASTRO, Aldemário Araujo. Uma análise crítica acerca da idéia de serviço consagrada na súmula vinculante 31 do STF. Revista da PGFN, Ano I. Número 1 jan./jun., p.123 ss. Brasília, 2011.

sem que haja processo autônomo de elucidação, determinando as balizas às quais o legislador está adstrito no exercício da competência tributária.

Contudo, considerando a inexistência de vedação para o legislador infraconstitucional no estabelecimento de significação para efeitos tributários de determinado termo, o intérprete deverá analisar cada uma das situações que se apresentam.

Em síntese, entende-se que o legislador infraconstitucional não está atrelado de forma inarredável às definições, conceitos e institutos jurídicos erigidos no âmbito do Direito Civil; o legislador tributário pode atribuir outros critérios de uso e outra conotação a um termo. Entretanto, considerando o princípio constitucional da estrita legalidade, deverá ser encontrado, no próprio direito positivo, enunciados jurídicos que demonstrem que a significação empregada por determinado termo, assume espectro semântico distinto daquele já determinado em outro ramo.

A categorização das obrigações é encontrada na Teoria Geral das Obrigações, em "obrigações de dar", "fazer" ou "não fazer", fundando diversos tipos contratuais, nominados ou inominados, restando claro que, na prática, as obrigações não possuem uma das categorias de forma pura ou isolada, sempre havendo a combinação de diversas obrigações. Em um contrato de prestação de serviços, por exemplo, a obrigação do prestador envolve obrigações de dar e fazer combinadas, prevalecendo para o tomador, em geral, a obrigação de dar certa quantia em dinheiro.

O Direito Civil positivado não definiu o conceito de "serviço" enquanto "obrigação de fazer", sendo esta, construção doutrinária, incorporada pela jurisprudência do STF.

A rigor, embora a corrente civilista defenda que o Direito Civil traria um conceito de "serviço" apropriado pelo Direito Tributário, vê-se que o dispositivo do Código Civil de 1916 mencionado pelo RE 116.121, o art.1188, prescrevia que *"na locação de coisas, uma das partes se obriga a ceder a outra, por tempo determinado, ou não, o uso e gozo de coisa não fungível, mediante certa retribuição"*; nos arts. 1.216 a 1.236, prescreviam-se as regras atinentes ao contrato de locação de serviços, sem trazer uma definição para "serviço". A "locação de serviço", disposta no art.1216, era *"toda a espécie de serviço ou trabalho lícito, material ou imaterial"* que *"pode ser contratada mediante retribuição"*.

Com base nesses dispositivos, o relator do RE 116.121 concluiu que o diploma contrapunha locação de coisas e de serviços. E com base na classificação das obrigações entre "dar", "fazer" e "não fazer", concluiu-se pela não subsunção da locação de coisas como espécie de serviço.

O Código Civil de 2002, Lei nº10.406/2002, manteve as mesmas disposições, entretanto, quanto aos serviços, alterou a expressão "locação de serviços" para "prestação de serviços", no Capítulo VII, arts. 593 e seguintes. O art. 593 prescreve que *"a prestação de serviço, que não estiver sujeita às leis trabalhistas ou a lei especial, reger-se-á pelas disposições deste Capítulo"* e o art. 594 que *"toda a espécie de serviço ou trabalho lícito, material ou imaterial, pode ser contratada mediante retribuição".*

Observe-se que o art. 594, ao se empregar a conjunção alternativa "ou", entre serviço e trabalho[27], demonstra que os trata de forma diferenciada, de acordo com o entendimento de que a *lei não contém palavras inúteis.*

O *discrímen* entre essa relação jurídica e a da legislação civil, é a continuidade ou não – eventualidade na prestação, ou seja, "trabalho" submetido ao regime jurídico civil, em conformidade com o art. 593, é o esforço pessoal para geração de utilidade, sob base eventual; "trabalho" na legislação trabalhista, é esforço pessoal, numa relação contratual sob bases permanentes.

Por conseguinte, uma interpretação possível seria a que na legislação civil adota-se "serviço" como gênero, na qual "trabalho" seria espécie, enquanto obrigação de prestar serviço pessoal, na produção de utilidade material ou imaterial, de caráter não eventual[28]. "Serviço", como gênero, teria uma abrangência semântica maior.

---

[27] A Consolidação das Leis do Trabalho, DL n.5.452/1943 trata o termo "trabalho" enquanto relação jurídica que rege a "prestação pessoal de serviço", de natureza intelectual, manual ou técnica, conforme se depreende dos arts. 1º a 3º. Trabalho" no Direito do Trabalho, pode ser entendido como a relação jurídica que envolve o esforço pessoal com o escopo de produção de utilidade material ou imaterial, de natureza não eventual, mediante contraprestação ou salário, conforme art. 3º da CLT.

[28] Nesse sentido entende Sérgio Pinto Martins, para quem:
Os arts. 593 a 609 do Código Civil tratam da prestação de serviço. O art. 593 dispõe que a prestação de serviço, que não estiver sujeita às leis trabalhistas ou à lei especial, reger-se-á pelas disposições dos citados artigos. Envolve, porém, a prestação de serviço um aspecto amplo, englobando o gênero, incluindo várias espécies de trabalhos e até a relação de emprego. Entretanto, o objetivo do Código Civil é substituir a locação de serviços pela prestação de serviços, determinando regras para o trabalho autônomo, que presta serviços tanto por meio da própria pessoa física, como de pessoa jurídica. (Manual do Imposto sobre serviços, 8ª ed., São Paulo: Atlas, 2013, p. 14-15).

O Código de Defesa do Consumidor, Lei nº 8.078/1990 vale-se de uma definição de serviços como "atividade", ao prescrever no art.3º, §2º, que *"serviço é qualquer atividade fornecida no mercado de consumo, mediante remuneração, inclusive as de natureza bancária, financeira, de crédito e securitária, salvo as decorrentes das relações de caráter trabalhista"*. A locução "qualquer atividade" é, certamente, mais ampla em relação a "obrigação de fazer".

A Lei nº 8.666/1993, que institui normas para licitações e contratos da Administração Pública, da mesma forma, traz um conceito amplo de serviço, em seu art. 6º, II, como:

> "toda atividade destinada a obter **determinada utilidade de interesse para a Administração**, tais como: demolição, conserto, instalação, montagem, operação, conservação, reparação, adaptação, manutenção, transporte, locação de bens, publicidade, seguro ou trabalhos técnico-profissionais", frisando-se que a definição de base, ao trazer "serviço", como "utilidade", inclui a locação de bens, dentre suas possibilidades.

De qualquer sorte, para o objetivo do trabalho, é suficiente sublinhar que não se encontra uma definição positivada para "serviço" na legislação civil como "obrigação de fazer", que vincule o legislador tributário no exercício das competências tributárias, nos termos do art.110 do CTN.

3. "Serviço" no Direito Tributário brasileiro

A LC nº 116/2003, ao disciplinar o ISS, assim como já o fazia o DL n. 406/68, traz conceito denotativo de serviço, ou seja, uma lista do que é "serviço", para fins de incidência do imposto municipal. É dizer, o legislador optou por trazer uma lista do que é "serviço" para seus efeitos, ao invés de trazer os critérios conotativos da classe, o que é uma possibilidade lógica, embora possa se discutir sua eficácia.[29,30]

---

[29] Ricardo Guibourg afirma que há duas formas de determinar o significado: a denotação ou extensão, como elementos de uma classe, e a conotação ou designação, como critérios de inclusão a uma determinada classe. Assim a palavra "cachorro" poderia ter como conotação *"mamífero, quadrúpede, com pêlos etc.",* enquanto a sua denotação ou extensão, incluiria *cockers spaniels,* vira-latas, shitzus.
Os critérios que conformam uma palavra de classe, que determinam e demonstram o conceito correspondente é a conotação ou intensão desse vocábulo. A conotação de um termo 't' é composta de todas as propriedades de um objeto, para que se inclua na extensão de 't'.

Relembra Alcides Jorge Costa, que na origem do ISS, quando instituído pela EC nº 18/1965 à Constituição de 1946, pelo art. 71 do CTN, definia-se "serviço" como *"prestação, por empresa ou profissional autônomo, com ou sem estabelecimento fixo, de serviço que não configure, por si só, fato gerador de imposto de competência da União ou dos Estados"*, incluindo a hipótese de locação, em um de seus parágrafos. Contudo, verificou-se, desde o início, que *"uma definição desta ordem prestava-se a vários despautérios, o que não é difícil de imaginar, dada a existência de mais de 5000 municípios"*.[31]

Ademais, havia as dificuldades inerentes à delimitação de competências em relação ao ICM, o que levou à revisão da legislação para alterar a redação conceitual do CTN, redundando no DL nº 406/68, que trouxe a lista de serviços.[32]

Questionou-se a possibilidade de lei complementar limitar a competência tributária dos Municípios, em vista do princípio da autonomia municipal, arts. 29 e 30 da CF, isto é, seria contrária à ideia de rigidez constitucional na delimitação de competências tributárias, a possibilidade de mencionada espécie normativa dispor livremente sobre o campo de incidência do ISS.

Essa questão desembocou na discussão acerca da taxatividade da lista de serviços anexa à lei complementar, ou seja, se esta seria meramente sugestiva dos serviços a serem alcançados pela jurisdição fiscal dos municípios ou limitadora.

O posicionamento do STF é pela taxatividade da lista de serviços, embora, atualmente, a questão será novamente apreciada, com reper-

---

A denotação ou extensão é o conjunto de todos os objetos que podem ser enquadrados em uma determinada palavra, por observarem determinados critérios eleitos, que identificam uma classe. A denotação e a conotação mantêm-se relacionadas, pois são inversamente proporcionais: o aumento de conotação implica na redução de denotação e vice-versa. (GUIBOURG, Ricardo et alii. *Introducción al Conocimiento Científico*, Buenos Aires: Eudeba, 1993, p. 41-42).

[30] Para Victor Thuronyi, a forma de definição de serviços em lista em alguns países, é um fato transitório, que deverá evoluir para uma legislação que defina os serviços pela negativa, na medida em que o mecanismo tem abrangência limitada. Entende o autor que, no futuro, a técnica de listas apenas será empregada para elencar serviços isentos ou com redução de alíquota. Comparative Tax Law. The Hague: Kluwer Law International, 2003, p. 317.

[31] COSTA, Alcides Jorge. Algumas Notas sobre o Imposto sobre Serviços. Revista do Advogado n. 118, vol.32, Associação dos Advogados de São Paulo: São Paulo, Dezembro 2012, p. 9.

[32] Ibidem, p. 10.

cussão geral, no âmbito do RE 615.580. O STJ, por sua vez, no REsp 1.111.234 julgou a questão pela sistemática dos recursos repetitivos, reiterando o entendimento que vinha defendendo desde o DL nº 406/68, pela taxatividade da lista de serviços, porém, com a possibilidade da interpretação extensiva, para a expressão "serviços congêneres".

Fernando Aurelio Zilveti afirma que os itens elencados operam como "índice da lista", tendo um papel exemplificativo, sem força suficiente para estabelecer a incidência normativa, como indica a locução "serviços congêneres" e *"qualquer natureza"*. Cada serviço *"comporta intepretação ampla e analógica exaurida no âmbito do gênero enunciado".*[33] Nesse sentido, Roque Antonio Carrazza, que entende ser a lista exemplificativa[34].

Em sentido contrário, Alcides Jorge Costa, para quem *"lista exemplificativa era como lista inexistente e não é difícil imaginar o que aconteceria em diversos municípios num país que tem mais de 5 mil."*[35]

A análise da lista anexa à LC nº 116/2003, demonstra que dentre os itens arrolados, encontram-se diversos que não se subsomem ao conceito doutrinário de "obrigação de fazer", como o *1.05 (licenciamento ou cessão de direito de uso de programas de computação); o grupo 3, de "serviços prestados mediante locação, cessão de direito de uso e congêneres", incluindo-se* "*3.02 – Cessão de direito de uso de marcas e de sinais de propaganda*", *o 3.03 (exploração de salões de festas, centro de convenções, escritórios virtuais, stands, quadras esportivas, estádios, ginásios, auditórios, casas de espetáculos, parques de diversões, canchas e congêneres, para realização de eventos ou negócios de qualquer natureza); 3.04 (locação, sublocação, arrendamento, direito de passagem ou permissão de uso, compartilhado ou não, de ferrovia, rodovia, postes, cabos, dutos e condutos de qualquer natureza), 3.05 (cessão de andaimes, palcos, coberturas e outras estruturas de uso temporário); 10.04 (agenciamento, corretagem ou intermediação de contratos de arrendamento mercantil, de franquia e de faturização).*

Para a doutrina civilista, quaisquer itens da lista anexa à LC nº 116/2003 seriam inconstitucionais se não forem "obrigação de fazer" e estariam fora do campo de incidência do ISS, bem como do ICMS, pois

---

[33] ZILVETI, Fernando Aurelio. A LC 116/03 do ISS em face dos princípios de direito tributário. FERRAZ, Roberto. Princípios e limites da tributação. São Paulo: Quartier Latin, 2005, p. 545.
[34] Curso de Direito Constitucional Tributário, 14ª ed., São Paulo: Malheiros, 2000, p. 613 et seq.
[35] *Op. citada*, p. 10.

o legislador não teria exercido a competência tributária atinente a esses fatos geradores.[36]

No âmbito da legislação federal foi necessária a disciplina da tributação sobre os serviços, especialmente após a instituição do PIS e a Cofins no comércio exterior de serviços. Nem a Lei n°ˢ 10.865/2004, 10.833/2003 ou 10.637/2002, ao disporem a hipótese de incidência dos serviços, trazem uma definição para o termo, critérios para a estipulação do conceito, nem tampouco uma lista estruturada, nos moldes da LC nº 116/2003, até mesmo porque, nesses casos, não há o conflito de competências a ser dirimido com Municípios e Estados, para o qual a lei complementar foi concebida.

Instituiu-se a Nomenclatura Brasileira de Serviços, Intangíveis e outras Operações que Produzam Variações no Patrimônio – NBS, veiculada pelo Decreto nº 7.708/2012, fundamentada na Lei nº 12.546/2011, que estabeleceu o dever de prestar informações para fins econômico-comerciais relativas às transações entre residentes ou domiciliados no País e residentes ou domiciliados no exterior, que compreendam serviços, intangíveis e outras operações que produzam variações no patrimônio.

Esse marco normativo trouxe instrumento de controle, imprescindível ao monitoramento do comércio exterior de serviços, permitindo, de forma sistematizada, *"a coleta, tratamento e divulgação de estatísticas, no auxílio à gestão e ao acompanhamento dos mecanismos de apoio ao comércio exterior de serviços, intangíveis e às demais operações, instituídos no âmbito da administração pública, bem como no exercício das demais atribuições legais de sua competência"*, como prescreve o art. 25 da Lei nº 12.546/2001.

A NBS foi instrumentalizada a partir de um programa informatizado denominado Siscoserv, análogo ao Siscomex, concebido em 1992 para o controle do comércio exterior de mercadorias ou bens corpóreos, que permitiu a integração de atividades de registro, acompanhamento e

---

[36] Cf. defendem diversos autores, como Raquel Rios de Oliveira, para quem as relações jurídicas que envolvem cessão de direitos, tais como franquia, licenciamento de *softwares*, locação e *factoring*, não se submeteriam ao ISS e aos tributos sobre o consumo, de maneira geral, sendo atividades reveladoras de capacidade contributiva, hábeis a serem tributadas pelo exercício da competência tributária residual da União, prevista no art.154 da Constituição Federal. (A Não Submissão da Cessão de Direitos aos Tributos sobre o Consumo. Tributação sobre o Consumo. SILVA, Paulo Roberto Coimbra (coord.) et ali. São Paulo: Quartier Latin, 2008).

controle das operações, através de um fluxo único de informações, estabelecendo interfaces dos diversos órgãos intervenientes, entre si, e com os importadores e exportadores.

Além do desígnio de controle e estatística, a NBS prestou-se a aparelhar o exercício das competências tributárias, como aponta o art. 25 da Lei nº 12.546/2001, bem como o art. 24 do mesmo diploma, no qual se lê *"sem prejuízo do disposto na Lei Complementar nº 116, de 31 de julho de 2003, é o Poder Executivo autorizado a instituir a Nomenclatura Brasileira de Serviços, Intangíveis e outras Operações que Produzam Variações no Patrimônio (NBS) e as Notas Explicativas da Nomenclatura Brasileira de Serviços, Intangíveis e Outras Operações que Produzam Variações no Patrimônio)"*. Em consonância com o §2º e incisos do art. 24, os serviços, intangíveis e outras operações serão definidos na NBS, nas operações realizadas por prestador ou tomador do serviço residente ou domiciliado no Brasil, no âmbito de *"operações de exportação e importação de serviços, intangíveis e demais operações"*, podendo, da mesma forma, a NBS ser empregada para *"subsidiar outros sistemas eletrônicos da administração pública"*.

O Decreto nº 7.708/2012 baseou-se na *Central Product Classification–CPC*, versão 2, finalizada em 31 de dezembro de 2008[37], sistema de classificação de mercadorias e serviços desenvolvido pela Divisão de Estatística da Organização das Nações Unidas-ONU, adaptando-o ao direito brasileiro[38].

---

[37] A CPC, em suas diversas versões, faz parte do inventário do sistema de classificações das Nações Unidas (*United Nations Inventory of Classifications*), que reúne orientações de estatística da *United Nations Statistical Commission* e outros órgãos intergovernamentais, em diversos assuntos, como economia, demografia, trabalho, saúde, educação bem estar social, geografia, meio ambiente e turismo, empregados com propósitos nacionais e internacionais. A CPC no grupo do sistema de classificações de "Produtos", que alberga também a *Harmonized Commodity Description and Coding System (HS), Classification of Products by Activity (CPA), Standard International Trade Classification (SITC)*. Trata-se de um sistema de classificação e codificação que reúne mercadorias e serviços, embora o Brasil tenha apenas se valido da sistematização para serviços.(No endereço eletrônico: http://unstats.un.org/unsd/class/family/preamble.pdf).

[38] Cf. Matsushita et alii, durante as negociações da Rodada Uruguai, foi desenvolvido um sistema de classificação de serviços (*Services Sectoral Classification List*), baseado no sistema "CPC" da ONU, que embora não seja mandatório, é empregado pela maioria dos membros da OMC, para basear a sua lista de compromissos no GATS (The World Trade Organization: Law, practice and policy. New York: The Oxford International Law Library, 2003, p. 235).

A NBS é um sistema de classificação análogo ao Sistema Harmonizado, instituído pela Convenção Internacional do Sistema Harmonizado de Designação e Codificação de Mercadorias, celebrada em Bruxelas, em junho de 1983, que estabeleceu a Nomenclatura do Sistema Harmonizado (SH), base da Tarifa Externa Comum-TEC e da Nomenclatura Comum do Mercosul – NCM, além da Tabela do IPI.

A NBS é dividida em Seções, Capítulos, posições, subposições, itens e subitens, pelos quais são classificados os intangíveis e os serviços, sendo interessante apontar que, sendo concebido com caráter sistêmico, não se esgota em uma lista de códigos, possuindo capítulo *"reservado para possível uso futuro"*, seções destinadas a *"outros serviços não incluídos em nenhuma das seções anteriores"*, além de regras gerais de interpretação, que possibilitam que a nomenclatura abranja todos os serviços e intangíveis, mesmo aqueles que não são ainda identificados.

Para os fins da presente análise, é interessante observar que a Seção III da NBS inclui, ao lado dos serviços financeiros e relacionados; securitização de recebíveis e fomento comercial, imobiliários, o arrendamento mercantil operacional e propriedade intelectual[39]. Não obstante, para esses dois últimos itens, a nomenclatura não os identifica como serviços, deixando consignado nas respectivas notas explicativas, que no *"Capítulo 11 da NBS não estão classificados serviços, mas sim o arrendamento mercantil operacional, a propriedade intelectual, as franquias empresariais e exploração de outros direitos"*. Da mesma forma, na Seção VI, que inclui o Capítulo 27 a "cessão de direitos de propriedade intelectual", são tratadas as hipóteses lá contidas.

Observe-se que a versão da CPC versão 2, da ONU, usada como parâmetro para a NBS, trata todos os intangíveis como serviços, não excluindo as cessões de direito de uso e os arrendamentos dessa categorização. Portanto, embora a notas explicativas afastem o predicado "serviço" de bens relacionados a cessão de uso e licenciamento, arren-

---

[39] A NBS consigna que a expressão "propriedade intelectual" refere-se a todas as categorias de propriedade intelectual que são objeto das Seções 1 a 7 da Parte II do Acordo sobre Aspectos dos Direitos de Propriedade Intelectual Relacionados ao Comércio, conforme o Anexo 1C do Acordo Constitutivo da Organização Mundial do Comércio, constante da Ata Final que incorpora os Resultados das Negociações Comerciais Multilaterais da Rodada do Uruguai, aprovada pelo Decreto Legislativo nº 30, de 15 de dezembro de 1994.

damentos, verifica-se que subjaz uma racionalidade de reunião e sistematização de todos os bens incorpóreos sob uma única classificação, que emprega a acepção econômica de serviço.

A adoção da nomenclatura confere aos serviços e outros intangíveis, interface com ordenamentos jurídicos de outros países, adotando uma "linguagem comum", que reveste o seu regime jurídico de viés internacional, inédito no direito positivo brasileiro. A NBS faz expressa referência ao GATS, cuja moldura foi empregada na estruturação da codificação e é o principal corpo de normas jurídicas internacionais de comércio exterior de serviços, incorporada ao direito positivo brasileiro.

A NBS empregada com função análoga à lista anexa à LC nº 116/2003, parâmetros normativos para "serviço" na legislação federal, especialmente para estruturação da norma jurídica de incidência de PIS e Cofins, seja no comércio exterior, ou mesmo, para efeitos de tomada de créditos de serviços como insumos, na incidência interna, padece de vício quanto ao veículo normativo.

Com efeito há um vácuo normativo na determinação do que é "serviço" na lei complementar, nos termos do art. 146, III, 'a', da CF.

A CF fixa a delimitação de competência entre o ISS e o ICMS, assim com a LC nº 116/2003 e a nº 87/1996, na medida em que há a competência tributária para a tributação de serviços entre Estados e Municípios. Contudo, as alterações posteriores da CF, como EC nº 42/ 2003, estabeleceram competência sobre a tributação dos serviços, que trouxeram incertezas quanto ao alcance da tributação. Da mesma forma, o ambiente da economia digital e a criação massiva de novos serviços, alargaram as zonas cinzentas dos conflitos de competência tributária, muito por conta das próprias dificuldades de subsunção.

A ausência de lei complementar para estabelecer o alcance das competências tributárias e as normas gerais correlatas, é um ponto crítico que veio à lume especialmente após a instituição das contribuições, que se proliferaram após a CF de 88. O sistema tributário desenhado na CF, ao estabelecer como tônica a necessidade de descentralização de poderes e maior partilha de receitas, sem que houvesse a correspondente transferência de encargos para os demais entes federativos, acabou por gerar a necessidade de maior busca de receitas pela União, que redundou na criação de diversas contribuições.

Com relação à tributação dos serviços, o Código Tributário Nacional – CTN de 1966 veiculava normas de competência acomodadas ao cenário econômico e jurídico da época. O peso econômico adquirido pelos serviços, todavia, demonstrou que a LC nº 116/2003 e a nº 87/1996 são insuficientes para dirimir os conflitos de competência correlatos, além de apontar que há uma lacuna na legislação tributária federal.

A estrutura do sistema tributário brasileiro é calcada na Reforma Tributária de 65 em que os serviços tinham pouca expressividade econômica. A "servicificação" da economia e a criação de novos serviços desencadearam mais conflitos de competência no âmbito federal, entre o ISS, o IPI e até mesmo o IOF, e problemas de qualificação de serviços, como insumos, no âmbito do PIS e Cofins não-cumulativos.

Tais embaraços são evidentes no âmbito da importação de serviços, sobre a qual incide o PIS e Cofins, a CIDE –remessas, o ISS, o IRRF e o ICMS, sem que haja um conceito unívoco de "serviços" para determinar com precisão a incidência de cada uma das exações, o que impõe ao contribuinte não apenas uma altíssima carga tributária, mas onerosos custos de conformidade.

4. Críticas sobre o alcance semântico do termo "serviço" na tributação indireta no brasil e mutação da jurisprudência do STF

Nos termos já expostos, o direito positivo brasileiro não prescreveu que o núcleo material para a tributação de serviços é "obrigação de fazer". Não se encontra base empírica para tanto, nem na CF, nem na legislação civil. Ao contrário, a legislação tributária assenta a competência em um conceito mais alargado, que mais adere à "doutrina econômica", referida anteriormente.

Vale observar que o art.156, III da CF determina a competência tributária municipal sobre "serviços de qualquer natureza" e não sobre a "prestação de serviços de qualquer natureza". É dizer, a doutrina civilista que defende que o imposto incide sobre a prestação ou no "fazer" encontra na atividade de execução, relevância para a definição da competência tributária, que não encontra respaldo na CF.

Tal ênfase na atividade de prestação e não em seu produto, enquanto bem incorpóreo objeto de negócio jurídico, não se acomoda à racionalidade própria dos tributos indiretos. Embora o CTN categorize o ISS como "imposto sobre a circulação", essa classificação refere-se à *"técnica jurídica e não à natureza econômica"*, nas palavras de Gerd Willi Rothmann[40].

Klaus Tipke e Joachim Lang afirmam que os impostos incidentes sobre as vendas se classificam como "impostos sobre o consumo", pois se valem da utilização da renda como medida apropriada para a capacidade contributiva, elegendo o empresário como contribuinte de direito, que deverá repassar o encargo financeiro ao consumidor. O "bem tributável" seria a renda gasta pelo consumidor, na aquisição de bens corpóreos e incorpóreos, e o "objeto técnico fiscal", o fato gerador técnico, que determina a tipologia tributária.[41]

Portanto, o ISS incide sobre "serviço", enquanto bem, objeto de negócio jurídico, cuja contraprestação é o pagamento, nos mesmos moldes em que ocorre com os tributos indiretos que incidem sobre bens corpóreos.

Ademais, a definição do serviço como "esforço pessoal" tende a englobar apenas as prestações de serviço por pessoas físicas, sendo que o grande peso econômico repousa nas prestações de serviço por pessoas jurídicas, de forma empresarial.

---

[40] ROTHMANN, Gerd Willi. Inconstitucionalidade múltipla na tributação da importação de serviços – Réquiem ou catarse do sistema tributário nacional, Tese de Livre-Docência apresentada à Faculdade de Direito da Universidade de São Paulo, São Paulo, 2010, p. 57.

[41] Em suas palavras:
Todavia os consumidores, por motivos de praticabilidade, não são onerados diretamente. A legislação do imposto sobre venda vincula-se tecnicamente aos empresários, que realizam fornecimentos e outras prestações de serviços mediante remuneração. No entanto, os empresários podem repassar esse imposto; se realizam fornecimentos e outras prestações de serviços, o imposto é calculado em separado (§14 UStG). Se o imposto sobre venda é repassado aos empresários, eles se desoneram através da chamada dedução do imposto na fonte Vorsteuerabzug) (§15 UStG). Na sua natureza de empresários, estes não devem ser onerados com o imposto sobre venda; os consumidores é que devem ser os contribuintes de fato. A base de cálculo é o que o consumidor gasta pela prestação de serviço. Não se trata meramente de uma ideia de política financeira ou de ciência financeira, mas sim uma ideia que converteu, com rara clareza, a lei do imposto sobre venda em direito vigente. Em outras palavras: o *bem tributável* (Steuergut) do imposto sobre venda são os gastos ou a utilização da renda pelo consumidor. Todavia deve-se atribuir aos positivistas do imposto sobre transmissão/circulação o que não consta *expressis verbis* na lei do imposto sobre venda: 'Atenção! Este é um imposto sobre o consumo! Dos §§ 1 I Nrs. 1 e 4, 10 I 2 ('receptor da prestação'), 14,15 UStG pode-se inferir indutivamente o *princípio do imposto sobre o consumo* (Verbrauchsteurprinzip). (Direito Tributário, vol.2, vol.2, 18ª ed., Porto Alegre: Sergio Antonio Fabris Editor, 2013, p. 255-256).

Outra consequência relevante decorrente dessa corrente doutrinária é o engessamento da CF por normas de índole infraconstitucional, considerando que as normas de competência tributária estariam jungidas a um conceito civilista de "serviço" ou que o legislador constitucional estaria submetido ao legislador infraconstitucional, como explicita Andrei Pitten Velloso, o que é inconcebível em termos de racionalidade do sistema.[42]

Esse raciocínio foi exposto pelo Ministro Joaquim Barbosa, no julgamento do RE 547.245/SC, quando criticou a corrente em referência, que se traduziria em uma injustificada *"interpretação da Constituição conforme a lei ordinária"*, que demarcaria os conteúdos constitucionais de forma imutável. A invocação do art.110 do CTN seria despicienda, pois se depreenderia do sistema a ideia de ser *"redundante a legislação infraconstitucional prescrever que conceitos utilizados pela Constituição não podem ser violados pela legislação também infraconstitucional"*.

Tal situação é referida por Alberto Macedo como o *"mito dos conceitos constitucionais precisos e acabados"*, pois a prática demonstra que a linguagem constitucional é dotada de imprecisão semântica, apresentando diversos graus de vagueza e ambiguidade. E o legislador constitucional trouxe a previsão da lei complementar tributária como instrumento hábil a precisar os contornos dos termos definidores das competências tributárias.[43]

Destarte, o labor exegético envolvido na busca das competências tributárias implica incursões em diversos tipos de linguagem – a social ou de outros sistemas de conhecimento – não apenas a jurídica. Assim é com o conceito de "renda", cujos contornos estão na legislação complementar, na legislação civil, comercial, mas também, em definições oriundas da contabilidade.

O dogma de que os dispositivos constitucionais são suficientes para esgotar a determinação das competências tributárias, não prevalece diante de uma complexa realidade linguística, na qual o Direito Tributário está imerso.

---

[42] Velloso, Andrei. Conceitos e Competências Tributárias. São Paulo: Dialética, 2005, p. 100.
[43] Macedo, Alberto. O Conceito Constitucional de Serviços de Qualquer Natureza e as Recentes Decisões do Supremo Tribunal Federal. Pinto, Sérgio L. M; et al. Gestão Tributária Municipal e Tributos Municipais, vol. 2, São Paulo: Quartier Latin, 2012, p. 19.

A mutação do cenário econômico e social que gravita em torno dos serviços tem sido absorvida pela jurisprudência. Após a jurisprudência do STF ter sedimentado a "doutrina civilista dos serviços", cristalizada no Súmula Vinculante nº 31, atualmente há a mutação dos entendimentos consagrados no RE 116.121-3/SP e Ag Rg RE 446003/ PR.

No julgamento do RE 547.245/SC, em 2009, sobre a tributação de arrendamento mercantil, constata-se, de forma expressa, essa nova tendência jurisprudencial, no voto do relator Eros Grau:

> Em síntese, há serviços, para os efeitos do inciso III do artigo 156 da Constituição, que, por serem de qualquer natureza, não consubstanciam típicas obrigações de fazer. Raciocínio adverso a este conduziria à afirmação de que haveria serviço apenas nas prestações de fazer, nos termos do que define o direito privado. Note-se, contudo, que afirmação como tal faz tábula rasa da expressão 'de qualquer natureza', afirmada do texto da Constituição. Não me excedo em lembrar que toda atividade de dar consubstancia também um fazer e há inúmeras atividades de fazer que envolvem um dar.

No mesmo RE, Joaquim Barbosa seguiu trilha semelhante:

> Nesse sentido, observo que a rápida evolução social tem levado à obsolescência de certos conceitos jurídicos arraigados, que não podem permanecer impermeáveis a novas avaliações (ainda que para confirmá-los). Idéias como a divisão das obrigações em 'dar' e 'fazer' desafiam a caracterização de operações nas quais a distinção dos meios de formatação do negócio jurídico cede espaço às funções econômica e social das operações e à postura dos sujeitos envolvidos (e. g., software, distribuição de conteúdo de entretenimento por novas tecnologias). Cabe aqui ponderar a influência do princípio da neutralidade da tributação.

No voto do ministro Cezar Peluso, no mesmo julgado, verifica-se, da mesma forma, ruptura com o paradigma anterior:

> [...] as dificuldades teóricas opostas pelas teses contrárias a todos os votos já proferidos vêm, a meu ver, de um erro que eu não diria apenas histórico, mas um erro de perspectiva, qual seja o de tentar interpretar não apenas a complexidade da economia do mundo atual, mas sobretudo os instrumentos, institutos e figuras jurídicos com que o ordenamento regula tais atividades complexas com a aplicação de concepções adequadas

a certa simplicidade do mundo do império romano, em que certo número de contratos típicos apresentavam obrigações explicáveis com base na distinção escolástica entre obrigações de dar, fazer e não fazer.

Da mesma forma, decidiu o STF que a cessão de direito de uso de marcas está sujeita ao ISS, sendo considerada como *"serviço autônomo especificamente previsto na lista da Lei Complementar n. 116/2003"*, no Ag Rg na Reclamação n. 8623, da relatoria de Gilmar Mendes.

E mais recentemente, no RE 651703, julgado sob a sistemática de repercussão geral, o Min. Luiz Fux, ao julgar a controvérsia sobre a tributação de planos de saúde e seguro de saúde, cujo núcleo de discussão era a disputa tributária entre ISS e o IOF, examinou a questão do alcance semântico de "serviços", enfrentando a questão exegética com abrangência, como se verifica dos excertos da ementa:

> RECURSO EXTRAORDINÁRIO. CONSTITUCIONAL. TRIBUTÁRIO. ISSQN. ART. 156, III, CRFB/88. CONCEITO CONSTITUCIONAL DE SERVIÇOS DE QUALQUER NATUREZA. ARTIGOS 109 E 110 DO CTN. AS OPERADORAS DE PLANOS PRIVADOS DE ASSISTÊNCIA À SAÚDE (PLANO DE SAÚDE E SEGURO-SAÚDE) REALIZAM PRESTAÇÃO DE SERVIÇO SUJEITA AO IMPOSTO SOBRE SERVIÇOS DE QUALQUER NATUREZA-ISSQN, PREVISTO NO ART. 156, III, DA CRFB/88.
> [...] 3. O Direito Constitucional Tributário adota conceitos próprios, razão pela qual não há um primado do Direito Privado. 4. O art. 110, do CTN, não veicula norma de interpretação constitucional, posto inadmissível interpretação autêntica da Constituição encartada com exclusividade pelo legislador infraconstitucional. 5. O conceito de prestação de "serviços de qualquer natureza" e seu alcance no texto constitucional não é condicionado de forma imutável pela legislação ordinária, tanto mais que, de outra forma, seria necessário concluir pela possibilidade de estabilização com força constitucional da legislação infraconstitucional, de modo a gerar confusão entre os planos normativos. 6. O texto constitucional ao empregar o signo "serviço", que, a priori, conota um conceito específico na legislação infraconstitucional, não inibe a exegese constitucional que conjura o conceito de Direito Privado. 7. A exegese da Constituição configura a limitação hermenêutica dos arts. 109 e 110

do Código Tributário Nacional, por isso que, ainda que a contraposição entre obrigações de dar e de fazer, para fins de dirimir o conflito de competência entre o ISS e o ICMS, seja utilizada no âmbito do Direito Tributário, à luz do que dispõem os artigos 109 e 110, do CTN, novos critérios de interpretação têm progressivamente ampliado o seu espaço, permitindo uma releitura do papel conferido aos supracitados dispositivos. 8. A doutrina do tema, ao analisar os artigos 109 e 110, aponta que o CTN, que tem status de lei complementar, não pode estabelecer normas sobre a interpretação da Constituição, sob pena de restar vulnerado o princípio da sua supremacia constitucional. 9. A Constituição posto carente de conceitos verdadeiramente constitucionais, admite a fórmula diversa da interpretação da Constituição conforme a lei, o que significa que os conceitos constitucionais não são necessariamente aqueles assimilados na lei ordinária. 10. A Constituição Tributária deve ser interpretada de acordo com o pluralismo metodológico, abrindo-se para a interpretação segundo variados métodos, que vão desde o literal até o sistemático e teleológico, sendo certo que os conceitos constitucionais tributários não são fechados e unívocos, devendo-se recorrer também aos aportes de ciências afins para a sua interpretação, como a Ciência das Finanças, Economia e Contabilidade. 11. A interpretação isolada do art. 110, do CTN, conduz à prevalência do método literal, dando aos conceitos de Direito Privado a primazia hermenêutica na ordem jurídica, o que resta inconcebível. Consequentemente, deve-se promover a interpretação conjugada dos artigos 109 e 110, do CTN, avultando o método sistemático quando estiverem em jogo institutos e conceitos utilizados pela Constituição, e, de outro, o método teleológico quando não haja a constitucionalização dos conceitos. 12. A unidade do ordenamento jurídico é conferida pela própria Constituição, por interpretação sistemática e axiológica, entre outros valores e princípios relevantes do ordenamento jurídico. 13. **Os tributos sobre o consumo, ou tributos sobre o valor agregado, de que são exemplos o ISSQN e o ICMS, assimilam considerações econômicas, porquanto baseados em conceitos elaborados pelo próprio Direito Tributário ou em conceitos tecnológicos, caracterizados por grande fluidez e mutação quanto à sua natureza jurídica.** 14. O critério econômico não se confunde com a vetusta teoria da interpretação econômica do fato gerador, consagrada no Código Tributário Alemão de 1919, rechaçada pela doutrina e juris-

prudência, mas antes em reconhecimento da interação entre o Direito e a Economia, em substituição ao formalismo jurídico, a permitir a incidência do Princípio da Capacidade Contributiva. 15. **A classificação das obrigações em "obrigação de dar", de "fazer" e "não fazer", tem cunho eminentemente civilista, como se observa das disposições no Título "Das Modalidades das Obrigações", no Código Civil de 2002** (que seguiu a classificação do Código Civil de 1916), em: (i) obrigação de dar (coisa certa ou incerta) (arts. 233 a 246, CC); (ii) obrigação de fazer (arts. 247 a 249, CC); e (iii) obrigação de não fazer (arts. 250 e 251, CC), **não é a mais apropriada para o enquadramento dos produtos e serviços resultantes da atividade econômica, pelo que deve ser apreciada cum grano salis.** 16. A Suprema Corte, ao permitir a incidência do ISSQN nas operações de leasing financeiro e leaseback (RREE 547.245 e 592.205), admitiu uma interpretação mais ampla do texto constitucional quanto ao **conceito de "serviços" desvinculado do conceito de "obrigação de fazer"** (RE 116.121), verbis: [...]
[...] 18. O artigo 156, III, da CRFB/88, ao referir-se a serviços de qualquer natureza não os adstringiu às típicas obrigações de fazer, já que raciocínio adverso conduziria à afirmação de que haveria serviço apenas nas prestações de fazer, nos termos do que define o Direito Privado, o que contrasta com a maior amplitude semântica do termo adotado pela constituição, a qual inevitavelmente leva à ampliação da competência tributária na incidência do ISSQN. 19. A regra do art. 146, III, "a", combinado com o art. 146, I, CRFB/88, remete à lei complementar a função de definir o conceito "de serviços de qualquer natureza", o que é efetuado pela LC nº 116/2003. 20. **A classificação (obrigação de dar e obrigação de fazer) escapa à ratio que o legislador constitucional pretendeu alcançar, ao elencar os serviços no texto constitucional tributáveis pelos impostos** (v.g., serviços de comunicação – tributáveis pelo ICMS, art. 155, II, CRFB/88; serviços financeiros e securitários – tributáveis pelo IOF, art. 153, V, CRFB/88; e, residualmente, os demais serviços de qualquer natureza – tributáveis pelo ISSQN, art. 156, III, CRFB/88), qual seja, a de captar todas as atividades empresariais cujos produtos fossem serviços sujeitos a remuneração no mercado. 21. **Sob este ângulo, o conceito de prestação de serviços não tem por premissa a configuração dada pelo Direito Civil, mas relacionado ao oferecimento de uma utilidade para outrem, a**

partir de um conjunto de atividades materiais ou imateriais, prestadas com habitualidade e intuito de lucro, podendo estar conjugada ou não com a entrega de bens ao tomador. [...]
(com grifos nossos)

É notória a alteração de paradigma do STF, que claramente abandona os limites restritos da definição ainda prevalecente e caminha em direção ao conceito mais largo, abrangente de outras categorias de bens incorpóreos.

No RE 651703 abordou-se a questão das críticas existentes sobre a interpretação econômica do Direito, que, como se viu, não socorrem a prevalência da doutrina civilista. Tomando-se a lição de Paulo Ayres Barreto *"a parcela do dado econômico ou financeiro que ingressa no mundo jurídico, no bojo de regras dessa natureza, passa a ter natureza jurídica, não podendo ser desconsiderada por preconceitos descompassados com o próprio ordenamento jurídico"*.[44]

Adotando-se a concepção *luhmaniana* ou sistêmica, o operador do Direito deve considerar o sistema jurídico, as suas interações com o sistema social e com os demais subsistemas sociais, como o político e o econômico, na medida em que mantêm entre si interfaces de comunicação.[45] Embora o fato econômico não se confunda com o jurídico, as normas tributárias tomam em conta a capacidade contributiva, vinculando-se a fatos e condições econômicas. Conceitos como "renda", "patrimônio", "rendimento", "enriquecimento", são conceitos advindos do sistema econômico e incorporados pelo sistema jurídico.

Ao se projetar o mesmo raciocínio ao conceito de "serviço", é inexorável concluir que os argumentos de doutrina civilista estão superados. Uma definição que tome "serviços" como produto de "obrigação de fazer", deixa fora do campo de incidência uma variada gama de signos presuntivos de riquezas, advindos de operações com bens incorpóreos, crescentes em virtude de inovações tecnológicas.

---

[44] BARRETO, Paulo Ayres. Elisão Tributária-Limites normativos. Tese apresentada ao concurso à livre-docência do Departamento de Direito Econômico e Financeiro da Fasculdade de Direito da Universidade de São Paulo. São Paulo, 2008, p. 46.
[45] LUHMANN, Niklas. *Introducción a la Teoria de Sistemas*. México: Universidad Iberoamericana, 1996. Passim.

5. Conceito de serviços e reforma tributária

Como referido, muitos países adotam o chamado "conceito econômico de serviço", no sentido que lhe atribuem um caráter residual, enquanto abrangente de todos os bens incorpóreos. Esse é o caso da União Europeia, cujo modelo de IVA, de base ampla, inclusiva de mercadorias e serviços; também é o caso das diretrizes da OCDE para a tributação indireta de bens corpóreos e incorpóreos no comércio internacional, nas *International VAT/GST Guidelines*.[46]

No contexto das reflexões expostas, esse tipo de definição, aderente à concepção de serviço enquanto setor terciário da economia, traz simplificação e operacionalidade na tributação de serviços, especialmente se considerando modelos de tributos que unificam em suas bases, bens corpóreos e incorpóreos.

Entretanto, para alguns doutrinadores, esse tipo de definição não seria condizente com o modelo federativo brasileiro de repartição de competências tributárias.

Para Pedro Casquet, para efeitos tributários, não se poderia admitir a alteração do conceito nuclear de "serviço" enquanto "obrigação de fazer", porque esse fato implicaria em profunda transformação no sistema de repartição de competências tributárias e geraria conflitos entre os municípios. Ainda que se admitisse que os conceitos constitucionais possam evoluir com a sociedade, não se pode desvincular o "fazer" dos conceitos dos "serviços".[47]

A despeito das respeitáveis opiniões, entende-se que a divisão de competências tributárias estabelecida pela CF não obsta que se adote uma definição de "serviço" como bens incorpóreos, que extravase o conceito de "obrigação de dar", o que, aliás, efetivamente ocorre na lista anexa à LC 116/2003.

Para Aldemário Araujo Castro, ao contrário, "serviço" foi incorporado na ordem jurídica brasileira para englobar bens imateriais, como demonstra a história do ISS, que apontaria para a pretensão de gravar negócios jurídicos com bens imateriais. No Brasil a transação com bens

---

[46] Disponível em: https://www.oecd-ilibrary.org/sites/9789264271401-en/index.html?itemId=/content/publication/9789264271401-en&mimeType=text/html

[47] CASQUET, Pedro. O Conceito de Serviço e a Constituição Brasileira. São Paulo: Almedina, 2014, p. 146.

foi sujeita ao ICM, para bens corpóreos, e ao ISS, para os incorpóreos, visando à autonomia financeira dos entes federados. A cláusula constitucional "de qualquer natureza", presente no art. 156, III, deixaria clara essa opção constitucional, pois permite que albergue as possíveis mutações dos bens imateriais, vedando uma interpretação que deixasse lacuna entre as competências para o ICM e o ISS.[48]

O legislador infraconstitucional optou por uma definição denotativa de serviços, que delimita a competência dos Municípios para a tributação de serviços, por ter natureza taxativa, de acordo com o entendimento consolidado pelos tribunais superiores. Ou seja, o *discrímen* empregado pelo direito positivo brasileiro para segregar "serviço" de outras categorias de bens, submetidos à incidência do ICMS, não é fato de ter a natureza de "obrigação de fazer", porém, de constar ou não, na lista anexa à LC n. 116/2003, ou ter a competência especialmente determinada pela CF, como no caso de serviços de telecomunicação e transporte.

Nesses termos, desconsiderar essa opção do legislador complementar, substituindo-a por uma definição jurisprudencial que não encontra suporte na própria lei complementar, traz conflitos de competências, como se pode citar o caso do Convênio nº ICMS 106/2017.

O Convênio nº ICMS 106/2017 pretendeu disciplinar procedimentos de cobrança do ICMS sobre *"bens e mercadorias digitais comercializadas por meio de transferência eletrônica de dados"*, como *softwares*, programas, jogos eletrônicos, aplicativos, arquivos eletrônicos e congêneres, padronizados, ainda que possam ser adaptados, comercializadas por meio de transferência eletrônica de dados.

De acordo com o convênio, o ICMS deverá ser recolhido nas saídas internas e nas importações realizadas por meio de *site* ou de plataforma eletrônica que efetue a venda ou a disponibilização, ainda que por intermédio de pagamento periódico, de bens e mercadorias digitais mediante transferência eletrônica de dados, na unidade federada onde é domiciliado ou estabelecido o adquirente do bem ou mercadoria digital.

Ora, o convênio criou diversas disposições que não são amparadas na CF, como o conceito de "mercadoria digital", cujo negócio jurídico subjacente que determina a ocorrência do fato gerador, é a cessão de direitos, não a transferência de titularidade, ignora as alíquotas interestaduais, além das disposições da lei complementar.

---

[48] *Ibidem*, p. 135.

Quanto ao último ponto, ressalte-se que a LC nº 116/2003, com as alterações da LC nº 157/2016 traz à lista diversos itens que se chocam com as disposições do convênio, como é o caso do item 1.03 (*processamento, armazenamento ou hospedagem de dados, textos, imagens, vídeos, páginas eletrônicas, aplicativos e sistemas de informação, entre outros formatos, e congêneres*), 1.04 (elaboração de programas de computadores, inclusive de jogos eletrônicos, independentemente da arquitetura construtiva da máquina em que o programa será executado, incluindo **tablets, smartphones** e congêneres) e 1.09 (*disponibilização, sem cessão definitiva, de conteúdos de áudio, vídeo, imagem e texto por meio da internet, respeitada a imunidade de livros, jornais e periódicos*).

Conflitos de competência desse jaez, têm como origem a jurisprudência que consagrou como "obrigação de fazer" o conceito de serviços, para efeitos de definição de competências tributárias. Ao restringir o espectro semântico de serviços, dá espaço a "vácuos" interpretativos, que logo são preenchidos pela invasão de competência considerando a crescente importância desses novos signos de riqueza para a economia.

No entendimento de Alcides Jorge Costa, sendo o setor de serviços o que mais cresce, não seria razoável deixar boa parte dos serviços fora do campo de incidência, ao limitá-los às definições da corrente civilista.[49]

Por outro lado, é certo que a forma de definição de competências tal como é estruturada, suscita alto grau de complexidade na determinação das obrigações tributárias.

Para Marco Aurélio Greco, o sistema tributário brasileiro não comporta o mesmo tipo de definição pela negativa de serviço que o empregado pela União Europeia, dotada de simplicidade e praticidade, que apenas seria viabilizada pela estrutura de repartição de competências do IVA europeu, de base ampla, permitindo-se que a dificuldade entre suas distinções "*resolva-se internamente a um âmbito de incidência previamente definido*". No Brasil, diz o autor, por conta da competência para tributação de mercadorias pelos Estados e de serviços, para os Municípios "*a definição de serviço, no Brasil, não pode ser pela negativa; tem que ser pela positiva. Serviço precisa 'ser' alguma coisa e, aí, está toda a dificuldade de detectar o que é um serviço.*"[50]

---

[49] COSTA, Alcides Jorge. Algumas Notas sobre o Imposto sobre Serviços. Revista do Advogado n. 118, vol.32, Associação dos Advogados de São Paulo: São Paulo, Dezembro 2012, p. 11.
[50] Aspectos Tributários do Comércio Eletrônico. *Impuestos sobre el Comercio Internacional*, coord. Victor Uckmar et al. Buenos Aires: Editorial Ábaco de Rodolfo de Palma S.R.L., 2003, p. 879.

Em face desse panorama, tem-se as propostas de reforma tributária, que, hoje, são resumidas nas PEC 45/2019, que tramita na Câmara dos Deputados e na PEC 110/2019, que tramita no Senado Federal.

Ambas as propostas possuem vários pontos comuns, com a proposta de uma reforma ampla da tributação indireta brasileira, concentrando diversos tributos existentes em um único imposto sobre bens e serviços – IBS, que adotaria a técnica de imposto sobre valor agregado– IVA, com a utilização de créditos financeiros, adoção do princípio do destino, base ampla, englobando bens e serviços.

Embora divirjam na quantidade de tributos que serão unificados, em ambos, o IBS congregará o ISS, ICMS, IPI e PIS e Cofins, possuindo base unificada para mercadorias e serviços. Ainda, em ambas as propostas é expressa a previsão de incidência sobre intangíveis, cessão e o licenciamento de direitos e locação de bens, em operações internas e de comércio exterior.

Essas previsões de unificação de bases, aliadas à possibilidade de creditamento amplo, certamente trariam luzes a diversos dos problemas já mencionados, pois, em princípio, se todos os bens de consumo, tangíveis ou intangíveis, ficariam sujeitos a uma única exação, seria indiferente defini o conceito de serviços, para efeitos de definição de competência tributária.

Não obstante, há diversos outros aspectos que ficam em aberto, caso a controvérsia sobre a definição de serviços for "varrida para debaixo do tapete", no contexto da discussão da reforma tributária.

Primordialmente, há a própria questão do Pacto Federativo. O aspecto que desde sempre se sobressai no debate sobre todas as propostas de reforma tributária, é a ofensa cláusula pétrea da Federação, art. 60, §4º, I, na medida em que a unificação de tributos indiretos de todos os entes federativos, seria tendente a abolir a forma federativa.

E, de forma sintética, o IBS, instituído por lei complementar, suprimirá o poder de os entes federados decidirem como instituem os seus impostos, os incentivos que concederão, pois um dos seus traços fundamentais será a alíquota única, com pouca margem para Estados e Municípios alterá-la. A retirada de competências tributárias estaduais e municipais, estabelecidas pelo Poder Constituinte Originário, que seriam transferidas para a União implica em supressão da autonomia desses entes, pois a autonomia política e financeira, são imbricadas, de acordo com uma corrente.

Por outro lado, há juristas que defendem que não haveria tal ofensa ao Pacto Federativo, desde que haja a previsão de repartição de receitas suficientes para que Estados e Municípios garantam a sua autonomia financeira. O fato de extinção dos tributos existentes não violaria o Pacto Federativo, mencionando-se episódios anteriores de extinção de tributos, como é o exemplo da Emenda Constitucional 3/93, que extinguiu o Imposto sobre Venda a Varejo de Combustíveis (IVVC), de competência dos Municípios.

De fato, em ambas as propostas há a previsão de criação de mecanismo, pela lei complementar de arrecadação centralizada, com repasse posterior aos respectivos entes federativos, de forma proporcional, de acordo com a participação percentual de cada ente federativo, de acordo com cálculos a serem feitos pelo Tribunal de Contas da União, homologados pelo Congresso Nacional.

A questão da extensão do conceito de serviços, nos termos aqui colocados, caso vista pela ótica da doutrina civilista, pode trazer reflexos para a repartição da arrecadação, pois os Municípios não fariam jus à proporcionalidade dos valores relativos a todos os bens intangíveis. Nesse caso, haveria ofensa à sua autonomia financeira e à competência tributária que lhe foi conferida pelo Poder Constituinte Originário.

E retomando as considerações preambulares desse trabalho, a evolução tecnológica tem criado novos bens intangíveis, além de atribuir valor crescente aos bens existentes, como os dados de usuários de interfaces digitais.

Nesse cenário, é possível se afirmar que a maior fonte de riqueza das nações e, por conseguinte, potencial fonte de arrecadação para as jurisdições fiscais, advirá, cada vez mais, do setor terciário. No Brasil, a exemplo, o setor de serviços responde por cerca de 70% do Produto Interno Bruto-PIB.

Diante dessas considerações, a reforma tributária que prevê a supressão do ISS em prol do IBS, com repasse proporcional às competências tributárias originalmente definidas, deverá definir em suas premissas, quais bases tributárias estarão subsumidas no conceito de "serviços" e que farão jus os Municípios, o que fará diferença significativa para a sua autonomia financeira, na futura implantação de uma eventual reforma tributária.

Conclusões

O alcance semântico do termo "serviço" no direito tributário brasileiro, na composição do critério material da norma tributária da tributação indireta sobre serviços é fonte interminável litigiosidade, de conflitos de competência tributária e que se renova, diuturnamente, com as alterações no setor de serviços perpetrado pelas inovações tecnológicas.

Ao se analisar o atual contexto jurisprudencial e a positivação de "serviço" no no ordenamento jurídico brasileiro define "serviço", resta claro que a clássica doutrina civilista que até então prevalecia sobre o tema, está em plena mutação, como se depreende da evolução da jurisprudência do STF.

Conforme se destacou ao longo do trabalho, a acepção de "serviço" como obrigação de fazer" encampada pela doutrina civilista é fruto de uma construção jurisprudencial sedimentada pelo STF pela Súmula Vinculante nº 31, que não se reflete no direito positivo brasileiro. Tanto que a própria Corte vem se desvencilhando do critério norteador da referida súmula, proferindo decisões cuja racionalidade com ela não se coaduna.

O art. 156, III da CF determina a competência tributária municipal sobre "serviços de qualquer natureza", determinando que o elemento objetivo do fato gerador é a circulação de serviços, ou a renda gasta pelo consumidor na aquisição do bem incorpóreo. O núcleo da competência não é a prestação, mas sim, o consumo de serviços.

O exercício dessa competência, ademais, não está atrelado a um conceito civilista de "serviço", pois a exegese do art. 110 do CTN combinado com o art. 146, III, 'a' da CF, confere competência para o legislador tributário definir a tipologia que irá definir o arquétipo da obrigação tributária. Por conseguinte, o alcance semântico do termo "serviço" pode ter definição própria para efeitos tributários.

De fato, verifica-se que o legislador infraconstitucional, ao criar a lista do que é serviço, para efeitos de tributação pelo ISS, não se restringiu a "obrigações de fazer". Da mesma forma, a análise sistêmica do ordenamento jurídico brasileiro, permite que se depreenda a adoção de uma acepção lata de "serviço".

Na senda desse raciocínio, tem-se as propostas de reforma tributária, que, hoje, são a PEC 45/2019, que tramita na Câmara dos Deputados e a PEC 110/2019, que tramita no Senado Federal.

Ambas as propostas, ao preverem a reforma ampla da tributação indireta brasileira, concentrando diversos tributos existentes em um único imposto – IBS, com base ampla, englobando bens e serviços, aparentemente superariam a questão do alcance de "serviços", na medida em que a competência municipal e estadual seriam fundidas.

Todavia, esbarra-se na questão de ofensa ao Pacto Federativo, pois ainda que sob ótica daqueles que defendem que a criação do IBS, por si, não violaria cláusula pétrea constitucional, pois a repartição proporcional de receitas seria suficiente para a garantia da autonomia financeira dos entes federativos, a extensão do conceito de "serviços" traz reflexos para tal repartição.

Sob a perspectiva da doutrina civilista, os Municípios não fariam jus à proporcionalidade dos valores relativos a todos os bens intangíveis.

Nesse caso, haveria ofensa à autonomia financeira dos Municípios e à competência tributária que lhe foi conferida pelo Poder Constituinte Originário.

Retomando-se as considerações preambulares desse trabalho, a evolução tecnológica tem criado novos bens intangíveis, além de atribuir valor crescente aos bens existentes, de sorte que a tendência é que, crescentemente, os bens intangíveis serão relevante fonte de arrecadação, demandando-se atenção especial ao tema.

Nesse contexto, se lançarmos um olhar ao futuro, verifica-se que as propostas de reforma atuais, não se aprofundam no tema referente à economia digital. Além da questão da analisada, pode-se também mencionar que ambas as propostas preveem alíquota única para o IBS, ou seja, sem previsão de incentivos fiscais, embora a realidade atual demonstre que os países que desejam se inserir na economia digital na condição de desenvolvedores e distribuidores de inovação tecnológica, concedem incentivos fiscais ou alíquotas diferenciadas, para setores chave. Nesse caso, a construção de estruturas tributárias revestidas desses vetores, invariavelmente passarão pela questão de definição de "serviços".

Conclui-se, portanto, que um sistema tributário de qualidade, neutro e eficiente, que bem acomode o protagonismo do setor de serviços no Brasil, demanda que o legislador enfrente a questão relativa a instituir, por veículo normativo legítimo, uma definição conotativa de "serviços" harmônica com a atual realidade econômica.

Referências

BARRETO, Aires F. *ISS na Constituição e na Lei*, 2ª ed., São Paulo: Dialética, 2005.

BARRETO, Paulo Ayres. *Elisão Tributária-Limites normativos*. Tese apresentada ao concurso à livre-docência do Departamento de Direito Econômico e Financeiro da Faculdade de Direito da Universidade de São Paulo. São Paulo, 2008.

CARRAZZA, Roque Antonio. *Curso de Direito Constitucional Tributário*, 14a ed., São Paulo: Malheiros, 2000.

CARVALHO, Paulo de Barros. Conceito de "exportação de serviços" para fins de não incidência do imposto sobre serviços de qualquer natureza. Britto, Demes (coord) *Temas atuais no direito aduaneiro brasileiro e notas sobre o direito internacional: teoria e prática. vol1*.São Paulo: IOB, 2012.

CASQUET, Pedro. *O Conceito de Serviço e a Constituição Brasileira*. São Paulo: Almedina, 2014.

CASTRO, Aldemário Araujo. Uma análise crítica acerca da ideia de serviço consagrada na súmula vinculante 31 do STF. *Revista da PGFN, Ano I. Número 1 jan./jun.* Brasília, 2011.

CELLI Junior, Umberto. *Comércio de serviços na OMC: liberalização, condições e desafio*. Curitiba: Juruá, 2009.

.... Negociações Relativas ao Comércio de Serviços na Rodada Uruguai do GATT: semelhanças com a Rodada Doha da OMC, *Revista da Faculdade de Direito da Universidade de São Paulo v. 102, jan./dez.* 2007.

COSTA, Alcides Jorge. Algumas Notas sobre o Imposto sobre Serviços. *Revista do Advogado n. 118, vol.32*, Associação dos Advogados de São Paulo: São Paulo, Dezembro 2012.

GOMES, Orlando. *Obrigações*. 18ª ed., rev. e atual., Rio de Janeiro: Forense, 2016.

GRECO, Marco Aurélio. Aspectos Tributários do Comércio Eletrônico. *Impuestos sobre el Comercio Internacional*, coord. Victor Uckmar et al. Buenos Aires: Editorial Ábaco de Rodolfo de Palma S.R.L., 2003.

GUIBOURG, Ricardo et alii. *Introducción al Conocimiento Científico*, Buenos Aires: Eudeba, 1993.

HARADA, Kiyoshi. *ISS: Doutrina e Prática*. São Paulo: Editora Atlas, 2008.

MARTINS, Sergio Pinto. *Manual do Imposto sobre Serviços*, 8ª ed., São Paulo: Atlas, 2013.

KON, Anita. *Nova Economia Política dos Serviços*, p.203 et seq. São Paulo, Perspectiva, CNPq, 2015.

LIAO, Tizhong. *Taxation Of Cross-Border Trade In Service: A Review Of The Current International Tax Landscape And The Possible Future Policy Options, 2013*, E/C.18/2013/CRP.16, 2013, p. 21. Disponível em:http://www.un.org/esa/ffd/tax/ninthsession/CRP16_CrossBorderTrade.pdf.

LUHMANN, Niklas. *Introducción a la Teoria de Sistemas*. México: Universidad Iberoamericana, 1996.

Macedo, Alberto. O Conceito Constitucional de Serviços de Qualquer Natureza e as Recentes Decisões do Supremo Tribunal Federal. *In* PINTO, Sérgio L. M; et al. *Gestão Tributária Municipal e Tributos Municipais, vol. 2*, São Paulo: Quartier Latin, 2012.

Matsushita et alii. *The World Trade Organization: Law, practice and policy.* New York: The Oxford International Law Library, 2003.

Melo, José Eduardo. *ISS – Aspectos Teóricos e Práticos*, 5ª ed., São Paulo: Dialética, 2008.

Monroe, Olsen, *GATS– National Treatment and Taxation, The Relevance of WTO Law for Tax Matters*. Linde Verlag Wien Ges.m.b.H., Wien, 2006.

Moraes, Bernardo Ribeiro. *Doutrina e Prática do Imposto sobre Serviços*, São Paulo: Revista dos Tribunais, 1978.

Oliveira, Raquel Rios de. A Não Submissão da Cessão de Direitos aos Tributos sobre o Consumo. *In* SILVA, Paulo Roberto Coimbra (coord.) et al. *Tributação sobre o Consumo*. São Paulo: Quartier Latin, 2008.

Ortino, Federico. *Regional Trade Agreements and Trade in Services, Bilateral And Regional Trade Agreements: Commentary, Analysis And Case Studies*, Lester & Mercurio, eds, Cambridge University Press.

Pagliuso, Gustavo Machado. Aspectos Tributários da Importação de Serviços. São Paulo: Almedina, 2015.

Rothmann, Gerd Willi. *Inconstitucionalidade múltipla na tributação da importação de serviços – Réquiem ou catarse do sistema tributário nacional*, Tese de Livre-Docência apresentada à Faculdade de Direito da Universidade de São Paulo, São Paulo, 2010.

Santos, Vanessa. *A servicificação da manufatura: conceitos, evidências e implicações.* Disponível: https://economiadeservicos.com/2018/11/16/a-servicificacao-da-manufatura-conceitos-evidencias-e-implicacoes/

Tipke, Klaus e Joachim Lang. *Direito Tributário, vol. 2*, 18ª ed., Porto Alegre: Sergio Antonio Fabris Editor, 2013.

Thuronyi, Victor. *Comparative Tax Law*. The Hague: Kluwer Law International, 2003.

Velloso, Andrei. *Conceitos e Competências Tributárias*. São Paulo: Dialética, 2005.

Zilveti, Fernando Aurelio. *A LC 116/03 do ISS em face dos princípios de direito tributário*. Ferraz, Roberto. *Princípios e limites da tributação*. São Paulo: Quartier Latin, 2005.

Questões

15. TRIBUTAÇÃO DE NOVAS TECNOLOGIAS: O CASO DAS CRIPTOMOEDAS
16. RETOS PARA EL COBRO DEL IMPUESTO SOBRE LA RENTA EN LA ECONOMÍA DIGITAL
17. A TRIBUTAÇÃO DOS LUCROS DAS GIGANTES DE TECNOLOGIA: POSSIBILIDADES PARA O BRASIL
18. (RE)ANALISANDO O CONCEITO DE ESTABELECIMENTO TRIBUTÁRIO NO CENÁRIO PÓS-BEPS
19. LOCALIZAÇÃO E TRIBUTAÇÃO DAS RENDAS DERIVADAS DA ECONOMIA DIGITAL NO CONTEXTO DO BEPS 2.0
20. TRIBUTAÇÃO E INTELIGÊNCIA ARTIFICIAL

15. Tributação de Novas Tecnologias: o Caso das Criptomoedas

Liziane Angelotti Meira
Fillipe Soares Dall'ora
Hadassah Laís S. Santana

Introdução

A interpretação das inovações tecnológicas frente ao direito é tema de bastante relevância na atualidade, tendo em vista a sua rápida expansão e desenvolvimento.

Nunca antes na história da humanidade os meios tecnológicos se desenvolveram com tamanha agilidade. Restando aos operadores do direito a árdua tarefa de acompanhar esta velocidade de desenvolvimento e inovação em seus diversos ramos, dentre eles, o tributário.

Levantando-se em conta estas considerações quanto à sua atualidade, resta apontar um dos temas mais recorrentes, menos entendidos e explorados, quais sejam, as criptomoedas.

Poucos são os trabalhos que tratam de apontar a sua constituição lógica e fática, e menos frequentes ainda aqueles que visam demonstrar no campo prático as inúmeras possibilidades e consequências que tal inovação tecnológica inevitavelmente acarretará, tendo, portanto, essa pesquisa o escopo de não só esclarecer dúvidas quanto à existência de tal tecnologia, mas como apontar um horizonte de possibilidades que esta inovação trará.

Tendo dito isto, importante ressaltar o grande abismo jurídico que existe na relação de proprietário e consumidor relacionado entre as pessoas detentoras da criptomoeda e as próprias moedas digitais em si. Na medida em que apenas a pouco tempo a Fazenda Brasileira tomou algum posicionamento quanto à interpretação do que de fato deve ser considerada a moeda virtual.

Não obstante, a posição adotada pela Fazenda é controversa, na medida em que vai de encontro ao que grande parte do posicionamento que a Europa possui sobre o mesmo assunto. Isto é o que torna este tema tão relevante, pois ao se tratar de uma tecnologia que possui origem e uso em um espectro internacional deve-se ter extremo cuidado, uma vez que isolar a matéria exclusivamente ao âmbito jurídico Brasileiro sem observar como o mundo trata tal assunto pode acarretar em consequências jurídicas e econômicas insustentáveis para o brasil.

Sendo assim, o entendimento correto sobre a matéria em consonância com o posicionamento global permitiria ao Brasil, com toda a sua estrutura tecnológica, dar grande passo rumo não só ao desenvolvimento tecnológico, mas também dar um grande salto no campo da tributação, na medida em que passará a existir um fator de incidência nunca antes cogitado pelo Legislador.

Desta forma é inevitável que a tributação sobre as moedas virtuais seja trazida à tona e amplamente debatida para que não haja consequências negativas de uma aplicação errada sobre o entendimento deste objeto, tão em voga atualmente.

1. Conceitos fundamentais

1.1. No nascimento das Criptomoedas e a sua gênese: a Bitcoin

O problema que acontece quando se começa a usar o dinheiro digital é o gasto duplo. Uma nota física de dinheiro só pode ser utilizada uma única vez, no entanto, não há garantia que impeça que se prometa o uso do crédito digital o para mais de uma pessoa.

Para realizar qualquer transação usando um cartão de débito, é necessário um banco, operadoras de cartão e vários intermediários para garantir que a conta de quem transaciona realmente tenha saldo e que o valor determinado esteja sendo gasto apenas naquela loja, com apenas o produto transacionado.

Para isso é necessária uma autoridade central para decidir se a transação financeira é válida ou não, a exemplo dos bancos, governos, cartórios, contadores e afins, que por consequência deduzem o gasto dessa validação da compra. Desta forma, quando se paga uma compra com um cartão, o custo da transação acaba sendo superior ao custo do produto, somente para ter essa validação feita por um mediador.

A necessidade de um mediador foi contestada por Satoshi nakamoto que ao publicar um artigo em outubro de 2008 descrevendo a solução da *blockchain* com a moeda digital *bitcoin*.

Nakamoto juntou várias ideias e formulou um sistema de programas em rede que funcionam como carteiras digitais, onde essas carteiras guardam e criptografam cada transação que foi feita em bitcoins com data, de quem para quem e quais os valores trocados.

A *bitcoin* foi a primeira criptomoeda onde a própria rede valida as transações para garantir que não ocorra o gasto duplo.

Depois de desenvolver a *bitcoin*, Satoshi nakamoto foi aos poucos passando a responsabilidade da criptomoeda para outras pessoas e desapareceu. Até hoje não se tem certeza de quem é ou quem são, e por bons motivos.

Em agosto de 2017 as 1 milhão de *bitcoins* que foram guardadas no começo do projeto já valiam mais de 4 bilhões de dólares. O seu valor, por assim dizer é puramente determinado pela confiança que as pessoas atribuem à moeda.

Por trás de moedas analógicas costumava existir um lastro dado pelo governo que determinava quanto que elas valiam. O Dólar americano, por exemplo, era garantido pelo ouro que o tesouro nacional possuía. Cada nota de Dólar poderia ser trocada pelo valor equivalente em ouro, o que limitava o dinheiro em circulação e acabou por se tornar um problema na medida em que o Dólar passou a ser usado internacionalmente depois da segunda guerra mundial.

Em 1971 quando o presidente Richard Nixon acabou com o padrão do ouro e transformou o dólar em moeda Fiat (fiduciária), uma moeda que não tem valor garantido e depende apenas da confiança que as pessoas atribuem a ela, apesar de que mesmo o ouro que era usado como lastro tinha um valor relativamente imaginário.

Por mais útil que o ouro seja, ele tem o valor que lhe é creditado. O mesmo vale para bitcoin, ou qualquer criptomoeda. O valor que ela tem depende do quanto as pessoas estão dispostas a usá-la. Durante o seu primeiro ano o valor de cada Bitcoin foi praticamente nulo. Em março de 2010 um usuário do *bitcoin* fórum tentou vender 10.000 bitcoins por 50 dólares e ninguém aceitou a proposta. Nathaniel Popper[1] conta em Digital Gold, que no começo o grande apelo da *bitcoin* era muito mais ideológico do que realmente prático.

A noção de uma moeda que nenhum órgão central controla foi suficiente para atrair libertários e afins no início do projeto. O primeiro uso em larga escala da bitcoin não foi nada lícito, pois não existem intermediários, assim como nenhum banco controla o quanto cada um tem em sua carteira e nem de onde para onde o dinheiro vai.

Um dos primeiros grandes usos da bitcoin foi como moeda no comércio ilegal do SilkRoad, site atrelado à Deepweb. Movimento este que fez a bitcoin começar a valer algumas dezenas de Dólares, só para ver seu valor ser derrubado em seguida por problemas do MTGOx's a maior casa de bitcoins até fevereiro de 2014, quando descobriram que 650 mil bitcoins dos clientes haviam sido roubados. Uma queda de preço da qual a moeda levou anos para se recuperar antes de disparar para valores cada vez mais altos na casa dos milhares de dólares.

Essa valorização da bitcoin geralmente acontece quando pessoas de um país que enfrenta problemas de cambio compram bitcoins como formas de salvar dinheiro. Como aconteceu no Japão com a ameaça de conflito com a Coréia do Norte em 2017. Isso ocorre porque a bitcoin e outras criptomoedas podem fazer muita coisa que o dinheiro não pode.

Por ser necessário só o acesso à internet para fazer transações, a bitcoin tem o potencial de atender os bilhões de pessoas no mundo que não tem acesso a sistema bancário. Isto por causa de falta de interesse econômico dos bancos ou até pela falta de segurança dessas regiões. Como a criptomoeda não é centralizada, não há possibilidade de ser confiscada como aconteceu com as poupanças aqui no Brasil em 1990. O que faz a Bitcoin uma saída em países que controlam entrada de dólares ou forçam o câmbio desfavorável como a Argentina e a Venezuela.

A valorização tão grande da bitcoin faz com que as pessoas a usem muito mais como poupança do que como dinheiro para transações

---

[1] POPPER, Nathaniel. **Digital Gold:** Bitcoin and the Inside Story of the Misfits and Millionaires Trying to Reinvent Money. Harper Paperbacks; Edição Reprint, 2016.

financeiras, a forma pela qual foi concebida. Afinal, as 10.000 bitcoins que não foram compradas por 50 dólares em 2010 valeriam em agosto de 2017 40 milhões de dólares. E para piorar, como as transações não dependem de um órgão central que controlam tudo, também não dependem da credibilidade de um órgão. O que quer dizer que ao mesmo tempo não há um órgão que regule e garanta que quem trabalhe com bitcoin faça operações legítimas, matéria que será discutida adiante.

O número de transações que podem ser feitas por segundo em bitcoins é limitado pelo tamanho da *blockchain* e as comissões de validação de transação são altas, o que limita micro pagamentos e várias outas possibilidades que uma moeda digital teria. Por isso outras criptomoedas foram criadas desde 2010, as "altcoins" que incorporam soluções para as falhas da bitcoin, ao mesmo tempo que servem para usos muito além do dinheiro. São plataformas de tomadas de decisões coletivas. Registros de compra e venda emissão de certificados além de várias outras transações importantes.

1.2. As blockchains

A grande inovação proposta por Satoshi Nakamoto, mais do que a própria bitcoin, foi como controlar o gasto duplo, ou seja, como garantir que só seja possível gastar uma bitcoin uma única vez, de maneira descentralizada e sem ter que confiar em apenas um ou poucos participantes, como governos ou blocos econômicos.

Para isso se tem que criptografar todas as transações em todos os computadores ligados na rede da criptomoeda, no caso em questão, a *bitcoin*. Assim, se uma bitcoin de uma determinada carteira é enviada para outra serão necessárias duas chaves para criptografar essa transação. A primeira, uma chave pública, que identifica a carteira de quem envia a criptomoeda e uma chave privada, responsável por assinar essa transação. Uma chave sem a outra é completamente inútil, e por isso não há riscos em divulgar o conteúdo da chave pública.

Com a chave pública é possível identificar a carteira, atestar sua existência e registrar todas as transações que ela já participou. Mas só se pode tirar bitcoin dela se o usuário tiver a chave privada. Desta forma, as duas chaves são usadas para criptografar a transação num bloco de texto, o *hash*, que registra todas as negociações já feitas.

A *blockchain*, com todos os dados daquela transação, é transmitida para todas as carteiras digitais dos computadores da rede com o que é chamado de "nó". Esses "nós" são responsáveis por gerar cálculos matemáticos para garantir a validade de sua transação assim como atestar que aquela bitcoin não foi utilizada mais de uma vez ao mesmo tempo em mais de uma transação.

Com isso, pelo menos 6 procedimentos de validação devem ocorrer e esses "nós" precisam conferir e validar a transação. Caso seja validada, a transação é adicionada à *blockchain* e propagada pela rede para ficar armazenada em todos os computadores participantes.

Atesta-se, portanto, a segurança da *blockchain* e das transferências validadas por ela. Sendo que se alguém quiser fraudar uma troca ou falsificar uma bitcoin precisa alterar todos os registros de pelo menos metade da rede, além de forjar as contas que validariam todos os blocos adicionados depois da transação. Para alguém falsificar uma transação da *blockchain*, irá precisar ter mais poder de processamento do que pelo menos metade dos outros "nós", pois se não tiverem, os outros "nós" checam a transação, não validam a transação falsa e ela não é incorporada na *blockchains*. Desta forma, a própria rede garante a autenticidade da transação sem a dependência de mais de uma autoridade central para a transferência.[2]

Assim, para garantir o incentivo para as pessoas dedicarem seus computadores e energia elétrica para manter as carteiras digitais, Satoshi programou uma comissão pelas transações, sendo que a *blockchain* da bitcoin é programada para liberar moedas para os computadores que estão fazendo as contas, chamados de mineradores. Sendo assim, quanto mais contas um computador faz, maiores as chances que ele tem de ganhar o próximo bloco sorteado.

Satoshi programou sua blockchain para gerar blocos de bitcoins a cada dez minutos em quantidades decrescentes, começando com 50 bitcoins em 2009, e chegando a, 12,5 bitcoins em setembro de 2017 até que a soma total de moedas criadas chegue em 21 milhões de bitcoins geradas, quando elas não serão mais criadas.

---

[2] VIGNA, Paul; CASEY, Machael J.; **The age of cryptocurrency: How Bitcoin and digital money are challenging the global economic order (English edition)**; ed. St. Martin's press; 2015.

Assim serão gerados um número finito de bitcoins, sendo que ninguém poderá gerar novas moedas e inflacionar o mercado, como o governo faz com moedas fiduciárias.

Para garantir que o bloco seja minerado a cada 10 minutos quanto mais computadores são adicionados na rede mais complicadas ficam as contas para gerar cada moeda. Um computador doméstico podia gerar 50 bitcoins em 10 minutos em 2009, até começarem a usar placas gráficas para minerar moedas, que são bem mais eficientes em contas rápidas em paralelo.

Consequentemente, cada vez que o valor de um bitcoin subiu, maior foi a recompensa para dedicar computação e processamento para minerar mais e com isso ainda mais computadores foram adicionados à rede. Ao ponto que foram criados processadores específicos para calcular a hash de bitcoin.

Quanto maior e mais complexa a rede se torna mais demoradas e seguras as transações ficam, pois fica cada vez mais difícil que uma única pessoa seja capaz de fraudar uma transação.[3]

A aplicabilidade das *blockchains* é discutida para muito além da criação e transação das próprias moedas virtuais, mas o importante compreender é que com o sistema de verificação em *blockchain* o tráfego de informações ficará cada vez mais seguro.

1.3. A criptomoeda, sua evolução para as ICOs (*initial coin offering*) e sua relação com o mercado de ações

Muito se compara nos dizeres populares as criptomoedas com a as ações da bolsa de valores, principalmente quanto à possibilidade de ganhos astronômicos, ou não, em um curto espaço de tempo.

No entanto as semelhanças se encerram por aí. As criptomoedas em sua concepção foram criadas como método de transação onde através de um sistema de validação em cadeias de blocos (a blockchain), não é necessário um órgão ou entidade intermediária que funcione como moderadora das transações e muito menos de algum órgão que sirva de regulador para estas. Muito embora esse panorama esteja mudando, conforme se verá posteriormente na presente pesquisa, a concepção das criptomoedas é muito mais simples.

---

[3] TAPSCOTT, Don; TAPSCOTT, Alex; **Blockchain Revolution;** ed. Senai, São Paulo; 2017.

Desta forma as moedas virtuais, em objeto muito mais amplo e complexo do que o motivo pelo qual foram criadas, veem sendo cada vez mais utilizada como fonte de renda alternativa ou depósito de capital, posto que apesar das intensas flutuações destas, a moeda não está sujeita a mercados internacionais, decisões políticas ou regulação Estatal. E enquanto essa é uma possível vantagem para as criptomoedas é exatamente este o ponto em que as difere de outros ativos, como por exemplo o Mercado de Ações.

Por outro lado, com o desenvolvimento natural das criptomoedas nascem as ICOs, *initial coin offers*, ou oferta inicial de moedas, que surgem como um pontapé inicial para novas criptomoedas e estruturando-as de maneira mais familiar utilizando-se da metodologia de financiamento coletivo, também conhecido como "*Crowdfunding*"[4].

Tal método funciona da seguinte maneira: Os interessados depositavam as moedas consagradas, como a Bitcoin, e recebiam em troca uma quantidade equivalente da nova moeda virtual que estava sendo criada, garantindo assim um interesse inicial no projeto para que a nova criptomoeda se destacasse das demais. Como tudo nessa nova tecnologia, esse movimento era organizado por fóruns e comunidades especializadas. Esse sistema foi então amadurecido pelo Ethereum, outra poderosa moeda virtual, quando lançou o primeiro modelo de ICO, funcionando como mecanismo padronizado para as ICOs. Com ele é possível adquirir "ativos digitais" muito similares a títulos financeiros. Sendo estes chamados de "tokens", e possuir um destes "tokens" é prova de que o portador é financiador de um determinado projeto, objeto da ICO.

Como explicado anteriormente as ICOs funcionam com similaridades ao "*Crowdfundings*" que nada mais são do que o movimento para financiar um projeto onde os financiadores deste recebem algumas benesses para quando o projeto se concretizar. E assim funciona a oferta inicial de moedas, havendo diversos projetos lançados com a distribuição destes "tokens".

O valor de cada um destes é determinado pelos próprios criadores do projeto, que também ficam responsáveis pelo que cada comprador tem

---

[4] **Bitcoin e Ethereum: o que é e como funciona a criptomoeda ou moeda virtual.** G1. Disponível em: https://g1.globo.com/tecnologia/noticia/bitcoin-e-ethereum-o-que-e-e-como-funciona-a-criptomoeda-ou-moeda-virtual.ghtml. Acesso em 07/05/2018.

direito de receber. Como por exemplo direito a voto ou participação em lucros futuros, assim como no mercado de ações.

No entanto, como já mencionado, até o momento as ICOs não poderão ser comparadas às ofertas no mercado de ações, na medida em que estes ainda não possuem órgãos reguladores que balizem sua estrutura e garantam seu funcionamento com o mínimo de confiança, tal como ocorre no mercado de ações. Ainda assim, tal panorama possui fortes possibilidades de se alterar, com intensas reuniões de diversos países pioneiros nessa nova tecnologia, que visam não só dar um entendimento jurídico às criptomoedas como estudam possibilidades de regulação destas, como se verá a seguir.

1.4. A visão do mundo ante as possibilidades de taxação das criptomoedas

O campo de pesquisa e estudos acerca das criptomoedas e seus possíveis modelos de tributação ainda é nebuloso. Muito embora se escreva sobre o tema pouco ainda se tem de concreto sobre ele. Sendo pioneiros os países que já incluem essa nova forma de renda e monetização em seus arcabouços jurídicos.

A verdade é que o estudo de tal ferramenta ainda é tão arcaico que sequer se sabe categorizá-la ao certo quanto à sua natureza jurídica a fim de que seja dada a orientação adequada à sua tributação.

Nos Estados Unidos por exemplo, o Internal Revenue Service (IRS, a Receita Federal americana) se manifestou de forma a apontar que as moedas virtuais são tratadas como propriedade, não se qualificando como moeda estrangeira para fins fiscais. O oposto do que apregoa a corte de justiça européia que explica que as transações de moedas devem receber o mesmo tratamento fiscal que as trocas de moedas estrangeiras, sendo reconhecidas pelos fiscos do Reino Unido e da Alemanha como forma de dinheiro privado em que seus criadores e usuários devem ser propriamente tributados[5].

Os Estados Unidos ainda se manifestaram de forma que o recebimento de um pagamento em moeda virtual deve ser oferecido à tri-

---

[5] COLLUCI, Fernando; MIYAKE, Alina. **A Tributação dos bitcoins e outras moedas virtuais.** 23. jun. 2017. Disponível em: <https://www.machadomeyer.com.br/pt/inteligencia-juridica/publicacoes-ij/tributario-ij/a-tributacao-dos-bitcoins-e-outras-moedas-virtuais>. Acesso em: 1 maio. 2018.

butação como qualquer outro pagamento feito com bens, assim como a remuneração da atividade de produção das moedas, a mineração, se qualifica como rendimento de trabalho autônomo e deve ser tributada. Traz ainda que se o contribuinte vender ou trocar moedas virtuais caberá incidência de ganho de capital tributável, tal como o mercado de ações.

Nesse sentido o Brasil ainda engatinha acerca do tratamento das moedas virtuais, possuindo uma inicial tentativa de categorizar as moedas virtuais em algum tipo de ativo financeiro através da própria receita Federal que trata destas dentro da declaração de imposto de renda a sua propriedade como "Outros Bens" na ficha de bens e direitos da DIRPF, e assim como nos Estados Unidos os eventuais ganhos de capital serão tributados pelas alíquotas progressivas de 15 a 22,5% dependendo do montante ganho.

No entanto talvez seja prematura tal classificação da criptomoeda pelo ordenamento jurídico brasileiro posto que sequer há classificação efetiva desta como bem, ou como moeda, o que faz inteira diferença para fins tributários.

Se considerada como moeda, estará sujeita a regime de tributação de cunho privado, e caberá em tese a incidência de IOF e ICMS. A título de exemplo tem-se um comerciante que aceita tal moeda em uma transação, portanto incidiriam todas as modalidades tributárias que acometem uma transação com moeda comum. Como explicado anteriormente, a Receita Federal brasileira definiu que a criptomoeda deve ser entendida como ativo financeiro, porém, em recente comunicado sobre operações financeiras, alerta para o fato de que "Não há, no arcabouço legal e regulatório relacionado com o Sistema Financeiro Nacional, dispositivo específico sobre moedas virtuais. O Banco Central do Brasil, particularmente, não regula nem supervisiona operações com moedas virtuais"[6].

Por outro lado, se considerada como um bem, se sujeitará ao Imposto e Renda, que inclusive é a atual posição do Brasil acerca das criptomoedas. Assim, conforme exposto estes serão declarados como ativos financeiros para fins do Imposto de Renda, devendo ser declarados na ficha

---

[6] **Comunicado nº 31.379**, de 16/11/2017. Banco Central, Disponível em: http://www.bcb.gov.br/pre/normativos/busca/normativo.asp?numero=31379&tipo=Comunicado. Acesso em: 28/04/2018.

"outros bens" pelo valor que foi adquirido. Quando da sua compra, se superior a R$ 35.000,00, estará sujeita a uma alíquota que varia de 15% a 22,5%, a depender do montante, como ocorre com as ações por exemplo.

Esse, conforme mencionado é também o posicionamento dos Estados Unidos, que a título de exemplo, entende que se uma criptomoeda for utilizada para a compra de um bem qualquer será considerada como venda de propriedade, e estará sujeita à tributação por ganhos de capital[7].

Além disso, o artigo 55, inciso IV do Regulamento do imposto de renda de 1999, expressa que "os rendimentos recebidos na forma de bens ou direitos, avaliados em dinheiro, pelo valor que tiverem na data da percepção"[8]. Assim, a bitcoin pode ser considerado um rendimento recebido em direito que é avaliado em dinheiro, sendo possível, portanto, sua tributação. O que faz sim sentido de cunho lógico, no entanto essa posição não é uniforme no mundo.

Tendo em vista o posicionamento atual tanto Brasileiro quanto Norte Americano vale a pena trazer à tona o importante passo na política econômica internacional acerca das criptomoedas dado pelo Bundesministerium der Finanzen da Alemanha, no dia 01/03/2018, publicou diretiva que divergente do posicionamento dos EUA entendendo a criptomoeda como moeda de fato, e não como propriedade. Ainda segundo essa diretiva, se uma criptomoeda for utilizada para realizar um pagamento não estará sujeita à incidência de imposto sobre o ganho de capital. Entretanto, poderá sujeitar-se à incidência de imposto sobre operações financeiras, utilizando-se o valor da criptomoeda no momento da transação, devidamente documentada pelo vendedor.

Esta diretiva foi baseada na decisão da Corte Europeia de justiça que em 2015 decidiu que a conversão da criptomoeda em moeda fiduciária se sujeitará à incidência de tributos, especificamente aqueles incidentes sobre serviços, revelando-se, portanto, que o ministério das finanças

---

[7] LIMA, Fabrício A.; LOEWEN, Eduardo V. **Tributação de criptomoedas.** JUS, Disponível em: https://jus.com.br/artigos/64584/tributacao-de-criptomoedas. Acesso em: 25/04/2018.

[8] BRASIL. RIR/99. Regulamento do Imposto de Renda (Decreto nº 3.000, de 26 de março de 2009). Regulamenta a tributação, fiscalização, arrecadação e administração do Imposto sobre a Renda e Proventos de Qualquer Natureza. Extraído do site: http://www.receita.fazenda.gov.br/Legislacao/rir/default.htm.

Alemã entende que as criptomoedas se revestem da natureza jurídica de moeda.

Com esse posicionamento as criptomoedas se tornam equivalentes aos meios legais de pagamento, na medida em que as chamadas moedas virtuais dos envolvidos nas transações são aceitas como meio alternativo de pagamento contratual e imediato, como explicado pelo documento emitido pelo governo alemão[9].

Diante disso, cria-se uma definição melhor sobre o que pode ser taxado ou não. Por exemplo, os mineradores que recebem recompensas em moedas digitais não serão tributados, uma vez que seus serviços são considerados voluntários conforme o mesmo documento. Em contrapartida, os operadores de câmbio que atuem em nome próprio como intermediários receberão uma isenção de imposto, mas em uma Exchange (empresa intermediária dessas transações) não haverá tal isenção[10].

Se esta é sem dúvida a melhor alternativa, talvez ainda seja cedo para afirmar. No entanto o tema passa a ser discutido seriamente na comunidade internacional, tendo sido tema de discussão na reunião do G20 presidida em Buenos Aires na Argentina no início desse ano de 2018[11].

Ainda em novembro deste ano de 2018 nova reunião agendada pelo G20 tem em sua pauta de discussões, a pedido da França e da Alemanha o tema "dos ativos criptográficos" como as bitcoins, onde se revela a necessidade de regulamentar tais ativos e talvez onde será dado importante passo na classificação definitiva desta nova moeda.

---

[9] **Um-satz-steu-er-li-che Behandlung von Bitcoin und anderen sog. vir-tu-el-len Wäh-run-gen;**
EuGH-Ur-teil vom 22. Ok-to-ber 2015, C-264/14, He-d-qvist. Disponível em: https://www.bundesfinanzministerium.de/Content/DE/Downloads/BMF_Schreiben/Steuerarten/Umsatzsteuer/Umsatzsteuer-Anwendungserlass/2018-02-27-umsatzsteuerliche-behandlung-von-bitcoin-und-anderen-sog-virtuellen-waehrungen.html. Acesso em 28/04/2018.

[10] RODRIGO, Tolotti U. **Alemanha legaliza criptomoedas e reconhece Bitcoin como meio de pagamento.** Disponível em: http://www.infomoney.com.br/mercados/bitcoin/noticia/7313971/alemanha-legaliza-criptomoedas-reconhece-bitcoin-como-meio-pagamento. Acesso em: 30/04/2018.

[11] CUÉ, Carlos E. **Guerra comercial e criptomoedas pautam primeiro encontro do G20 na América Latina.** El País. Disponível em: https://brasil.elpais.com/brasil/2018/03/18/economia/1521396558_904568.html. Acesso em: 20/04/2018.

Este posicionamento dos governos mundiais é tão patente que em dezembro de 2017 o Reino Unido não só entendeu a importância das moedas virtuais como levantou a possibilidade real de criação de uma criptomoeda protegida pelo Estado Inglês[12]. Atrelando seu valor possivelmente ao da Libra Esterlina, para evitar que seu valor flutue como a própria bitcoin.

Mas é claro que nem todos os posicionamentos são positivos, o Sheik Egípcio Shawki Allam, pediu a proibição da venda, compra ou qualquer outra transação de moedas digitais, sob a alegação de que "Segundo o Grand Mufti egípcio, as moedas digitais, por não serem sustentadas por um bem tangível, como o lastro em ouro, além do anonimato característico das transações, poderiam levar ao financiamento do crime organizado, à evasão fiscal e à lavagem de dinheiro, sendo, assim, contrária às leis do Islã."

Tirando o cunho religioso da explicação entende-se que o problema acerca da instituição das criptomoedas é mais voltado para a utilização desta, como no caso de 2017 na Bulgária onde após uma repressão da polícia búlgara a uma rede de crime organizado, está com cerca de 200 mil unidades de bitcoin apreendidas pelo Estado. Ninguém sabe, até o momento, o que o governo da Bulgária pretende fazer com toda essa fortuna digital, uma vez que ele se recusa a comentar sobre o assunto.

A verdade é que a nova tecnologia é inevitável, e com ou sem a anuência dos governos ela tomará cada vez mais força e eficácia. Resta então aos Estados maiores decidir de qual lado da balança resolverão ficar. E certamente, como sempre, será na mais lucrativa para o Estado, pois a regulação das criptomoedas não só dará maior credibilidade a estas, mas criarão todo um novo universo de possibilidades de arrecadação que simplesmente inexistia a alguns anos.

2. Perspectivas futuras

A introdução das criptomoedas no cenário global ainda está longe de passar para o Estado de estabilidade onde se compreende plenamente sua natureza. Evidentemente ainda é necessário muito estudo sobre a

---

[12] MENDICK, Robert. **Bank of England plots its own bitcoin-style digital currency.** Disponível em: https://www.telegraph.co.uk/news/2017/12/30/bank-england-plots-bitcoin-style-digital-currency/: Acesso em: 07/05/2018.

matéria para se determinar não só seu funcionamento, mas como o ordenamento jurídico tratará tal ativo tecnológico.

Desta forma, para se avaliar como deve ser tratada a criptomoeda dentro do aspecto jurídico, a fim de compreendê-la e aplicar a forma mais adequada de tributação, foi necessário, primeiramente, delinear a origem, criação e objetivo da criptomoeda

Assim, se percebeu que a sua gênese, se deu pelo paper escrito por Satoshi Nakamoto, que, utopicamente previu a criação de uma moeda descentralizada, com lastro apenas em si mesma e na confiança que seu sistema de verificação por cadeia de blocos garantiria.

Em virtude deste conceito a moeda foi utilizada para diversos pagamentos na chamada *deep web* e consequentemente teve uma evolução história em seu valor quase que astronômica. Momento este em que os olhos do mundo se voltaram para as infinitas possibilidades da bitcoin e das criptomoedas.

Em sequência, nasceram inúmeras criptomoeda, que já não só serviam para pagar produtos ou serviços, tal qual uma moeda, mas já valem como partes de empresas, em um sistema chamado de *crowdfunding*, mostrando assim o enorme potencial que as criptomoeda possuem.

Tal potencial de mutação da função da criptomoeda em nada auxilia a determinação de sua natureza jurídica, tendo sido criadas duas vertentes ao redor do globo, onde uma, adotada pelos Estados Unidos da América entendem a criptomoeda como um bem, tal qual uma ação, responsável por acrescer capital ao possuidor da moeda virtual e devendo ser declarada pelo Imposto de Renda.

O posicionamento divergente vem da Europa, encabeçado pela Alemanha, onde a compreensão da criptomoeda gira em torno de uma moeda propriamente dita, devendo incidir sobre essa, Impostos comuns às transações financeiras, tal qual o IOF e o ICMS.

No entanto, a presente pesquisa preza pela verificação ao direito comparado, onde se geram inúmeros questionamentos sobre as possibilidades que devem ser avaliadas para a concretização da cobrança de tributo sobre as criptomoedas.

Consequentemente, em virtude de sua importância global, há de se entender que, a criptomoeda, sendo um ativo que não possui nenhuma barreira física, inevitavelmente atravessará todas as fronteiras Estatais e por fim terá a real capacidade de estar em qualquer lugar do mundo ao mesmo tempo. Por esta razão, é de suma importância que o alinhamento global sobre o assunto seja uníssono, pois será difícil calcular as consequências em utilizar uma moeda que possui um tratamento diferente em cada lugar do mundo onde ela tenha alguma influência.

Desta forma, independentemente do posicionamento adotado pelo mundo, as consequências serão perceptíveis, e talvez, pela primeira vez o mundo tenha que se debruçar sobre uma matéria econômica e trabalhar juntos para entender, aplicar e operacionalizar as criptomoedas de maneira equilibrada e coesa.

Referências

BRASIL. Constituição (1988). *Constituição da República Federativa do Brasil.* Disponível em: <http://www.planalto.gov.br/ccivil_03/constituicao/constituicaocompilado.htm>. Acesso em: 1 maio. 2018.

IAMARINO, Átila. *Criptomoedas, blockchain e Altcoins | Nerdologia Tech.* 2017. Disponível em: https://www.youtube.com/watch?v=PQQ0NpwqMlg&t=192s. Acesso em: 17/09/2018.

IAMARINO, Átila. *Bitcoins | Nerdologia Tech.* 2017. Disponível em: <https://www.youtube.com/watch?v=h87O2xfUSv8>. Acesso em: 23/09/2018.

VIGNA, Paul; CASEY, Michael J.; *The age of cryptocurrency: How Bitcoin and digital money are challenging the global economic order (English edition);* ed. St. Martin's press; 2015

TAPSCOTT, Don; TAPSCOTT, Alex; *Blockchain Revolution;* ed. Senai, São Paulo; 2017.

NAKAMOTO, Satoshi. *Bitcoin: A peer-to-peer Electronic cash system.* Disponível em: https://bitcoin.org/bitcoin.pdf, Acesso em: 01/05/2018.

POPPER, Nathaniel. *Digital Gold:* Bitcoin and the Inside Story of the Misfits and Millionaires Trying to Reinvent Money. Harper Paperbacks; Edição Reprint, 2016.

ABITANTE, José Carlos B. *Elisão Fiscal, Evasão ou Sonegação do Bitcoin? Como agir dentro da lei.* 17 out. 2017. Disponível em <https://www.linkedin.com/pulse/elisão-fiscal-evasão-ou-sonegação-do-bitcoin-eis-uma-bueno-abitante/?published=t>. Acesso em 1 maio. 2018.

ANTONOPOULOS, Andreas M. *Mastering Bitcoin.* 2. Ed. 2017. Disponível em: <https://bitcoinvestimento.blogspot.com.br/2017/01/mastering-bitcoin-download-gratis-andreas.html>. Acesso em: 1 maio. 2018.

CHAU, David. *Bitcoin one step closer to being regulated in Australia under new anti-money laundering laws.* 22 out. 2017. Disponível em: <http://mobile.abc.net.au/news/2017-10-23/bitcoin-one-step-closer-to-being-regulated-in-australia/9058582>. Acesso em: 1 maio. 2018.

Colluci, Fernando; Miyake, Alina. *A Tributação dos bitcoins e outras moedas virtuais.* 23. jun. 2017. Disponível em: <https://www.machadomeyer.com.br/pt/inteligencia-juridica/publicacoes-ij/tributario-ij/a-tributacao-dos-bitcoins-e-outras-moedas-virtuais>. Acesso em: 1 maio. 2018.

Becker, Alfredo Augusto. *Teoria geral do direito tributário.* 3. Ed. São Paulo: Lejus, 2002.

Machado, Hugo de Brito; *Direitos Fundamentais do Contribuinte;* ed. Atlas, 2009.

Quintela, Guilherme Camargos; *Segurança Jurídica e Proteção da Confiança: A Justiça Prospectiva na Estabilização das Expectativas no Direito Tributário Brasileiro;* ed. Fórum; 2013.

16. Retos para el Cobro del Impuesto sobre la Renta en la Economía Digital[1]

Enrique Seira
Emilio Pineda
Alejandro Rasteletti

Introducción

Las administraciones tributarias de los distintos países han venido enfrentado importantes dificultades para evitar la elusión del pago de impuestos sobre la renta por parte de compañías multinacionales. Esto se debe en gran medida al marco tributario internacional actualmente vigente, el cual data de principios del siglo veinte y se basa en tres pilares fundamentales: cobro de impuestos en el país fuente; transacciones valuadas a valor de mercado ("arm's length principle"); y bilateralidad en los acuerdos internacionales. En la implementación se estos pilares se generan ciertos vacíos legales, que le han permitido a las empresas multinacionales usar diversas estrategias para lograr la reasignación de ganancias entre países y reducir sus tasas de tributación efectiva.

Tras la crisis financiera de 2008 surgió un fuerte interés por parte de diversos países de enfrentar la elusión del pago de impuestos sobre la renta por parte de compañías multinacionales. Esto se debió en parte a

---

[1] Agradecimientos: Los autores agradecen a Ricardo Olivares por su ayuda como asistente en este proyecto, y a Miguel Messmacher por comentarios críticos al mismo.

que diversos estudios mostraban que la base gravable de este impuesto se había visto reducida, como consecuencia de que las empresas multinacionales encontraban la forma de registrar sus ganancias en países con bajas tasas impositivas. El énfasis en el impuesto sobre la renta se debió a que este impuesto representaba un porcentaje significativo de la recaudación total de los países. En Estados Unidos, por ejemplo, una tercera parte de la recaudación total viene de impuestos al capital y dentro de estos cerca de 30% son impuestos corporativos (Zucman, 2014). En Europa, los impuestos al capital representan una menor contribución, pero, al igual que en Estados Unidos, dentro de estos los impuestos corporativos son cerca del 30%. En el caso de América Latina, la recaudación de impuestos corporativos ha estado estable entre 2007 y 2015 en un valor cercano al 4% (IDB y otros, 2017).

FIGURE 1: Evolución y Composición de Recaudación en América Latina

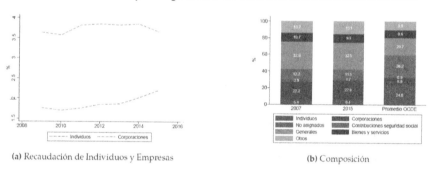

(a) Recaudación de Individuos y Empresas   (b) Composición

Nota: Ecuador, Nicaragua y Venezuela han sido excluidos de los promedios de los impuestos sobre la renta de empresas y personas físicas.Fuente: OCDE (2017), "Estadísticas Tributarias en América Latina: tablas comparativas", Estadísticas tributarias de la OCDE (base de datos), http://dx.doi.org/10.1787/ctpa-revlat-data-en

En los últimos años, en la comunidad internacional, ha surgido la preocupación de que la elusión de los impuestos sobre la renta de las empresas pudo haberse visto incrementada como consecuencia del rápido crecimiento de empresas digitales, las cuales cuentan con modelos de negocios que facilitan la elusión impositiva. Esto porque las empresas con modelos de negocios digitales tienen la capacidad de generar ingresos en un país sin tener presencia física, y porque adquieren mayor importancia los activos intangibles, mismos que son fáciles de relocalizar y difíciles de valuar. Estas características hacen que se vuelva relativamente fácil para una empresa digital resignar ganancias hacia países con bajas tasas impositivas (paraísos fiscales).

El presente documento busca resumir cuál es el estado de la discusión alrededor del cobro de impuestos a la renta a empresas digitales multinacionales, principalmente con el fin de informar a hacedores de política. Si bien también existen retos en el cobro de impuestos indirectos a empresas digitales, particularmente del impuesto al valor agregado, las dificultades que se presentan para el cobro de los distintos tipos de impuestos presentan características técnicas diferentes.[2] Por tal motivo, este trabajo se enfoca exclusivamente en el cobro del impuesto a la renta de empresas. La siguiente sección de este documento presenta algunas estadísticas sobre el crecimiento de la economía digital, lo que justifica el creciente interés que existe a nivel internacional en la imposición a empresas digitales. Posteriormente, la sección 3 describe qué son las empresas digitales, presenta evidencia sobre cuántos impuestos pagan, y explica por qué se les facilita eludir el pago de impuestos a sus ganancias. La sección 4 presenta algunos de los argumentos que se han presentado a favor de reformar la legislación vigente, con el fin de cobrar mayores impuestos a las empresas digitales. Luego, la sección 5 discute los diferentes elementos que se deben tener en cuenta al momento de establecer nuevos impuestos a las empresas digitales. Posteriormente, la sección 6 describe algunas de las principales propuestas que se han planteado para incrementar la imposición efectiva de las empresas digitales, mientras que la sección 7 resume algunas de las acciones implementadas recientemente por diversos países. Finalmente se presentan conclusiones y anexos con detalles técnicos.

1. Evolución de la Economía Digital

En las últimas décadas el mundo ha experimentado cambios tecnológicos muy importantes. Uno de los más consecuentes es el surgimiento y expansión del internet, con las tecnologías y modelos de negocio que éste facilita. Para citar algunas cifras, el número de conexiones móviles o de banda ancha en el mundo creció de cerca de 500 millones en 1997 a más de 2000 millones en el 2011 (OECD, 2015), 95% de las empresas

---

[2] Para análisis sobre el impuesto al valor agregado e impuestos a las ventas de empresas digitales, ver OECD (2015).

tienen conexión a internet de alta velocidad, y cerca del 80% tienen página de internet. La cantidad de información que pasa por el internet se duplica cada año, y se estima que para 2020 haya 44 zettabytes de datos producidos (OECD, 2018).

De acuerdo con Astudillo y Trujillo (2019), la producción de bienes y servicios de tecnologías de la información y comunicación era 6.5% del PIB global en 2015, y el comercio de esos bienes y servicios sumaba 2 trillones de dólares en ese mismo año, creciendo 40% desde el 2010. De acuerdo con el Fondo Monetario Internacional (FMI) (también citado en Astudillo y Trujillo, 2019), el tamaño del sector digital[3] era equivalente a 9.3% del PIB en Estados Unidos.[4] Se estima que solamente la economía colaborativa ("sharing economy") crezca de 14 billones de dólares en 2014 a 335 billones en 2025. América Latina está atrasada en este proceso de desarrollo de la economía digital, y es importadora neta de este tipo de servicios y bienes.

Este progreso tecnológico hace factible modelos de negocios que antes eran imposibles. Modelos en los que no es necesario tener presencia física para vender, y en los que los consumidores contribuyen con contenido al desarrollo del producto que se vende (piénsese en YouTube y en Facebook, por ejemplo). La difusión masiva del internet, de celulares inteligentes, de la banda ancha, de computación en la nube, entre otros desarrollos, ha generado cantidades exorbitantes de información sobre deseos y hábitos de consumidores. Con el poder de cómputo actual se puede procesar esta información y hacerla relevante para el diseño de productos y focalización de la mercadotecnia a nivel personalizado. La tecnología además ahora permite llevar a cabo de forma remota muchas actividades que antes se tenían que hacer de forma presencial: hablar con los empleados y directivos, tener datos de inventarios y ventas en tiempo real, tener retroalimentación de los consumidores en grandes cantidades, entre otros.

El avance tecnológico y los nuevos modelos de negocio permitieron un crecimiento acelerado de compañías digitales. De acuerdo con

---

[3] Esto incluye la economía colaborativa, plataformas sociales, e-business, etc.
[4] Un problema de estas cifras es que son estimaciones y usan distintas definiciones de sector digital y bienes. Pero incluye comercio por internet, plataformas de la economía colaborativa como Airbnb, Uber y otros.

la consultora Price Waterhouse Coopers y el Financial Times[5], en 2006 solo una compañía de tecnología estaba en el top 20 de capitalización de mercado, pero para el 2017 ya había nueve compañías que juntas sumaban 54% de la capitalización. Esto también se refleja en los ingresos y ventas. Según la Comisión Europea (European Commission, 2017), entre 2008 y 2016 los ingresos de los cinco vendedores por internet más grandes crecieron en promedio 32% al año, comparados con un crecimiento de 1% del todo el sector de ventas minoristas en Europa. Por otra parte, un estudio de la Organización para la Cooperación y el Desarrollo Económico (OCDE) (OECD, 2015)[6] muestra que el ingreso por empleado de compañías de internet ha aumentado más de 300% del 2000 al 2011.

En su mayor parte estos cambios han traído grandes beneficios en productividad de las empresas[7] y bienestar a las personas: mayor facilidad para comprar a un menor precio una mayor variedad de productos, capacidad para hablar y ver a familiares a largas distancias, mayor colaboración con equipos internacionales, entre otros muchos beneficios. Sin embargo, el advenimiento de la economía digital también ha traído diversos retos. En el ámbito de organización industrial, la tecnología digital permite generar efectos de red[8], que constituyen barreras a la entrada y llevan a que unas pocas compañías puedan apropiarse de grandes segmentos del mercado, generar altas ganancias, y posiblemente a tener poder monopólico y monopsónico. Por otro lado, existe una discusión intensa y algo de evidencia que empresas de redes sociales pueden generar polarización social y política, y reducir el bienestar de sus usuarios. Adicionalmente, y el foco de este artículo, las mismas fuerzas que permiten incrementos en productividad también facilitan la

---

[5] Global Top 100 Companies by market capitalization (PWC, 2017); y Financial Times Global 500 database, 2006.
[6] http://dx.doi.org/10.1787/888932692619.
[7] Brynjolfsson y otros (2011) estudian 179 empresas que cotizan en bolsa en Estados Unidos y muestran que aquellas que adoptaron métodos de decisiones basadas en datos tienen una productividad cerca de un 5% mayor al resto. En empresas de transporte, el internet y las tecnologías de la información han ahorrado cerca de 10% de costos. También se observa una mayor eficiencia en aviación y en la industria manufactura, entre otros.
[8] Los efectos de red se dan en situaciones en las que el beneficio de un servicio para un consumidor depende de cuantos otros consumidores lo usan. El Anexo A.3 explica qué son los efectos de red y por qué surgen.

erosión de la base impositiva. Desde hace ya varios años ha aumentado la preocupación de que las compañías multinacionales cuentan con muchas herramientas para limitar su carga tributaria, herramientas que van desde registrar ganancias en países con impuestos bajos –usando esquemas agresivos de precios de transferencia y de registro de activos intangibles en dichos países–, a explotar inconsistencias en tratados internacionales. La economía digital potencia estas ventajas, como se describe a continuación.

2. Empresas Digitales y Elusión de Impuestos

2.1 Qué son las empresas digitales

No existe una definición generalmente aceptada de qué es una empresa digital, más allá de decir que son las que usan la tecnología del internet como parte fundamental de su negocio. Organizaciones como la OCDE y el FMI argumentan que es imposible definir de manera restrictiva a las empresas digitales, ya que miles de empresas usan el internet en sus modelos de negocio, con diferencias de grado. Entre los modelos de negocio de las grandes compañías digitales destacan actualmente los siguientes[9]:

Mercados en línea. Un mercado en línea es un intermediario entre vendedores y compradores. Tal vez los ejemplos más prominentes sean EBay, Airbnb, Amazon y Uber. Este mercado funciona mejor entre mayor sea la cantidad de compradores y vendedores. Los usuarios juegan un papel muy importante monitoreando la calidad de los bienes y servicios en venta, y proporcionando dichos servicios[10].

Plataformas de Redes Sociales. Estas conectan, por un lado, usuarios entre ellos mismos y, por otro lado, anunciantes con usuarios. Dentro de esta categoría están, por ejemplo, Facebook, Twitter, Instagram, YouTube, Google+, entre otras[11]. Una característica importante

---

[9] La clasificación se basa en OECD (2019).
[10] De acuerdo a O'Sullivan (2019), las ventas de mercados en línea en América Latina alcanzaron los 87.3 millones de dólares en 2018 y se espera que la tasa de crecimiento anual de las ventas en línea desde el exterior a América Latina alcance en un 44% entre 2014 y 2020.
[11] Spotify y Apple Music podrían caber en este modelo, en la medida en que los usuarios suben listas de reproducción, hacen recomendaciones, e invitan a otros usuarios a participar.

de las redes sociales es que claramente el contenido es proveído por los mismos usuarios. Este contenido es crucial en su habilidad para atraer otros usuarios y para focalizar anuncios de forma que estos tengan mayor impacto. Adicionalmente los mismos usuarios invitan amigos y ayudan a construir la red.

Buscadores de internet. Consisten principalmente en compañías que tienen algoritmos de búsqueda que facilitan a sus clientes buscar contenidos en páginas de internet propiedad de otras personas. Al igual que en las redes sociales, el contenido no es provisto por la propia compañía. Google, Bing, Yahoo! y AOL son algunas de las principales compañías de buscadores.

Si bien esta lista no es exhaustiva, es representativa del tipo de empresas digitales multinacionales a las que hace referencia este documento. Es importante resaltar que, además de ser multinacionales y usar fuertemente el internet, la gran mayoría de estas empresas están organizadas como plataformas de dos lados (P2L). De acuerdo con Rysman (2009), un mercado de dos lados es *"uno en el que dos conjuntos de agentes interactúan por medio de un intermediario o plataforma, y en el que las decisiones de cada conjunto de agentes afectan los resultados y bienestar del otro conjunto de agentes, típicamente a través de una externalidad."* Resaltar que las empresas digitales multinacionales presentan modelos de negocio de P2L es relevante por dos motivos: primero, porque varios de los resultados clásicos de la teoría tradicional de impuestos no aplican sin modificación en entornos de P2L, motivo por el cual la tributación óptima en mercados con P2L puede presentar características distintas a la del resto de los mercados. Segundo, porque las P2L pueden generar efectos de red que llevan a la generación de empresas dominantes, con poder de mercado que les permitan incrementar precios y generar rentas económicas. El Anexo A.3 discute en mayor detalle aspectos importantes relacionados con las P2L.

2.2 ¿Pagan las empresas digitales pocos impuestos?

Existe la percepción y cierta evidencia de que las empresas digitales multinacionales pagan pocos impuestos. El FMI (IMF, 2019) dice que *"muchas de las (empresas digitales más conocidas) son altamente rentables y a pesar de esto en muchos casos pagan relativamente pocos impuestos en cualquier parte"*. La Comisión Europea (European Commission, 2017) reporta que en promedio las empresas con modelos digitales de negocios están sujetas a una imposición efectiva (que incluye todos los impuestos) de 8.5%, y que esta tasa es la mitad de la que aplica a aquellas empresas con modelos de negocio tradicionales.

La Tabla 1 muestra los impuestos pagados por algunas grandes compañías digitales como fracción de su ingreso.[12] Si bien la tabla refleja mayores tasas efectivas pagadas por las empresas digitales, como proporción de los ingresos, no es claro las implicancias sobre las tasas efectivas pagadas sobre las ganancias, ya que las empresas digitales y no digitales pueden presentar diferentes ratios de ganancias a ingresos. De hecho, a pesar de existir una percepción generalizada de que las empresas digitales pagan pocos impuestos en relación con sus ganancias, existen algunos análisis que contradicen esta percepción. Por ejemplo, Bauer (2018) argumenta que las tasas efectivas de las compañías digitales son cercanas a 25%, y que no son muy distintas de las tasas enfrentadas por compañías listadas no digitales. Además, argumenta que no existen grandes ganancias digitales antes de impuestos, estimando márgenes de ganancia de 15% para compañías digitales en la Unión Europea, versus 10% para compañías no digitales. Para justificar las diferencias entre sus estimaciones y las de la Comisión Europea, Bauer arguye que las estimaciones de la Comisión Europea se basan en modelos hipotéticos, mientras que sus estimaciones se basan en datos reales. Adicionalmente, es posible que las diferencias entre los resultados de la Comisión Europea y de Bauer puedan deberse a diferencias en los tamaños y en los niveles de internacionalización de las empresas que analizan. Mientras que la Comisión Europea se focaliza principalmente en empresas grandes multinacionales, Bauer también analiza también empresas de menor tamaño y con menor nivel de internacionalización.

---

[12] https://www.macrotrends.net/stocks/;https://www.statista.com/statistics/266206/googles-annual-global-revenue/.

TABLE 1: Tasas efectivas (Impuestos pagados / Ingreso)

Compañías	2012	2013	2014	2015	2016	2017	2018	Promedio
Digitales								
No Latinoamericana								
Amazon	0.70	0.22	0.19	0.89	1.05	0.43	0.51	0.57
Apple	8.96	7.68	7.64	8.18	7.27	6.87	5.03	7.38
Google	6.33	4.93	5.51	4.40	5.18	13.11	3.05	6.07
Facebook	8.67	15.93	15.80	13.98	8.33	11.46	5.82	11.43
Twitter	0.00	-0.30	-0.07	-0.54	0.63	0.53	-25.71	-3.64
Latinoamericana								
Mercado Libre	10.43	9.73	8.80	6.90	5.81	3.29	-2.01	6.13
B2W			1.51	0.14	2.76	3.32	2.95	2.14
Despegar				4.27	2.68	2.29	1.32	2.64
							Promedio total	4.09
No Digitales								
No Latinoamericana								
ATT	2.28	7.24	2.73	4.77	3.96	-9.16	2.88	2.10
AmerisourceBergen	0.58	0.38	0.32	0.30	-0.03	0.36	-0.26	0.24
Berkshire Hathaway			4.07	5.01	4.14	8.97	0.13	4.47
CVS Health	1.98	2.31	2.18	2.21	1.87	0.89	1.03	1.78
Exxon	6.46	5.54	4.37	2.17	-0.20	-0.48	3.28	3.02
McKesson	0.42	0.48	0.55	0.46	0.48	0.81	-0.03	0.45
UnitedHealth Group				3.10	2.77	2.59	1.59	1.57	2.33
Walmart	1.77	1.70	1.70	1.64	1.36	1.28	0.92	1.48
							Promedio total	1.98

Fuente: ver pie de pagina.

La distinción entre empresas de distintos tamaños y niveles de internacionalización es importante dado que existe amplia evidencia que las grandes empresas internacionales –digitales o no– pagan bajos impuestos como consecuencia de estrategias impositivas muy agresivas. De acuerdo con diversos estudios, incluyendo OECD (2015), OECD (2018), European Commission (2017) y IMF (2019), esto es en gran medida consecuencia de que las empresas multinacionales han podido trasladar una parte importante de sus ganancias a países con bajas tasas de impuesto corporativo.

El impacto de las diversas estrategias de elusión de impuestos es significativo. Zucman (2014) asevera que la tasa corporativa efectiva se ha reducido de 30 a 20 por ciento, y que dos tercios de esto se puede atribuir este fenómeno.[13] De hecho, estima que 20% de todas las ganancias corporativas de Estados Unidos están en paraísos fiscales, un incremen-

---

[13] Aunque parte del desgaste recaudatorio se debe a estas estrategias elusivas que disminuyen la base gravable (i.e. el monto de ganancias sobre la que se puede poner el impuesto), otra parte importante se debe a reducciones en las tasas impositivas estatutarias a los ingresos corporativos. Este fenómeno se debe a la competencia entre países por atraer inversión y empresas. Este es un problema que también debe atenderse multilateralmente.

to de 10 veces con respecto a la década de 1980. El FMI (IMF, 2019), por su parte, reporta que en los países miembros de la OCDE se perdieron cerca de 450 billones de dólares de recaudación en 2013 (cerca de 1% del PIB) solo por esta re-domiciliación de las ganancias. Para países no miembros de la OCDE estimaron pérdidas de 1.3% del PIB.

2.3 Factores que facilitan la elusión de impuestos corporativos por empresas multinacionales

Para entender por qué puede resultar más fácil para las empresas digitales eludir impuestos, es importante primero repasar los pilares sobre los que se basa el impuesto a las ganancias corporativas internacionales. Estos pilares datan de principios del siglo veinte[14], el cual fue un periodo caracterizado por el crecimiento del comercio internacional y la expansión de empresas multinacionales. En este contexto, el problema de cómo cobrar impuestos corporativos a empresas que operaban en varios países apremió. Se requería coordinación internacional en el diseño de un régimen impositivo para este tipo de empresas. Para responder a este reto, la Liga de las Naciones estableció un régimen fiscal internacional el cual se basó en tres pilares.

El primer pilar fue el de **"cobro de impuestos en el país fuente"**. Este principio establece que una compañía debe pagar impuestos en el país en donde opera, no en el país en donde viven sus accionistas, ni en el país en donde está ubicada su matriz. Este principio de *"gravar el valor donde este se produce"* se justifica por el hecho de que la empresa que hizo uso de la infraestructura física y legal del país donde opera, motivo por el cual tiene la obligación de contribuir con el financiamiento de dicha infraestructura. Para implementar este principio, en los tratados internacionales actuales, y en el Artículo 5 de las convenciones modelo de impuestos de la OCDE, solo se le permite a un país cobrar impuestos a las ganancias corporativas a empresas extranjeras si estas tienen suficiente presencia física en el país, a través de un establecimiento perma-

---

[14] El impuesto corporativo nace justo antes de la primera guerra mundial, al mismo tiempo que el impuesto al ingreso personal. Zucman (2014) argumenta que esto no es coincidencia, ya que se complementan. En ausencia de un impuesto corporativo las personas podrían crear empresas y usarlas para reportar su ingreso como ingreso de una empresa y así eludir el impuesto al ingreso personal. El impuesto corporativo entonces puede verse como un piso o un pre-pago del impuesto personal.

nente. Algo similar ocurre con el Convención Modelo de las Naciones Unidas sobre la doble tributación. Por establecimiento permanente se entiende generalmente un lugar fijo de negocio mediante el cual una empresa lleva a cabo total o parcialmente sus actividades.[15] Si hay un establecimiento permanente, se dice que la empresa tiene nexus en el país, y esto le permite al país cobrarle impuestos corporativos a la empresa, aunque solo sobre los ingresos generados en dicho país. Cuando la empresa tiene nexus en más de un país, existen tratados para acordar qué país tiene derecho a cobrar qué fracción del impuesto, y así evitar la doble tributación sobre la misma fuente de ingreso.

El segundo pilar del régimen fiscal internacional es conocido como el principio de **transacciones valuadas a valor de mercado** (*"arm's length principle"*). Este principio establece que cuando una compañía opera en varios países por medio de subsidiarias, las subsidiarias de cada país tienen que reportar impuestos al país respectivo donde operan como si fueran empresas independientes. Para esto, las transacciones entre subsidiarias deben ser valuadas usando precios de mercado.[16] Esto es crucial porque, de no ser así, es fácil trasladar artificialmente ganancias de una subsidiaria a otra manipulando los precios de venta entre filiales.[17]

El tercer pilar es el de **"bilateralidad"** en los acuerdos internacionales. Es decir, se busca no tener un sistema multilateral único que regule todos los acuerdos entre países –como los hay en el comercio internacional, por ejemplo, con el Acuerdo General sobre Aranceles Aduaneros y Comercio (GATT, por sus siglas en inglés) – sino tener acuerdos específicos entre dos países, con sus propias precisiones y la flexibilidad deseada en algunas definiciones. Esto ha dado lugar a miles de tratados,

---

[15] Típicamente este concepto se ha implementado utilizando el criterio de registro de la empresa ante un país. Aunque también hay criterios de manejo efectivo, presencia de empleados, activos, o por el tipo de decisiones que se toman. Hay reglas especiales para ingresos por dividendos, royalties, y ganancias de capital. El concepto de establecimiento permanente actúa efectivamente como un umbral que mide el nivel de presencia económica del no residente en una jurisdicción.

[16] El principio *arm's length* también se utiliza para partes relacionadas en general, que pueden ser subsidiarias o filiales o también otras empresas o incluso personas físicas con interés en la operación.

[17] Clausing (2009) encuentra evidencia de que esto sucede en la práctica.

no todos ellos compatibles entre sí. Estas incompatibilidades y diferencias de tratamiento dan lugar a posibilidades de arbitraje, que permiten la elusión de impuestos.[18] Considerando los tres pilares del régimen fiscal internacional, es posible deducir que para las empresas digitales puede resultar más fácil eludir el pago de impuestos, como se discute a continuación.

2.4 Elusión fiscal en compañías multinacionales

Las empresas multinacionales usan varios tipos de estrategias para lograr la reasignación de ganancias entre países. Una de ellas es manipular los precios de transferencia, esto es, el precio al que la matriz le vende o compra a una subsidiaria localizada en un país con baja tasa impositiva. Por ejemplo, una empresa subsidiaria en Bermuda le vende un servicio a la matriz en Estados Unidos a un precio elevado, así reporta menos ganancias en Estados Unidos (donde la tasa de impuesto corporativo es alta) y más en Bermuda (donde la tasa de impuesto corporativo es baja), con lo que reduce su pago total de impuestos. Aunque en teoría esto no se debe hacer y la regulación establece que se tienen que usar precios de mercado para determinar los precios de transferencia, en la práctica la autoridad no puede monitorear millones de transacciones de este tipo, y muchas veces no existe un precio de mercado para utilizar como referencia. Otra estrategia de elusión es que la subsidiaria le dé un préstamo con altas tasas de interés a la matriz.

Quizá la estrategia más utilizada por las grandes empresas digitales para eludir el pago de impuestos es usar vacíos en los tratados impositivos internacionales. Esto es completamente legal. Los vacíos en los tratados internacionales surgen por las diferentes definiciones que usan sobre presencia física significativa, junto con el pilar de "cobro de impuestos en el país fuente". Hay miles de tratados bilaterales y cada uno tiene sus excepciones y definiciones de presencia significativa. Estas excepciones pueden explotarse porque las mismas no están coordinadas

---

[18] Dada la reducción de la globalización en entre 1917 y 1970, estos acuerdos tuvieron pocas consecuencias. A partir de los 1990s el sistema se ha visto rebasado. Mientras que en los 1950s cerca de 6% de las ganancias de compañías estadounidenses eran ganados en el extranjero, en la última década la cantidad es cercana al 35%, y la mayor parte de las ganancias en el extranjero se encuentran en paraísos fiscales. Esto ha permitido a las compañías multinacionales pagar menos impuestos.

entre la multitud de países y es posible explotar las diferentes excepciones mediante movimientos contables y legales para eludir una cantidad significativa de impuestos. Este tipo de estrategias llamadas "compra de tratados" (treaty-shopping) son factibles porque actualmente solo se puede cobrar impuesto corporativo en el lugar origen (Pilar 1), y el lugar de origen es manipulable, así como las ganancias asignadas a diferentes lugares (Pilar 2).

2.5 Empresas digitales y la facilidad para eludir

Las empresas digitales pueden tener una mayor facilidad de eludir impuestos porque el desarrollo tecnológico digital abrió la posibilidad de modelos de negocios que antes eran casi imposibles, y facilitó lo siguiente:

Tener escala en un país sin tener presencia física. Con modelos de negocio digitales puede no ser necesario tener una sucursal física para ofrecer productos y servicios en un determinado país. Este es por ejemplo el caso de los modelos de negocio de Amazon, eBay, Alibaba, entre otros, que simplemente a través de una página de internet pueden ofrecer sus servicios. Esta ausencia de presencia física puede llevar a que la impresa digital alegue que no cuenta con un establecimiento permanente en el país, por lo que hay ausencia de nexus y no está obligada a pagar impuestos en el mismo. De esta forma, se destruye el principio de *"gravar en el lugar en donde se genera el valor"*, como consecuencia de la obsolescencia de la definición de establecimiento permanente. De esta forma, la empresa digital puede atender países de altos impuestos desde jurisdicciones con bajos impuestos, reduciendo de esta manera su carga impositiva.

Importancia de activos intangibles en el proceso productivo. Varias empresas digitales cuentan con algoritmos para procesar información y otros activos intangibles que son la fuente de la generación de valor. Este es el caso de empresas como Netflix, Amazon, YouTube, Facebook y Google, entre otras. Los activos intangibles por su naturaleza no pertenecen a un solo lugar físico y por lo tanto pueden fácilmente reasignarse al país que más convenga para reducir la carga fiscal. Ahora bien, el cobro por el uso de esos activos intangibles entre subsidiarias de una misma empresa debería realizarse utilizando precios de mercado.

Sin embargo, dada la especificidad de estos activos, típicamente no existen precios de mercado que puedan utilizarse de referencia, lo que facilita la manipulación de los precios de transferencia.

Aumentar la contribución de los usuarios/clientes en la producción de valor, sin que se les pague a dichos usuarios y, por ende, sin que se refleje en recaudación. Por ejemplo, en YouTube, Facebook y Google los usuarios enriquecen el producto y proveen de contenido a la empresa al subir videos, historias, páginas de internet, y recomendar a amigos. Esto aumenta el valor del producto para otros consumidores, y permite vender o usar esta información para focalizar ofertas y marketing. Además de contribuir con el desarrollo del producto, los clientes se autoseleccionan e invitan a más clientes. Gran parte del ingreso de las grandes compañías digitales es venderles a otras empresas acceso a sus usuarios para enviarles anuncios. Sin embargo, estas contribuciones de los clientes, aunque crítica, no son remuneradas en moneda. Al no haber remuneración, las ganancias de las empresas digitales multinacionales se ven incrementadas. De existir remuneración, las empresas digitales tendrían menores ganancias sobre las cuales eludir impuestos y los países podrían cobrar impuestos a los usuarios por los ingresos recibidos por sus contribuciones.

Varios organismos internacionales argumentan que estos tres factores han permitido a las empresas digitales pagar pocos impuestos. Sin embargo, poco se conoce de la importancia relativa los mismos. De hecho, no conocemos ningún estudio que descomponga cuánto de la erosión en la base gravable del impuesto corporativo se debe a cada uno de estos factores.

3. ¿Deben cobrarse impuestos adicionales a empresas digitales?

Dada la percepción existente de que las empresas digitales multinacionales pagan relativamente pocos impuestos corporativos, han surgido propuestas de modificar impuestos existentes o establecer nuevos, a fin de incrementar la tributación efectiva de estas empresas. Para justificar estas propuestas se han utilizado tres tipos de argumentos relacionados con las temáticas de: (i) eficiencia económica, (ii) justicia distributiva, y (iii) concentración de poder político y económico.

En lo referente al primer argumento sobre **eficiencia económica**, la discusión se ha centrado en tres tipos de problemas que pueden surgir como consecuencia de la posibilidad de elusión de impuestos por parte de empresas digitales multinacionales y que llevan a una asignación de recursos ineficientes en la sociedad. El primer problema se relaciona con el hecho de que la elusión de impuestos por parte de empresas digitales multinacionales puede llevar a una menor imposición efectiva de estas empresas en comparación con la imposición a empresas domésticas no digitales. En consecuencia, las empresas domésticas no digitales terminan compitiendo en desventaja y cuotas de mercado mayores a las socialmente óptimas podrían ser acaparadas por las empresas digitales multinacionales, reduciendo el bienestar social. Dado esto, reformas a la tributación podrían ayudar a establecer un "piso nivelado" para la competencia entre empresas y alentar una asignación de recursos más eficiente entre empresas.

El segundo problema que afecta la eficiencia asignativa se relaciona con cambios en el comportamiento de las empresas con el fin de eludir impuestos, y el uso de recursos públicos para combatir esta elusión. Estos cambios de comportamiento de las empresas y del estado no producen nada útil desde el punto de vista social, lo cual implica una pérdida de producción y bienestar social. En el caso de las empresas, los cambios de comportamiento más importantes son dos. Por un lado, las firmas invierten recursos para diseñar e implementar estrategias para reducir su carga impositiva. Desde el punto de vista social esta inversión es ineficiente, ya que los recursos dedicados a estas estrategias podrían ser utilizados con fines productivos y no con fines de elusión, lo que no genera una ganancia social. Por otro lado, las firmas alteran sus decisiones de dónde producir sus diferentes productos, a fin de reducir sus cargas impositivas. De esta forma, las decisiones de dónde producir terminan no basándose exclusivamente en factores reales (tecnologías, mercados locales, etc.) sino en factores impositivos y en la facilidad de eludir impuestos. Dado lo anterior, reformas a la tributación podrían ser beneficiosas si ayudan desalentar los cambios de comportamiento estratégico de las empresas con fines de elusión impositiva.

El tercera problema de eficiencia se relaciona con las redes sociales y la posible sobre-provisión de servicios de algunas de las compañías digitales más grandes.[19] En particular, existen argumentos que dicen

---

[19] La posibilidad de sobre-provisión está establecida en diversas ramas de la literatura académica. En la literatura de plataformas de dos lados existen resultados que establecen que

que las redes sociales (Facebook, Instagram, Twitter, etc.) pueden reducir el bienestar individual y social, por diversos motivos. Por ejemplo, pueden generar polarización social mediante la creación de cámaras de eco y facilitando la diseminación de noticias falsas (Sunstein, 2007). Otro motivo es la ansiedad, estrés y reducciones en el bienestar subjetivo que estas redes pueden causar.[20] Si este fuera el caso, los impuestos a las empresas digitales que generan ciertos efectos negativos podrían tener un efecto correctivo, ya que podrían llevar a la reducción de la sobre-provisión de servicios.

El segundo argumento a favor de modificar impuestos existentes o establecer nuevos a fin de incrementar la tributación efectiva de estas empresas se relaciona con la temática de **justicia distributiva**. Este argumento parte de que la sociedad es un sistema cooperativo (Rawls, 1993), y que las empresas –digitales o no– usan recursos públicos (e.g. sistema legal, el sistema de transporte, la seguridad, entre otros) para poder generar valor. Por lo tanto, deben contribuir con su parte a dicho arreglo, principalmente mediante el pago de impuestos. De esta forma, si un conjunto de empresas ha encontrado formas legales para eludir el pago de impuestos, las leyes deben modificarse para que dichas empresas contribuyan su parte justa al financiamiento del sector público.

Finalmente, el tercer argumento utilizado para justificar modificaciones del sistema tributario se relaciona con la **estabilidad y poder político, y poder de mercado**. Tener empresas tan grandes y poderosas como Facebook, Google, Amazon, Netflix es peligroso para la demo-

---

cuando hay poder monopólico la empresa encargada de la plataforma (dependiendo de la estructura de la demanda y costos) puede producir más que lo socialmente óptimo (ver Anexo A.3.2). Existe también una literatura que argumenta que gran parte de la publicidad no es informativa sino persuasiva, y que ayuda a direccionar consumidores de una empresa a otra, sin generar valor.

[20] Un artículo reciente (Allcott y otros, 2019) hizo un experimento controlado en el que se les paga a un conjunto de consumidores para no usar Facebook por un periodo de cuatro semanas, y muestra que la desactivación de Facebook: (i) aumentó el tiempo que socializan con la familia y amigos; (ii) redujo la polarización social (aunque también el conocimiento de lo que está pasando en su comunidad y en el mundo), (iii) incrementó el bienestar subjetivo, y (iv) causó una reducción persistente en el uso y valor que los consumidores le dan a Facebook, aunque la valoración aun de haber dejado de usarlo siguió siendo positiva. Otros autores argumentan que las redes sociales son positivas porque además de permitir la comunicación entre con amigos, facilitan las protestas y resistencia contra regímenes autocráticos, y facilitan la participación democrática.

cracia ya que pueden tener demasiada influencia política, generar desigualdad económica y limitar la competencia.

4. Elementos de impuestos a empresas digitales

Una vez que se determina que deben cobrarse mayores impuestos a las empresas digitales surgen dos alternativas. Por un lado, puede modificarse la legislación sobre impuestos vigentes con el fin de reducir espacios de elusión y de esta forma incrementar la imposición efectiva. Dentro de esta alternativa, la discusión se ha centrado principalmente en la redefinición del concepto de establecimiento permanente, a fin de ampliar el concepto de nexus. Por otro lado, una segunda alternativa es establecer nuevos impuestos que apliquen exclusivamente a empresas digitales. De seguirse esta segunda alternativa es necesario decidir cuáles serían las empresas sobre las que recaería el nuevo impuesto (sujetos pasivos), las actividades que darían lugar al pago de nuevos impuestos (hechos generadores y bases gravables), la alícuota impositiva que se aplicaría, y la forma en que la administración tributaria gestionaría el cobro de los nuevos impuestos. A continuación, se exploran estas preguntas.[21]

4.1 ¿A qué empresas aplicarían los nuevos impuestos?

Uno de los principales retos al momento de definir un impuesto a una empresa digital es definir qué es una empresa digital. Existe cierto consenso de que se debe buscar gravar modelos de negocio y no empresas específicas. Esto porque es prácticamente imposible señalar cuáles son empresas digitales y cuáles no, y a cuáles esta tecnología les facilita más eludir impuestos.

Al gravar "modelos de negocio" se vuelve necesario que los códigos tributarios definan qué se entiende por red social, mercado en línea, y buscadores de internet, etcétera, y gravar empresas que usen estos modelos. Por ejemplo, en el caso de Francia, una propuesta de ley establece que serán sujetas de imposición empresas que provean una interfase digital que permita interacción entre usuarios para intercambiar bienes o

---

[21] Los anexos A.1 y A.2 describen los conceptos de eficiencia e incidencia y los principios deseables de un impuesto.

servicios, publicidad en interfaces digitales, y reventa y manejo de datos para uso en publicidad. En una propuesta de Uruguay se habla de plataformas que proveen servicios digitales y actividades de intermediación por medio del internet.

Como la definición de empresas digitales necesariamente será difusa, puede resultar conveniente poner límites de ingresos inferiores y solo gravar a compañías multinacionales grandes. Por ejemplo, poner puntos de corte inferiores en ventas y requerir presencia en varios países puede focalizar el impuesto en compañías multinacionales que pagan pocos impuestos, nivelar el piso de la competencia, y posiblemente gravar las rentas derivadas de poder de mercado de dichas compañías. Gran parte de las propuestas de leyes que están siendo presentadas en diversos países establecen puntos de corte para no gravar a todas las empresas, sino solo a las grandes. Estos puntos de corte se están estableciendo en términos de ingresos globales e ingresos locales de la empresa, de forma de a concentrarse en grandes empresas multinacionales. Por ejemplo, la legislación propuesta por Francia requiere que la empresa tenga ganancias de al menos 750 millones de euros en el año globalmente, y de al menos 25 millones de euros en Francia. Se calcula que, con estos puntos de corte e industrias elegibles, los impuestos franceses apliquen solamente a unas 30 empresas.

4.2 ¿Cuál sería el hecho generador y la base gravable?

Existen las siguientes alternativas al momento de definir el hecho generador y la base gravable de impuestos a empresas digitales:

Gravar ganancias. Poder gravar efectivamente las ganancias de las empresas digitales y evitar la elusión puede requerir de cambios a la legislación vigente. Como primera medida para poder gravar ganancias se debe modificar el concepto de nexus. Esto es muy complejo ya que requeriría cambios legales significativos y difíciles de implementar en el corto plazo, debido a los diversos tratados internacionales existentes que regulan la materia. Aun si se logran implementar los cambios requeridos, faltaría definir cuándo y cómo distribuir la recaudación entre países. Adicionalmente, se debería trabajar en revisar tratados internacionales, a fin de reducir las oportunidades de arbitraje. A pesar de estas dificultades, gravar ganancias es probablemente la opción más deseable, ya que presenta la ventaja de que puede acercarse más a gravar rentas[22], y no privilegia un insumo a costa de otro. Otra ventaja de esto es que la base gravable sería más grande que gravar solamente la venta de publicidad, por ejemplo, y es robusto a reclasificaciones de sub-ingresos.

Gravar insumos. Como fuera mencionado, en muchos casos los usuarios contribuyen al modelo de negocio de las firmas, proveyendo diversos insumos (videos, fotos, publicaciones, etc.). De esta forma, sería posible cobrar un impuesto a las empresas por el número de ciudadanos o habitantes de un país que usan sus servicios digitales, o por el número de visitas de la página de internet de la compañía que se originan en un país[23], variables que pueden ser utilizadas como aproximaciones de las contribuciones de los insumos provistos por los usuarios. Un impuesto de este tipo tiene la ventaja de estar en sintonía con el argumento de contribución de los usuarios y de no requerir cambios en el concepto de nexus. No obstante, un problema de gravar insumos es que puede distorsionase la producción, porque aquellos productos con un mayor número de insumos terminan teniendo una tasa efectiva mayor a la de que aquellos con un menor número de insumos. Por lo tanto, es preferible buscar gravar una venta y no un insumo (i.e. gravar la publicidad digital) porque será menos distorsionante neutral con respecto al uso de insumos en la función producción.

Gravar ventas. Dados los diferentes modelos de negocio, qué se considera una venta debería ser definido claramente para identificarse el hecho generador y la base gravable. Para algunas empresas sus principales ventas son de publicidad (e.g. Google, Facebook), para otras son las suscripciones (e.g. Netflix), mientras que para otras son las comisiones por intermediación (e.g. Airbnb y Uber) o las ventas directas (e.g. Amazon). Las ventas a ser gravadas serían solo aquellas dirigidas a los habitantes del país. Esta propuesta tiene la ventaja de no requerir modificar la definición de nexus y, dado que las grandes compañías digitales (redes sociales, buscadores de internet, mercados en línea) ofrecen en su mayor parte servicios al consumidor final, es de esperarse que no se

---

[22] Por rentas nos referimos a ganancias extra-normales que son transferencias puras de riqueza de unas manos a otras, y que surgen principalmente por tener poder de mercado.
[23] Aunque la dirección IP es manipulable, es poco probable que cada consumidor la quiera manipular. Tiene que prohibirse que la empresa la manipule o de incentivos a los usuarios para su manipulación.

generen grandes distorsiones. Una preocupación de gravar cierto tipo de ventas, como la publicidad, es que las empresas puedan reclasificarlas de forma que no se contabilicen y así eludir el impuesto. Para enfrentar este reto, algunas propuestas sugieren el establecimiento de un impuesto mínimo sobre ventas brutas, propuesta que es apoyada por Francia y Alemania.[24]

Asignar propiedad de los datos a los consumidores que la generan y gravar su ingreso personal. Algunos autores (e.g. Ibarra y otros, 2018) argumentan que los consumidores son dueños de sus datos, que estos datos son tan valiosos como el trabajo –"Data as Labor"– y que las compañías deberían pagar a los usuarios que dan datos (explícita o implícitamente) no en especie sino con dinero. Cuestionan el statu quo actual de "Data as Capital" donde la premisa es que las compañías son dueñas de los datos que proporcionan los clientes. Ibarra y otros (2018) no proponen impuestos, sino propiedad.[25] La propuesta es generar regulación que deje claro que la información que generan los consumidores con el uso es de su propiedad, y fomentar la formación de sindicatos de clientes que proporcionan datos, para tener negociación colectiva con las empresas digitales. La ventaja de esta propuesta es que el mercado determinaría lo que "se le cobra" a las empresas, y la recaudación del gobierno aumentaría al cobrar impuesto al ingreso de los clientes que proporcionaron datos (i.e. impuesto a las ganancias personales).

Para definir cuál o cuáles impuestos implementar es importante buscar distorsionar lo menos posible las decisiones de producción y ventas de las empresas digitales. Idealmente, la teoría economía dictaría directrices específicas, pero en el caso de empresas digitales esto es complicado por dos motivos. Primero, la mayoría de estas empresas tienen modelos de negocios de plataformas de dos lados, y la teoría de

---

[24] Franco-German joint declaration on the taxation of digital companies and minimum taxation (December 2018).

[25] Ibarra y otros (2018) argumentan que actualmente las compañías digitales pagan lo suficiente a los consumidores que proveen sus datos porque los consumidores no saben que sus datos y acciones tienen valor en la producción y porque las grandes empresas digitales tienen poder monopsónico. Arguyen además que el statu quo puede ser ineficiente al no existir un sistema de precios que incentive esfuerzo y seleccione a los más adecuados a proveer datos. Finalmente, aducen que socialmente es contraproducente no reconocer esta contribución de los cientos de millones de usuarios y tratar sus contribuciones solamente como consumo cuando no lo son.

impuestos en este tipo de modelos de negocios tiene poco desarrollo. El Anexo A.3.2 muestra que varios resultados de la teoría de impuestos tradicional no aplican a plataformas de dos lados. En segundo lugar, sabemos poco sobre las elasticidades de oferta y demanda que enfrentan estas empresas, y parámetros importantes como elasticidades cruzadas en ambos lados del mercado, mismas que serían importantes para dar una prescripción detallada.

Dada la escasez de información y la complejidad del tema, difícilmente se podrá establecer cuáles son los impuestos menos distorsionantes, y cuáles serán las implicaciones en precios, servicios, empleo, inversión y rentabilidad de las empresas sujetas al impuesto, y menos aún en las del resto de la economía. Dadas estas incertidumbres, el FMI (IMF, 2019) sugiere que las políticas deben diseñarse de forma conservadora y gradual, y considerando solamente principios generales. En el Anexo A.4 se citan varios artículos académicos empíricos que muestran que cambios en impuestos corporativos en Estados Unidos han tenido efectos muy limitados en inversión y empleo.

Independientemente del impuesto que se implemente, en todas las propuestas mencionadas es deseable la coordinación internacional. Idealmente las empresas digitales y multinacionales no digitales reportarían a un sistema común sus ganancias, incluyendo ganancias por publicidad, el número de usuarios por país, y las identidades de los accionistas. Gabriel Zucman[26] propone hacer un registro público en este sentido, al cual las empresas estén obligadas a reportar. Esto es necesario para evitar doble tributación, y detectar elusión por vacíos en tratados. El avance en la digitalización de las transacciones y el poder de cómputo también permite un monitoreo más cercano de las ganancias de ingresos y los gastos, y por tanto podría mejorar la recaudación de impuestos.

4.3 ¿Cuál sería la tasa del impuesto?

La pregunta de cuál debería ser la tasa del impuesto no ha sido abordada de manera significativa en la literatura. En cierta forma, la motivación de la tasa dependerá de cuál sea la justificación de la introducción del

---

[26] How Corporations and the Wealthy Avoid Taxes (and How to Stop Them), *New York Times*, 10 November 2017.

impuesto. Por ejemplo, si la justificación se basa en el principio de justicia distributiva o nivelación del terreno, la tasa a cobrar debería apuntar a que las empresas digitales terminen pagando una tasa efectiva similar a las de otras empresas. Si la justificación es la corrección de externalidades, el monto del impuesto dependerá de la severidad de la externalidad que se desea corregir.

En la decisión del nivel de la tasa también deberá tenerse presente las distorsiones que la misma puede generar. En principio uno pensaría que impuestos elevados podrían generar grandes distorsiones. Sin embargo, como fuera mencionado, la teoría de impuestos en modelos de negocios de plataforma de dos lados tiene poco desarrollo y es poco lo que se sabe al respecto.

4.4 ¿Cómo se administraría el impuesto?

Al momento de diseñar un impuesto a las empresas digitales es importante pensar en los mecanismos para el cobro de dicho impuesto. Esto no es trivial porque muchas de las empresas sobre las que recaería el impuesto pueden no estar registradas legalmente o no tener presencia física en el país. En ausencia de presencia legal y física, algunas administraciones tributarias están optando por involucrar a los medios de pago (e.g. compañías de tarjetas de crédito), o clientes o proveedores en el país, como agentes responsables de retener el impuesto correspondiente. En otras ocasiones, por ejemplo, en renta de hospedaje o transporte, se le está requiriendo a la plataforma digital que retenga el impuesto correspondiente que se aplica a arrendadores de cuartos y choferes de taxis.

5. Propuestas para incrementar el monto de impuestos pagados por empresas digitales

En esta sección se presentan algunas propuestas que se han venido discutiendo en diversos foros internacionales sobre las posibilidades para incrementar el monto de impuestos pagados por empresas digitales.

5.1 Propuesta 1: Ampliar el nexus y cobrar impuestos a las ganancias

Como describimos anteriormente, el advenimiento de la economía digital ha creado tensiones porque las causantes de nexus –i.e. presencia física– se han ido desligando de la generación de valor. La idea de que para beneficiarse de la infraestructura y consumidores de un país es necesario que la empresa tenga una presencia física permanente es cada vez menos cierta en un contexto de empresas digitales, donde pueden tener "escala sin masa". Hay propuestas que continúan creyendo en el principio de gravar el valor donde éste se crea, pero que argumentan que las causales de nexus hoy son demasiado estrechas y traicionan este principio. Proponen por lo tanto ampliar las causales de nexus.

5.1.1 Argumentos

El principal argumento para justificar que un país pueda gravar ganancias a empresas sin establecimiento físico permanente en el país puede llamarse "Data as Labor", y es el siguiente: sostiene que los consumidores del país contribuyen fuertemente en el proceso productivo y por tanto agregan valor en un país potencialmente distinto al país fuente, por ejemplo subiendo videos e información activamente, pero también pasivamente permitiendo que sus datos y comportamiento se usen para alimentar algoritmos que permitan focalizar publicidad de manera individualizada. El Tesoro del Reino Unido argumenta que *"Hay modelos de negocios en los que los consumidores por el acto de consumir proveen información que es fundamental para la premisa comercial del modelo. Mediante sus búsquedas, por ejemplo, proveen información que sirve para focalizar la propaganda; por medio de postear en medios sociales, proveen contenido que atrae a otros suscriptores."* (HMTreasury, 2018).

En este argumento, los consumidores no solo contribuyen a la demanda sino a la oferta, y actualmente no reciben remuneración por esta actividad, ni el país recauda impuestos por este valor agregado de forma doméstica. Ésta es también la posición principal en la OCDE.[27] Si los consumidores de un país contribuyen a crear valor, y se cree en el principio de gravar el valor en donde se produce, se sigue que los países en donde viven estos consumidores deberían tener nexus. La propuesta es entonces que basados en estos argumentos debe cambiarse como se

---

[27] Otro argumento es que existe una liga entre intangibles de marketing y la jurisdicción del mercado OECD (2019). Por ejemplo, la marca se manifiesta en actitudes favorables de los consumidores y por lo tanto se crearon ahí, en el país en donde viven los consumidores. La relación entre consumidores y la marca es doméstica.

define el nexus en tratados internacionales y en el Artículo 5 de las convenciones modelo de impuestos de la OCDE.

Esta propuesta tiene retos de economía política fuertes ya que las grandes empresas digitales se concentran en Estados Unidos, y éste difícilmente aceptaría que otros países le cobraran más impuestos a sus empresas domésticas.[28] Pero pareciera ser una justificación razonable sin salirse del principio de "gravar el valor donde se genera".

El argumento de la contribución a la producción por parte del consumidor tiene detractores. El primer contraargumento es donde poner la línea entre consumo y producción (IMF, 2019), lo cual puede ser inevitablemente arbitrario. El segundo es que las compañías digitales sí les pagan a los consumidores, pero en especie en la forma de servicios. El tercero es que, dada presencia de complementariedad de los insumos en la producción, es imposible saber cuánto valor agregaron los consumidores de un país. Cuarto, algunos argumentan que el concepto de establecimiento permanente sigue siendo una buena aproximación de donde se agrega valor, y que además es un acuerdo internacional que no se debe cambiar de forma unilateral.

En nuestra opinión estos argumentos no invalidan el hecho de que los consumidores sí juegan un papel relevante en el proceso productivo –en el caso de Facebook, Google, YouTube, por ejemplo, un papel crucial– y que esto es algo nuevo en la economía. Entonces sí es una fuente nueva de valor, aunque no se pueda poner una línea nítida entre consumo y producción, y aunque sea difícil cuantificar el valor exacto que proveen los clientes.[29] El reto es entonces operativo, no conceptual: cómo medir el valor, cómo saber si los consumidores están siendo compensados, y qué margen de error en estas mediciones se puede aceptar.

---

[28] Hufbauer y Lu (2018) argumenta que la propuesta de un impuesto a los servicios digitales, y la de un impuesto a las ganancias digitales que recientemente hizo la Unión Europea, es discriminatoria de las empresas Estado Unidos. Al poner un punto de corte arriba de 750 millones de euros en ventas globales, y 50 millones de ventas en Europa, afecta sobre todo a las grandes compañías que están casi todas en los Estados Unidos. Hufbauer y Lu (2018) propone que Estados Unidos responda agresivamente ante esta propuesta, poniendo impuestos a empresas europeas.

[29] En todos los procesos productivos, no solo en el de las empresas digitales, es difícil medir la contribución de los insumos. De hecho, es posible que en el caso de datos y compañías digitales sea más fácil ya que es posible calcular como cambia el valor predictivo de los algoritmos con distintos conjuntos de información.

5.1.2 Base gravable

Esta propuesta propone que, en vez de usar el método de valuación de mercado para asignar ganancias entre países, se use una fórmula de reparto explícita que sea función de las ventas, de los insumos o de ambos. Una vez que se acepta que las ganancias globales son creadas en varios países, se vuelve fundamental definir esas ganancias y tener una regla de reparto de las ganancias entre países. Esto requiere de multilateralidad y gran coordinación entre países.

A continuación, exponemos un algoritmo que ha puesto en la mesa la OCDE para calcular y repartir las ganancias.

Calcular ganancias residuales. La base gravable son las "ganancias residuales", definidas como las ganancias que quedan después de restar los costos de rutina. Esto se calculará a nivel global de la empresa, en vez de país por país. Las ganancias de rutina se calcularían como actualmente se hace. Una vez calculadas, dentro de estas se identificarían las líneas de negocio en donde hay una participación significativa del usuario, y dentro de esas líneas se asignarían parte de esas ganancias a el rubro de "contribución del usuario". Esta parte tendría un componente arbitrario.

Asignación por fórmula de reparto. Después de delimitadas las ganancias asignadas a este rubro, se procedería a usar una fórmula para asignar estas ganancias entre los distintos países, en función, por ejemplo, del número de usuarios o ventas en el país, o pago a los insumos en cada país. Por ejemplo, si 9% de los usuarios de Facebook o Amazon están en México, México se quedaría con 9% de las ganancias residuales, y a esas ganancias se le aplicaría la tasa, la cual sería la misma para todos los países. La asignación por fórmula tiene la ventaja de que es transparente, y que elimina el incentivo a reportar ganancias en otros países ("profit shifting") o a mover producción de país por cuestiones fiscales debido a que el pago de impuestos solo depende de la ganancia global y no de su distribución, y además elimina la posibilidad de elusión usando técnicas de precios de transferencias manipulados. La fórmula también evita la doble tributación de la misma base gravable.[30] Finalmente, usar

---

[30] Aunque también puede causar distorsiones. Por ejemplo, si cobran por consumidor, y los consumidores de Estados Unidos son más rentables que los de Costa Rica, el impuesto efectivo es mayor en Costa Rica. Basar la fórmula en ventas o usuarios, puede ser mejor que en insumos como trabajo y capital, porque las ventas pueden ser más difíciles de mover entre países o manipular, y además concuerda con la justificación de implicación de nexus por

una fórmula podría disminuir la competencia en tasas de impuesto estatutario, dado que habría una tasa común para ganancias residuales.[31]

Focalización a empresas digitales grandes y multinacionales. En cuanto a qué empresas estarían sujetas a este impuesto, OECD (2019) propone que este impuesto sea focalizado a empresas altamente digitalizadas, para las cuales la percepción de los usuarios representa una contribución significativa a la creación de valor. Esto incluye, y posiblemente se limita a, redes sociales, buscadores, y mercados online. Adicionalmente proponen que se restrinja a empresas grandes, para limitar la carga administrativa a empresas chicas. Esto podría hacerse poniendo puntos de cortes basados en ingresos totales, por ejemplo. La Comisión Europea propuso que el impuesto se aplique a empresas con ingresos globales por encima de 750 millones de euros en el año y 50 millones de euros en Europa.

Zucman (2014) propone usar un método parecido al de esta sección, pero en donde además se integre el ingreso corporativo al personal, como se hace en Canadá y México, de forma que los accionistas que reciban ingresos por dividendos puedan acreditar el impuesto corporativo que ya se pagó en favor de su pago de ingreso personal. Esto también elimina los incentivos de reportar ganancias en otros países porque al final lo acaba pagando el accionista en donde este viva y, como dice Zucman (2014), elimina también las distorsiones que hubiera en la fórmula de reparto.[32]

Para resumir, esta propuesta busca cambiar los tres pilares actuales del sistema impositivo internacional:

---

usuarios. Zucman (2014) dice que un problema con usar formulas es que las ganancias no están correlacionadas con las ventas. Esto habría que verse con mayor detalle, pero parecería extraño que así fuera.

[31] La OCDE anticipa que aun con la fórmula podrían generarse conflictos. Por ejemplo, se podrían generar disputas sobre lo que se entiendo por usuario. Por tal motivo recomienda establecer mecanismos robustos de resolución de controversias.

[32] El problema de esto es que habría incentivos a que las compañías pagaran menos dividendos, y también que, si los dividendos son internacionales, un país estaría forzado a dar un crédito tributario por un impuesto pagado en otro país, y esto fue lo que resultó políticamente inaceptable en Europa recientemente. Zucman (2014) sugiere que para limitar el problema de créditos tributarios a otros países habría que establecer un acuerdo multilateral de créditos mutuos entre países.

El cobro de impuestos en el país fuente, ya que se busca ampliar el nexus para que países en donde no existe presencia física puedan cobrar impuestos sobre las ganancias.

Valuar las transacciones usando precios de transferencia que satisfagan el principio de valuación de mercado. La propuesta es que la distribución de la base gravable entre países no la hagan las empresas usando precios de transferencia entres sus subsidiarias, sino que se hagan con una fórmula de manera centralizada y sobre su ganancia global.

Bilateralidad. Se recomienda que haya una agencia multilateral, y estandarizar los tratados internacionales en un solo modelo, para evitar huecos. Esta estandarización ya está en curso, liderada por la OCDE.

5.1.3 Retos operativos de esta propuesta

Siempre que se use la asignación por fórmula de reparto ("profit split approach") cada país tiene que saber el ingreso global, y el factor en cada país que se usa para calcular la proporcionalidad. Adicionalmente, se requiere especificar muchos factores: cómo se calcula la ganancia residual, qué factor usar para definir la proporcionalidad (número de usuarios, gasto en anuncios, etc.), y cuál sería el punto de corte para definir si una empresa es altamente digital. Todas estas decisiones son controversiales, y además afectan desproporcionadamente a empresas de Estados Unidos.

La administración de este tipo de mecanismos puede ser también complicada. Actualmente las autoridades impositivas no cuentan con información de ganancias globales, número de usuarios, o ingresos por anuncios a residentes de ese país. Además del reto de información, está el reto de hacer cumplir la legislación. Por ejemplo, cómo sería posible lograr que un país como México pueda cobrar impuestos a Facebook en Estados Unidos.

Para sistematizar los puntos mencionados, los principales retos son:

Información. En primer lugar, habrá que calcular cuáles son las "ganancias residuales" a nivel global. Es decir, la compañía tendrá que poner a disposición de las administraciones tributarias de todos los países información de ingresos y costos globales, y desagregados por país. Esto será necesario para calcular las ganancias residuales. Esta información la tienen que publicar todas las compañías arriba de un punto de corte.

Un punto de corte en ingresos internacionales sería sencillo de implementar. Adicionalmente, tendrán que publicarse indicadores de la "participación de los consumidores" o la "participación de la jurisdicción local" como quiera que se vaya a medir. Esto es necesario para poder aplicar la fórmula de distribución de las ganancias (y pérdidas) residuales entre los distintos países.

Multilateralidad. Posiblemente tengan que existir auditorías conjuntas, donde varios países auditen a las compañías en un esfuerzo multilateral. Esto permitirá dirimir desacuerdos antes de que sucedan. El corroborar el cumplimiento probablemente tenga que ser multilateral también. Esto tiene la ventaja de no duplicar costos fijos de administraciones tributarias, pero también facilitaría el cobro de los países cuando la empresa no tenga presencia fiscal en el país respectivo. En este caso no se necesita que un tercero haga retenciones de los impuestos, sino que una sola instancia gubernamental multilateral cobraría los impuestos so pena de multas y acciones legales.

La solución multilateral, aunque mejor, es compleja y Estados Unidos no tiene el incentivo de participar. Para evitar esto la opción es cambiar el nexus, pero sin tener fiscalizaciones y auditorías multilaterales. Esto tiene problemas. Para implementar la fórmula se requiere información de ganancias globales. En caso de que esto no fuera factible, la única alternativa sería cobrar de forma unilateral usando información disponible a la autoridad local, misma que puede ser muy limitada. Esto podría conllevar a problemas de doble tributación, y a la manipulación de la base gravable por parte de la empresa mediante contabilidad que relocalice insumos locales hacia otros países para disminuir la carga impositiva que dicte la fórmula de ese país. La opción unilateral de gravar ganancias incurre en el costo político de cambiar el nexus, sin aprovechar todas sus ventajas.

5.2 Propuesta 2: Gravar transacciones sin cambiar nexus

En esta propuesta se pide aceptar la definición actual de nexus que requiere presencia física, y por lo tanto renunciar a cobrar impuestos sobre las ganancias a empresas que no tengan establecimiento permanente en el país. Sin embargo, no se requiere nexus para impuestos a las transacciones o a las ventas. Esto está permitido en los actuales tratados internacionales y varios países ya lo empezaron hacer recientemente.

5.2.1 Base Gravable

Existen propuestas en las que la base gravable no son las ganancias de las empresas sino el número de usuarios en el país, o las ganancias por anuncios destinados a los habitantes de un país. La Comisión Europea ha propuesto por ejemplo un impuesto a la provisión de servicios digitales o a anuncios. Este impuesto podría implementarse ya sea como una proporción de los pagos que los anunciantes hacen a la compañía digital, o como un impuesto aplicado a todas las transacciones concluidas de forma remota con clientes que son residentes en el país. Becker y otros (2018), por ejemplo, propone concentrarse en un principio solo en un impuesto a anunciantes que contratan a empresas digitales para llegar a habitantes de un país, y en la que además hay un flujo estable y claro de pagos.

Este tipo de impuestos ya existen en algunos países y aplican sobre muy diversas bases gravables. En general han recolectado poco en su corta vida. Aplican a gastos específicos como publicidad, renta de video, transacciones digitales, entre otros. Como es difícil cobrar a los consumidores finales, casi todos se limitan a cobrarse a transacciones entre compañías ("business-to-business").

Algunos de sus elementos típicos son los siguientes:

Proveer una lista de las transacciones gravables. Literalmente los gobiernos de Italia, Francia e India proporcionan una lista de modelos de negocio a los que aplica el impuesto. Esto puede ser una lista de servicios por internet a empresas, publicidad a empresas domésticas, ventas de video a ciudadanos, etc.

Determinar que el sujeto obligado son las empresas que tienen presencia gravable en el país. Esto se hace porque es más fácil cobrar. Es decir, trabajan con la definición de nexus actual.

Usar retención de terceros. Es decir, pedirles a las empresas domésticas que hagan la retención del impuesto al mismo tiempo que hacen el pago, y reportarlo a la autoridad local. Por ejemplo, si la empresa X le paga a Google para anunciarse, la empresa lo contabiliza como un gasto, hace la retención del impuesto del pago a Google, y se lo transfiere a la autoridad fiscal.

Hasta donde hemos podido inferir, este tipo de impuestos no condiciona su elegibilidad a empresas grandes o multinacionales. Pero no tendría por qué ser así necesariamente. Estos impuestos tienen la ventaja que son legales bajo los tratados internacionales actuales. Sin embargo, tienen varias desventajas. Primero, aplican a transacciones específicas y corren el riesgo de que las empresas puedan reclasificar el nombre o tipo de transacciones y eludir el impuesto. Esto sería altamente litigioso. Segundo, transacciones específicas pudieran ser bases gravables chicas y por tanto llevar a una baja recaudación. Por ejemplo, para gravar a compañías como Netflix habría que cobrar a los consumidores finales de video, pero para gravar a Facebook sería más efectivo cobrar a las compañías nacionales[33] que se anuncian en Facebook. Tercero, gravar transacciones específicas es potencialmente más distorsionante que gravar todas las transacciones en el mismo porcentaje, dado que se favorecen unas transacciones en contra de otras. Por ejemplo, si gravamos fuertemente las ventas por internet, las empresas van a tener que poner locales comerciales cuando de verdad esto es más costoso y es un desperdicio de recursos. Finalmente, el Anexo A.3.2 muestra que impuestos que no aplican a las ganancias totales de la plataforma, sino solo a un lado de ella de forma ad-valorem (e.g. un cobro porcentual a las ventas de publicidad), pueden tener efectos inesperados, como por ejemplo reducir el precio y aumentar la cantidad.

En conclusión, gravar transacciones específicas sería poco efectivo para recaudar cantidades importantes. Pero no existe otra alternativa si no se modifica el nexus, y en ausencia de una solución multilateral, los países están recurriendo a este tipo de impuestos.

Recientemente también han surgido propuestas para establecer impuestos mínimos a las empresas digitales. Por ejemplo, en una declaración conjunta[34], Francia y Alemania solicitan a la Comisión de la Unión Europea y al Consejo a enmendar y centrar su proyecto de directiva para un impuesto a los servicios digitales en una base impositiva en relación con la publicidad, y en cambio establecer un impuesto del 3% sobre las ventas brutas. Por su parte, el FMI (IMF, 2019) argumenta que *"los esquemas de impuestos mínimos pueden ser poderosos para abordar el cambio de ganancias, y pueden amortiguar la competencia fiscal. Se enfrentan a impedimentos*

---

[33] Cobrar a compañías internacionales que se anuncian en Facebook para llegar a consumidores domésticos sería complejo.
[34] Franco-German joint declaration on the taxation of digital companies and minimum taxation (December 2018).

legales relativamente modestos, aunque la administración puede ser complejo. En cuanto a los impuestos a la inversión entrante, pueden ser especialmente atractivos para los países de bajos ingresos."[35]

5.2.2 Retos Operativos

Los principales retos operativos son dos. Primero, cómo definir cuáles transacciones gravar. Distintas empresas digitales tienen distintos modelos de negocio, insumos y clientes. Lo que los países han hecho hasta ahora es tener una lista de tipo de modelos de negocio sobre los que aplica el impuesto. Por ejemplo, Francia define que su impuesto digital aplicará a la provisión de una interfase digital que permita interacción entre usuarios para intercambiar bienes o servicios, pero también a publicidad en interfases digitales, y a reventa y manejo de datos para uso en publicidad. El Reino Unido ha hecho una propuesta de gravar ingresos derivados de usuarios del Reino Unido por motores de búsqueda, plataformas de redes sociales, y mercados en línea, independientemente de cómo se moneticen. Como es evidente, la redacción en la ley o regulación quedará definida una forma amplia y abstracta. Otros países como la India han prometido una lista más exhaustiva y detallada, pero está por verse como será. Perú, por ejemplo, en su ley de ingresos define a los servicios digitales como aquellos usados por medio del internet, caracterizados por ser esencialmente automáticos y no factibles en ausencia de tecnologías de la información. Después provee una lista de actividades, como, por ejemplo: mantenimiento de software y soporte en línea, almacenamiento de información, hospedaje de páginas de internet, subastas en línea, acceso a páginas interactivas, etc.

El segundo reto es quién cobra. Lo que los países han hecho también depende de la industria especifica. Algunos países como Italia y la India se han concentrado en transacciones entre empresas. Por ejemplo, piden que, si una compañía del país le paga a una empresa digital sin nexus en el país, la primera haga una retención del impuesto en el mismo pago a la compañía extranjera, y remita el pago del impuesto a la autoridad recaudatoria nacional.

---

[35] Entre los impuestos analizados en el estudio del FMI se encuentre impuestos mínimos a la inversión saliente, impuestos mínimos a la inversión entrante e impuestos mínimos para países en desarrollo.

Otros países y ciudades por ejemplo colaboran con las mismas plataformas digitales para poder cobrar impuestos a transacciones entre consumidores. Por ejemplo, Ámsterdam firmó un convenio con Airbnb para que este último le ayude a cobrar un impuesto al turismo de parte de los proveedores de hospedaje. Para poder ponerle impuestos a la economía del compartir, Italia pide a las plataformas (como Airbnb, Uber, etc.) que se registren en un padrón, y que retengan un impuesto de 10% de los ingresos por abajo de 10,000 euros que ganen los participantes, y que cualquier monto por encima de 10,000 euros se retenga a la tasa de ingreso profesional corriente. Es decir, la plataforma actúa como agente retenedor (Astudillo y Trujillo, 2019).[36]

En América Latina existe incoherencia e incertidumbre regulatoria en cuando a impuestos a las empresas digitales. Tal vez los mayores avances están concentrados en las empresas digitales en la economía del compartir. Por ejemplo, en el caso de empresas de viaje compartido como Uber, Cabify, DiDi, etc., las cortes en Brasil han determinado que no son solo intermediarios, sino que son empleadores, y por lo tanto deben inscribir a los choferes como empleados y retenerles el impuesto a las ganancias. Sin embargo, aun en este caso el ingreso que va a la plataforma no está sujeto a impuesto, al no tener nexus. En Argentina, por ejemplo, Uber tiene presencia física pero solo para actividades de publicidad, y por lo tanto Argentina solo le cobra impuestos a las ganancias sobre esa actividad. Argentina sí le cobra impuestos a las ganancias a las plataformas que tienen nexus en el país, creando así una asimetría. En estos casos se define que la transacción sucede en Argentina cuando cualquiera de los siguientes supuestos se da: la dirección IP desde la que se hizo la transacción está en Argentina, la dirección de cobro del cliente está en Argentina, o la cuenta de banco desde la que se pagó está en Argentina. México ha propuesto un impuesto similar a la propuesta de la Comunidad Europea, pero faltan definir muchos detalles.

---

[36] En varios países AirBnB argumenta que no provee servicios de hospedaje, sino de coordinación, y que al hospedaje no debe aplicársele el impuesto a cuarto de hotel. Además de este reto legal, está el reto de hacer cumplir, dado que la autoridad no sabe que consumidor uso cual hospedaje.

5.3 Propuesta 3: Ampliar el nexus cuando no contravenga tratados internacionales

Esta propuesta se considera complementaria a las dos anteriores, no un sustituto, porque al no involucrar países con tratados, sus efectos en recaudación probablemente sean pequeños. Varios países ya han cambiado sus interpretaciones de qué consideran un establecimiento permanente, en la dirección de diluir los requisitos. Por ejemplo, se empieza a tomar la "presencia digital" como un elemento, o presencia de servicios, sin que haya presencia física. Pero establecen explícitamente que los tratados internacionales tienen precedencia, de forma que este impuesto puede estar muy circunscrito a un pequeño número de empresas. Por ejemplo, Israel introdujo una nueva prueba de "presencia económica significativa" (PES)[37] que se aplica a empresas no-residentes cuando dichas empresas venden a clientes residentes en Israel. Una empresa tiene PES, aun si no tiene presencia física en Israel, cuando: tiene un número importante de contratos que se concluyen en línea entre la empresa y ciudadanos israelíes; ofrece productos o servicios que son usados por un número importante de israelíes; tiene una página de internet dirigida a israelíes, por ejemplo, si está en hebreo, si usa marketing local, y se puede pagar en moneda local. En caso de que una empresa satisfaga la PES se le puede aplicar el impuesto a las ganancias corporativas de acuerdo con las reglas de Israel. Es decir, solo es una ampliación del concepto de nexus, no una forma diferente de cobrar impuestos. Para no tener problemas de tratados internacionales, explícitamente establecen que la PES no aplica a empresas residentes en países con los que Israel tenga tratado.

La India también introdujo recientemente una prueba PES[38]. Una empresa no residente tiene PES si el monto de ventas de servicios, bienes, o propiedades en la India, excede un punto de corte que se va a establecer; o si tiene un número sistemático y continuo de usuarios de las actividades de negocio de cierta magnitud o si interactúa con un número suficientemente alto de usuarios en India por medios digitales. Establece también que en caso de conflicto con tratados internacionales estos últimos prevalecerán. No han explicado aun exactamente cuál será

---

[37] Circular Administrativa No. 04/2016
[38] Union Budget 2018, Amendment to Section 9(1) of the Income Tax Act 1961.

la base impositiva de empresas no residentes que cumplan PES ni como se cobrarán los impuestos.

5.4 Algunas ideas sobre la posible incidencia de las propuestas

La incidencia tributaria hace referencia a los efectos que tienen los impuestos en los diferentes participantes del mercado. La discusión que se presenta a continuación es especulativa, ya que no se cuenta con un modelo o estimaciones detalladas. En lo que sigue se supone que el capital es más móvil que el trabajo, que se impone un impuesto multilateral a las ganancias de las empresas digitales (o a la venta publicidad) como se describió anteriormente, y que el mercado de trabajo, capital y bienes finales es perfectamente competitivo.

La incidencia legal de un impuesto a las ganancias inicialmente impactaría a la tasa de retorno de las empresas a las que éste impuesto se dirige. Será menos conveniente vender en los países en los que aplica el nuevo impuesto. Por ejemplo, en el caso de Facebook y Google, si la fórmula de impuesto se cobra en función del número de usuarios, Facebook y Google harán menos inversión para atraer usuarios.[39] Sin embargo si el impuesto es relativamente pequeño (digamos de 5% a 10% de las ganancias) y aplica a todos o la gran mayoría de países, no tendrían por qué cambiar mucho las estrategias de las empresas digitales. Dados los grandes remanentes de ganancias retenidas de estas compañías (que indican que no hay muchas oportunidades de inversión rentables restantes) probablemente la inversión se afectará poco.[40] La forma de operar de Facebook, Google, Netflix, YouTube, Amazon, etc., tampoco cambiaría. En el caso de Netflix, por ejemplo, tal vez aumente el precio de sus servicios y tenga menos dinero para aumentar el número de películas y series que financia. En el caso de YouTube y Spotify tal vez se moverían más rápido hacia servicios premium con cobros a los usuarios.[41]

---

[39] Facebook, Google, YouTube, Amazon, Airbnb invierten indirectamente en atracción de usuarios por medio de la calidad de su portal y algoritmos, y anunciándose en Google, por ejemplo.

[40] La evidencia académica sobre impuestos corporativos en Estados Unidos muestra efectos pequeños en la inversión y en el empleo como consecuencia de grandes cambios (de 20 puntos porcentuales) en impuestos corporativos para Estados Unidos (ver Anexo A.4).

[41] Si el impuesto es a la publicidad, estas plataformas posiblemente trasladen una parte importante del impuesto a los anunciantes (las empresas digitales empresas tienen bastante

En caso de que las empresas digitales enfrenten competencia de empresas no digitales y que los nuevos impuestos no apliquen a ellos, es posible que el impuesto rebalancee las cuotas de mercado de publicidad y de ventas hacia las empresas no digitales, o que empresas no digitales puedan subir sus precios sin perder mercado. El capital podría también reasignarse hacia empresas no digitales, aunque esto es poco probable dada la gran ventaja tecnológica que tienen las empresas digitales. Si el capital es más movible que el trabajo, parte del impuesto lo pagarían los trabajadores en empresas digitales (i.e. los programadores principalmente). Esto no es muy preocupante dado que sus salarios han aumentado más de 300% del 2000 al 2011 según la OCDE. Otra parte del impuesto lo acabarían posiblemente pagando consumidores, con menos servicios gratuitos por parte de las empresas digitales. En la medida en que estas empresas tengan poder de mercado y rentas extra-normales, ambos cambios serían pequeños con impuestos a las ganancias residuales pequeños. En conclusión, un impuesto de este tipo no sería muy distorsionante, pero la única forma de saberlo es implementarlo gradualmente con tasas crecientes de 5% a 15% por ejemplo en un espacio de 10 años.

6. Impuestos recientes a empresas digitales

Esta sección sigue de cerca a OECD (2018), y a HMTreasury (2018), y Astudillo y Trujillo (2019) para describir impuestos que varios países como India, Israel, Italia, Francia y Hungría han comenzado a implementar a empresas digitales o transacciones por internet. OECD (2018) clasifica estos regímenes impositivos en las siguientes categorías.

A falta de una estrategia multilateral, varios países han implementado impuestos de forma unilateral. La Figura Geográfica muestra cuales, y en su nota agrupa a los países por el grado de avance.

---

poder monopsónico dado que no hay muchas alternativas de publicidad digital y esto les facilita trasladar el impuesto), y habrá menos publicidad en estas plataformas

FIGURE 2: Geografía de Impuestos Digitales

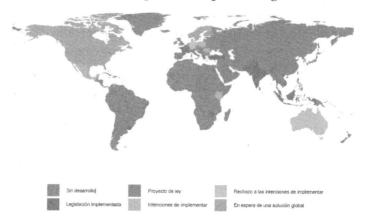

Nota: Fuente KPMG tiny.cc/ab3paz. Legislacion implementada: Francia, Grecia, Hungria, India, Indonesia, Italia, Malasia, Pakistan, Taiwan, Turquía, Uruguay, Vietnam, Zimbawe. Legistlacion propuesta: Austria, Belgica, Chile, Republica Checa, Nueva Zelanda, Slovakia, España, Tailandia, Reino Unido. Intención anunciada: Israel, Kenia, Mexico, Polonia, Rumania, Slovenia, Corea del Sur. Rechazo de propuesta/anuncio: Australia, Alemania. Esperando solucion global: Canada, Dinamarca, Finlandia, Noruega, Singapur, Suecia, Suiza, Estados unidos. Los demas estan sin desarrollo.

Como puede observarse, los países de América Latina, África y Asia están siendo muy pasivos.

La región más activa por mucho ha sido Europa. Sin embargo, aun en Europa la mayoría de los impuestos implementados hasta ahora son impuestos a servicios, como publicidad por internet. Se enfocan en el destino de los servicios, y están siendo aplicados tanto a empresas residentes como no residentes. El Anexo A.5 presenta mayores detalles, mientras que la Figura 3 los resume.

FIGURE 3: Ejemplos

Países	Fecha	Base	Tasa	Elegibilidad			Operación	Recaudación (esperada)	Estatus	Notas
				Ingreso Global	Ingreso doméstico	industria/actividad				
Francia	2019	Ingresos por ventas (no ganancias)	3%	750 millones de Euros	25 millones de Euros en Francia	Provisión de una interfase digital que permita interacción entre usuarios para intercambiar bienes o servicios. Publicidad en interfaces digitales. Reventa y manejo de data para uso en publicidad. Solo se paga si el pago es mayor a 100,000 Euros.	El proveedor del servicio tiene la responsabilidad legal de pagar el impuesto aunque no tenga Nexus. Deducible de impuestos corporativos en Francia.	400 millones de Euros (esperado)	Activo	Afectará a cerca de 30 compañías solamente
Hungría	2017	A la publicidad, no solo por internet sino por televisión, periódicos, etc.	5%	100 millones HUF (€306,890)	-	Publicidad en general	La responsabilidad de pagar el impuesto cae en el oferente del servicio.	-	Activo	
Italia	2019		3%	750 millones de Euros	5.5 millones de Euros en Italia	Solo aplica a transacciones Business-to-business listadas en la regulación, entre las que se encuentran: Publicidad en interfases digitales. Interfase digital que permita a los usuarios comprar y vender servicios. Transmisión de datos generados por una interfase digital.	Aplica al oferente del servicio. Pero la compañía en Italia hace retención.	190 millones de Euros (esperado)	Propuesto	
Reino Unido	2019	Ingresos derivados de usuarios del Reino Unido por motores de búsqueda, plataformas de redes sociales, y mercados en línea, independientemente de como se monetizan	2%	500 millones de libras	25 millones de libras en RU	Empresas que proveen plataformas de social media, motores de búsqueda, mercados en línea, y sus negocios de publicidad asociados. El ingreso se deriva de un usuario del RU cuando un usuario del RU usa la plataforma, o cuando la publicidad esta dirigida a un usuario del RU. Para mayor detalle ver: https://www.gov.uk/government/publications/introduction-of-the-new-digital-services-tax/introduction-of-the-new-digital-services-tax		400 millones de libras (esperado)	Propuesto	Los primeros 25 millones de libras de ingreso derivados del RU no serán sujetos al impuesto.
India	2016	Publicidad en líneas que paga empresa India a empresa extranjera	6%	Pagos mayores a 1,500 usd al año		Solo aplica a transacciones Business-to-business listadas en la regulación, relacionadas con publicidad en internet. Los pagos tienen que exceder 1,500 usd al año. No aplica a los servicios las provee una empresa que tenga Nexus en India.	Aplica al cliente del servicio. La compañía India retiene el pago a otra compañía extranjera	47 millones de usd de Junio 2016 a Marzo 2017	Activo	Si el ingreso se debe a varias actividades, se necesitaría distribuir el ingreso entre estas actividades.
Argentina	2018	Plataformas Digitales en transacciones nacionales	-	-	-	Plataformas digitales cuando la dirección IP desde la que se hizo la transacción está en Argentina, la dirección de cobro del cliente esta en Argentina, o la cuenta de banco desde la que se pagó esta en Argentina.	-	-	Activo	Adicionalmente Argentina esta forzando a las plataformas de pago (e.g. Visa) a actuar como retenedores y pagar IVA en transacciones.
México	2018	Ingreso de compañías digitales	3%	-	-	Publicidad en una interfase digital, interfases digitales que permiten a usuarios encontrar e interactuar con otros usuarios, interfases que permiten la entrega de bienes y servicios directamente con los usuarios. Finalmente, transmisión de datos recolectados de los usuarios por medio de actividades de estos en interfases digitales.	No esta bien definido aun	-	Propuesto	Un problema es que las plataformas extranjeras no estan obligadas a registrarse.
México	2018	Impuesto a hospedaje	35% al ingreso, 16% IVA	-	-	Plataformas que facilitan hospedaje	No esta bien definido aun	-	Propuesto	Se permiten ciertas deducciones. Si busca que se aplique a los no residentes. No implica que solucionará el problema de Nexus.
Uruguay	2017	Ingreso por plataformas de servicios digitales	12% para los no residentes	-	-	Plataformas que proveen servicios digitales, actividades de intermediación por medio del internet. Proveen de una lista de casos en los que el ingreso se considerará como ganado en Uruguay.	No esta bien definido aun	-	Activo	Si busca que se aplique a los no residentes. No explica como solucionar el problema de Nexus.

Fuentes: OECD (2018), OECD (2019); Astudillo and Trujillo (2019); KPMG tiny.cc/ab3paz; https://taxfoundation.org/digital-taxes-europe-2019/; https://www.gov.uk/government/publications/introduction-of-the-new-digital-services-tax/introduction-of-the-new-digital-services-tax

La Figura 3 muestra ejemplos de algunos países seleccionados. Cada renglón representa un país, y para cada uno establece el año de la regulación o propuesta, los puntos de corte de elegibilidad, así como las industrias elegibles, como opera el impuesto y, en caso de encontrarse, la recaudación esperada.

Adicionalmente, como puede observarse, describe si es un impuesto activo o solo en propuesta. Los países europeos están considerando impuestos similares, con puntos de corte globales y nacionales para focalizar los impuestos a grandes empresas multinacionales, y luego describiendo el tipo de giros de negocio a los que aplica. Las tasas son relativamente conservadoras, casi todas menores al 5%. Este tipo de impuestos han surgido de la propuesta de la Comisión Europea, y están teniendo influencia en el diseño de los impuestos en otros países. Varios países están en espera del resultado de los impuestos establecidos en Francia e Inglaterra, y la reacción de Estados Unidos, para determinar los siguientes pasos.

Otros países como la India y Hungría se enfocan en impuestos a publicidad. Francia tiene también un impuesto a venta de contenido audio visual. Pero por lo que puede vislumbrase estos impuestos tendrán una recaudación muy limitada. Por último, los países en América Latina no hay establecido impuestos a las ganancias de las empresas multinacionales digitales. Argentina ha establecido uno a plataformas digitales nacionales, y Brasil ha hecho avances en tener impuestos a plataformas de hospedaje como Airbnb. Tal vez el más agresivo ha sido Uruguay, aunque existe poca información al respecto de cómo está operando su impuesto y si tendrá problemas de nexus. Otros países en América Latina están aprovechando plataformas como Uber y Airbnb para cobrar impuestos a segmentos de la economía que antes eran informales, como transporte y hospedaje/renta.

7. Conclusiones

Este documento explica los principales desafíos que presenta el régimen tributario internacional actual para evitar la elusión del pago de impuestos a las corporaciones por parte de compañías multinacionales con modelos de negocios digitales. También recuenta las principales propuestas que se han realizado para enfrentarlos, y presenta algunas medidas de política ya implementadas por distintos países.

De lo discutido en el trabajo se desprende que si bien existe una necesidad de reformar el régimen tributario para que las empresas digitales internacionales enfrenten una mayor imposición efectiva, no es evidente cuáles serían las características de dicha reforma. Esto se debe a varios motivos. Por un lado, la teoría económica sobre la tributación óptima a empresas digitales no arroja aun recomendaciones concretas, principalmente porque la teoría sobre plataformas de dos lados con efectos de red se encuentra aún en un estado incipiente. Por otro lado, las soluciones que parecieran ser deseables ex ante son de carácter multilateral, lo que hace difícil su implementación, como consecuencia de las posiciones contrapuestas entre los distintos países.

Dada la incertidumbre sobre cómo reformar el régimen tributario vigente y las presiones, tanto políticas como presupuestarias, que pueden sufrir los gobernantes para introducir cambios a la legislación tributaria, se puede anticipar que en los próximos años diversos países implementarán soluciones unilaterales. Probablemente las soluciones que establezcan se basarán en impuestos específicos a las ventas y a servicios digitales, a fin de no contraponerse con los convenios internacionales vigentes. Si bien la recaudación de estos impuestos será probablemente limitada, resultará importante evaluar tanto su efectividad en la lucha contra la elusión como los retos de implementación enfrentados, de manera tal de que sirvan de insumos para soluciones más integrales que se intenten introducir en el futuro.

ANEXOS

A.1 Eficiencia e incidencia de impuestos

La teoría de impuestos óptimos toma como dado el hecho de que se requiere recaudar para financiar ciertos gastos útiles, y se pregunta cuál es la mejor forma de recaudar cierta cantidad de dinero. Por "mejor forma" se entienden típicamente dos criterios: eficiencia de distintos métodos (i.e. menor pérdida en bienestar social derivada de las distorsiones generadas por los impuestos), y quién acaba pagando el impuesto (incidencia). Al momento de establecer un impuesto, es importante tener presente algunos principios generales de teoría de impuestos.

Incidencia legal versus económica. El concepto de incidencia hace referencia a quién acaba afrontando la carga del impuesto. El comportamiento de los agentes en la economía (trabajadores, consumidores, empresas) cambia como consecuencia de introducir un impuesto. Esto hace que, por ejemplo, aunque la ley diga que las empresas deben pagar un impuesto, parte o la totalidad del impuesto puede acabar siendo pagado por los consumidores o los trabajadores, consecuencia de los cambios que se dan en los precios de mercado para alcanzar un nuevo equilibrio. Un resultado en economía es que la parte más inelástica del mercado acaba afrontando una proporción mayor de la carga del impuesto.

La distorsión del impuesto. Se refiere al cambio de incentivos que se da como consecuencia de la introducción de un impuesto, lo que lleva a cambios de comportamientos de los agentes económicos y a la no realización de ciertas transacciones socialmente benéficas. Por ejemplo, si un impuesto conlleva a un incremento en el precio de un determinado servicio, algunos consumidores dejarán de adquirirlos. Un principio en economía es que la distorsión del impuesto incrementa de forma más que proporcional con el tamaño del impuesto. Este principio es una de las razones por las que los economistas proponen tener impuestos chicos en bases gravables amplias, en vez de grandes impuestos en bases gravables reducidas. Una forma de generar poca distorsión es gravar las rentas extraordinarias de las empresas, es decir las ganancias que quedan después de pagar los costos de los factores productivos. Las empresas con poder de mercado tienden a tener rentas extra normales, y el objetivo debería ser gravar estas rentas. Gravar insumos tiende a generar grandes distorsiones ya que afecta el proceso productivo, y además afecta los precios a los consumidores.

Las magnitudes de las elasticidades de la oferta y la demanda determinan las distorsiones que causa el impuesto. Para poner un ejemplo extremo, si la elasticidad de proveer una actividad es muy grande, un impuesto a esa actividad puede generar que no se provea, y de esta forma todos pierden: la empresa deja de ganar dinero, los trabajadores pierden su trabajo, los consumidores no reciben el servicio, y el gobierno no recauda nada. Por eso los economistas proponen gravar actividades inelásticas.

A.2 Principios deseables de un impuesto

Una vez que se decide cobrar impuestos a empresas multinacionales y digitales es importante establecer cómo hacerlo de la mejor forma. En este esfuerzo, existe un consenso en la profesión económica en cuanto a qué principios deben respetarse. Entre los principales se encuentran los siguientes.

Eficiencia: El principio de eficiencia económica dice que es deseable que, habiendo varias formas de recaudar, se elija aquella que distorsiones la economía lo menos posible. Es decir, es deseable que se sigan llevando a cabo aquellas transacciones cuyo beneficio generado es mayor que el costo, y que las empresas que produzcan más valor sean las que capten mayor parte del mercado. De no ser así el bienestar social y el tamaño de la economía serán menores.

Neutralidad: El principio de neutralidad está relacionado con el de eficiencia y también con el de justicia, y dice que los impuestos deben de tratar igual a agentes económicos con características similares.

Costo efectividad: Este principio establece que no deben ponerse impuestos que conlleven a un costo de cumplimiento mayor al de la recaudación. Por esto puede ser conveniente enfocarse en empresas grandes. Tampoco se deben poner impuestos que no se puedan cobrar, ya sea por cuestiones legales o porque no es posible perseguir al infractor.

Certeza: busca minimizar la arbitrariedad en el cobro de impuestos. Por ejemplo, una ley que diga que un comité determinará si se le aplica un impuesto genera poca certeza y subjetividad, que puede limitar la inversión, y llevar a que se dediquen recursos a ganar juicios, en vez de a proyectos productivos.

Flexibilidad: busca que el propio sistema impositivo en las reglas ya escritas se adecue automáticamente a cambios en la economía.

Multilateralidad: Existe consenso en que soluciones multilaterales son mejores que las unilaterales, dado que la erosión de la recaudación corporativa es un problema presente en todos los países, pero más importante: porque que esta erosión se ha dado precisamente por la falta de coordinación entre los países. La falta de coordinación permite arbitraje entre regímenes impositivos nacionales. Hay tres argumentos más en favor de la coordinación entre países. El primero es que existen externalidades impositivas entre países: las acciones de un país tienen efectos en la recaudación de otro porque los capitales se desplazan entre países. El segundo es la necesidad de reducir la competencia impositiva.[42] Finalmente, porque el sistema impositivo internacional tiene que establecer mecanismos para no duplicar el cobro de impuestos sobre la misma base gravable.

---

[42] La competencia impositiva se da cuando distintos países o lugares ofrecen tasas más bajas o incentivos a empresas por localizarse en esos países.

Difícilmente un sistema impositivo cumple al 100% con todos estos principios. Existen compromisos entre ellos. Aun así, es importante tenerlos en cuenta en las propuestas.

A.3 Plataformas de dos lados

La gran mayoría de las compañías digitales grandes tienen modelos de negocio de plataformas de dos lados (P2L). En las últimas dos décadas el cambio tecnológico ha hecho más rentable tener este tipo de modelos, y los mercados de dos lados se han vuelto cada vez más importantes en la economía. Rysman (2009) define a un mercado de dos lados como "uno en el que dos conjuntos de agentes interactúan por medio de un intermediario o plataforma, y en el que las decisiones de cada conjunto de agentes afectan los resultados y bienestar del otro conjunto de agentes, típicamente a través de una externalidad." Ejemplificando, Rysman (2009) dice que un granjero que le vende frutas a un supermercado que las exhibe y las vende a consumidores constituye un mercado de un solo lado, no de dos lados. Mientras que una plataforma que es intermediario entre consumidores y granjeros donde el tráfico de granjeros depende de cuantos consumidores tiene la plataforma, y el tráfico de consumidores depende de la variedad de granjeros y frutas, es una P2L. La clave que distingue a un mercado de un lado uno versus de dos lados es si el precio que se le paga al granjero depende del éxito del supermercado de vender las frutas. Claramente el precio que Facebook puede cobrar a las compañías que se anuncian en Facebook sí depende de cuantas personas usan Facebook. Casi todos los mercados tienen algo de P2L, lo importante es que tan importantes son las externalidades de dos lados en los resultados de esa empresa o mercado, son diferencias de grado.

A.3.1 ¿Por qué son relevantes las P2L?

Hacer la distinción entre empresas con modelos de negocio de P2L es importante por dos motivos: primero, porque varios de los resultados clásicos de la teoría de impuesto tradicional no aplican sin modificación a entornos de P2L. Esto se debe principalmente a que las demandas son interdependientes en cantidades entre ambos lados del mercado, y el precio que se cobra de un lado depende de cuantos consumidores puede atraer del otro. Por ejemplo, a los tarjetahabientes Visa no solo no se les cobra, sino que se les paga por usar la tarjeta, y esto sucede porque al tener muchos usuarios pueden cobrar más a las tiendas. Segundo, porque esta estructura puede generar gran poder para subir precios y empresas dominantes a través de efectos de red.[43]

En P2L es común que una empresa se haga dominante rápidamente. Los economistas explican esto por medio de los efectos de red. Por ejemplo, gran parte de la razón porque personas están en Facebook es que otros también están. Esto puede generar que la competencia tenga la característica de punto de inflexión: una vez que una red tiene suficientes consumidores difícilmente va a poder entrar otra red a competir si esta empieza con pocos consumidores, de forma que la empresa tiene poder de mercado para subir precios. Evans (2003) estudia problemas de competencia asociados a P2L. Los efectos de red podrían tal vez explicar la dominancia de estas empresas. Las compañías digitales son de las más rentables en la economía global. Google tuvo 74.5 billones de ingresos en el 2015, el valor en bolsa de Facebook es mayor a 300 billones de dólares.

A.3.2 Resultados teóricos sobre impuestos a P2L

Aunque existe una amplia literatura teórica sobre eficiencia e incidencia de impuestos en general, los resultados teóricos sobre cómo cobrar impuestos a empresas que operan como plataformas de dos lados es escasa. En esta sección se revisan los resultados principales de esta literatura con el fin de exponer cuáles son las fuerzas principales y los parámetros a considerar en el diseño de impuestos a P2L.

La literatura ha modelado las P2L como empresas que sirven a dos distintos tipos de consumidores, conectados por medio de externalidades en cantidades. Es decir, postulan que a un consumidor no solo le importa el número de consumidores de su lado del mercado, sino también los del otro lado de la plataforma. Por ejemplo, a un usuario de YouTube le importa el número de personas que suben videos. El modelo más

---

[43] Hay efectos de red cuando la utilidad (bienestar) que derivas de un servicio es una función creciente del número de otros usuarios que tiene. Un usuario de Facebook prefiere que otras muchas personas usen Facebook para poder encontrarlos ahí. Esto no sucede en el mercado de las manzanas: la utilidad de un consumidor no depende de cuantas otras personas compren manzanas.

usado[44] postula que la utilidad de los consumidores está dada por $u^i = m^i + \phi^i(x^i, x^j)$, donde m^i es dinero y ϕ^i es una función creciente tanto de la cantidad de consumidores del lado i del mercado x^i, como del otro lado del mercado x^j. En este contexto y bajo los demás supuestos del modelo, Kind y otros (2008a) muestran que la condición de eficiencia –es decir las cantidades de producción en ambos mercados que maximizan la utilidad de los consumidores tomando en cuenta el costo de producción– están dadas por (x^{*i}, x^{*j}) tales que:

$$p^{*i} = C_{x^i}(x^{*i}, x^{*j}) - \phi^j_{x^i}(x^{i*}, x^{j*}) \tag{1}$$

Nótese que el precio p^{*i} –i.e. la disposición a pagar– no es igual al costo marginal como en el caso estándar, sino que en el óptimo social se toma en cuenta que producir más x^{i*} beneficia al lado j del mercado. Estos mecanismos de retroalimentación del otro lado del mercado generan resultados no estándar en la teoría de impuestos en P2L. A continuación, se listan algunos de los resultados principales:

Posible sobre-provisión. Una plataforma con poder de mercado (monopólica) sí toma en cuenta la externalidad de un lado al otro, pero no la valúa de la misma forma que un planeador central benevolente.[45] Por tanto es teóricamente posible que tenga un tamaño mayor –o menor– que lo socialmente óptimo. Por lo tanto, es posible que implementar un impuesto que reduzca su tamaño (en ventas, inversión y empleo) sea benéfico socialmente.

Impuestos de ambos lados. En general se necesitarán dos instrumentos de impuestos para alcanzar el óptimo social, dado que es necesario ajustar las cantidades de ambos lados del mercado, pero aun con un impuesto de un solo lado del mercado (e.g. al número de usuarios o por el lado de los anuncios) podría mejorarse el bienestar. Es impor-

---

[44] Ver, por ejemplo, Kind y otros (2008a).
[45] A la plataforma monopólica le interesa aumentar la cantidad consumidores de un lado del mercado en la medida en que esto aumenta la disposición a pagar del cliente marginal del otro lado del mercado y por tanto lo que le puede cobrar, pero, a diferencia del óptimo social, no le interesan los clientes inframarginales. Hay sobre-provisión en el lado j del mercado si $x^j p^j_{x^i} > \int_0^{x^j} p^j_{x^i} d x^j$.

tante decir que, aunque un impuesto chico puede mejorar el bienestar social, uno grande puede reducirlo.[46]

Ad valorem vs por unidad. Varios artículos (Kind y otros, 2008a; Kind y otros, 2008b; Kind y otros, 2010) comparan impuestos ad-valorem (un porcentaje del precio a los anuncios, por ejemplo) versus impuestos unitarios (a la cantidad de usuarios o de anuncios, no a su valor) y derivan resultados de interés en el caso de una plataforma monopólica. Primero, los impuestos ad valorem pueden aumentar las cantidades en ambos lados del mercado.[47] Esto no sucede con los impuestos unitarios: un impuesto unitario a un lado del mercado sí baja la cantidad vendida en ese lado del mercado. Un segundo resultado es que los impuestos ad valorem y los unitarios tienen distinta incidencia. A diferencia de la teoría tradicional, en los modelos de Kind y coautores un impuesto ad valorem puede reducir el precio del bien al que se le puso impuesto, mientras que esto no pasa con impuestos unitarios. Un tercer resultado es que es posible recaudar lo mismo con un impuesto unitario que uno ad valorem, pero con menor distorsión. En este sentido si las externalidades de P2L son grandes, los impuestos unitarios dominan en términos de bienestar los impuestos ad valorem.[48] El supuesto crucial que genera resultados diferentes los de la teoría tradicional es $x^2 p_{x^1}^2 - C_{x^1} > 0$. En la medida en que los costos marginales de producción (C_{x^1}) sean altos, y/o que la externalidad ($p_{x^1}^2$) sea baja, los resultados tradicionales en teoría de impuestos –y no los de P2L– aplican. Desafortunadamente

---

[46] Los resultados en la literatura son locales, es decir se valen para impuestos "suficientemente chicos".

[47] Esto se debe a que, como el impuesto es al precio, bajar el precio reduce la carga fiscal, y al mismo tiempo bajar el precio puede aumentar la cantidad de ambos lados del mercado por medio de las externalidades de las P2L, es decir bajar al precio en un lado del mercado atrae consumidores de ese lado, y esto a su vez hace más rentable el otro lado del mercado puesto que el otro lado está dispuesto a pagar más. Este resultado depende de varios parámetros: que haya externalidad positiva del lado del mercado en que se pone el impuesto hacia el otro lado ($p_{x^1}^2 > 0$), que la ganancia por esta externalidad sea mayor que el costo marginal de producción ($x^2 p_{x^1}^2 - C_{x^1} > 0$), y que haya complementariedad en las ganancias de la empresa entre ambos lados del mercado $\pi_{x^1 x^2} > 0$.

[48] Sin embargo, en el modelo de Bourreau y otros (2018) donde modelan explícitamente una plataforma que se financia por anuncios, y en un contexto en el que los consumidores ganan por recibir anuncios focalizados a ellos, y en donde preexiste un IVA, el resultado es el contrario: un impuesto ad valorem en los anuncios es mejor para recaudar que un impuesto unitario a los usuarios.

no existen estimaciones que permitan determinar si estas dos cantidades son grandes o chicas.

Hay varias limitantes de estos resultados teóricos –más allá de saber empíricamente el tamaño de los parámetros– ya que derivan de modelos muy estilizados. Por ejemplo, suponen plataformas monopólicas y por lo tanto se abstraen de posibles reacciones competitivas. También suponen que solo hay un país que les puede cobrar impuestos, que solo hay dos lados del mercado, que solo se vende un producto de cada lado del mercado, y no hay salida de productos ni de empresas. Asimismo, la mayoría ignoran interacciones con los regímenes impositivos existentes (i.e. parte del supuesto de cero impuestos). Una excepción a este último punto es Bourreau y otros (2018), en donde se muestra que en un contexto donde exista un IVA previo suficientemente alto, cobrarle a una plataforma monopólica un pequeño impuesto por usuario no incrementaría la recaudación total, debido a que esto merma la base del IVA. Finalmente, los impuestos que se estudian son impuestos chicos (infinitesimales), y hay pocos o nulos resultados globales.

Aun si la realidad se ajustara a estos supuestos estilizados, los resultados dependen en la relación cuantitativa entre las demandas y costos marginales de ambos lados del mercado, y tenemos evidencia empírica nula sobre estas magnitudes. Esto limita lo que podemos decir acerca del nivel óptimo del impuesto, y de si hay sobre-provisión de servicios digitales.

A.4 Literatura empírica sobre nuevas tecnologías digitales y erosión de bases gravables

Con el advenimiento de la economía digital y el comercio por internet, se abrieron una serie de preocupaciones sobre el cobro de impuestos a ventas y al valor agregado, y sobre elusión de impuestos a los ingresos corporativos. Varios autores proclamaron el inicio de un "mundo sin fronteras". Aunque esta preocupación aplica directamente a el comercio internacional, los artículos empíricos se han enfocado a Estados Unidos y en particular a la elusión de impuestos a las ventas. Desafortunadamente no existe literatura empírica que demuestre como la economía digital ha mermado la recaudación del impuesto corporativo.

A. Compras por Internet como Elusión de Impuestos.

En los Estados Unidos los propios estados determinan la tasa de impuestos a las ventas ("sales taxes"), y distintos estados tienen diferentes tasas, las investigaciones se preguntan si el internet ha propiciado que los consumidores en estados con tasas altas compren por internet a vendedores de estados con tasas bajas. Actualmente un estado no puede obligar a un vendedor de otro estado a recaudar impuestos de compras de sus habitantes. En 1998 la ley "Internet non Discrimination Act" estableció que la presencia por medio de una página de internet no constituye nexus. Como resultado tiendas de "ladrillo y cemento", como Wallmart, Barnes and Noble, que tienen presencia en todos los estados, tienen que cobrar impuestos a las ventas, mientras que Amazon, por ejemplo, no. Goolsbee (2000) es el primer artículo que estudia cómo el internet permite evitar el impuesto a las ventas. Usando una encuesta de 100,000 personas muestra que –aun controlando por demográficos y acceso a internet– estar en un estado que tiene un impuesto a las ventas 1 punto porcentual mayor está asociado a un incremento en la probabilidad de comprar por internet de 0.5 puntos porcentuales, y calcula una elasticidad de 2.3. Concluye que, si se aplicara el impuesto a las ventas promedio a las compras por internet, se reduciría el número de compradores por internet en 24%. Es decir, una cuarta parte de las compras por internet se deben a motivaciones de eludir el impuesto a las ventas. Aunque este artículo fue muy influyente tiene varias debilidades; por ejemplo, compara diferentes consumidores en diferentes lugares y argumenta que puede controlar por las diferencias en inclinaciones a comprar por internet entre los diferentes consumidores. Supone también que los precios de los bienes no cambian cuando cambia el impuesto (i.e. oferta local perfectamente elástica), y que el internet permite evitar totalmente los impuestos estatales a las ventas.

Einav y otros (2014) pueden resolver estos problemas y llegan a conclusiones cualitativamente similares, aunque de menor magnitud. Usando datos de eBay, que representa cerca de 12% del comercio al por menor del internet (cerca de 30 billones de dólares al año) comparan el comportamiento de consumidores que buscan comprarle a vendedores que están en diferentes estados, y que por tanto enfrentan diferentes tasas impositivas a las ventas. Usan el hecho de que eBay reporta el impuesto a cobrar justo antes de pagar, por lo que el consumidor recibe la "sorpresa" de cuanto pagará de impuestos una vez que selecciona el producto, y en base a esa sorpresa puede cambiar de producto o vendedor. Con esta estrategia estiman que la aplicación de un impuesto de 10 por ciento reduce la probabilidad de compra en 15 por ciento. A nivel más agregado –el relevante para una política de impuestos estatal– concluyen que un incremento de 1 punto porcentual en el impuesto estatal a las ventas se traduce en un incremento en compras por internet (probablemente para evitar el impuesto), y en un decremento de 3-4 en las compras por internet a empresas de ese estado. Concluyen que, si se le aplicara el impuesto estatal promedio a las compras por internet, se reduciría en cerca de 12 por ciento las compras por internet.

Estos estudios sugieren que sí existe un trato impositivo favorable para empresas digitales, y que esto da gran ventaja a las mismas vis-a-vis empresas no digitales. Es decir, se viola el principio de neutralidad, y posiblemente el de eficiencia también. Una limitante de estos estudios para informar la pregunta de interés de este trabajo es que las respuestas (elasticidades) ante impuestos estatales dentro de un país probablemente sean mayores que si se tratara de un impuesto nacional, debido a la mayor dificultad de sustituir compras nacionales por compras internacionales (de hecho, Einav y otros (2014) encuentran una preferencia por comprar en su propio estado). Además, estudian impuestos a las ventas, y no impuestos corporativos a las ganancias.

B. *Paraísos Fiscales.*

Existe otra literatura académica relaciona con la evasión tributaria a través de paraísos fiscales. Aunque no es directamente sobre empresas digitales, muestra que la habilidad para localizar las ganancias en países con bajas tasas impositivas y la falta de transparencia al respecto si es un determinante importante de la erosión de la recaudación. En la medida en que los modelos de negocio digitales facilitan esta re-localización de ganancias, estos resultados son de nuestra incumbencia.

Desde los años noventa la OECD ha pugnado por que los países compartan información sobre pago de impuestos con el fin de mejorar el cobro de impuestos, pero hasta el 2008, durante la crisis financiera, los países se habían negado. A partir de 2008, se han firmado varios tratados bilaterales de intercambio de información. Para el 2009 ha se habían firmado más de 300.

Johannesen y Zucman (2014) estudian cuál es el efecto de estos tratados en la evasión fiscal usando información del valor de los depósitos de ciudadanos de distintos países en 13 paraísos fiscales (incluyendo Suiza, Luxemburgo, Islas Caimanes, etc.). Encuentran dos resultados interesantes: el primero es que los tratados sí tienen un efecto –modesto– en los depósitos en paraísos fiscales. En particular, cuando un país firma un tratado de intercambio de información con un paraíso fiscal, los depósitos de ciudadanos de ese país en el paraíso fiscal bajan 11%. El segundo resultado es que no se da una repatriación de estos fondos, sino que son reasignados a otro paraíso fiscal con el que no se tiene tratado. Este segundo resultado subraya la importancia del multilateralismo si se quiere disuadir estrategias de erosión recaudatoria.

C. *Impuestos corporativos.*

Hay muchos márgenes que pueden ser afectados por los impuestos corporativos: dónde localizar la empresa y la producción, cómo organizar la empresa legalmente (e.g. sociedad anónima, cooperativa, etc.), cómo financiarse (deuda o acciones), cuándo y en que invertir, como repartir las ganancias (dividendos, intereses, recompra de acciones). Cada una de estas etapas puede ser afectada por distintos tipos de impuestos: los impuestos corporativos o internacionales afecta localización de la empresa; la deducción de gastos en intereses afecta si la empresa se financia con deuda o acciones; la depreciación acelerada de la inversión y el impuesto corporativo afecta cuanto se invierte y potencialmente el empleo. En esta sección se resume solamente la evidencia empírica que estima cómo los impuestos a las ganancias corporativas afectan la inversión y el empleo. Vale destacar que esta literatura es limitada, y estudia principalmente impuestos en Estados Unidos.

Todos los modelos existentes predicen que los impuestos corporativos reducen la inversión (y el empleo), la pregunta que buscan contestar los estudios empíricos es en qué magnitud. Djankov y otros (2010) hacen comparaciones entre países, controlando por algunas de sus diferencias, y encuentran una relación negativa entre tasa efectiva de impuesto a las ganancias e inversión. La tasa efectiva se calcula solamente basada en cuantos impuestos tendría que pagar una empresa hipotética (i.e. usando ingresos y gastos ficticios pero razonables) si cumpliera con la regulación existente. Encuentran que un incremento en esta tasa de

10 puntos porcentuales está asociada a un decremento de 2 puntos porcentuales de la inversión como proporción del PIB.

Yagan (2015) estudia la reducción de impuestos a los dividendos en Estados Unidos causados por el "The Jobs and Growth Tax Relief Reconciliation Act" en el 2003. Esta regulación redujo la tasa de impuesto a ingreso por dividendos de 38.6% a 15%, una de las más grandes en la historia de los impuestos corporativos, y se creía que iba a aumentar la inversión y el empleo. El artículo encuentra que no hubo ningún efecto en la inversión ni el empleo.[49] En contraste, House y Shapiro (2008) encuentran fuertes respuestas a la inversión como resultado de depreciación la acelerada. Aprovechan los cambios de ley en Estados Unidos en 2002 y 2003 que aplicó para ciertos tipos de bienes de capital. En el 2002 se permitió depreciación inmediata de 30% del valor de activos, y en el 2003 se amplió a 50%. Solamente se aplicaba a inversiones hechas hasta el 2004, y las tasas de depreciación fueron diferentes para diferentes tipos de capital, lo que les permite tener grupos de comparación. Los autores encuentran una respuesta grande de la inversión, con elasticidades mayores a 6 con respecto al precio de la inversión una vez que se toma en cuenta la depreciación. Saez y otros (2019) estudian un recorte de impuestos sobre la nómina en Suecia, que pasó de 31% a 15% para empleados entre 19 y 26 años de edad. Estiman un incremento de 2.2 puntos porcentuales en el empleo de jóvenes de esa edad, como proporción de la fuerza laboral.

La literatura es escasa, realizada en diferentes países, y estima los efectos de distintos tipos de impuestos, y con diferentes estrategias empíricas. Parecería ser que los resultados son mixtos entre estudios. Pero es posible que mayores impuestos corporativos a grandes empresas digitales tengan poco efecto en inversión y empleo, y bajas distorsiones.

A.5 Ejemplos de algunos impuestos digitales recientes.

A. India

India implementó un impuesto de igualación en el 2016 con la intensión de cobrar impuestos a transacciones digitales en las que una com-

---

[49] Esto puede explicarse porque la empresa se financia por ganancias retenidas, o porque la reducción tenía una fecha de expiración, entre otras.

pañía en la India le paga a una compañía extranjera por publicidad en internet ("business-to-business"). El impuesto es de un 6% al pago que hace la compañía hindú a la compañía extranjera. La compañía hindú tiene la obligación de hacer la retención del impuesto. El impuesto tiene varias excepciones. Primero, solo aplica a transacciones listadas en la regulación, relacionadas con publicidad en internet. Segundo, los pagos tienen que exceder 1,500 dólares al año. Y el impuesto no aplica si los servicios los provee una empresa que tenga nexus en India.

Como no es un impuesto al ingreso sino a transacciones, no tiene problemas de nexus. La OCDE reporta que India solo recolectó 47 millones de dólares en el periodo junio 2016 a marzo 2017, una cantidad limitada.

B. Italia

Italia aprobó en el 2017 un impuesto a transacciones digitales que entró en vigor en 2019. El impuesto aplica una tasa bruta de 3% a servicios provistos por Internet, que son esencialmente automáticos y que son imposibles de proveer sin tecnología de la información. El gobierno provee una lista de tales servicios, que incluye: publicidad enrutada en una interfase digital a sus usuarios; la provisión de una interfase digital multilateral que permite a usuarios ponerse en contacto e interactuar para facilitar la oferta de bienes y servicios; y también transmitir datos recolectados de usuarios y generados por el uso de una interfase digital. Italia justifico este impuesto como un medio para nivelar la cancha entre empresas digitales y no digitales.

Las transacciones a las que aplica tienen que ser entre empresas, donde la transacción concluye con clientes residentes en Italia. Es decir, transacciones donde la plataforma de internet (extranjera o residente) le ofrece servicios entre empresas a la empresa residente en Italia para atender clientes finales localizados en Italia (la ley específica que se entiende por localizados). Este impuesto solo aplica cuando se cumplen dos condiciones: que el ingreso global anual del oferente del servicio es mayor a 750 millones de euros, y el ingreso anual de servicios digitales ofrecidos en Italia es al menos de 5.5 millones de euros.

El impuesto se aplica al oferente del servicio, sin importar si está registrado en Italia o no (e.g. aplicaría a Facebook si Facebook hace anuncios para pastas Barilla dirigidos a consumidores en Italia). Sin embargo, la obligación de recaudar el impuesto la tiene el cliente en Italia (e.g. Barilla). Este último hace una retención del impuesto y lo entrega mensualmente a la autoridad italiana. Este impuesto no se compensa con ningún otro, sin embargo, las empresas domésticas lo pueden deducir de su ingreso corporativo. Como es un impuesto a transacciones –y no a ingreso– aplica a empresas sin importar el nivel de presencia física en Italia y está fuera del alcance de tratados internacionales. Italia espera recaudar cerca de 190 millones de euros al año por este impuesto.

C. *Francia*

En el 2003 Francia introdujo un impuesto a las ventas y rentas de contenido audio visual, que aplica a compañías residentes y no residentes (video juegos, películas en video, etcétera). En 2004 este impuesto se extendió a videos provistos por medio de comunicación electrónica (e.g. HBO), y luego en 2016 se puede cobrar aun cuando no hay un pago de por medio, como por ejemplo en YouTube. El impuesto aplica si el destino o audiencia de este servicio está en Francia. La localización del proveedor es irrelevante. El proveedor del servicio (e.g. YouTube) tiene la responsabilidad legal de pagar el impuesto. Estará por verse cuales son los mecanismos de aplicación que usarán con empresas que no tienen presencia legal en Francia.

El impuesto es de 2%, y aplica a los pagos por compras o rentas de acceso por internet a contenido audiovisual, o a los pagos por publicidad o patrocinio ligado a contenido audio visual por internet. Hay una deducción de 4% (o más si se trata de contenido creado por usuarios privados para el propósito de intercambio dentro de una comunidad), y el impuesto solo se paga si el pago es mayor a 100,000 Euros.

D. *Hungría*

Hungría implementó un impuesto a la publicidad, no solo por internet sino por televisión, periódicos, etc. En este sentido no es un impuesto para "nivelar la cancha".[50] El impuesto aplica a los ingresos (netos del impuesto al valor agregado) de compañías residentes y no residentes. La base gravable son los ingresos por publicidad destinados a personas

---

[50] Un impuesto a todo tipo de publicidad debe tomarse con mucho cuidado porque podría amenazar la libertad de prensa en especial en países de regímenes autoritarios.

en Hungría, definidos por el lugar de localización y por el uso del idioma húngaro en los anuncios, sin importar donde se localizan las empresas hay reciben el pago o lo hacen. El impuesto es de 5.3% a dichos ingresos, y la responsabilidad de pagar el impuesto cae en el oferente del servicio, i.e. el que recibe el pago. Este impuesto está siendo disputado y hasta ahora la OCDE dice que tenido una baja recaudación.[51]

Referencias

Allcott, H., L. Braghieri, S. Eichmeyer, y M. Gentzkow (2019): "The Welfare Effects of Social Media," Working Paper.

Astudillo, K. y V. Trujillo (2019): "Taxation in the Digital Economy. What are the issues and what is LAC doing about it?" Working Paper.

Bauer, M. (2018): "Digital Companies and Their Fair Share of Taxes: Myths and Misconceptions," ECIPE OCCASIONAL PAPER.

Becker, J., J. Englisch, y D. Schanz (2018): "How data should not be taxed," SSRN.

Bourreau, M., B. Caillaud, y R. D. Nijs (2018): "Taxation of a digital monopoly platform," Journal of Public Economic Theory, 20.

Brynjolfsson, E., E. Hitt, y H. Kim (2011): "Strength in Numbers: How Does Data-Driven Decision-making Affect Firm Performance?" SSRN.

Clausing, K. (2009): "Multinational Firm Tax Avoidance and Tax Policy?" National Tax Journal, 62.

Djankov, S., T. Ganser, C. McLiesh, R. Ramalho, y A. Shleifer (2010): "The Effect of Corporate Taxes on Investment and Entrepreneurship," American Economic Journal: Macroeconomics, 2.

Druker, J. (2010): "Google 2.4% rate shows how $ billion is los to tax loopholes," Bloomberg October 21, 2010.

Einav, L., D. Knoepfle, J. Levin, y N. Sundaresan (2014): "Sales Taxes and Internet Commerce," The American Economic Review, 104.

EUROPEANCOMMISSION (2017): "A Fair and Efficient Tax System in the European Union for the Digital Single Market".

Evans, D. (2003): "The Antitrust Economics of Multi-Sided Platform Markets," Yale Journal on Regulation, 20.

Goolsbee, A. (2000): "In aWorld without Borders: The Impact of Taxes on Internet Commerce," The Quarterly Journal of Economics, 20.

---

[51] https://news.bloombergtax.com/daily-tax-report-international/google-gets-court-date-to-argue-against-hungarys-advertising.

HMTREASURY (2018): "Corporate tax and the digital economy: position paper update".

HOUSE, C. Y M. SHAPIRO (2008): "Temporary Investment Tax Incentives: Theory with Evidence from Bonus Depreciation," American Economic Review, 98.

HUFBAUER, G. C. Y Z. LU (2018): "The European Union's Proposed Digital Service Tax: A De Facto Tariff," Policy Brief.

IBARRA, I. A., L. GOFF, D. J. HERNÁNDEZ, J. LANIER, Y G. WEYL (2018): "Should We Treat Data as Labor? Moving Beyond 'Free'," American Economic Review PP, 108.

IDB, OECD, ECLAC, Y CIAT (2017): "Estadísticas tributarias en América Latina y el Caribe 1990– 2015".

IMF (2019): "Corporate Taxation in the Global Economy," IMF Policy Paper.

JOHANNESEN, N. Y G. ZUCMAN (2014): "The End of Bank Secrecy," American Economic Journal: Economic Policy, 6.

KIND, H., M. KOETHENBUERGER, Y G. SCHJELDERUP (2008a): "Efficiency enhancing taxation in two-sided markets," Journal of Public Economics, 92.

—— (2008b): "On revenue and welfare dominance of ad valorem taxes in two sided markets," Economic Letters, 104.

—— (2010): "Tax Responses in Platform Industries," Oxford Economic Papers, 62.

OECD (2015): "Addressing the Tax Challenges of the Digital Economy".

—— (2018): "Tax Challenges Arising from Digitalization – Interim Report".

—— (2019): "Adressing the Tax Challenges of the Digitalization Economy: Public Consultation Document".

O'SULLIVAN, D. (2019): "Addressing the VAT Challenges of the Digitalized Economy". Presentation at the IDB's Tax Administration in LAC in the digital era workshop.

PETERSEN, M. Y R. RAJAN (2002): "Does Distance Still Matter? The Information Revolution in Small Business Lending," Journal of Finance, 57.

RAWLS, J. (1993): "Political Liberalism," Columbia University Press.

RYSMAN, M. (2009): "The Economics of Two-Sided Markets," Journal of Economic Perspectives, 23.

SAEZ, E., B. SCHOEFER, Y D. SEIM (2019): "Payroll Taxes, Firm Behavior, and Rent Sharing: Evidence from a Young Workers' Tax Cut in Sweden," American Economic Review, 109.

SUNSTEIN, C. (2007): "Republic 2.0," Princeton University Press.

YAGAN, D. (2015): "Capital Tax Reform and the Real Economy: The Effects of the 2003 Dividend Tax Cut," American Economic Review, 105.

ZUCMAN, G. (2014): "Taxing across Borders: Tracking Personal Wealth and Corporate Profits," Journal of Economic Perspectives, 4.

17. A Tributação dos Lucros das Gigantes de Tecnologia: Possibilidades para o Brasil

José Evande Carvalho Araujo
José Roberto R. Afonso

Introdução

No início de outubro de 2019, o Secretariado da Organização para a Cooperação e Desenvolvimento Econômico (OCDE) submeteu à consulta pública uma proposta de tributação dos lucros das grandes ou gigantes empresas multinacionais de tecnologia (conhecidas como *Big Techs*), de forma a distribuir os resultados de modo mais justo entre os diversos países onde eles são efetivamente produzidos[1]. Noticia-se que, pela primeira vez, se está perto de obter um consenso, tendo a proposta o apoio dos governos principais economias do mundo e, até mesmo, de grandes empresas de tecnologia, como a Amazon[2].

Nos últimos anos, foi intensa a pressão internacional pela melhor distribuição da receita de taxação dos lucros das empresas digitais, que são fortemente impulsionados pela participação dos usuários espalhados por todo o mundo, mas que terminam se concentrando em poucas jurisdições. Afinal, boa parte da valorização dessas multinacionais decorre

---

[1] Ver http://www.oecd.org/tax/oecd-leading-multilateral-efforts-to-address-tax-challenges-from-digitalisation-of-the-economy.htm. Acesso em: 30/10/2019.
[2] Ver https://www1.folha.uol.com.br/mercado/2019/10/ocde-lanca-proposta-para-taxacao-global-de-gigantes-da-internet.shtml. Acesso em: 30/10/2019.

do tamanho de sua base de usuários, que é um dos seus principais ativos. Contudo, os países que se beneficiam do modelo atual nunca permitiram que se chegasse a um acordo por regras mais equânimes.

Além das divergências em torno das receitas tributárias, nunca é demais citar que muito do crescimento dessas empresas decorreu de os negócios dito digitais acabarem suportando uma incidência tributária (muito) inferior aos mesmos negócios, mas exercidos em meios físicos ou tradicionais. O caso mais clássico é o do comércio eletrônico, que começou com livros, mas hoje compreende qualquer tipo de bens. Pagar menos tributos que os concorrentes, por uma ou outra razão, pode ter sido crucial não apenas para surgir e viabilizar um novo tipo de empreendimento, mas para o fazer crescer exponencialmente, até se tornar dominante, quando até um monopólio – no caso de certos produtos ou em determinadas regiões.

Isto não quer dizer que necessariamente houve fraude e evasão, mas é inegável que o aparato legal e fiscalizador foi construído, muitas vezes em passado já distante, para tributar mercadorias e serviços que eram transacionados unicamente em meios físicos. Não se construíram sistemas tributários considerando que muito do que era apenas ficção científica pudesse se tornar realidade. O diferencial de tratamento tributário exerceu um papel forte ou decisivo para ditar o rumo da concorrência entre negócios digitais e convencionais.

O fato de uma *startup* de tecnologia, nem sempre nascida em uma economia avançada, ter se tornado um conglomerado empresarial gigantesco e atuando em escala internacional não significa que, por si, passará a recolher mais impostos do que quando nascia e crescia em um ambiente apenas físico. No capitalismo, é natural que as empresas sempre busquem o máximo de lucro, mesmo que seja à custa de pagar o mínimo de tributo. Quanto maior a empresa, maior o seu acesso a planejamentos tributários e a ferramentas organizacionais, ainda mais quando atuam em diferentes países, para poder transferir recursos entre seus estabelecimentos e para realizar lucros nos países que menos ou nada tributam. É preciso não ser ingênuo de achar que tais empresas mudarão de comportamento enquanto houver capitalismo, liberdade e democracia.

O que precisa mudar e radicalmente é o sistema tributário e a administração de receitas. Os fiscos em volta do mundo precisam ser competentes e capazes não só de atualizarem suas legislações e seus aparatos fiscalizadoras, como sobretudo de firmar acordos para atuarem de forma coordenada e integrada.

A dificuldade de se achar uma solução razoável fez como que muitos países apostassem em medidas unilaterais para taxar as *Big Techs*, em especial criando impostos sobre a receita bruta por elas auferida em suas jurisdições. O peso dessa tributação fez com que as grandes empresas se abrissem para a discussão sobre uma distribuição mais igualitária da tributação de seus lucros. Nesse contexto, o ano de 2019 foi marcado por intensos debates que parecem caminhar para uma solução de compromisso que até então parecia impossível.

Esse debate, contudo, não chegou com a mesma força no Brasil. Tanto faltam manifestações de autoridades tributárias, como até da academia, sobre as possibilidades que esse novo quadro abre para nosso país.

Na tentativa de colaborar para fomentar esse debate no País, o objetivo desta análise é apresentar as discussões no âmbito da OCDE que levaram a essa proposta do Secretariado da OCDE e avaliar as possíveis perspectivas e consequências para o Brasil.

1. A Revolução Digital e a Tributação

Há alguns anos, o mundo se deu conta de que as grandes empresas multinacionais estavam se utilizando de planejamentos tributários agressivos e reduzindo sua tributação a uma fração do que seria devido. Com o uso de organizações societárias complexas, tornou-se possível deslocar os lucros para países com pouca ou nenhuma tributação.

Ganhou destaque a estratégia da multinacional Apple, conhecida como o "duplo irlandês com sanduíche holandês", que, por meio de operações feitas por suas filiais na Irlanda, Holanda e Ilhas Bermudas, reduziu artificialmente sua tributação em bilhões de euros, o que levou à aplicação de multas de € 13 bilhões pela União Europeia, em 2016[3].

A matéria continua em discussão e, em setembro de 2019, a empresa americana apelou à segunda corte mais importante da Europa dizendo que não quer pagar, em conjunto com a Irlanda, que afirmou que não

---

[3] http://colunas.revistaepocanegocios.globo.com/tecneira/2016/09/01/multa-bilionaria-a-apple-na-irlanda-marca-investida-da-ue-contra-benesses-fiscais/. Acesso em: 30/10/2019.

quer receber[4]. O simples fato de a empresa autuada e o Estado favorecido estarem do mesmo lado já mostra a complexidade da situação.

Mais recentemente, noticiou-se que a Google se utilizou de esquema similar para economizar US$ 3,6 bilhões em 2016[5]. Causou também espécie a notícia de que a Amazon teve um lucro de US$ 11,2 bilhões em 2018, mas não pagou um centavo de imposto de renda federal nos Estados Unidos, o mesmo acontecendo com a Netflix com seu lucro de US$ 845 milhões[6].

Não faltam notícias desse tipo, mudando de empresa digital e de país. Este movimento é reflexo de um processo de globalização iniciado a partir dos anos 1980, que por um lado aumentou a competitividade, a produtividade e a integração, no plano econômico, e por outro resultou no enfraquecimento de conceitos e instituições até então consolidados, como os de Estado-nação e soberania.

Todas essas mudanças passaram a ter seus efeitos multiplicados com a inserção acelerada das novas tecnologias em nossas vidas. Esses impactos na economia e na sociedade são tão profundos que se considera estarmos vivenciando uma quarta revolução industrial. Mudou-se a forma de fazer negócios, criar, circular e gerir riquezas, obrigando que governos e instituições jurídicas se adaptem rapidamente (CORREIA NETO, AFONSO e FUCK, 2019).

A integração de diversas inovações, que rapidamente deixaram de ser simples promessas, surgindo em escala de mercado, possibilitaram ganhos de produtividade antes considerados inimagináveis. Entre essas inovações, destacam-se a inteligência artificial, a robótica, as impressoras 3D, *o big data*, a Internet das Coisas (*Internet of Things – IoT*), a computação nas nuvens (*cloud computing*), a tecnologia *blockchain*, as criptomoedas, entre outras (ARAUJO e CORREIA NETO, 2019).

As novas tecnologias exacerbaram a capacidade de organização empresarial, sendo hoje possível espalhar pelo mundo a cadeia de negócios da forma mais eficiente para os ganhos de produtividade. Uma empre-

---

[4] https://www.dw.com/en/apple-appeals-record-13-billion-tax-payment-demanded-by-european-commission/a-50461507. Acesso em: 30/10/2019.

[5] https://www.theverge.com/2018/1/2/16842876/google-double-irish-tax-loopholes-european-billions-ad-revenue. Acesso em: 30/10/2019.

[6] https://www.theguardian.com/technology/2019/feb/15/amazon-tax-bill-2018-no-taxes-despite-billions-profit. Acesso em: 30/10/2019.

sa de abrangência mundial pode, por exemplo, deixar seu corpo administrativo em um país, sua contabilidade em outro, a fabricação dos componentes com maior valor agregado em um terceiro e a montagem do produto final no mercado de consumo, aproveitando das vantagens econômicas e tributárias de cada local, bem como dos tratados de livre comércio entre as nações, para maximizar seus lucros de formas há pouco tempo impensáveis.

2. Os debates na OCDE

Em julho de 2013, a OCDE publicou o plano de ação do Projeto BEPS (*"Base Erosion and Profit Shifting"*, ou, em português, "Erosão da Base Tributável e Transferência de Lucros"), que surge a partir da preocupação com os impactos da globalização no sistema tributário dos diferentes países, notadamente no que se refere à tributação das pessoas jurídicas com atuação multinacional, e tem como principal objetivo estudar medidas de combate à evasão e à elisão fiscal por meio da transferência artificial de lucros para países com baixa tributação (OECD, 2013). Para isso, foram propostas quinze ações para combater a evasão fiscal, melhorar a coerência de normas fiscais internacionais e garantir a transparência no âmbito fiscal.

A Ação 1 cuidou dos desafios fiscais da economia digital, com o objetivo de identificar as principais dificuldades para a aplicação das regras de tributação internacional vigentes e desenvolver soluções para os problemas detectados. Em seu relatório final, publicado em outubro de 2015 (OECD, 2015), são analisados os novos modelos de negócio da nova economia, tais como a computação em nuvem, as moedas virtuais, a robótica avançada, a impressão 3D, o comércio eletrônico, as lojas de aplicativos, a publicidade on-line, a Internet das Coisas, entre outros, buscando quais seus efeitos sobre a tributação direta e a indireta.

Na tributação indireta, a discussão foi bem menos intensa, já que se concluiu que a solução estaria na utilização de um imposto sobre valor agregado (IVA) cobrado no local onde a mercadoria é consumida, com alguns cuidados para garantir a efetiva cobrança dos serviços prestados por não residentes, em especial B2C (*business-to-consumer*, isto é, vendido por empresas para consumidores finais). Como a quase totalidade dos países do mundo já se utiliza de um IVA para tributar o consumo, essas medidas geraram poucas polêmicas.

2.1. Os desafios da tributação direta

Na tributação direta, a situação foi mais polêmica. O grande problema está no fato de as regras de tributação internacional exigirem a existência de um estabelecimento permanente em um determinado país para que parcelas do lucro da empresa sejam atribuídas àquele local proporcionalmente aos resultados lá gerados[7].

Como já visto, hoje é perfeitamente possível que uma empresa digital atue em um determinado local sem nele ter qualquer presença física. E mesmo que se esteja estabelecida em um país, também já foi visto que, mediante organizações societárias complexas, não é difícil deslocar artificialmente os lucros para outra jurisdição. Isso pode ser feito, por exemplo, situando os ativos mais valiosos no país com tributação mais favorecida, e apenas licenciando seu uso na jurisdição onde efetivamente eles serão utilizados, e assim alocar a ela uma fração muito pequena do lucro auferido em nível global.

Nesse sentido, no relatório de 2015 da OCDE (OECD, 2015), constatou-se que a atual definição de estabelecimento permanente é insuficiente para captar a renda gerada por empresas com pouca ou nenhuma presença física no país de consumo. Como solução de longo prazo, foi proposta a ampliação desse conceito para alcançar a presença econômica substantiva, que leva em consideração outros fatores, diferentes da presença física, que demonstrem a relevância daquele mercado. Como soluções de curto prazo, pensou-se na introdução de um imposto de renda retido na fonte, ou de um novo imposto de equalização sobre a receita bruta. Ao final do trabalho, contudo, nenhuma dessas medidas foi expressamente recomendada por falta de consenso, e os países foram autorizados a introduzir medidas unilaterais em suas legislações, desde que respeitados os tratados internacionais.

Entre todos os 15 relatórios das ações do BEPS, possivelmente o da Ação 1 foi o mais criticado, tendo sido considerado muito tímido e hesi-

---

[7] O art. 7º da Convenção Modelo da OCDE para os tratados para evitar a dupla tributação dispõe que "(o)s lucros de uma empresa de um Estado contratante só podem ser tributados nesse Estado, a não ser que a empresa exerça a sua atividade no outro Estado contratante por meio de um estabelecimento estável aí situado. Se a empresa exercer a sua atividade deste modo, os seus lucros podem ser tributados no outro Estado, mas unicamente na medida em que forem imputáveis a esse estabelecimento estável."

tante por não avançar em propostas concretas de mudanças de regras ou princípios da tributação internacional (ROCHA e CASTRO, 2018).

Por conta dessas críticas, foi publicado, em março de 2018, um relatório intermediário sobre a ação (OECD, 2018), não previsto inicialmente no relatório de 2015, no qual se retoma e se aprofunda a discussão sobre as características econômicas, tecnológicas e mercadológicas da economia digital, faz-se um balanço das ações implementadas por diversos países, e avaliam-se as discordâncias entre as nações sobre as mudanças necessárias. Nesse relatório, relata-se que vários países adotaram medidas unilaterais e descoordenadas entre si, especialmente a criação de tributos sobre a receita bruta das grandes empresas de tecnologia, como foi o caso da Índia, Hungria, Itália e França, e que a própria Comissão Europeia considerava propor medida semelhante[8]. Diante da urgência da situação, fixou-se que uma solução deveria ser adotada até o final de 2020.

Nesse contexto, as discussões foram intensificadas em julho e dezembro de 2018, resultando, em janeiro de 2019, em uma nota da OCDE (policy note) (OECD, 2019a), onde as propostas em discussão foram agrupadas em dois pilares:

> O **primeiro pilar** se dedica às propostas de alocação de lucro entre as jurisdições, independentemente da existência da presença física no país;
> O **segundo pilar** cuida dos desafios relacionados à transferência de lucros para países com tributação mais baixa. Com o movimento de redução das alíquotas do imposto de renda das empresas em sintonia com a reforma tributária dos Estados Unidos, surgiu a preocupação com ações descoordenadas de transferência ou proteção da base renda pelos países, com efeitos adversos para todas as partes.

A evolução dos fatos e atos se tornou ainda mais rápida. Em janeiro de 2019 foi publicada uma consulta pública sobre as diversas alternativas de solução levantadas sobre os dois pilares acima listados, com o objetivo de ouvir a opinião dos atores interessados, com prazo de sugestões

---

[8] A Comissão Europeia de fato propôs uma tributação de 3% sobre as receitas das grandes empresas de tecnologia, em março de 2018, mas sem ainda obter consenso, em especial pela oposição da Irlanda, Holanda e Luxemburgo (https://www.grantthornton.global/en/insights/articles/digital-services-tax-in-europe/). Acesso em: 30/10/2019.

até março do mesmo ano (OECD, 2019b). Já em maio de 2019, foi apresentado um programa de trabalho para cada um dos dois pilares, que foi validado pelos Ministros da Finanças e pelos Líderes do G20 em junho de 2019 (OECD, 2019c).

Finalmente se chega à proposta colocada em consulta pública em outubro de 2019 pelo Secretariado da OCDE (OECD, 2019d), que traz uma abordagem unificada para o primeiro pilar a partir dos pontos em comum de três propostas para a distribuição de lucros constantes do programa de trabalho, a seguir descritas.

2.2. A abordagem unificada pelo Secretariado

No programa de trabalho para o primeiro pilar (OECD, 2019c), propôs-se a análise de três alternativas de alocação dos lucros entre as jurisdições:

Distribuição com base na participação do usuário: pressupõe que o valor das empresas digitais decorre em grande parte da participação ativa dos usuários, seja navegando na plataforma, seja produzindo conteúdo, o que é especialmente verdadeiro para as redes sociais, os motores de pesquisa e as plataformas de economia compartilhada;

Distribuição com base nos intangíveis de marketing: pressupõe que o valor das empresas digitais decorre dos intangíveis relacionados ao marketing da empresa, que auxiliam na exploração comercial de seus produtos ou serviços, tais como marcas registradas, nomes comerciais, listas de clientes, relacionamento com clientes, e dados sobre o mercado e clientes;

Distribuição com base em presença econômica significativa: pressupõe que uma jurisdição deve ter direito à parte do lucro de uma empresa digital com base em uma série de fatores que independem da presença física da empresa, como a existência de uma base de usuários, o volume de conteúdo digital produzido no país, a cobrança na moeda local, a manutenção de um site no idioma local, a responsabilidade pela entrega final de mercadorias ou pelo serviço de suporte, e a existência de atividades de marketing para atrair clientes.

Uma vez escolhido o critério de distribuição dos lucros, o programa de trabalho propõe que eles sejam efetivamente divididos de acordo com uma das seguintes metodologias:

Método de divisão de lucro residual modificado: do lucro total da empresa digital, excluem-se os lucros rotineiros, isto é, aqueles relacionados as suas atividades e remunerados a uma taxa normal de mercado, dividindo-se apenas os não rotineiros (lucro residual);
Método de repartição fracionada: todo o lucro é dividido com base em uma fórmula baseada em chaves de alocação;
Métodos simplificados de distribuição: garante um lucro básico para cada jurisdição, acrescido por uma parcela do lucro não rotineiro da multinacional.

O documento em questão da OCDE propõe que se avalie a pertinência de aplicação dessas alternativas e métodos de distribuição considerando a lucratividade das diferentes linhas de negócio e a alocação de perdas.

A proposta do Secretariado (OCDE, 2019d) buscou se aproveitar dos pontos em comum das três alternativas de alocação do lucro, com um método de distribuição próximo ao do de divisão de lucro residual modificado, criando uma abordagem própria que foi apresentada em linhas gerais, ainda aberta a decisões a serem tomadas a partir das sugestões que serão recebidas da comunidade.

Com relação à **abrangência**, a proposta inclui, além dos negócios digitas, também as grandes empresas que geram receitas fornecendo produtos ou serviços digitais para o consumidor, e abre para discussão a escolha daquelas que não serão abrangidas pelas novas regras, tanto por sua atividade, quanto por seu tamanho.

Para as empresas abrangidas, será desenvolvido um **novo nexo de conexão** que atribua competência tributária a um país, independentemente de a empresa ter nele presença física, como hoje exigem as regras de tributação internacional. A nova regra deve abranger todos os casos onde o negócio possui um envolvimento significativo com a economia do país, como, por exemplo, pelo engajamento dos usuários. O critério deve envolver um limiar de receita produzida no país, mas que considere também a publicidade direcionada aos seus usuários, mesmo que a receita seja produzida em outra jurisdição.

Uma vez estabelecida a competência tributária, será utilizada uma **nova regra de alocação do lucro total da empresa** que será dividido em três parcelas:

Parcela A: uma parcela do lucro residual presumido, que é aquele que resta após se alocar o lucro relacionado às atividades rotineiras aos países onde elas são realizadas (parcelas B e C). Para se chegar a esse valor, passa-se por algumas etapas:
1. Apura-se o lucro da empresa multinacional com base nas suas demonstrações consolidadas. Pode ser necessário segregar os lucros por tipos de negócio, já que muitas empresas possuem linhas diversas com lucratividades diferentes;
2. Excluem-se os lucros relacionados às atividades rotineiras com base em uma margem de lucro a elas atribuída, chegando-se aos lucros das atividades não rotineiras;
3. O lucro das atividades não rotineiras deve ainda ser dividido em duas parcelas, uma atribuível às características próprias do país do mercado e outra aos intangíveis da empresa considerados responsáveis pelo resultado acima da média (como algoritmos e *softwares* proprietários, por exemplo), o que deve ser feito com base em um percentual a ser acordado;
4. Somente a parcela atribuível ao mercado, como calculado no item anterior, corresponde à parcela A, que será distribuída entre as demais jurisdições com base em critérios de alocação a serem definidos, usando variáveis como as vendas;

Parcela B: uma parcela relacionada às funções de marketing e distribuição que ocorrem na jurisdição (atividades rotineiras). Para se evitarem disputas, cogita-se calcular essa parcela com base em uma taxa de retorno fixa para essas atividades, a ser decidida posteriormente;

Parcela C: uma parcela de lucros adicionais quando o país provar que a parcela B não incluiu todas as funções lá executadas. Deve-se, também, fixar um conjunto de mecanismos de prevenção e resolução de disputas.

Essas regras abrangem não só as empresas sem presença física no país, para as quais só seria atribuída a parcela A, mas também as empresas com filiais, para as quais também se atribuem as parcelas B e C, relativas às atividades por elas realizadas em cada jurisdição. Deve-se cuidar para que interações entre as parcelas não gerem dupla tributação.

A proposta da OCDE, como se vê, ainda está bastante aberta às discussões e pode gerar resultados bastante diferentes dependendo de diversas decisões a serem ainda tomadas – tais como, por exemplo, a forma de cálculo dos lucros não rotineiros e os critérios utilizados para a sua distribuição.

3. Perspectivas para o Brasil

Antes de tudo, cabe atentar que o Brasil não incorporou o conceito de estabelecimento permanente da Convenção Modelo da OCDE, mas adota, na legislação do imposto de renda, normas que preveem a cobrança do imposto dos representantes de empresas estrangeiras em situações semelhantes (BIANCO e DA SILVA, 2018, p. 23)[9].

Até o final de 2019, não há qualquer notícia pública de movimentação do Governo brasileiro no sentido de alterar o ordenamento para incluir as regras propostas pela Ação 1 do BEPS para a tributação direta.

Bianco e Da Silva (2018, p. 34-36) alertam que o Brasil, de modo semelhante a outros países em desenvolvimento, privilegia a tributação na fonte de remessas para o exterior como remuneração pela prestação de serviços ou *royalties*, mesmo sem a presença de estabelecimentos permanentes no país.[10] Mesmo nos casos em que existe tratado para evitar a dupla tributação, privilegia-se a tributação na fonte.

Neste contexto, o Ato Declaratório Interpretativo RFB nº 5, de 16 de junho de 2014, determina que as remessas pela prestação de serviços técnicos e de assistência técnica, com ou sem transferência de tecnologia, devem ser classificados preferencialmente nos artigos do Acordo ou Convenção que tratam de *royalties* ou de profissões independentes ou de serviços profissionais ou pessoais independentes, e só residualmente

---

[9] O art. 159 do Regulamento do Imposto de Renda de 2018 (RIR 2018) considera como pessoas jurídicas: (i) as filiais, as sucursais, as agências ou as representações no País das pessoas jurídicas com sede no exterior, e (ii) os comitentes domiciliados no exterior, quanto aos resultados das operações realizadas por seus mandatários ou seus comissários no País. Já o art. 469 do mesmo ato determina a tributação por arbitramento das vendas diretas no País por intermédio de agentes ou representantes de pessoas estabelecidas no exterior.

[10] O art. 17 da Instrução Normativa RFB nº 1455, de 06 de março de 2014, determina que "(a)s importâncias pagas, creditadas, entregues, empregadas ou remetidas a pessoa jurídica domiciliada no exterior a título de royalties de qualquer natureza e de remuneração de serviços técnicos e de assistência técnica, administrativa e semelhantes sujeitam-se à incidência do imposto sobre a renda na fonte à alíquota de 15% (quinze por cento)."

como lucros das empresas, que, nos termos dos art. 10 da Lei nº 9.249, de, de 26 de dezembro de 1995, são isentos do imposto de renda.

Na mesma linha desse entendimento, a Solução de Consulta COSIT nº 191, de 23 de março de 2017, determinou que incidem imposto de renda na fonte, à alíquota de quinze por cento, e Contribuição de Intervenção no Domínio Econômico – Cide, à alíquota de dez por cento, sobre as importâncias pagas, creditadas, entregues, empregadas ou remetidas ao exterior a título de remuneração de *Software as a Service (SaaS)*, considerados serviços técnicos, que dependem de conhecimentos especializados em informática e decorrem de estruturas automatizadas com claro conteúdo tecnológico.

Bianco e Da Silva (2018, p. 36) justificam essa conduta pela dificuldade de tributação dos lucros auferidos por empresas estrangeiras no Brasil, sendo mais fácil tributar a importação de serviços. E chegam até mesmo a exaltá-la, alegando que o mundo, na prática, estaria reconhecendo a validade dessa postura ao se voltar para a tributação na fonte diante da falência do conceito de estabelecimento permanente.

O relatório intermediário da Ação 1 do BEPS de 2018 reconhece o aumento do uso dos casos de retenções na fonte no mundo (OECD, 2018, p. 139), mas alerta que essas medidas estarão sempre limitadas pelos tratados para evitar a dupla tributação, e que funcionam bem nas operações entre empresas (B2B), mas são pouco eficazes nas transações com consumidores (B2C), que têm poucos incentivos e conhecimentos para realizar as retenções.

De qualquer modo, questionamos, diante da forte movimentação internacional no sentido de adoção de novas regras de nexo que beneficiam os países onde os serviços digitais são consumidos, se não valeria a pena o Brasil pressionar e trabalhar em cláusulas de divisão do lucro que privilegiem as jurisdições com grande número de usuários. Vimos que o ano de 2019 trouxe uma mudança de perspectiva da possibilidade de consenso de proposta nesse sentido, em especial quando os países mais ricos e as grandes multinacionais perceberam que a criação de impostos sobre a receita bruta das empresas de tecnologia era uma tendência incontrolável e a eles muito prejudiciais.

Recente estudo da consultoria McKinsey sobre a penetração das novas tecnologias em nosso país demonstra a importância da economia digital, bem como o seu enorme potencial de crescimento[11]. Nossa participação como clientes das grandes empresas de tecnologia é notável: somos o primeiro país na utilização do Waze; o segundo país em número de visualizações no Youtube e no Instagram; a terceira maior base de usuários do Facebook; o quinto em número de visitantes no Google e o sexto do Twitter.

Para avaliar o impacto da adoção das novas medidas propostas pela OCDE, o ideal seria estimar com certa precisão o tamanho da base tributável de que estamos falando. Na ausência de dados públicos mais precisos é possível testar alguns cálculos com premissas reconhecidamente simplórias.

Pelas regras da OCDE comentadas na seção anterior, vimos que se propõe a divisão de parte dos lucros não rotineiros das empresas digitais por critérios ainda a serem fixados, sendo o número de usuários uma das possibilidades. Dessa forma, para um cálculo preciso, seriam necessários, além dos parâmetros de divisão ainda inexistentes, um conhecimento da composição dos resultados das empresas aos quais não tivemos acesso. Pretende-se mais alertar para a dimensão dos fluxos do que simular a arrecadação, que depende de tantas outras variáveis, inclusive as que só os contribuintes têm acesso.

A hipótese inicial e assumidamente heróica é supor que a distribuição entre países do lucro global de cada gigante da tecnologia fosse proporcional à participação de usuários de cada país em sua respectiva rede social. Mais heroico ainda é supor que as alíquotas nominais sejam iguais às efetivas, sem considerar as inúmeras opções de deduções, reservas, reversões, fora incentivos fiscais, que a legislação brasileira contempla. A alíquota efetiva apurada no IRPJ e CSLL deve estar muito aquém da nominal – infelizmente, a RFB deixou há anos de publicar a consolidação das declarações do IRPJ desde que adotou o SPED.

É lógico que, em termos *per capita*, tem-se presente que um usuário brasileiro tem renda e por isso um padrão de consumo (muito) inferior ao igual usuário de rede social residente na maioria das economias avançadas.

Nesse exercício precário, tomando o caso do Facebook como exemplo, a multinacional teve 2,2 bilhões de usuários no mundo, sendo

---

[11] https://www.mckinsey.com/br/our-insights/blog-made-in-brazil/brazil-digital-report#0. Acesso em: 30/10/2019.

127 milhões no Brasil (5,77%), registrados no mês de julho de 2018[12]. Como a empresa obteve um lucro global de US$ 22,112 bilhões em 2018[13], com base na participação do usuário, a hipótese seria a geração no Brasil de cerca de US$ 1,276 bilhões, ou cerca de R$ 5,106 bilhões. Se esse fosse o lucro e a ele se aplicassem como efetivas as alíquotas normais de IRPJ e CSLL (34%), só essa empresa poderia arrecadar cerca de R$ 1,735 bilhões, que se pode colocar como montante máximo a recolher.

Aplicado esse mesmo exercício, notadamente simplório, e considerando que em 2018 o lucro global da Amazon foi de US$ 11,2 bilhões[14], o da Google, U$ 30,74 bilhões[15], e o da Apple, US$ 59,53 bilhões[16], e como a base de usuários brasileiros é uma das maiores para cada uma dessas plataformas, é possível inferir que, em princípio, trata-se de uma base significativa.

Tais números dão uma ideia da ordem de grandeza de uma base até aqui pouco ou não explorada, e que, até por razões de acordos internacionais, pode se tornar acessível ao fisco brasileiro. O Brasil acompanha as discussões internacionais, já que tem um representante no grupo de direção do projeto BEPS[17] e outro na Força Tarefa da Economia Digital, que cuida dos desafios tributários das novas tecnologias (Ação 1)[18], ambos Auditores-Fiscais da Receita Federal do Brasil. O ideal é que tal órgão acompanhe com afinco as discussões, sempre estimando a base tributável que poderia ser disponibilizada ao país, e atue como o *player* internacional relevante que sempre foi.

---

[12] http://agenciabrasil.ebc.com.br/economia/noticia/2018-07/facebook-chega-127-milhoes-de-usuarios-no-brasil. Acesso em: 30/10/2019.

[13] https://economia.uol.com.br/noticias/efe/2019/01/30/facebook-alcanca-lucro-recorde-em-2018-apesar-de-multiplos-escandalos.htm. Acesso em: 30/10/2019.

[14] https://www.theguardian.com/technology/2019/feb/15/amazon-tax-bill-2018-no-taxes-despite-billions-profit. Acesso em: 30/10/2019.

[15] https://www.mobiletime.com.br/noticias/04/02/2019/google-aumenta-seu-lucro-em-quase-150-em-2018/. Acesso em: 31/10/2019.

[16] https://www.macrotrends.net/stocks/charts/AAPL/apple/net-income. Acesso em: 31/10/2019.

[17] https://www.oecd.org/tax/beps/steering-group-of-the-inclusive-framework-on-beps.pdf. Acesso em: 30/10/2019.

[18] https://oecdgroups.oecd.org/Bodies/ListByNameView.aspx. Acesso em: 30/10/2019.

Outra possibilidade que em breve pode ser trazida ao debate será a criação de um imposto sobre a receita bruta das empresas digitais, nos moldes como feito pela França e pela Itália[19].

Porém, a compreensão do processo global de discussão por novas regras de tributação da renda das grandes corporações, descrito neste artigo, permite-nos entender a limitação dessas medidas. No contexto da negociação internacional, parece-nos que tais propostas só fazem sentido como instrumento de pressão por mudanças mais estruturais, já que dificilmente resultarão em algo diferente do que perda de negócios ou repasse de preços para os usuários.

Conclusões

Este trabalho buscou fazer um apanhado geral das intensas discussões sobre as alterações da tributação direta das empresas necessárias para fazer frente aos desafios da economia digital, com um foco mais específico na proposta colocada em discussão pelo Secretariado da OCDE em outubro de 2019, e com a preocupação sobre as possibilidades que esse debate abre para o Brasil.

Uma tributação mais adequada e justa das gigantes da tecnologia não se resume apenas ao que tais contribuintes podem gerar diretamente de arrecadação. Como muitos desses negócios sugiram e se consolidaram à custa de uma incidência tributária inferior a dos seus concorrentes que exercem negócios presenciais, físicos e convencionais, é urgente mudar a tributação para diminuir esse diferencial.

A forma ultrapassada como ainda se cobram tributos vem interferindo na concorrência empresarial. Pior do que apenas deixar de arrecadar dos novos e crescentes negócios virtuais, o fisco está a perder cada vez mais receita que antes arrecadava dos negócios tradicionais – não apenas porque a incidência ou a alíquota aplicada a eles era maior, mas porque a base de cálculo está a se diluir, quando não até sumir, diante da falência e encerramento de atividades de muitas empresas.

---

[19] A Emenda nº 11 à PEC nº 45, de 2019, que trata da Reforma Tributária em discussão na Câmara dos Deputados, propõe a criação de um imposto sobre serviços digitais incidente sobre as receitas provenientes de algumas atividades digitais, nos mesmos moldes com proposto pela Comissão Europeia em 2018, cuja arrecadação seria dividida entre o Fundo de Participação dos Estados e do Distrito Federal (FPE) e o Fundo de Participação dos Municípios (FPM).

Uma reforma tributária inteligente e justa precisa reduzir a enorme distância da tributação dos negócios digitais vis-à-vis os convencionais. Não basta apenas criar um novo tributo que alcance os primeiros, mas também que incida de igual forma sobre os segundos – como, aliás, seria o caso da contribuição sobre movimentação financeira, que tributaria igualmente ambos os negócios e, no final, contribuiria para aumentar mais a distância absoluta dos tributos.

Longe de apresentar soluções prontas, o objetivo foi o de alertar para as oportunidades que estão abertas, em especial para um país que é um forte consumidor das novas tecnologias, e conclamar a academia e as autoridades tributárias para o debate. São especialmente esses últimos que detêm os dados e possuem assento nos fóruns internacionais, e por isso têm a responsabilidade de avaliar e informar até que ponto vale a pena continuar com a forma atual de tributação dos lucros das empresas estrangeiras, privilegiando a tributação na fonte, ou se deve atualizar nossa legislação tributária para o novo modelo discutido pelas entidades internacionais.

Referências

ARAUJO, José E. C.; CORREIA NETO, Celso de B. Tributação: debates e perspectivas na 56ª Legislatura (2019-2023). *Cadernos ASLEGIS nº 56.* Brasília. 2019. Disponível em:
http://aslegis.org.br/files/cadernos/caderno56/4-Legislacao-tributaria-Debates-e-perspectivas-para-a-56-legislatura-Aslegis56-35-62.pdf. Acesso em: 30 out. 2019.

BIANCO, João Francisco; DA SILVA, Fabiana Carsoni A. F. Estabelecimento permanente: legislação tributária brasileira e desafios da economia digital. *Tributação da economia digital: desafios no Brasil, experiência internacional e novas perspectivas.* Coordenação: Alexandre Monteiro, Renato Faria, Ricardo Maitto. p. 16-36. São Paulo: Saraiva Educação, 2018.

CORREIA NETO, Celso de B.; AFONSO, José Roberto R.; FUCK, Luciano F. A tributação na era digital e os desafios do Sistema Tributário Brasileiro. *Revista Brasileira de Direito.* Passo Fundo, vol. 15, n. 1, p. 145-167, Janeiro-Abril, 2019.

OECD (2013). *Action Plan on Base Erosion and Profit Shifting.* Disponível em:
http://www.oecd.org/tax/action-plan-on-base-erosion-and-profit-shifting-9789264202719-en.htm. Publicado em 19 jul. 2013. Acesso em: 30 out. 2019.

OECD (2015). *Addressing the Tax Challenges of the Digital Economy, Action 1 – 2015 Final Report.* Disponível em:

http://www.oecd.org/ctp/addressing-the-tax-challenges-of-the-digitaleconomy-action-1-2015-final-report-9789264241046-en.htm. Publicado em 5 out. 2015. Acesso em: 30 out. 2019.

OECD (2018). *Tax Challenges Arising from Digitalisation – Interim Report 2018*. Disponível em: http://www.oecd.org/ctp/tax-challenges-arising-from-digitalisation-interim-report-9789264293083-en.htm. Publicado em 16 mar. 2018. Acesso em: 30 out. 2019.

OECD (2019a). *Addressing the Tax Challenges of the Digitalisation of the Economy – Policy Note*, as approved by the Inclusive Framework on BEPS on 23 jan. 2019, OECD 2019. Disponível em: http://www.oecd.org/tax/beps/policy-note-beps-inclusive-framework-addressing-tax-challengesdigitalisation.pdf. Acesso em: 30 out. 2019.

OECD (2019b). *Public Consultation Document, Addressing the Tax Challenges of the Digitalisation of the Economy*, 13 February – 6 March 2019. Publicado em 29 jan. 2019. Disponível em: https://www.oecd.org/tax/beps/public-consultation-document-addressing-the-tax-challenges-ofthe-digitalisation-of-the-economy.pdf. Acesso em: 30 out. 2019.

OECD (2019c). *Programme of Work to Develop a Consensus Solution to the Tax Challenges Arising from the Digitalisation of the Economy*. Publicado em 31 mai. 2019. https://www.oecd.org/g20/summits/osaka/programme-of-work-to-develop-a-consensus-solution-tothe-tax-challenges-arising-from-the-digitalisation-of-the-economy.htm. Acesso em: 30 out. 2019.

OECD (2019d). *Public consultation document Secretariat Proposal for a "Unified Approach" under Pillar One*, 9 October 2019 – 12 November 2019. Publicado em 9 out. 2019. http://www.oecd.org/tax/beps/public-consultation-document-secretariat-proposal-unified-approachpillar-one.pdf. Acesso em: 30 out. 2019.

ROCHA, Sérgio André; DE CASTRO, Diana R P. Plano de Ação 1 do BEPS e As Diretrizes Gerais da OCDE. *Tributação da Economia Digital*. Coord. Tathiane Piscitelli. p. 15-57. São Paulo: Thomson Reuters Brasil. 2018.

18. (Re) Analisando o Conceito de Estabelecimento Tributário no Cenário Pós-BEPS

JONATHAN BARROS VITA

Introdução

A pós-modernidade, que descorporifica a sociedade contemporânea e seus meios de produção e canais de venda, cria negócios (disruptivos) e acaba por determinar mudanças na forma de ver como o direito tributário retém competências impositivas e como, geograficamente, elas são exercidas, quer seja por tributos novos ou tributos antigos.

O termo economia digital é extremamente abrangente e foi cunhado na década de 1990 provavelmente por um professor japonês de economia e replicada por Tapscott[1], também este um economista.

Neste sentido, este conceito surge na economia e é adotado por vários estudiosos e ainda sobre agregações de cada um dos novos campos/atividades surgidos nos últimos 20 anos.

Mais ainda, superados esses conflitos definitórios e conceituais, a competência tributária, o critério espacial da RMIT e a sujeição ativa do tributo ganham grande relevo, pois a determinação do estabelecimento

---

[1] TAPSCOTT, Don. *The digital economy: promise and peril in the age of networked intelligence*. New York: McGraw-Hill, 1997.

é um elemento fundamental para elucidar o sujeito ativo e competente da relação jurídico tributária.

É dizer, várias são as tentativas para contornar tais problemas vinculados às definições do direito privado utilizadas pelo direito tributário e também para resolver problemas de localização destas manifestações de riqueza, o direito tenta criar quase que programas de propósito específico, tributos que tentam unicamente gravar essas riquezas.

Isso é o que ocorre, por exemplo, com o chamado DST – *Digital Service Tax*, tributo específico já preconizado e implementado no campo da União Europeia e em outros países da Ásia e Pacífico.

Tendo sido compreendida a relevância do tema, cabe estabelecer que o objetivo do trabalho é verificar se houve uma mudança do conceito de estabelecimento no direito brasileiro, tendo como parâmetros o direito civil e o direito tributário e quais seus impactos na atração de rendas tributárias derivantes da economia digital.

Nesse sentido, o primeiro dos itens deste trabalho lidará com a contextualização do trabalho e alguns termos definidos da economia digital.

Seguem-se a estas definições um primeiro tópico com a definição do direito civil para estabelecimento e seus desdobramentos para em um segundo tópico traçar-se um panorama geral desse instituto no direito tributário brasileiro.

No tópico final, algumas observações são produzidas em relação ao plano internacional, especialmente derivantes das emanadas pela da OCDE cuja base conceitual está fulcrada na definição e comentários a respeito do estabelecimento permanente, incluindo os desenvolvimentos do BEPS (especialmente nas Ações 1 e 7) e do chamado BEPS 2.0, especialmente em seu primeiro pilar.

Finalmente, para atingir os objetivos traçados nesse artigo, a partir da técnica de pesquisa bibliográfica e jurisprudencial, o método aplicável é o empírico-dialético e o sistema de referência utilizado[2] é formado da conjugação entre a Teoria dos Sistemas de Niklas Luhmann[3], o Cons-

---

[2] Para a visão mais atual deste sistema de referência proposto: VITA, Jonathan Barros. **Teoria Geral do Direito: Direito Internacional e Direito Tributário.** São Paulo: Quartier Latin 2011.

[3] LUHMANN, Niklas. **Law as a social system.** Oxford: Oxford University Press, 2004.

trutivismo Lógico-Semântico de Barros Carvalho[4] e ferramentas específicas do *Law and Economics*[5-6-7], estando, obviamente, mais presente a segunda destas partes no atual trabalho.

1. Contextualização, definição da economia digital/disruptiv e suas facetas

Como dito na introdução, os objetivos deste artigo continuam em linha com investigações anteriores acabam por lidar com relações entre direito internacional e nacional, observando simetrias e casos de *structural drift*[8] entre direito nacional e direito internacional, reforçado também por uma clara noção de unidade conceitual e definitória no direito nacional.

Especificamente, tem-se uma curiosa observação sob o ponto de vista sistêmico, vez que o *structural drift*[9] é o elemento fundamental, demonstrando-se assim que sistemas jurídicos distintos (ou partes componentes de um mesmo sistema jurídico) podem (re)produzir estruturas similares a partir de um processo de evolução convergente e paralela.

No plano internacional, voltando-se mais fortemente para o imposto sobre a renda, o já conhecido relatório BEPS da OCDE, especialmente em suas Ações 01[10] e 07[11] trata tanto do problema da economia digital como o da identificação efetiva do estabelecimento permanente, sem

---

[4] CARVALHO, Paulo de Barros. **Direito Tributário: linguagem e método.** 2ª edição. São Paulo: Noeses, 2008.

[5] Como representação do texto clássico sobre o tema: POSNER, Richard A. Economic Analysis of Law. 9ª ed. New York: Wolters Kluwer, 2014.

[6] Como exemplos de coletâneas que representam os clássicos autores do tema: ROEMER, Andrés. **Derecho y economía: uma revisión de la literatura.** Cidade do México: ITAM, 2000; ZYLBERSZTAJN, Décio; STAJN, Rachel. **Direito e economia: analise econômica do direito e das organizações.** Rio de Janeiro: Campus jurídico, 2005.

[7] Como exemplos bem acabados de um sistema de referência baseado nos clássicos autores americanos aplicados ao direito tributário: CALIENDO, Paulo. **Direito tributário e análise econômica do direito: uma visão crítica.** Rio de Janeiro: Elsevier, 2009; e CARVALHO, Cristiano Rosa de. **Teoria do sistema jurídico: direito, economia, tributação.** São Paulo: Ed. Quartier Latin, 2005.

[8] LUHMANN, Niklas. **Law as a social system.** Oxford: Oxford University Press, 2004.

[9] LUHMANN, Niklas. **Law as a social system.** Oxford: Oxford University Press, 2004.

[10] ACTION 1 – Address the tax challenges of the digital economy.

[11] ACTION 7 – Prevent the artificial avoidance of PE status.

contar com a 05[12] que lida indiretamente com tais problemas, vez que busca determinar substância para determinar bases, locais e atividades imponíveis.

Nesse campo, cabe ressaltar os contratos complexos (como franchising) que são um grande elemento de complexidade, assim como as novas modalidades de Software as a Service (SaaS), *Plataform Software as a Service* (PaaS) e *Infrastrucutre Software as a Service* (IaaS)[13], bem como serviços de *Over The Top* (OTT) como *Netflix*, entre outros, além de plataformas/tecnologias disruptivas como o *Uber, AirBnB*, entre outros.

Essas situações citadas, inclusive, foram um dos grandes motores da mudança da LC 116, a qual (re)definiu serviços prestados virtualmente, especialmente com as modificações dos itens 1.03, 1.04 e 1.09 da Lista de Serviços anexa à citada Lei.

Mais ainda, na Ação 01, são citados alguns conceitos fundamentais da economia digital e novos modelos de negócios que precisam ser qualificados tributariamente e geograficamente localizados para o exercício de competências tributárias impositivas.

Nesse sentido, essa Ação lista as seguintes situações como passíveis desta regulação dúplice:

- *Electronic commerce (on ou off-line)*
- *Business-to-business models*
- *Business-to-consumer models*
- *Consumer-to-consumer models*
- *Paymentservices (incluindo problemas sobre virtual currencies e Fintechs)*
- *Cash payment solutions*
- *E-walletsor cyber-wallets*
- *Mobile payment solutions*
- *App stores*
- *Online advertising*
- *Cloud computing*
- *High frequency trading*
- *Participative networked platforms*

---

[12] *ACTION 5 – Counter harmful tax practices more effectively, taking into account transparency and substance.*

[13] Sem olvidar os outros *X-as-a Service (XaaS)* como: *Content-as-a-service* e *Data-as-a-service*.

Obviamente, não é o objetivo deste trabalho ou deste item definir cada um destes termos listados acima e dar seus contornos jurídicos, mas simplesmente apontar o fato de como as novas tecnologias afetaram a forma de fazer negócios que devem ser captados por um sistema tributário, tão somente.

Nesse sentido, é simples compreender que dizer apenas que os lucros serão tributáveis nos moldes do artigo 7 do Modelo OCDE no local da residência da empresa não parece efetivamente captar as complexidades das operações destas empresas, que trabalham com muita virtualização e redundâncias.

Essas empresas possuem, na prática, aparentemente, vários estabelecimentos que servem como formas de dar concretude à tributação por vários países, obviamente sem criar situações de dupla tributação, o que exigirá mais ajustes no Modelo OCDE.

2. A definição de estabelecimento no direito civil brasileiro

Antes de estabelecer os elementos caracterizadores de um estabelecimento comercial, tem-se que vários podem ser os indícios de localização da atividade desenvolvida por uma dada empresa.

É dizer, o registro de uma companhia nos órgãos competentes é fundamento para determinar, tão-somente, o domicílio da mesma, não sendo idêntico ao conceito de estabelecimento, especialmente o comercial, ou, mesmo, de sede, lembrando que o CC, em seu artigo 1.126, caput, somente determina a nacionalidade das pessoas jurídicas, nunca seu domicílio específico.

Este domicílio possui várias subespécies, como tributário, societário, entre outros, termos que se conectam (reciprocamente), em alguns casos, para determinação desta localidade para a realidade jurídica ou para a vinculação com um dado sistema jurídico ou, mesmo, apenas para comunicações, inclusive em meio eletrônico.

Neste contexto, a RFB criou, com a IN 664/2006, nos termos da nova redação do parágrafo 4º do artigo 23 do Decreto 70.235/1972 dada pela Lei 11.196/2005, o chamado domicílio tributário eletrônico, lembrando que esta denominação é imprópria, pois este chamado domicílio seria, tão-somente, um endereço para correspondência.

Paralelamente, lembra-se que os artigos 3º, I c/c 5º da Lei 8.934 e seus espelhos nos artigos 3º, II e 5º, caput do Decreto 1.800/1996 são lacônicos sobre a questão do domicílio empresarial para os fins de registro de empresas, lembrando que o registro e certificações virtuais são realizados nos moldes da MP 2200-2/2001.

Sob outro ângulo, tem-se que, dentro dos componentes indiciários para delimitação de uma conexão com a competência de uma dada parcela do território, o local da formação dos contratos regulado pelos artigos 435 do CC c/c o 9º, §2º da LINDB estabelecem, respectivamente, como fundamentais: o local da proposta e da residência do proponente[14], sem olvidar as hipóteses nas quais pode ocorrer a eleição de tal local pelos contratantes.

Concluindo parcialmente, de qualquer maneira, a definição de estabelecimento, de acordo com o artigo 1.142 do CC, seria um conjunto ordenado de capitais como meio para exercício de uma atividade empresarial, algo que, quando vendido, seria o fundamento conceitual (e econômico) para a expressão fundo de comércio quando vendido.

Não se olvida que o termo estabelecimento era utilizado no antigo Código Civil e ainda o é no Código Comercial, entretanto, seus contornos jurídicos não eram bem definidos, o que exige uma interpretação dinâmica, da legislação, não olvidando que, também o texto citado do novo código civil igualmente exige tal adaptabilidade interpretativa.

Lembra-se que estabelecimento e pessoa jurídica são termos análogos, mas não coincidentes, vez que uma pessoa jurídica deverá ter, de alguma forma, um estabelecimento como forma de quase corporificação de sua existência comercial, uma sede de negócios organizada, dependência da empresa.

Da mesma forma, não se confunde este termo com ponto comercial, pois este é, apenas, um de seus elementos constituidores, lembrando que este conceito de ponto comercial também é relativizado, como na hospedagem em sites de grande fluxo ou, mesmo, com a ideia de domínio de internet.

Prosseguindo, para que este conceito seja aplicado ao campo da internet, algumas observações seriam necessárias, partindo da decom-

---

[14] Lembra-se que, para os fins de aplicação do CDC esta presunção é relativizada, dando competência territorial para o domicílio do autor da demanda de acordo com o artigo 101, I deste texto legal, que segue:
Art. 101. Na ação de responsabilidade civil do fornecedor de produtos e serviços, sem prejuízo do disposto nos Capítulos I e II deste título, serão observadas as seguintes normas:
I – a ação pode ser proposta no domicílio do autor;

posição dos requisitos para ingresso neste conceito e verificar sua aplicabilidade ao campo virtual.

É dizer, cabe determinar se o estabelecimento virtual é um efetivo estabelecimento comercial[15] e a forma jurídica de localizar este conjunto de bens voltado a um fim comum[16].

Correlatamente, tem-se uma discussão (e que não será abordada aqui) que trata da determinação da autonomia ou dependência de um estabelecimento virtual em relação a um estabelecimento real[17], deixando claro que pode existir, atualmente, uma empresa completamente virtual[18].

Aparentemente, os critérios para determinação da existência de um estabelecimento comercial seriam simples, pois existe um capital e este é organizado com fim empresarial, sendo até desnecessária a analogia de Coelho[19] reproduzida por Forgioni[20] de que a ideia de estabelecimento pressuporia um lugar físico que foi materializado no campo virtual[21 e 22].

---

[15] Para uma extensa pesquisa sobre as atuais doutrinas sobre o tema, especialmente através do tema da chamada universalidade constante dos artigos 90 e 1.146 do CC: PERON, Waine Domingos. **Estabelecimento empresarial no espaço cibernético**. Dissertação (Mestrado em Direito) – FADISP, São Paulo, 2009.

[16] Utilizando uma não adotada classificação destes estabelecimentos: BALAN JÚNIOR, Osvaldo. **O estabelecimento virtual na sociedade técnica: a necessária busca de segurança jurídica nas transações comerciais**. Dissertação (Mestrado em Direito) – Faculdade de Ciências Humanas e Sociais, Universidade Estadual Paulista "Júlio de Mesquita Filho", Franca, 2011.

[17] Como autor que critica esta independência: CARVALHO, Osvaldo Santos de. Guerra Fiscal. com **In: VIII Congresso nacional de estudos tributários: derivação e positivação no direito tributário. São Paulo: Noeses, p. 909-762, 2011.**

[18] A respeito de tal autonomia, entre outros: PERON, Waine Domingos. **Estabelecimento empresarial no espaço cibernético**. Dissertação (Mestrado em Direito) – FADISP, São Paulo, 2009.

[19] COELHO, Fábio Ulhoa. O estabelecimento virtual e o endereço eletrônico. **In: Tribuna do Direito**. São Paulo: Editora TD, nov. 1999, p. 32.

[20] FORGIONI, Paula. Nome de domínio e título de estabelecimento: nova função para um antigo instituto. **In: Direito & internet: aspectos jurídicos relevantes. Vol. II**. São Paulo: Quartier Latin, 2008, p. 507-519.

[21] No mesmo sentido aqui apresentado, ou seja, que o conceito de estabelecimento prescinde de um aspecto físico: CASTRO, Aldemario Araujo. Os meios eletrônicos e a tributação. **In: Jus Navigandi**, Teresina, ano 5, n. 48, dez. 2000. Disponível em: http://jus2.uol.com.br/doutrina/texto.asp?id=1813. Acesso em: 30 nov. 2011.

[22] Reiterando a indistinção entre o estabelecimento físico e virtual sob o ponto de vista jurídico: FINKELSTEIN, Maria Eugênia Reis. **Aspectos jurídicos do comércio eletrônico**. Porto Alegre: Síntese, 2004.

Quanto a critérios de localização das comunicações entre partes contratantes no campo virtual, lembra-se que a Lei Modelo da UNCITRAL estabelece, em seu artigo 15, § 4º, critérios para aferição, aparentemente, da sede de uma companhia virtual.

Neste artigo, o elemento de conexão desta sede a uma dada jurisdição estaria ligado, em ordem de preferência: ao local de sua efetiva sede principal; ou, em caso de múltiplas sedes, aquela mais vinculada a transação; ou, em caso de ausência de sede efetiva ou existência de sede móvel, o da residência da empresa, que pode ser considerada como local da constituição desta.

Finalmente, existem autores que tendem, neste ambiente de maximização da virtualidade, estabelecer como critério de conexão, no caso de grande mobilidade da sede da empresa, o local do servidor[23], opção esta criticada[24] por sua ainda maior dificuldade de aferição, pois vários podem ser os servidores de uma mesma empresa ou que estes podem ser de propriedades de terceiros, a exemplos.

3. O estabelecimento para fins tributários no direito brasileiro

Inicialmente, é importante mencionar que o artigo 127 do CTN possui um texto lacônico sobre a matéria e coube a cada um dos tributos em espécie definir o critério jurídico (útil) para determinar um centro de imputação jurídica geograficamente localizado.

Mais ainda, não se pode olvidar que se tem como fundamental a determinação de que o direito tributário não poderia, por força do artigo 110 do CTN, criar artificialidades em relação aos chamados conceitos de direito privado.

Entretanto, tal assertiva deve ser temperada com o fato que o direito tributário, em muitos casos, cria subclasses de conceitos do direito privado, estabelecendo diferenças pontuais em relação aqueles institutos.

Neste sentido, tem-se como importante o fato que as marcas de identificação de um dado estabelecimento tributário não podem ser distintas daquelas dos estabelecimentos cíveis.

---

[23] Tosi, Emilio. La conclusion di contratti "online". **In: I problemgiuridicidi internet.** Milano: Giuffre, 1999.
[24] Entre outros: Lorenzetti, Ricardo Luis. Contratos "eletrônicos". **In: Direito & internet: aspectos jurídicos relevantes.** Vol. II. São Paulo: Quartier Latin, 2008, p. 541-594.

No entanto, o direito tributário pode criar ficções jurídicas ou, mesmo, critérios mais distintos para sua determinação, desde que o estabelecimento tributário, no caso, permaneça como subclasse do estabelecimento como desenhado no direito privado.

Para tanto, este item será decorrência lógica do anterior para utilizar a definição do conceito de estabelecimento no campo cível, incluindo a disciplina jurídica dos contratos celebrados na internet e o específico local de sua constituição, como elementos que servem como indícios de uma tendência de (re)localização das prestações e determinação do local da constituição destas obrigações.

Tais indícios são mais fundamentais ainda quando se considera a inexistência de uma base física de negócios, especialmente no caso das compras completamente on-line, que possuem uma dificuldade imanente na detecção da efetivação destas operações.

Obviamente, no caso das operações *off-line*, tais preocupações são reduzidas pelo mero fato que a tangibilidade facilita o estabelecimento de um elemento de conexão com um dado sistema jurídico (parcial, no caso) e sua consequente tributação.

Tendo sido definidos os contornos jurídicos do direito empresarial vinculados à definição (e localização) dos estabelecimentos virtuais, utilizando-se das teorias clássicas da definição deste conceito e os modernos doutrinadores do chamado do direito virtual ou eletrônico, tem-se como necessário estabelecer algumas notas sobre como certos tributos atuam na delimitação do conceito de estabelecimento.

Mais especificamente, o direito tributário tem sido alvo de intensos debates a respeito desta matéria, pelo simples fato que, para determinados tributos, tal aferição do conceito de estabelecimento (e os correlatos conceitos de residência e domicílio) implica consequências efetivas, que seja, a alocação de sujeições ativas e correspondentes receitas tributárias e deveres de fiscalização.

Neste campo de multiplicidade de residências e estabelecimentos, no direito brasileiro, basicamente o ISS[25] e o ICMS[26] tem-se destacado em detrimento do IPI e do IR.

---

[25] Para uma análise da simetria entre direito interno e direito internacional na definição do estabelecimento do ISS: VITA, Jonathan Barros. O ISS e os Tratados Internacionais: convergências possíveis. In: ISS pelos conselheiros julgadores (MACEDO, Alberto; DACOMO, Natalia De Nardiorgs.). São Paulo: QuartierLatin, 2012, p. 200-222.

Apenas topicamente, na LC 116 a regra geral é da tributação da residência (do local do estabelecimento prestador) em detrimento da fonte (local do estabelecimento do tomador ou da efetiva prestação do serviço), conforme positivado no artigo 3º[27] combinado com o 4º[28] da LC 116.

Lembra-se, aqui que a LC 116 foi modificada fortemente pela LC 157, não sob o aspecto geral e abstrato, mas estabelecendo mais recortes da regra do caput do artigo 3º.

Já no ICMS, a regra geral contida no artigo 11 da LC 87 traz uma definição denotativa do significado de estabelecimento, estabelecendo uma série de situações que determinam o estabelecimento do contribuinte, para permitir a alocação correta da origem e destino das mercadorias[29].

Prosseguindo, como dito, há uma ausência de preocupações (doutrinárias e pragmáticas) no caso do IR (artigos 202 e 203 do novo RIR – Decreto 9580/2018) e IPI (artigos 8-10 do RIPI – Decreto 7212/2010) que tem fundamento, aparentemente, no fato que a determinação deste domicílio fiscal para fins de IR (e IPI) afetaria o FPM (Fundo de Participação dos Municípios) e FPE (Fundo de Participação dos Estados), entretanto, esta não é uma preocupação maior da RFB.

Desta forma, a determinação dos estabelecimentos, no caso, tributários, deveria seguir a questão do registro estadual ou municipal, lem-

---

[26] Para mais sobre a definição de estabelecimento no ICMS e seus contornos: VITA, Jonathan Barros. O ICMS no comércio eletrônico pós-Protocolo CONFAZ 21/2011: uma necessária (re)análise do conceito de estabelecimento. In: Revista direito tributário atual, Vol. 27. São Paulo: Dialética, 2012. p. 426-439.

[27] Art. 3º O serviço considera-se prestado, e o imposto, devido, no local do estabelecimento prestador ou, na falta do estabelecimento, no local do domicílio do prestador, exceto nas hipóteses previstas nos incisos I a XXV, quando o imposto será devido no local: (Redação dada pela Lei Complementar nº 157, de 2016).

[28] Art. 4º Considera-se estabelecimento prestador o local onde o contribuinte desenvolva a atividade de prestar serviços, de modo permanente ou temporário, e que configure unidade econômica ou profissional, sendo irrelevantes para caracterizá-lo as denominações de sede, filial, agência, posto de atendimento, sucursal, escritório de representação ou contato ou quaisquer outras que venham a ser utilizadas.

[29] Esta regra possui alguns recortes, especialmente nos casos do ICMS-importação (art. 155, § 2º, IX, a) e aquela incidente sobre combustíveis e lubrificantes que são tributáveis somente no destino (§ 4º, I), e o ICMS com venda para consumidor localizado em Estado distinto (parágrafo 2º, VII, b) e nas exceções do inciso III do parágrafo 4º do artigo 155 da CF.

brando que para os fins de cadastro das pessoas jurídicas, este é centralizado através da Receita Federal, sem distinção geográfica.

Logo, a necessidade de cadastro específico com delimitação territorial controlada seria mais fortemente importante para os fins do ISS e ICMS, pelos clássicos conflitos de competência imanentes a estes tributos tanto do ponto de cada um deles em relação aos entes tributantes, como nos conflitos entre os dois tributos.

4. O modelo OCDE e a definição do conceito de estabelecimento permanente

Classicamente, o conceito de estabelecimento, aparentemente, não é tão importante para a delimitação do conceito de imputação da renda tributável, vez que este subramo didaticamente autônomo do direito tributário trataria de conceitos como domicílio e residência, matriz e filial.

Entretanto, por conta do aspecto internacional, que a OCDE vem expressando seu interesse neste tema e vem defendendo que o cenário virtual é apto a utilização de uma lógica tributária (princípiologicamente) que não difere muito da tradicional[30], matéria essa que desperta vários debates.

4.1. A definição do estabelecimento permanente no campo do artigo 5º do Modelo da OCDE[31]

As Convenções para evitar a dupla tributação que seguem o Modelo OCDE têm constituído um importante avanço neste campo, determinando que estruturas jurídicas não consideradas como residentes[32]

---

[30] Entre outros que entendem a postura da OCDE desta forma: FERREIRA, Ana Amelia Menna Barreto de Castro. Tributação comércio eletrônico. **In: Revista de Derecho Informático.** Lima: Alfa-Redi, Nº 045 – Abril 2002; e KRAKOVIAK, Leo; e KRAKOVIAK, Ricardo. Tributação aduaneira e problemas jurídicos decorrentes da informatização do comércio exterior. **In: Direito e Internet – Relações Jurídicas na Sociedade Informatizada.** São Paulo: Ed. Revista dos Tribunais, 2001, p. 58.

[31] Para uma perspectiva (parcial) do estabelecimento permanente e sua (não) aplicação no direito brasileiro: ROCHA, Sergio André. 'Agency Permanent Establishment 'Brazilian Style': Taxation of Profits Earned Through Commission Merchants, Agents and Representatives' (2013) 41 Intertax, Issue 8/9, pp. 444–449.

[32] Menciona-se, aqui, que, mesmo com o caso Saint Gobain da CJE (Compagnie de Saint-Gobain, Zweigniederlassung Deutschland v Finanzamt Aachen-Innenstadt – Caso C-307/97

podem ser um centro de imputação de rendas, consubstanciado na ficção jurídica chamada de estabelecimento permanente.

Sinteticamente definindo, estabelecimento permanente é uma estrutura jurídico-tributária que equivale a um centro de imputação de rendas e foi positivada no artigo 5º dos tratados que seguem o modelo OCDE (e também nos que seguem o modelo ONU e EUA), sendo uma figura clássica do direito internacional tributário[33].

Mais especificamente, o estabelecimento permanente é uma ficção exclusiva do direito tributário que prescinde da formalização sob o ponto de vista cível e, mesmo, fiscal para sua operatividade.

É dizer, não se trata de uma pessoa jurídica, mas de uma filial, *branch*, que perfaz uma base fixa de negócios para realização de um determinando conjunto orientado de atividades, agregando todos os elementos positivos e/ou negativos da renda, sendo considerada como pessoa jurídica para este fim determinado.

Como consequência prática, no lugar de ser tributado tão somente através das retenções na fonte (tributação na fonte), tem-se tributação idêntica aquela das pessoas jurídicas, com receitas e despesas contrapostas sendo apenas tributado seu resultado (lucro auferido), como se residente fosse naquele Estado.

Tais estabelecimentos são classicamente classificados em: materiais, com presença física; e pessoais, ou seja, sem a necessidade de uma sede juridicamente consolidada e, portanto, registrada civilmente naquele país.

Interessantemente, tais conceitos estão sendo reavaliados por conta das novas formas eletrônicas de prestação de serviços (vide os itens 42.1 a 42.10 dos Comentários ao artigo 5º do Modelo OCDE), pois há uma necessidade de compreensão destas novas formas de atuação trans-

---

da CJE – Corte de Justiça Europeia, julgado em 1999), permanece a interpretação clássica deste artigo que considera que os EP não são residentes.

[33] Apesar de algumas premissas distintas podem ser destacadas, com muitas citações das clássicas concepções deste instituto: TAVOLARO, Agostinho Toffoli. O estabelecimento permanente: instituto próprio do direito tributário internacional. **In: Tributação, Justiça e Liberdade**. Curitiba: Juruá Editora, Jan/2005, pg. 35; TÔRRES, Heleno Taveira. **Pluritributação internacional sobre as rendas de empresas**. 2ª ed. São Paulo: Revista dos Tribunais, 2001; e XAVIER, Alberto. **Direito tributário internacional do Brasil**. 6ª edição, Rio de Janeiro, Forense, 2003.

nacional, como talvez tenha sido preconizado por Avi-Yonah, apesar de diferenças de abordagem[34].

Entretanto, como nota final, ressalta-se que, no Brasil, a noção de estabelecimento permanente não é adotada na prática[35], do que, como visto no subitem anterior, as grandes discussões são tão somente no plano da competência tributária interna e divisão de recursos (especialmente para os Fundos de Participação dos Estados e Municípios).

4.2. Comentários ao modelo OCDE e os estabelecimentos permanentes relacionados a economia digital

Antes de mencionar qual o conteúdo destes itens interpretativos agregados ao Modelo OCDE, lembra-se que, especificamente em relação a eles o Brasil após reservas na sua posição em relação aos comentários, lembrando que tal reserva diz respeito à questão da tributação no estado da fonte e não especificamente a certas considerações trazidas por estes comentários.

Basicamente, após uma pequena introdução (42.1) estes comentários estabelecem que um site não seria em si só um estabelecimento permanente, entretanto, o local dos seus servidores pode ser considerado como tal (42.2), obviamente se estes permaneçam em um lugar um tempo relevante (o tempo mencionado no artigo 5º (42.4) e forem de propriedade da empresa (42.3), excluindo o uso de ISPs (42.10).

Importante mencionar que a aferição do quantum do negócio ser imputável a este servidor somente pode ser analisado caso a caso (42.5), o mesmo devendo ocorrer em relação a determinação de qual espécie de atividade (preparatória ou auxiliar) está sendo desenvolvida (42.7), lembrando que somente se estas atividades forem relevantes (nos dizeres do item 42.9) é que se pode permitir a existência do EP (42.8).

---

[34] O modelo foi bem descrito em: Avi-Yonah, Reuven S. **Virtual PE: International Taxation and the Fairness Act** (April 30 1, 2013). U of Michigan Public Law Research Paper No. 328. Available at SSRN: https://ssrn.com/abstract=2259127 or http://dx.doi.org/10.2139/ssrn.2259127.

[35] Para mais sobre este histórico: ANDRADE, Maria Isabel de Toledo. Reforma tributária: como tributar o comércio eletrônico? A pouca experiência internacional. In: **Informe-se** – BNDES. Brasília: Secretaria para assuntos fiscais – SF, nº 14, maio 2000.

Como nota adicional, lembra-se que o fato de inexistir pessoas no local do servidor afeta esta característica (42.6, que, aparentemente, reflete o julgamento do caso *Pipeline Urteil*[36]).

Adicionalmente ao dito, apesar de ter um item sobre tributação de serviços nos comentários do artigo 5º (Itens 42.11 a 42.48), nada é agregado em relação aos novos serviços virtuais

Conclusivamente, tem-se como importante mencionar que todos estes comentários ao Modelo (especialmente o 42.9) tem como fundamento principal o tipo de negócio realizado, se somente preparatório ou parte necessária do comércio, especialmente em suas funções típicas como assinatura ou aceite do contrato, processamento do pagamento (no caso em que a venda é do tipo off-line) e/ou entrega da mercadoria ou serviço (comércio on-line) é que determinam a força de atração ou existência de um estabelecimento virtual, mas fixo em um provedor, autônomo em relação ao estabelecimento real.

Logo, tal postura da OCDE denota que a ideia de virtualidade do estabelecimento permanente não parecia (em um primeiro momento do BEPS) serpara esta instituição suficientemente consolidada como solução real para os problemas apresentados pela economia digital, pois nada foi efetivamente produzido nesse sentido quer na Ação 1 como na Ação 7, os quais não muito adicionaram aos comentários sobre o artigo 5º.

Entretanto com o chamado BEPS 2.0 e seus 2 pilares da *Policy Note* de 2019 do *Inclusive Framework*, os quais foram mais bem explorados no *Programme of Work to Develop a Consensus Solution to the Tax Challenges Arising from the Digitalisation of the Economy* de 29 de maio de 2019 do Inclusive Framework on BEPS, muitas vezes chamado de BEPS 2.0, que tem como objetivo uma solução mútua com um Final Report no final de 2020.

Sinteticamente, esses o segundo pilar lida com erosão das bases tributárias, mas o primeiro, o qual foi consolidado pela proposta que está em consulta pública desde 09/10/2019 lida diretamente com o tema, pois tem como funções básicas:

---

[36] Este caso foi citado por: Tavolaro, Agostinho Toffoli. O estabelecimento permanente: instituto próprio do direito tributário internacional. **In: Tributação, Justiça e Liberdade.** Curitiba: Juruá Editora, Jan/2005, pg. 35.

Revisar o que se chama de Nexus (regra de conexão) e de alocação de lucros, o que pode ser feito através de alguns critérios como os chamados de marketing intangibles (intangíveis que permitem marketing) ou presença significativa (significantpresence), subdividindo-se em três grandes eixos:

Criar novas e revisar os métodos secundários das regras de alocação de lucros no campo dos preços de transferência;

Novas regras de conexão (nexusrules), que incluem mudanças no modelo (art 7º) e na delimitação do estabelecimento permanente (art. 5º), além de uma possível criação de uma nova forma de presença não física tributável (através de uma nova regra);

Implementação de uma nova alocação das competências tributárias dentro dos artigos.

Paralelamente, a União Europeia vê como solução para a resolução do problema um maior esforço da *Common Consolidated Corporate Tax Base* (CCCTB) combinado com alguma forma de Digital PE – estabelecimento permanente digital, o qual seria criado contábil e indiretamente.

Conclusões

A Economia digital possui vários modelos de negócios que precisam ser estudados para determinar a tributabilidade dos mesmos e, caso seja possível, determinar o sujeito competente para tanto.

Estabelecimento é, sinteticamente, o conjunto de capitais voltados para a consecução de um negócio, sendo considerado também como estabelecimento (autônomo) aquele virtual, tendo como fundamento jurídico atual o artigo 1.142 do Código Civil de 2002.

O direito tributário, como dito, de acordo com o artigo 110 do CTN apenas permite criar critérios para subclassificar seus institutos, estabelecendo diferenças específicas em relação ao conceito estabelecido pelo direito civil.

A determinação deste conceito para o direito tributário é mais importante para o ICMS e ISS, pois determina a competência (e receitas tributárias) destes tributos, mas também é citado na legislação do IPI e do IR tendo como consequência a repartição das receitas tributáveis, mas nada traz de específico a respeito da tributação da economia digital e seus critérios de localização.

O conceito de residência do artigo 4º do Modelo OCDE não tem se preocupado muito com a virtualidade das empresas, deixando espaço para que o artigo 5º do Modelo OCDE defina centros de imputação de rendas através do conceito estabelecimento permanente, o qual também não lida bem com essa ideia, mesmo após as modificações derivantes do BEPS (1.0).

Com o chamado BEPS 2.0, mais especificamente em seu 1º pilar, vislumbra-se uma perspectiva de retomada do papel central do estabelecimento permanente virtual como elemento de atração/ubicação de rendas tributáveis da economia digital através de uma revisão profunda do artigo 5º do Modelo OCDE.

Referências

ANDRADE, Maria Isabel de Toledo. Reforma tributária: como tributar o comércio eletrônico? A pouca experiência internacional. In: **Informe-se** – BNDES. Brasília: Secretaria para assuntos fiscais – SF, nº 14, maio 2000.

AVI-YONAH, Reuven S. **Virtual PE: International Taxation and the Fairness Act** (April 30 1, 2013). U of Michigan Public Law Research Paper No. 328. Available at SSRN: https://ssrn.com/abstract=2259127 or http://dx.doi.org/10.2139/ssrn.2259127.

BALAN JÚNIOR, Osvaldo. **O estabelecimento virtual na sociedade técnica: a necessária busca de segurança jurídica nas transações comerciais.** Dissertação (Mestrado em Direito) – Faculdade de Ciências Humanas e Sociais, Universidade Estadual Paulista "Júlio de Mesquita Filho", Franca, 2011.

CALIENDO, Paulo. **Direito tributário e análise econômica do direito: uma visão crítica.** Rio de Janeiro: Elsevier, 2009.

CARVALHO, Cristiano Rosa de. **Teoria do sistema jurídico: direito, economia, tributação.** São Paulo: Ed. Quartier Latin, 2005.

CARVALHO, Osvaldo Santos de. Guerra Fiscal.com In: **VIII Congresso nacional de estudos tributários: derivação e positivação no direito tributário. São Paulo: Noeses, p. 909-762, 2011.**

CARVALHO, Paulo de Barros. **Direito Tributário: linguagem e método.** 2ª edição. São Paulo: Noeses, 2008.

CASTRO, Aldemario Araujo. Os meios eletrônicos e a tributação. In: **Jus Navigandi**, Teresina, ano 5, n. 48, dez. 2000. Disponível em: http://jus2.uol.com.br/doutrina/texto.asp?id=1813. Acesso em: 30 nov. 2011.

COELHO, Fábio Ulhoa. O estabelecimento virtual e o endereço eletrônico. In: **Tribuna do Direito.** São Paulo: Editora TD, nov. 1999, p. 32.

FERREIRA, Ana Amelia Menna Barreto de Castro. Tributação comércio eletrônico. **In: Revista de Derecho Informático.** Lima: Alfa-Redi, Nº 045 – Abril 2002.

FINKELSTEIN, Maria Eugênia Reis. **Aspectos jurídicos do comércio eletrônico.** Porto Alegre: Síntese, 2004.

FORGIONI, Paula. Nome de domínio e título de estabelecimento: nova função para um antigo instituto. **In: Direito & internet: aspectos jurídicos relevantes. Vol. II.** São Paulo: Quartier Latin, 2008, p. 507-519.

KRAKOVIAK, Leo; e KRAKOVIAK, Ricardo. Tributação aduaneira e problemas jurídicos decorrentes da informatização do comércio exterior. In: **Direito e Internet – Relações Jurídicas na Sociedade Informatizada.** São Paulo: Ed. Revista dos Tribunais, 2001, p. 58.

LORENZETTI, Ricardo Luis. Contratos "eletrônicos". **In: Direito & internet: aspectos jurídicos relevantes. Vol. II.** São Paulo: Quartier Latin, 2008, p. 541-594.

LUHMANN, Niklas. *Law as a social system.* Oxford: Oxford University Press, 2004.

PERON, Waine Domingos. **Estabelecimento empresarial no espaço cibernético.** Dissertação (Mestrado em Direito) – FADISP, São Paulo, 2009.

POSNER, Richard. **A. Economic Analysis of Law.** 9a ed. New York: Wolters Kluwer, 2014.

ROCHA, Sergio André. **'Agency Permanent Establishment 'Brazilian Style':** Taxation of Profits Earned Through Commission Merchants, Agents and Representatives' (2013) 41 Intertax, Issue 8/9, pp. 444-449.

ROEMER, Andrés. **Derecho y economía: uma revisión de la literatura.** Cidade do México: ITAM, 2000.

TAPSCOTT, Don. **The digital economy: promise and peril in the age of networked intelligence.** New York: McGraw-Hill, 1997.

TAVOLARO, Agostinho Toffoli. O estabelecimento permanente: instituto próprio do direito tributário internacional. **In: Tributação, Justiça e Liberdade.** Curitiba: Juruá Editora, Jan/2005, pg. 35.

TÔRRES, Heleno Taveira. **Pluritributação internacional sobre as rendas de empresas.** 2ª ed. São Paulo: Revista dos Tribunais, 2001.

TOSI, Emilio. La conclusiondicontratti "online". **In: I problem giuridici di internet.** Milano: Giuffre, 1999.

VITA, Jonathan Barros. O ICMS no comércio eletrônico pós-Protocolo CONFAZ 21/2011: uma necessária (re)análise do conceito de estabelecimento. In: **Revista direito tributário atual, Vol. 27.** São Paulo: Dialética, 2012. p. 426-439.

VITA, Jonathan Barros. **O ISS e os Tratados Internacionais: convergências possíveis. In: ISS pelos conselheiros julgadores** (MACEDO, Alberto; DACOMO, Natalia De Nardiorgs.). São Paulo: Quartier Latin, 2012, p. 200-222.

VITA, Jonathan Barros. **Teoria Geral do Direito: Direito Internacional e Direito Tributário.** São Paulo: Quartier Latin 2011.

Xavier, Alberto. **Direito tributário internacional do Brasil.** 6ª edição, Rio de Janeiro, Forense, 2003.

Zylbersztajn, Décio; Stajn, Rachel. **Direito e economia: analise econômica do direito e das organizações.** Rio de Janeiro: Campus juridico, 2005.

19. Localização e Tributação das Rendas Derivadas da Economia Digital no Plano Internacional: Considerações a Respeito das Propostas Atuais no Contexto no BEPS 2.0

JAQUELINE DE PAULA LEITE ZANETONI

Introdução

Nas últimas décadas, os modelos de negócios sofreram profundas modificações e as empresas multinacionais se tornaram mais móveis à medida que o foco passou de uma fabricação substancial para serviços e intangíveis.[1]

Em uma era de fronteiras abertas com uma economia globalizada, algumas empresas multinacionais conduziram com sucesso suas estratégias de planejamento tributário através da exploração de lacunas e brechas nas regras tributárias internacionais, a fim de transferir artificialmente os lucros para jurisdições de baixa tributação, especialmente em paraísos fiscais.[2]

---

[1] AVI-YONAH, Reuven S./XY, Haiyan. **Global taxation after the crisis: Why BEPS and MAATM are inadequate responses, and what can be done about it?** University of Michigan Public Law Research Paper n. 494, 2016, p. 4.

[2] SAPIRIE, Marie. **International/OCED – Permanent establishment and the digital economy,** Bulletin for International Taxation (2018).

Particularmente, a soma desta era de globalização com a alta economia tecnológica e digital foram responsáveis por transformar substancialmente os modelos de negócios, resultando em empresas não-residentes operando em uma jurisdição de mercado – ou seja, em empresas atuando de maneira diversa da época em que as tradicionais regras internacionais em matéria tributária foram projetadas. Como resultado, as regras tributárias internacionais não acompanharam as mudanças das práticas comerciais globais.

Corroborando com o exposto acima, fato é que, desde 1920 até o presente momento, a regra do sistema internacional de imposto de renda para pessoas jurídicas baseia-se no princípio "origem da riqueza", alocando os direitos de tributação, em regra, ao país de residência do destinatário da renda (salvo algumas exceções tributadas no estado da fonte da renda).

Todavia, estruturas jurídicas não consideradas como residentes em uma determinada jurisdição, poderão ser reconhecidas como um centro de imputação de renda auferida sobre determinada atividade e sofrer tributação como se residente fosse naquela jurisdição desde que reconhecida a presença física naquela jurisdição – conhecida no cenário internacional como a ficção jurídica do estabelecimento permanente.

Ocorre que, dentro do contexto aqui inserido, a criação de valor por uma empresa torna-se cada vez menos dependente da presença física de pessoas ou propriedades, bem como os intangíveis estão cada dia mais importantes, móveis e alinhados com um alto grau de integração da cadeia de valor. Consequentemente, o local de tributação das rendas derivadas dos novos modelos de negócio está se tornando cada vez mais complexo de se definir.

É dizer, com esses novos modelos de negócios, a eficácia dos padrões internacionais para tributação da renda corporativa está sendo questionada em relação (principalmente) aos negócios altamente digitalizados, devido às dificuldades que o cercam.

Fato é que, o cálculo desses fatores resultou na não tributação da renda transfronteiriça devido ao planejamento tributário agressivo, à elusão/evasão fiscal[3] e ao uso das estruturas mencionadas em vários

---

[3] Para os conceitos de elusão e evasão fiscal ver: TORRES, Heleno Taveira. **Direito tributário e direito privado**. Autonomia privada, simulação e elusão tributária. São Paulo: RT, 2000.

relatórios da Organização para a Cooperação e Desenvolvimento Econômico (OCDE), especialmente no início do século XXI.

Assim, a contribuição deste artigo será fornecer uma avaliação crítica sobre as atuais propostas de localização e tributação das rendas derivadas da economia digital no plano internacional seguindo as discussões realizadas pelas organizações internacionais, além de explorar as ações individuais adotadas por alguns países previamente selecionados.

Especificamente, alega-se que as razões pelas quais as regras tradicionais de tributação não respondem mais as realidades da economia global moderna são: (i) não capturam modelos de negócios que lucram com o fornecimento de serviços digitais em uma jurisdição de marcado eis que ausente a presença física constante nas regras tradicionais para a constituição de estabelecimento permanente e (ii) não reconhecem o papel em evolução que os usuários desempenham na geração de valor para as empresas digitais.

Desta forma, a partir desta pesquisa objetiva-se demostrar a necessidade de melhor diálogo internacional a fim de promover uma alternativa construída através da união da: (i) importância da participação dos usuários; (ii) ausência da necessidade de presença física para que se constitua um estabelecimento permanente em determinada jurisdição e (iii) regras de preços de transferência, a fim de que os rendimentos oriundos da economia digital sejam corretamente tributados. O que poderia resultar na criação de ambientes favoráveis aos negócios, facilitação da alocação eficiente do rendimento oriundo dos negócios digitais para as jurisdições competentes evitando a dupla tributação, além de reduzir a erosão fiscal e o desvio de lucros tributáveis de forma artificial.

Neste ponto, ressalta-se que, encontra-se fora do escopo deste trabalho apresentar a definição constante de estabelecimento permanente constantes no artigo 5º Modelo de Tratado em Matéria Tributária da OCDE (Modelo OCDE); analisar o dispositivo em referencia e seus comentários, bem como as regras de preços de transferência eis que as matérias já encontram-se devidamente esmiuçadas por diversos autores bem-conceituados.[4] Aqui serão abordadas somente as alternativas pro-

---

[4] Para mais informaçor: VITA, JONATHAN BARROS. **Estabelecimento permanente pós-BEPS e a economia digital: entre a retenção na fonte e novos tributos no plano da disputa entre OCDE e UE**. In: Priscila de Souza; Paulo de Barros Carvalho. (Org.). 30 Anos da Consti-

postas para se tributar as rendas derivadas da economia digital onde não há presença física (e, portanto, estabelecimento permanente) nas jurisdições de mercado.

Para tanto, será realizada uma (breve) análise crítica das ações 1 e 7 do projeto BEPS e, corretamente, serão expostas uma análise sintética das ações em referência à tributação da economia digital. Após, será analisada a proposta apresentada pela OCDE no chamado BEPS 2.0 juntamente os novos critérios para localização e tributação das rendas derivadas da economia digital.

O plano de trabalho deste artigo segue com uma abordagem das propostas alternativas para a tributação da economia digital e posteriormente, apresenta um panorama das ações individuais de alguns países previamente selecionados para incluir as atividades digitais no escopo de seus sistemas tributários.

Finalmente, para atingir os objetivos traçados nesse artigo, o qual foi construído sob a técnica de pesquisa bibliográfica através do método empírico-dialético, e utilizando como sistema de referência a conjugação entre o Construtivismo Lógico-Semântico de Barros Carvalho[5] e ferramentas específicas do *Law and Economics*[6].

1. Os desafios em matéria tributária da economia digital: uma (breve) análise crítica das ações 1 e 7 do projeto beps

A fim de reduzir a erosão fiscal e evitar desvio de lucros tributáveis de forma artificial para países com baixa ou sem tributação, a OCDE, a pedido do G20, criou o *Base Erosionand Profit Shifting (BEPS) Project* (Projeto BEPS), no qual várias medidas foram implementadas e cristalizadas em 15 ações, tendo algumas como pano de fundo a solução dos proble-

---

tuição Federal e o Sistema Tributário Brasileiro. 1ed.São Paulo: Noeses, 2018, v., p. 545-558; VITA, Jonathan Barros. **Preços de transferência: atualizado com as Leis 12.715 e 12.766 e a instrução normativa 1.312, com as alterações das INs 1.322 e 1.395.** 1. ed. São Paulo: Editora Revista dos Tribunais: FISCO Soft Editora, 2014. v. 1. 472 p .

[5] Ver CARVALHO, Paulo de Barros. **Direito Tributário: linguagem e método.** 2ª edição. São Paulo: Noeses, 2008.

[6] Para mais informações: CALIENDO, Paulo. **Direito tributário e análise econômica do direito: uma visão crítica.** Rio de Janeiro: Elsevier, 2008; CARVALHO, Cristiano Rosa de. **Teoria do sistema jurídico: direito, economia, tributação.** São Paulo: Ed. Quartier Latin, 2005.

mas relacionados à tributação na era digital, o que ainda não atingiu plenamente seu desiderato.[7]

Particularmente, de acordo com a OCDE[8], os principais desafios em relação as políticas tributárias produzidos pela economia digital são:

- Nexo, eis que a necessidade reduzida em muitos casos de presença física extensiva para realizar negócios pode alçar controvérsias para determinar a existência de uma relação com uma jurisdição;
- Dados, especialmente em como atribuir o valor criado a partir da geração de dados por meio de produtos e serviços digitais;
- A caracterização de pagamentos efetuados no contexto de novos produtos digitais.

Movendo-se mais adiante e especificamente, as ações 1 e 7 do projeto BEPS foram endereçadas a fim de elucidar, principalmente, os desafios descritos acima.

1.1. Uma análise sintética da ação 1 do projeto BEPS à tributação da economia digital

O relatório final da ação 1 do projeto BEPS destacou três alternativas a fim de operar como o nexo necessário de tributação ou fornecer ao país da fonte do rendimento a capacidade de tributar os lucros oriundos de atividades digitais. São elas: (i) novo conceito de "presença econômica significativa"; (ii) imposto retido na fonte para alguns tipos de transações digitais e (iii) uma taxa de equalização digital.[9]

Nesse sentido, a primeira alternativa propôs um novo nexo para a tributação no país da fonte dos rendimentos a fim de incluir os lucros das atividades digitais. Já as outras duas alternativas constantes no rela-

---

[7] Para mais informações: http://www.oecd.org/ctp/beps-about.htm (acesso 27 de maio de 2019).

[8] Para maisinformações: OECD, Chapter 7 – Broader tax challenges raised by the digital economy. Disponível em: https://www.oecd-ilibrary.org/docserver/9789264218789-10-en.pdf?expires=1559675040&id=id&accname=guest&checksum=6C6D3DB4EA5D59AB136F461E56C12848 (último acesso 3 de junho de 2019).

[9] SAPIRIE, Marie. **International/OCED – Permanent establishment and the digital economy**, Bulletin for International Taxation, IBFD, 2018.

tório final da ação 1 do projeto BEPS, destinam-se exclusivamente aos pagamentos efetuados em relação às atividades digitais.[10]

Corroborando com o exposto acima, a "presença econômica significativa" poderá ser estabelecida pela combinação de receitas provenientes de vendas remotas realizadas em uma jurisdição de mercado acima de um valor estabelecido previamente e de indicadores de presença digital local (por exemplo:nome de domínio; plataforma ou opções de pagamento; fatores relacionados ao usuário/número de usuários ativos mensais; contratação *on-line* e coleta de dados local).

Particularmente, os critérios para fixação da "presença econômica significativa" receberam diversas críticas no que tange as regras para a constituição de estabelecimento permanente e à alocação de lucros, principalmente relacionadas ao uso de dados eis que à primeira vista, os dados brutos não têm valor significativo. Estes somente seriam capazes de gerar valor após a devida análise e processamento dos dados.[11]

Como se assim não o fosse, a coleta de dados não é uma atividade nova, estando presente nos modelos de negócios tradicionais. Neste ponto, ressalta-se que, comentários análogos foram realizados acerca da relevância dos usuários.[12]

Somado a isso, relatou-se às dificuldades de adaptar as regras existentes nos modelos de tratados em matéria tributária (em especial, no Modelo OCDE) para alocação de lucros aos novos conceitos presença econômica significativa atribuída ao estabelecimento permanente.[13]

Paralelamente, o imposto retido na fonte em alguns tipos de transações digitais poderá ser adotado como um imposto final de base bruta autônomo a ser retido de alguns pagamentos feitos a fornecedores não residentes de bens e serviços encomendados *on-line* ou como um meca-

---

[10] LARKING, Barry. **International/OECD – A Review of Comments on the Tax Challenges of the Digital Economy.** Bulletin for International Taxation, IBFD, 2018.

[11] LARKING, Barry. **International/OECD – A Review of Comments on the Tax Challenges of the Digital Economy.** Bulletin for International Taxation, IBFD, 2018.

[12] Para maisinformações: LARKING, Barry. **International/OECD – A Review of Comments on the Tax Challenges of the Digital Economy.** Bulletin for International Taxation, IBFD, 2018.

[13] LARKING, Barry. **International/OECD – A Review of Comments on the Tax Challenges of the Digital Economy.** Bulletin for International Taxation, IBFD, 2018.

nismo de aplicação e cobrança para a opção de presença econômica significativa.[14]

Todavia, o imposto retido na fonte para alguns tipos de transações digitais apresentou-se como uma possível desvantagem para as alternativas propostas. Fato é que, a própria OCDE já havia destacado várias questões a esse respeito, tais como: (i) as dificuldades de definir o escopo e garantir a sua conformidade; (ii) o impacto negativo da tributação bruta e (iii) um possível conflito com a União Europeia e obrigações comerciais.[15]

Concomitantemente, a incapacidade de empresas com margens baixas de absorver um imposto sobre a receita bruta (por exemplo: empresas jovens e emergentes) surgiu como outra grande preocupação.[16]

Ademais, através da taxa de equalização digital objetiva-se ajustar os fornecedores locais e os não-residentes em uma base uniforme e, portanto, poderá ser instituída para: (i) transações concluídas remotamente com clientes no país; (ii) contratos de fornecimento concluídos automaticamente por meio de uma plataforma digital ou (iii) dados e outras contribuições de clientes e usuários no país.[17]

Ocorre que, fora relatado em alguns estudos que a equalização estaria fora do escopo dos tratados em matéria tributária, acentuando os riscos de dupla tributação.[18]

Por fim, faz-se necessário mencionar que, o relatório final da ação 1 do projeto BEPS não apresentou qualquer recomendação no que tange as alternativas apresentadas, deixando a critério dos países contratantes a opção de escolha.[19]

---

[14] LARKING, Barry. **International/OECD – A Review of Comments on the Tax Challenges of the Digital Economy.** Bulletin for International Taxation, IBFD, 2018.
[15] LARKING, Barry. **International/OECD – A Review of Comments on the Tax Challenges of the Digital Economy.** Bulletin for International Taxation, IBFD, 2018.
[16] LARKING, Barry. **International/OECD – A Review of Comments on the Tax Challenges of the Digital Economy.** Bulletin for International Taxation, IBFD, 2018.
[17] LARKING, Barry. **International/OECD – A Review of Comments on the Tax Challenges of the Digital Economy.** Bulletin for International Taxation, IBFD, 2018.
[18] LARKING, Barry. **International/OECD – A Review of Comments on the Tax Challenges of the Digital Economy.** Bulletin for International Taxation, IBFD, 2018.
[19] SAPIRIE, Marie. **International/OCED – Permanent establishment and the digital economy,** Bulletin for International Taxation, IBFD, 2018.

1.2. Uma análise sintética da ação 7 do projeto BEPS à tributação da economia digital

O relatório final da ação 7 do projeto BEPS propôs mudanças tanto na definição de estabelecimento permanente no artigo 5º do Modelo de Tratado em Matéria Tributária da OCDE (Modelo OCDE) como nos comentários do artigo em referência com o objetivo principal de garantir a criação de uma presença tributável no país em que a atividade econômica significativa ocorre (conforme conceitos adotados na ação 1 do projeto BEPS) e no qual valor é criado.[20]

Para atingir tal objetivo, os parágrafos 4º (isenções de atividades específicas), 5º (cláusula de agente dependente) e 6º (cláusula de agente independente) do artigo 5º foram revisados para, respectivamente, restringir o escopo das isenções de atividades específicas, ampliar a definição de agente dependente e restringir a definição de agente independente.[21]

Como se assim não o fosse, o parágrafo 4.1, o qual aborda a chamada cláusula anti-fragmentação, e o parágrafo 8º, o qual apresenta a definição de empresa intimamente relacionada, foram acrescentados ao artigo 5º do Modelo OCDE.[22]

Todavia, mesmo considerando as mudanças realizadas pela ação 7 do projeto BEPS aqui mencionadas, a presença física na forma de estabelecimento permanente ainda é usada como critério de nexo no Modelo OCDE.

2. A evolução do projeto BEPS: o chamado BEPS 2.0 e os novos critérios para localização e tributação das rendas derivadas da economia digital

Em que pese a própria OCDE reconhecer a impossibilidade de cercar a economia digital do resto da economia devido à natureza difundida da

---

[20] Para mais informações: OCDE. Action 7 Final Report. Disponível em: https://read.oecd-ilibrary.org/taxation/preventing-the-artificial-avoidance-of-permanent-establishment-status-action-7-2015-final-report_9789264241220-en#page1 (último acesso 3 de junho de 2019).
[21] OCDE. Artigo 5 Model Tax Convention on Income and Capital. 2017, pp. 31-32.
[22] OCDE. Artigo 5 Model Tax Convention on Income and Capital. 2017, pp. 31-32.

digitalização[23], em março de 2018, a organização divulgou um relatório sobre os desafios tributários decorrentes da economia digital, no qual foram identificadas as principais características comuns dos negócios digitais (por exemplo: escala inter-jurisdicional sem massa; forte dependência de ativos intangíveis – especialmente importância dos dados; participação do usuário e suas sinergias com propriedade intelectual), bem como os desafios fiscais diretos (por exemplo: nexo, dados e alocação de lucros).[24]

Movendo-se mais adiante, em 13 de fevereiro de 2019, como parte do trabalho em andamento do projeto BEPS, a OCDE abriu espaço para comentários sobre questões-chave identificadas em um documento de consulta pública, o qual abordou os desafios tributários da digitalização da economia e possíveis soluções.

Em síntese, o presente documento apresentou três propostas a fim de revisar as regras já existentes tanto para a atribuição de nexo como para a alocação de lucros com base nos conceitos de (i) participação do usuário, (ii) *marketing intangibles* e (iii) presença econômica significativa.[25]

De modo específico, a alternativa de participação do usuário fornece um nexo econômico para as empresas com participação significativa do usuário e atribuição de lucro é realizada com base no engajamento do usuário (escopo mais limitado, pois aborda apenas plataformas de mídia social, mecanismos de busca e mercados *online*).[26]

Ademais, de acordo com o enfoque de *marketing intangibles*, os países do mercado consumidor têm direito a tributar os lucros advindos

---

[23] OLBERT, Marcel/SPENGEL, Christoph. **International Taxation in the Digital Economy: Challenge Accepted**, World Tax Journal (2017) p. 19.

[24] Para mais informações: OECD. **Tax Challenges Arising from Digitalisation – Interim Report** (2018). Disponível em: https://read.oecd-ilibrary.org/taxation/tax-challenges-arising-from-digitalisation-interim-report_9789264293083-en#page1C (último acesso 3 de junho de 2019).

[25] Para maisinformações: KPMG. **Taxation in the digitalized economy and beyond. The journey so far, and the way ahead** (2019). Disponívelem: https://assets.kpmg/content/dam/kpmg/xx/pdf/2019/02/taxation-in-the-digitalised-economy-and-beyond.pdf (último acesso 3 de junho de 2019).

[26] KPMG. **Taxation in the digitalized economy and beyond. The journey so far, and the way ahead** (2019). Disponível em: https://assets.kpmg/content/dam/kpmg/xx/pdf/2019/02/taxation-in-the-digitalised-economy-and-beyond.pdf (último acesso 3 de junho de 2019).

do *marketing*, independentemente de onde a propriedade intelectual do *marketing* pertence (o que abrangeria uma gama muito maior de negócios).[27]

Todavia, a proposta em análise excluiu condições favoráveis de demanda (população estável com meios financeiros para compra), bem como acesso remoto (ou limitado) aos mercados. Além de permitir o desenvolvimento de bases de usuários, bases de clientes e outros intangíveis relacionados a *marketing* para todos os negócios.

A investida da presença econômica significativa foi abordada no item anterior (1.1), a qual sustenta que as receitas seriam um fator importante para determinar se uma empresa detém uma presença econômica significativa em uma determinada jurisdição.[28]

Em 31 de maio de 2019, o OCDE divulgou um programa de trabalho com dois pilares a fim de revisar a estrutura tributária internacional com o objetivo de tributar a economia digital – o qual foi chamado por muitos de BEPS 2.0 – podendo afetar as empresas que operam internacionalmente em todos os setores.[29]

Neste trabalho somente será abordado o pilar 1 do projeto BEPS 2.0 eis que explora o desenvolvimento de um conceito de presença tributável remota (sem a presença física tradicional) e um novo conjunto de padrões para identificar a existência de uma presença tributável remota. Em outras palavras, aborda um novo conceito de renda tributável proveniente de uma jurisdição, ou seja, o direito de tributação não estaria mais limitado pelo requisito de presença física.[30]

---

[27] KPMG. **Taxation in the digitalized economy and beyond. The journey so far, and the way ahead** (2019). Disponível em: https://assets.kpmg/content/dam/kpmg/xx/pdf/2019/02/taxation-in-the-digitalised-economy-and-beyond.pdf (último acesso 3 de junho de 2019).

[28] KPMG. **Taxation in the digitalized economy and beyond. The journey so far, and the way ahead** (2019). Disponível em: https://assets.kpmg/content/dam/kpmg/xx/pdf/2019/02/taxation-in-the-digitalised-economy-and-beyond.pdf (último acesso 3 de junho de 2019).

[29] Para maisinformações: OECD. **Programme of Work to Develop a Consensus Solution to the Tax Changes Arising from the Digitalisation of the Economy** (2019), pp. 18-19. Disponível em: https://www.oecd.org/tax/beps/programme-of-work-to-develop-a-consensus-solution-to-the-tax-challenges-arising-from-the-digitalisation-of-the-economy.pdf (último acesso 3 de junho de 2019).

[30] OECD. **Programme of Work to Develop a Consensus Solution to the Tax Changes Arising from the Digitalisation of the Economy** (2019). Disponível em: https://www.

Para tanto, propõe o desenvolvimento de uma nova regra de nexo de presença não-física para permitir que as jurisdições de mercado possam mensurar e tributar os lucros ali alocados conforme as novas regras e/ou revisão das regras existentes para alocação de lucros no campo dos preços de transferências. Sendo necessário, ainda, uma avaliação dos interesses relativos à outros aspectos, incluindo: (i) alterações das definições de estabelecimento permanente contidas no artigo 5º e possíveis alterações subsequentes no artigo 7º, ambos do Modelo OCDE e (ii) desenvolvimento de uma regra autônoma que estabeleça um novo e separado nexo, seja por meio de uma nova presença tributável ou de um conceito de fonte tributável.[31]

A título informativo, vale destacar que, o pilar 1 do projeto BEPS 2.0 encontra-se em fase de consulta pública desde 09 de outubro de 2019 e fora projetado para obter uma solução mútua com o pilar 2 até o final de 2020.

Neste ponto, ressalta-se que, em 4 de abril de 2019, a Organização das Nações Unidas (ONU) divulgou o relatório denominado *"Digitalization of the Economy Tax Issues related to the Digitalization of the Economy"*, através do qual estabeleceu o compromisso de analisar questões técnicas, econômicas e demais questões relevantes relacionadas à economia digital. No entanto, é muito cedo para verificar se a abordagem da ONU será convergente ou divergente da adotada pela OCDE.[32]

---

oecd.org/tax/beps/programme-of-work-to-develop-a-consensus-solution-to-the-tax-challenges-arising-from-the-digitalisation-of-the-economy.pdf (último acesso 3 de junho de 2019).

[31] OECD. **Programme of Work to Develop a Consensus Solution to the Tax Changes Arising from the Digitalisation of the Economy** (2019). Disponível em: https://www.oecd.org/tax/beps/programme-of-work-to-develop-a-consensus-solution-to-the-tax-challenges-arising-from-the-digitalisation-of-the-economy.pdf (último acesso 3 de junho de 2019).

[32] Para mais informações: UNITED NATIONS. **Digitalization of the Economy Tax Issues related to the Digitalization of the Economy: Report** (2019). Disponível em: https://www.un.org/esa/ffd/wp-content/uploads/2019/04/18STM_CRP12-Work-on-taxation-issues-digitalization.pdf (último acesso 3 de junho de 2019).

3. Propostas alternativas para a tributação da economia digital: da adoção de critérios dos preços de transferência até a criação de um imposto de renda mínimo alternativo

Nota-se que, o principal desafio é encontrar um nexo para a alocação de lucros que se encaixe na mudança de um "local fixo" para uma "localização econômica digital" a fim de se tributar de forma eficaz os novos modelos de negócios advindos da era digital.

Neste tópico, merece destaque o documento sobre tributação das empresas na economia global divulgado pelo Fundo Monetário Internacional (FMI) em março de 2019. De acordo com o FMI, a regra de tributação "onde o valor é criado" demonstrou ser uma base inadequada para um real progresso e uma possível solução poderia ser uma das seguintes alternativas: (i) imposto mínimo sobre investimentos de entrada/saída; (ii) alocação de lucro residual (alocação fórmula do residual) e (iii) alocação de direitos tributários para os países de destino.[33]

Fato é que, enquanto as organizações internacionais estão debatendo as possíveis soluções para o limiar do estabelecimento permanente para se tributar a renda gerada pela economia digital, diversas sugestões foram apresentadas por acadêmicos para abordagens alternativas.

Nesse sentido, Petruzzi e Buriak[34] propuseram maneiras de usar as regras de preços de transferência existentes para enfrentar os desafios fiscais da digitalização da economia onde não é possível determinar a presença física, enfatizando o papel da análise de criação de valor. Neste contexto, consideram os dados como um ativo extremamente valioso, especialmente para os negócios altamente digitais.

De acordo com os autores mencionados acima, a análise funcional deve levar em consideração várias atividades – incluindo transferência, compra e venda de dados; processamento ou transformação adicional – com valor significativo para empresas altamente digitalizadas (note-

---

[33] Para mais informações: INTERNATIONAL MONETARY FUND. Fiscal Affairs Dept., **Corporate Taxation in the Global Economy**. Disponível em: https://www.imf.org/en/Publications/Policy-Papers/Issues/2019/03/08/Corporate-Taxation-in-the-Global-Economy-46650 (último acesso 3 de junho de 2019).

[34] Para maisinformaçõesver: Petruzzi, R. & Buriak S., **Addressing the Tax Challenges of the Digitalization of the Economy – A Possible Answer in the Proper Application of the Transfer Pricing Rules?**. Bulletin for International Taxation, IBFD, 2018.

-se que, apenas dados de alto valor para a empresa são relevantes neste contexto).[35]

Todavia, o principal problema da proposta por Petruzzi e Buriak poderá encontrar barreiras na existência de diversos conceitos diferentes de dados nos modelos de negócios digitais.[36]

Avi-Yonah[37] propôs a criação de um limite de vendas em uma jurisdição e quando ultrapassado este limite, seria considerado a existência de um estabelecimento permanente nesta. Após analisar as limitações da cobrança de impostos para fornecedores remotos, o autor propôs um limite de vendas no valor de US $ 500.000 com base no *Marketplace FairnessAct* de 2013 (por exemplo) sendo que, as vendas seriam definidas pelo princípio de destino constante no imposto sobre valor agregado (IVA) e nos impostos sobre vendas.[38]

Ainda, outras sugestões podem ser resumidas em: (i) ajustes nas regras de preços de transferência existentes, incluindo regras revisadas de divisão de lucros (Maisto e Associati, Kadet); (ii) tributação no país de residência, que significa tributar empresas multinacionais apenas na jurisdição principal (BMG, Kadet); (iii) um imposto de renda mínimo alternativo baseado nas alíquotas dos impostos estatutários nos países em que as empresas multinacionais operam ou possuem uma presença econômica significativa, ressalvados a proibição de alguns pagamentos (Tax Justice Network Israel) e (iv) a utilização doIVA, quandojá fixado pelas jurisdições de mercado (MEDEF, CBI, IrishTaxInstitute, TEI).[39]

Finalmente, destaca-se a abordagem da Johnson & Johnson, que merece atenção mesmo estando fora do escopo do relatório de consulta pública da OCDE. Assim, ela define o distribuidor do mercado local e

---

[35] PETRUZZI, R. & BURIAK S., **Addressing the Tax Challenges of the Digitalization of the Economy – A Possible Answer in the Proper Application of the Transfer Pricing Rules?**. Bulletin for International Taxation, IBFD, 2018.

[36] BRAUNER, Yariv Brauner/PISTONE, Pasquale. **International/OECD – Some Comments on the Attribution of Profits to the Digital Permanent Establishment**. Bulletin for International Taxation, IBFD, 2018.

[37] Para maisinformaçõesver: AVI-YONAH, Reuven S., **Virtual PE: International Taxation and the Fairness Act**, 2013, University of Michigan Public Law Research Paper n. 328.

[38] SAPIRIE, Marie. **International/OCED – Permanent establishment and the digital economy**, Bulletin for International Taxation, IBFD, 2018.

[39] LARKING, Barry. **International/OECD – A Review of Comments on the Tax Challenges of the Digital Economy**. Bulletin for International Taxation, IBFD, 2018.

fornece uma combinação com o preço de transferência e o princípio do *arm'slength* para outras atividades – o que seria uma extensão da abordagem do *safe harbore* poderia garantir mais certeza as relações comerciais e impostos mais altos.

4. Um panorama das ações individuais de alguns países previamente selecionados para incluir as atividades digitais no escopo de seus sistemas tributários

No contexto da tributação dos lucros das atividades digitais, vários países em todo o mundo têm sido proativos na introdução de medidas para incluir essas atividades no escopo de seus sistemas tributários (talvez porque estejam descontentes com o limiar de estabelecimento permanente contido no artigo 5º do Modelo OCDE).[40] Essas abordagens múltiplas podem ser mais bem compreendidas de acordo com os exemplos fornecidos abaixo:

- Taxa de equalização (a fim de restaurar as condições equitativas): Nova Zelândia, Índia, Itália, México, Chile;
- Imposto sobre Serviços Digitais (DST): França (3%), Espanha, Reino Unido, Áustria (5%), República Tcheca (7%);
- Imposto retido na fonte (como aconteceu anteriormente com os dividendos, juros e royalties): Turquia, Reino Unido, Paquistão;
- Imposto sobre publicidade digital: Comissão Europeia;
- Estabelecimento permanente digital (diluindo os requisitos de permanência e localização física e estabelecendo uma "presença digital"): Nova Zelândia, Índia, Reino Unido, Coréia do Sul;
- Imposto sobre vendas: Canadá.

Particularmente, os países que adotaram o imposto sobre serviços digitais (DST) consideram que os usuários são os responsáveis pela criação do valor e, portanto, a cobrança deste imposto deverá ser alocada à jurisdição onde os usuários estão localizados.

Não obstante, ressalta-se que, a Comissão da União Europeia, em 21 de março de 2018, tornou pública as duas novas regras para garantir

---

[40] DHULDHOYA, Vishesh. **International/OECD – The Future of the Permanent Establishment Concept**. Bulletin for International Taxation, IBFD, 2018.

que as atividades comerciais digitais sejam tributadas dentro da União Europeia.

Nesse sentido, a primeira visa reformar as regras de tributação de pessoas jurídicas a fim de que os lucros auferidos sejam registrados e tributados onde as empresas possuam uma interação significativa com os usuários por meio de canais digitais (mesmo sem presença física), desde que atendido um dos seguintes critérios: (i) exceder um limite de € 7 milhões em receitas anuais; (ii) possuir mais de 100.000 usuários em um ano tributável ou (iii) mais de 3.000 contratos comerciais para serviços digitais sejam criados entre a empresa e os usuários comerciais em um ano tributável.[41]

Já a segunda nova regra apresentada pela Comissão da União Europeia.Disciplinou a criação de um imposto provisório, visando abranger as principais atividades digitais que atualmente escapam aos impostos até que uma reforma abrangente seja implementada. Dessa forma, será aplicado um imposto provisório de 3% sobre as receitas obtidas através dos três principais tipos de serviços, onde o valor é criado através da participação do usuário, são eles: (i) veiculação *on-line* de publicidade; (ii) venda de dados coletados do usuário e (iii) plataformas digitais que facilitam as interações entre os usuários.[42]

Todavia, esta segunda regra será aplicada apenas a empresas com receita anual total mundial de € 750 milhões e receita dentro da União Europeia no valor de € 50 milhões.[43]

Finalmente, faz-se necessário mencionar que, a linha tênue entre os objetos da tributação da renda e da tributação do consumo, em relação

---

[41] EUROPEAN COMMISSION. Press release. **Digital Taxation: Commission proposes new measures to ensure that all companies pay fair tax in the EU, 2018.** Disponível em: http://europa.eu/rapid/press-release_IP-18-2041_en.htm (último acesso 3 de junho de 2019).

[42] EUROPEAN COMMISSION. Press release. **Digital Taxation: Commission proposes new measures to ensure that all companies pay fair tax in the EU, 2018.** Disponível em: http://europa.eu/rapid/press-release_IP-18-2041_en.htm (último acesso 3 de junho de 2019).

[43] EUROPEAN COMMISSION. Press release. **Digital Taxation: Commission proposes new measures to ensure that all companies pay fair tax in the EU, 2018.** Disponível em: http://europa.eu/rapid/press-release_IP-18-2041_en.htm (último acesso 3 de junho de 2019).

à tributação da economia digital e à luz das ações implementadas (ou a serem implementadas) pelos países, pode ficar cada vez mais obscura.[44]

Neste tópico, merece destaque o documento sobre tributação das empresas na economia global divulgado pelo Fundo Monetário Internacional (FMI) em março de 2019. De acordo com o FMI, a regra de tributação "onde o valor é criado" demonstrou ser uma base inadequada para um real progresso e uma possível solução poderia ser uma das seguintes alternativas: (i) imposto mínimo sobre investimentos de entrada/saída; (ii) alocação de lucro residual (alocação fórmula do residual) e (iii) alocação de direitos tributários para os países de destino.

Conclusões

Como tributar a gama variada dos negócios digitais (por exemplo: redes sociais; motores de busca; plataformas de intermediação; fornecedores de conteúdo *on-line*; revendedores eletrônicos; software / hardware digital) pode ser considerado um eterno desafio diante de suas peculiares e da rapidez para criação de tantos outros novos modelos até então inimagináveis.

No recente desenvolvimento das novas alternativas à exigência de presença física para tributar a renda da economia digital pelas organizações internacionais, este estudo promoveu uma análise detalhada das opções colocadas sobre a mesa, além de explorar as ações individuais adotadas por alguns países previamente selecionados.

Apesar das modificações realizadas em razão da ação 7 do projeto BEPS, a presença física na criação de estabelecimento permanente ainda é utilizada como critério de nexo no modelo atual da OCDE. Espera-se que, até o final de 2020 seja obtida uma solução baseada em consenso pelos países signatários da OCDE.

Faz-se necessário maior diálogo e cooperação ante a ausência de consenso entre as propostas apresentadas até o momento.

A melhor alternativa para alocação da criação do valor e tributação das rendas derivadas na economia internacional deve ser aquela construída através da união da importância da participação dos usuários e das regras de preços de transferência.

---

[44] SARRALDE, Santiago Diaz. **Taxation in Digital Economy**, 2018. Disponível em: https://www.ciat.org/taxation-in-digital-economy/?lang=en (último acesso 3 de junho de 2019).

Referências

Avi-Yonah, Reuven S./Xy, Haiyan. **Global taxation after the crisis: Why BEPS and MAATM are inadequate responses, and what can be done about it**, *University* of Michigan Public Law Research Paper n. 494, 2016.

Avi-Yonah, Reuven S., **Virtual PE: International Taxation and the Fairness Act**, 2013,University of Michigan Public Law Research Paper n. 328.

Brauner, Yariv Brauner/Pistone, Pasquale. **International/OECD – Some Comments on the Attribution of Profits to the Digital Permanent Establishment**. Bulletin for International Taxation, IBFD, 2018.

Caliendo, Paulo. **Direito tributário e análise econômica do direito: uma visão crítica**. Rio de Janeiro Elsevier, 2008.

Carvalho, Cristiano Rosa de. **Teoria do sistema jurídico: direito, economia, tributação**. São Paulo: Ed. QuartierLatin, 2005.

Carvalho, Paulo de Barros. **Direito Tributário: linguagem e método**. 2ª edição. São Paulo: Noeses, 2008.

Dhuldhoya, Vishesh. **International/OECD – The Future of the Permanent Establishment Concept**. *Bulletin for International Taxation*, IBFD, 2018.

EUROPEAN COMMISSION. Press release. **Digital Taxation: Commission proposes new measures to ensure that all companies pay fair tax in the EU**, 2018. Disponível em: http://europa.eu/rapid/press-release_IP-18-2041_en.htm (último acesso 3 de junho de 2019).

INTERNATIONAL MONETARY FUND. Fiscal Affairs Dept., **Corporate Taxation in the Global Economy**. Disponível em: https://www.imf.org/en/Publications/Policy-Papers/Issues/2019/03/08/Corporate-Taxation-in-the-Global-Economy-46650 (último acesso 3 de junho de 2019).

KPMG. **Taxation in the digitalized economy and beyond. The journey so far, and the way ahead** (2019). Disponível em: https://assets.kpmg/content/dam/kpmg/xx/pdf/2019/02/taxation-in-the-digitalised-economy-and-beyond.pdf (último acesso 3 de junho de 2019).

Larking, Barry. **International/OECD – A Review of Comments on the Tax Challenges of the Digital Economy**. Bulletin for International Taxation, IBFD, 2018.

OCDE. **Addressing the Tax Challenges of the Digital Economy**. Chapter 7 – Broader tax challenges raised by the digital economy. Disponível em: https://www.oecd-ilibrary.org/docserver/9789264218789-10-en.pdf?expires=1559675040&id=id&accname=guest&checksum=6C6D3DB4EA5D59AB136F461E56C12848 (último acesso 3 de junho de 2019).

OCDE. **Action 7 Final Report**. Disponível em: https://read.oecd-ilibrary.org/taxation/preventing-the-artificial-avoidance-of-permanent-establishment-status-action-7-2015-final-report_9789264241220-en#page1 (último acesso 3 de junho de 2019).

OCDE. **Model Tax Convention on Income and Capital**. 2017.

OECD. **Programme of Work to Develop a Consensus Solution to the Tax Changes Arising from the Digitalisation of the Economy**(2019). Disponível em: https://www.oecd.org/tax/beps/programme-of-work-to-develop-a-consensus-solution-to-the-tax-challenges-arising-from-the-digitalisation-of-the-economy.pdf (último acesso 3 de junho de 2019).

OECD. **Tax Challenges Arising from Digitalisation – Interim Report** (2018). Disponível em: https://read.oecd-ilibrary.org/taxation/tax-challenges-arising-from-digitalisation-interim-report_9789264293083-en#page1C (último acesso 3 de junho de 2019).

OLBERT, Marcel/SPENGEL, Christoph. **International Taxation in the Digital Economy: Challenge Accepted**, World Tax Journal, 2017.

PETRUZZI, R. & BURIAK S. **Addressing the Tax Challenges of the Digitalization of the Economy – A Possible Answer in the Proper Application of the Transfer Pricing Rules?**. Bulletin for International Taxation, IBFD, 2018.

SAPIRIE, Marie. **International/OCED – Permanent establishment and the digital economy**, Bulletin for International Taxation 2018.

SARRALDE, Santiago Diaz. **Taxation in Digital Economy**, 2018. Disponível em: https://www.ciat.org/taxation-in-digital-economy/?lang=en (último acesso 3 de junho de 2019).

TORRES, Heleno Taveira. **Direito tributário e direito privado. Autonomia privada, simulação e elusão tributária**. São Paulo: RT, 2000.

VITA, Jonathan Barros. **Estabelecimento permanente pós-BEPS e a economia digital: entre a retenção na fonte e novos tributos no plano da disputa entre OCDE e UE**. In: Priscila de Souza; Paulo de Barros Carvalho. (Org.). 30 Anos da Constituição Federal e o Sistema Tributário Brasileiro. 1 ed. São Paulo: Noeses, 2018.

VITA, Jonathan Barros. **Preços de transferência: atualizado com as Leis 12.715 e 12.766 e a instrução normativa 1.312, com as alterações das INs 1.322 e 1.395**. 1. ed. São Paulo: Editora Revista dos Tribunais: FISCO Soft Editora, 2014. v. 1.

UNITED NATIONS. **Digitalization of the Economy Tax Issues related to the Digitalization of the Economy: Report**(2019). Disponível em: https://www.un.org/esa/ffd/wp-content/uploads/2019/04/18STM_CRP12-Work-on-taxation-issues-digitalization.pdf (último acesso 3 de junho de 2019).

20. Tributação e Inteligência Artificial

Paulo A. Caliendo V. da Silveira

Introdução

A utilização crescente da inteligência artificial na fiscalização, em processos administrativos e judiciais é um fato crescente e impactante no Direito. O uso exponencial da inteligência artificial (IA) na economia, na sociedade e no Direito, possui consequências ainda não completamente descortinadas. Até que ponto a sociedade será transformada pelo uso intensivo de IA em todas as esferas sociais? Seria a IA mais uma inovação técnica evolutiva dos modelos atuais existentes ou uma disrupção para padrões ainda não compreendidos em sua plenitude?

Os intelectuais mantêm-se estupefatos com notícias cada vez mais surpreendentes das possibilidades de utilização dessas novas tecnologias. Quais os impactos no mundo do trabalho, nas empresas, na privacidade e na tributação? O ser humano é atormentado pela dúvida de uma obsolescência existencial e sua superação por máquinas em um mundo que não mais o necessita, como agente produtivo. O objetivo deste trabalho é mais modesto. Não se trata de investigar os impactos da IA em sentido forte, mas tão aqueles decorrentes de uma IA fraca.

O uso de linguagem jurídica com algoritmos tem disseminado nos tribunais, inclusive superiores, chamando a atenção para o estudo de uma área pouco conhecida pelos juristas: a teoria da computação. Novos e importantes questionamentos sobre os limites e possibilidades da utilização de sistemas especialistas legais se avolumam, em uma tentativa frenética em acompanhar as mais recentes descobertas ou aplicações. Afinal, até que ponto os padrões de racionalidade e operatividade do Direito se coadunam com o sistema de proteção dos direitos fundamentais, inclusive dos contribuintes?

O presente trabalho possui como problema investigar como os vieses presentes em linguagem artificial provocam inconsistências, incoerência e, pior, resultados contrários ao ordenamento jurídico. Desse modo, serão estudados os conceitos básicos em teoria computacional, que podem ser relacionados ao Direito Tributário, de modo a investigar, analisar e ao cabo compreender os desafios dos algoritmos aplicados ao campo tributação.

1. Algoritmo, semântica, ontologia e sistemas especialistas.

O significado atual de algoritmos éde *"um conjunto de passos, passível de repetição, que resolve um problema¹"*. Esse sentido mais amplo pode ser reduzido a um sentido mais restrito, como um conjunto de *rotinas automatizadas, que seguem um procedimento pré-estabelecido*. Os algoritmos assumiram uma posição de destaque em ciência da computação, dado que a sua principal tarefa é a possibilidade de resolver um problema e ser capaz de repetir indefinidamente essa operação.

O algoritmo somente pode estar bem estruturado se seguir uma determinada *lógica*, ou seja, deve ser formado por *sentenças* que se expressam conforme uma certa *sintaxe*. Esta por sua vez garante que as sentenças estejam bem formadas. A sintaxe utilizada irá garantir a produção de raciocínios lógicos com sentenças consistentes. Uma lógica deve igualmente possuir uma semântica, ou seja, sentido para as sentenças. Elas devem possuir um determinado valor de verdade em relação a cada *mundo possível*. Nas lógicas clássicas os valores de verdades ocorrem de modo excludente, ou a sentença é verdadeira ou falsa, não podendo ser simultaneamente um e ou outra. A ciência da computação passou a utilizar a expressão *modelo* para designar um mundo possível. Assim a afirmação *"m é modelo para a sentença α"*.

---

[1] SOFFNER, Renato. Algoritmos e programação em linguagem C. São Paulo: Saraiva, 1ª. Ed., 2013, p. 21

O raciocínio exige sentenças bem formadas conforme uma determinada sintaxe e sentidos conforme determinado modelo, com seus respectivos valores de verdade. Mas é fundamental para que ocorra um raciocínio válido que exista uma *implicação* lógica entre as sentenças, ou seja, de que dada uma sentença p se siga logicamente outra sentença. A implicação lógica toma a forma p→q (lê-se: se p então q). Assim, se a sentença p é verdadeira, segue-se que a sentença q também é. Outro conceito relevante será de inferência lógica, que é o processo lógico pelo qual a partir de certos dados se chega a determinadas conclusões. Um algoritmo de inferência será aquele que deriva sentenças válidas dadas determinadas sentenças. As regras de inferência são standards de inferência que podem derivar cadeias de conclusões, que nos levam a resultados desejados, tal como o *modus ponens*(*se a sentença p implica p e q, então a p deve ser inferida*).

A construção de ontologias legais é uma parte fundamental dos algoritmos jurídicos, como forma de conceituação abstrata do fenômeno normativo. Não há, contudo, acordo sobre a melhor forma de construção de determinada ontologia, de tal modo que os resultados são distintos, conforme o modo de construção. Um dos exemplos é a construção da ontologia legal para o E-Gov do projeto espanhol (EGO Model). Neste onze ontologias são desenvolvidas: pessoa, personalidade civil, organização, locação, tributos, modelo contratual, jurisprudência, verificação de transações imobiliárias, imóveis, legislação e transações imobiliárias.

Cada classe da ontologia pode ser dividida em subclasses, por exemplo, a classe *"pessoa"* pode ser classificada em *"pessoa natural"* e *"pessoa jurídica"*. Toda classe ontológica é possuidora de *"relações"*. Assim, "pessoa" possui seis relações binárias: *"possui dados de uma pessoa jurídica"*, *"possui residência"*, "é compradora", "é vendedora", *"contrata"*, *"possui dados de pessoa natural"*.

Por sua vez, cada classe possui uma determinada instanciação, ou seja, um elemento que substitui uma variável abstrata por um termo definido, mantendo-se as propriedades herdadas da classe. Assim, uma ontologia possui classes, relações e instâncias.

As possibilidades do raciocínio estruturado da Inteligência Artificial para o domínio legal foram percebidas imediatamente. A linguagem jurídica estrutura-se sobre uma lógica jurídica adequada a uma formalização em algoritmos[2]. Diversos campos foram objetos de estudo, tais como: os termos legais, a lógica deôntica, aplicação legal, aplicação judicial, raciocínio processual e a coordenação de agentes. O interesse destacado na área impeliu o surgimento de um novo campo de pesquisas denominado de Inteligência Artificial e o Direito – IAD (Artificial Inteligenceand Law)

Diversos governos passaram a definir o que venha a ser IA, para fins de pesquisas e regulação, tais como o Japão[3], Estados Unidos[4], Reino Unido[5] e a União Europeia[6]. O *EU-Japan Centre For Industrial Cooperation* irá definir a IA como sendo *"o desenvolvimento de software capaz de performar tarefas que normalmente requerem inteligência humana (mimichumanbehaviour)"*[7].

Uma das mais destacadas aplicações de IA está em nos fornecer um *sistema especialista legal (legal expert system)*. Consideramos um sistema especialista como um modelo projetado para usar as mesmas regras que um agente de uma área usaria para chegas as mesmas conclusões. O domínio de conhecimento e as regras utilizadas para derivar conclusões a partir de fatos deve ser a mesma que um sujeito de uma área utilizaria[8]. Consideramos uma regra como o processo lógico que compara um objeto a um possível valor, usando um operador, e gera uma conclusão. Um exemplo clássico de regra está no condicional "se p, então q".

---

[2] BENJAMINS, Richard; CASANOVAS, Pompeu; BREUKER, Joost *et* GANGEMI, Aldo. Law and the Semantic Web: Legal Ontologies, Methodologies, Legal Information, Retrieval, and Applications. Berlin: Springer, 2005.
[3] https://www.eubusinessinjapan.eu/sites/default/files/artificial_intelligence_in_japan.pdf.
[4] https://www.whitehouse.gov/sites/default/files/whitehouse_files/microsites/ostp/NSTC/national_ai_rd_strategi c_plan.pdf.
[5] http://www.publications.parliament.uk/pa/cm201617/cmselect/cmsctech/145/14502.htm?utm_source=145&u tm_medium=fullbullet&utm_campaign=modulereports.
[6] http://www.europarl.europa.eu/sides/getDoc.do?pubRef=-//EP//NONSGML+COMPARL+PE- 582.443+01+DOC+PDF+V0//EN&language=EN.
[7] *"development of computer software capable of performing tasks that normally require human intelligence (mimic human behaviour)"*; verin http://www.europarl.europa.eu/sides/getDoc.do?pubRef=-//EP//NONSGML+COMPARL+PE- 582.443+01+DOC+PDF+V0//EN&language=EN.
[8] FACELI, Katti; LORENA, Ana Carolina; GAMA, João; CARVALHO, André Carlos Ponce de Leon Ferreira de. Inteligência Artificial: Uma Abordagem de Aprendizagem de Máquina. Rio de Janeiro: LTC, 2011, p. 02-03.

Foram construídos diversos sistemas especialistas legais, desde a década de 80. Dentreestespodemosdestacar: CHIRON (*tax planning*), JUDGE (*criminal*), Split-Up (*family law*), TAXMAN (*corporate reorganization*). Diversos centros de pesquisas se dedicaram a verificar a arquitetura de sistemas especialistas legais (*designing legal expert systems*), com resultados distintos. O excesso de confiança na tecnologia, bem como as elevadas expectativas importaram em um descrédito inicial com os modelos apresentados, reduzindo o vigor das investigações por algumas décadas[9]. Os novos desenvolvimentos em capacidade computacional e as inovações em engenharia de software têm estimulado um recrudescimento das pesquisas na área, com expectativas de novas soluções disruptivas e exponenciais para o mercado jurídico[10].

Os avanços em IA permitiram a construção de *"knowledge systems"*, ou seja, sistemas dotados de capacidade de resposta para questionamentos específicos em determinado domínio, mas sem a capacidade de verdadeiramente agir como um especialista na área. Um exemplo seria um sistema para verificar a tributação de uma subsidiária, conforme determinado sistema legal. Os *"knowledge systems"* são modelos menos ambiciosos ou sofisticados do que os sistemas especialistas legais, servindo como suporte para especialista[11].

Dois modelos de Inteligência Artificial se destacaram deste o início: a IA simbólica e a IA conexionista. A primeira utiliza essencialmente o modelo estruturado com árvores de decisão, enquanto que o segundo procura reproduzir o funcionamento do cérebro por meio de redes neurais. Apesar de possuírem origem praticamente no mesmo período, as duas seguiram desenvolvimento distinto, em face da capacidade computacional disponível e dos avanços em linguagem de programação. O uso de IA conexionista apesar de ser mais promissora, exigia maior quantidade do uso de processamento de máquina.

---

[9] LEITH, Philip. THE RISE AND FALL OF THE LEGAL EXPERT SYSTEM. **European Journal of Law and Technology**, [S.l.], v. 1, n. 1, mar. 2010. ISSN 2042-115X. Available at: <http://ejlt.org/article/view/14/1>. Date accessed: 21 Apr. 2019.
[10] SUSSKIND, Richard. The End of Lawyers?: Rethinking the nature of legal services. Oxford: Oxford University Press, 2008.
[11] GRUNER, Richard. Thinking like a Lawyer: Expert Systems for Legal Analysis. Berkeley Technology Law Journal. Volume 1, Issue 2 Fall, September 1986, p. 261-262.

O método de formalização tem sido utilizado com relativo sucesso na teoria geral do Direito, especialmente com o uso de deduções e lógica deôntica na aplicação normativa. É fato também que uma teoria do sistema jurídico exige um modelo formal. *Robert Alexy* alerta para a característica essencial da "*textura aberta*" (*open texture*) das normas jurídicas. Muitas vezes o sistema legal não contém regras escritas que permitam uma dedução que permita solucionar determinado caso, de modo direto. Outras vezes é possível, em casos extremos, que o sistema autorize decisões contrárias ao texto legal. Isso não impede que o dedutivismo e a formalização possuam um papel relevante no Direito.

O uso de algoritmos tem sido muito utilizado na assistência dos advogados e juízes para a tomada de decisão, assim podem ser utilizados para pesquisas de jurisprudência, sugestão de redação de petições iniciais, de esboço de votos e automatização de formulários[12].

Um caso mais delicado está na utilização de mecanismos automatizados para emissão de opinião jurídica, tal como análise automatizada de contratos e cláusulas contratuais, análise automatizada de multas, reorganizações societárias e planejamento tributário.

Outro campo promissor tem sido o uso de algoritmos elaborados para tomada de decisão. Nesse caso, a inteligência artificial não somente auxilia o operador jurídico, mas toma decisões sobre casos específicos. Geralmente essa possibilidade está associada a processos de baixa complexidade, tais como o julgamento de multas de trânsito ou extravio de passagens aéreas.

O uso de mecanismos de automatização de argumentos tem se demonstrado bastante promissor para a resolução procedimentos que demandam muito tempo dos advogados e juízes. Tarefas repetitivas, tediosas e enfadonhas podem ser realizadas por máquinas, liberando os juristas para atividades mais relevantes. Um bom exemplo é a realização automatizada de procedimentos e diligências sem a intervenção humana, em execuções fiscais. Nesse caso, o tempo ocioso do processo, compreendido, como aquele onde o andamento do processo fica depen-

---

[12] BORAN, Marie. Artificial Intelligence judges court cases with 79% accuracy. Irish Times. Disponível em http://www.irishtimes.com/business/technology/artificial-intelligence-judges-court-cases-with-79-accuracy-1.2842492, 2016. Acessoem 30.04.2019, às 9:01. Boston Consulting Group and Bucerius. How Legal Technology Will Change the Business of Law. http://www.bcg.de/documents/file204646.pdf, 2016, Acessoem 30.04.2019, às 9:30.

dendo de alguma atividade para o seu impulsionamento, pode ser significativamente reduzido com o uso de algoritmos.

O software responsável por executar as tarefas automaticamente, dispensando a utilização de operadores humanos é denominado de agente automatizado. As vantagens são evidentes, tornando desnecessários trabalhos manuais e enfadonhos realizados em cartórios, tais como juntada e conferência de peças, armazenamento de autos, geralmente em pilhas; costura, numeração, grampeamento e retirada de grampos, conferência e registro em livro físico, dentre tantos e inúmeros atos que compunham o denominado "*tempo ocioso*" do processo. A partir desse momento os advogados e juízes poderiam se dedicar com mais atenção ao processo e não aos inúmeros e difíceis atos procedimentais. A gestão do tempo do processo se tornou mais eficiente e mais exigente. O controle de prazos se tornou mais claro, afastando-se o controle manual nas serventias judiciais. Igualmente importante se tornou o controle e gestão da produtividade dos servidores e funcionários. O novo gargalo judicial se tornou a tomada de decisão. Todas as novas tecnologias miram auxiliar a tomada de decisão ou mesmo permitir que esta seja automatizada[13].

O uso da automatização tem sido encarada como uma solução eficiente perante as restrições orçamentárias, de pessoal e de recursos, frente a uma demanda crescente e ansiosa por resultados judiciais céleres e de qualidade.

As possibilidades de uso de IA como suporte à decisão judicial poderão ocorrer em uma multiplicidade de casos, ainda não completamente explorados ou disseminados, tais como: i) na realização de atos de constrição de modo automático (penhora online, Renajude outros); ii) identificando casos de sobrestamento e suspensão em razão do regime de recursos repetitivos, repercussão geral, IRDR e reclamações; iii) degravação de audiências ou provas gravadas; iv) classificação de processos conforme temas do STF e STJ; v) elaboração de relatórios de processos; vi) na detecção de fraudes e abusos; vii) decisões mais cuidadosas em demandas de massa; viii) avaliação de risco e consequências da decisão e ix) na pesquisa da jurisprudência.

---

[13] ROSA, Alexandre Morais. Limite penal: a inteligência artificial chegou chegando: magistratura 4.0. Conjur. Disponível em: <https://www.conjur.com.br/2018-jul-13/limite-penal-inteligencia-artificial-chegou-chegandomagistratura-40>. Acesso em: 04 ago. 2018.

Um problema mais sério está em se cogitar no uso de algoritmos para decisão em casos de maior complexidade. Nesse caso ofenderia algum princípio constitucional o uso de algoritmos para decisões judiciais de mérito? Estariam os princípios do juiz natural, contraditório, ampla defesa, devido processo legal, entre outros protegidos?[14]

O uso de algoritmos para decisões automatizadas ofenderia a exigência de motivação da sentença, como um dos pilares da ampla defesa? Tais considerações ainda exigirão reflexão por parte da doutrina e jurisprudência[15].

Os algoritmos não agem de modo independente. É necessário que alguém estabeleça a sua arquitetura, parâmetro, domínio de danos, objetos e relações. Assim em um gabinete judicial ele irá acessar documentos, petições, decisões, jurisprudência e irá começar a compreender padrões, inferir agrupamentos e correlações e finalmente propor decisões judiciais com base nos parâmetros informados pelo magistrado[16]. Nesse caso o juiz mantém o poder de decisão, recebendo um esboço de decisão, que poderá acatar ou não.[17]

Conclusões

O uso de algoritmos com aprendizado de máquina tem sido cada vez mais utilizados em apoio ao Direito, no desenvolvimento de soluções técnicas para diversas situações jurídicas.

---

[14] PORTO, Fábio Ribeiro. O Impacto da Utilização da Inteligência Artificial no Executivo Fiscal. Case study of Rio de Janeiro State Court of Justice. In FERNANDES, Ricardo V. C. e CARVALHO, Ângelo Gamba P. (coord.). Tecnologia Jurídica & Direito Digital – II Congresso Internacional de Direito, Governo e Tecnologia. Belo Horizonte: Fórum, 2018, p. 37.

[15] SARLET, I. W.; MOLINARO, C. A.. Breves notas acerca das relações entre a sociedade em rede, a internet e o assim chamado estado de vigilância. In: George Salomão Leite e Ronaldo Lemos. (Org.). MARCO CIVIL DA INTERNET. 01ed.São Paulo/SP: Editora Atlas, 2014, v. 01, p. 29-48.

[16] PORTO, Fábio Ribeiro. O Impacto da Utilização da Inteligência Artificial no Executivo Fiscal. Case study of Rio de Janeiro State Court of Justice. In FERNANDES, Ricardo V. C. e CARVALHO, Ângelo Gamba P. (coord.). Tecnologia Jurídica & Direito Digital – II Congresso Internacional de Direito, Governo e Tecnologia. Belo Horizonte: Fórum, 2018, p. 131.

[17] PORTO, Fábio Ribeiro. O Impacto da Utilização da Inteligência Artificial no Executivo Fiscal. Case study of Rio de Janeiro State Court of Justice. In FERNANDES, Ricardo V. C. e CARVALHO, Ângelo Gamba P. (coord.). Tecnologia Jurídica & Direito Digital – II Congresso Internacional de Direito, Governo e Tecnologia. Belo Horizonte: Fórum, 2018, p. 134.

É inescapável, contudo, que eles reproduzam ou gerem erros de decisão, por reproduzirem automatismos mentais de que os programa ou mesmo comportamentos discriminatórios. Estes erros, voluntários ou não, somente podem ser evitados se forem transparentes ao conhecimento, controlados, passíveis corrigidos e de serem revisados antes de sua implementação.

O entendimento de que a decisão jurídica não pode ser considerada uma atividade racional pura impõe cautela sobre a adoção indiscriminada, especialmente quando pode ferir os direitos fundamentais do contribuinte. De outro lado, se impõe um grande questionamento sobre o impacto do uso de decisões automatizadas para a proteção da ampla defesa, do devido processo, do princípio do juiz natural e tantos outros princípios que garantem um direito fundamental a um processo tributário justo.

Referências

Benjamins, Richard; Casanovas, Pompeu; Breuker, Joost et Gangemi, Aldo. **Law and the Semantic Web:** Legal Ontologies, Methodologies, Legal Information, Retrieval, and Applications. Berlin: Springer, 2005.

Biondo, Samuel J. **Fundamentals of Expert System Technology**: Principles and Concepts, Bristol: Intellect, 1990.

Boran, Marie. **Artificial Intelligence judges court cases with 79% accuracy**. Irish Times. Disponível emhttp://www.irishtimes.com/business/technology/artificial-intelligence-judges-court-cases-with-79-accuracy-1.2842492, 2016. Acesso em 30.04.2019, às 9:01. Boston Consulting Group and Bucerius. How Legal Technology Will Change the Business of Law. http://www.bcg.de/documents/file204646.pdf, 2016, Acessoem 30.04.2019, às 9:30.

Buchanan, B. G. et Shortliffe, E. H. **Rule-Based Expert Systems:** The MYCIN Experiments of the Stanford Heuristic Programming Project. Boston: Addison Wesley, 1984.

Büning, Hans Kleine et Lettmann, Theodor. **Propositional Logic:** Deduction and Algorithms. Cambridge: Cambridge University Press, 1999.

Epstein, Richard L. **Predicate Logic:** The Semantic Foundations of Logic. Belmont: WadsworthPublishing, 2000.

Faceli, Katti; Lorena, Ana Carolina; Gama, João; Carvalho, André Carlos Ponce de Leon Ferreira de. **Inteligência Artificial**: Uma Abordagem de Aprendizagem de Máquina. Rio de Janeiro: LTC, 2011, p. 02-03.

Firebaugh, Morris W. **Artificial Intelligence:** A Knowledge-Based Approach. São Francisco: Boyd & Fraser Publishing Company, 1988.

FREITAS, Juarez. **A hermenêuticajurídica e a ciência do cérebro**: como lidar com os automatismos mentais. Revista da AJURIS, v. 40, n. 130, jun. 2013.

FRITZ, Sandy. **Understanding Artificial Intelligence (Science Made Accessible)**. New York: Warner Books, 2002.

GIARRATANO, Joseph C. **Expert Systems:** Principles and Programming. Pacific Groove: Brooks Cole, 1998.

GRUNER, Richard. **Thinking like a Lawyer**: Expert Systems for Legal Analysis. Berkeley Technology Law Journal. Volume 1, Issue 2 Fall, September 1986, p. 261-262.

GRZYMALA-BUSSE, Jerzy W. **Managing Uncertainty in Expert Systems**. Kluwer Academic Publishers, 1991.

HARMON, Paul. **Expert Systems:** Artificial Intelligence in Business. Hoboken: John Wiley & Sons, 1985.

JACKSON, Peter **Introduction to Expert Systems**. Boston: Addison Wesley, 1999.

KIDD, Alison L. Knowledge **Acquisition for Expert Systems**: A Practical Handbook. New: York: Plenum Publishing Corporation, 1987.

KLEINBERG, Jon; LAKKARAJU, Himabindu; Leskovec, Jure; LUDWIG, Jens et MULLAINATHAN, Sendhil. **Human decisions and machine predictions**. Disponívelem Working Paper 23180 http://www.nber.org/papers/w2318009-10. Acessoem 01.05.2019, às 15:18.

LEITH, Philip. THE RISE AND FALL OF THE LEGAL EXPERT SYSTEM. **European Journal of Law and Technology**, [S.l.], v. 1, n. 1, mar. 2010. ISSN 2042-115X. Available at: <http://ejlt.org/article/view/14/1>. Date accessed: 21 Apr. 2019.

LENAT, Douglas B. et GUHA R. V. **Building Large Knowledge-Based Systems**: Representation and Inference in the CYC Project. Boston: Addison Wesley, 1990.

LEVESQUE, Hector J. et LAKEMEYER, Gerhard. **The Logic of Knowledge Bases by. Boston**: MIT Press, 2001.

MINSKY, Marvin. Steps **Toward Artificial Intelligence.** Proceedings of the IRE. January 1961, p. 08-30.

NECHES, R., FIKES, R.E.; FININ, T.; GRUBER, T.R.; SENATOR, T.; SWARTOUT, W.R. Enabling Technology for Knowledge Sharing. AI Magazine. 12(3), 1991, p. 36-56.

NEGNEVITSKY, Michael. **Artificial Intelligence**: A Guide to Intelligent Systems. Boston: Addison Wesley, 2002.

PEREZ, AG; RODRIGUEZ, FO et TERRAZAS, BV. **Legal ontologies for the Spanish e-government.**Granada: CAEPIA, 2006, p. 301-310.

PORTO, Fábio Ribeiro. O Impacto da Utilização da Inteligência Artificial no Executivo Fiscal. Case study of Rio de Janeiro State Court of Justice. In FERNANDES, Ricardo V. C. e CARVALHO, Ângelo Gamba P. (coord.). **Tecnologia Jurídica &**

Direito Digital – II Congresso Internacional de Direito, Governo e Tecnologia. Belo Horizonte: Fórum, 2018.

PRAKKEN, Henry et SARTOR, Giovanni. On the relation between legal Language and Legal Argument. **In Proceedings of The Fifth International Conference on AI and Law**. New York: ACM Press, p. 1-10, 1995.

PRAKKEN, Henry. From Logic to Dialetics in Legal Argument. **In Proceedings of the Fifth International Conference on AI and Law. University of Maryland**. New York: ACM Press, p. 165-174.

ROSA, Alexandre Morais. **Limite penal**: a inteligência artificial chegou chegando: magistratura 4.0. Conjur. Disponível em: <https://www.conjur.com.br/2018-jul-13/limite-penal-inteligencia-artificial-chegou-chegandomagistratura-40>. Acesso em: 04 ago. 2018.

SARLET, I. W. ; MOLINARO, C. A. . Breves notas acerca das relações entre a sociedade em rede, a internet e o assim chamado estado de vigilância. In: George Salomão Leite e Ronaldo Lemos. (Org.). **MARCO CIVIL DA INTERNET**. 01ed.São Paulo/SP: Editora Atlas, 2014, v. 01, p. 29-48.

SOFFNER, Renato. **Algoritmos e programação em linguagem** C. São Paulo: Saraiva, 1ª. Ed., 2013.

SPENCER-SMITH, Richard. **Logic and Prolog**. Birmingham: Harvester Wheatsheaf, 1991.

SUNSTEIN, Cass R. Algorithms, Correcting Biases. Forthcoming, Social Research, 2018. Disponível emhttps://papers.ssrn.com/sol3/papers.cfm?abstract_id=3300171, acesso em 29.04.2019, às 02:23.

SUSSKIND, Richard. **The End of Lawyers?**: Rethinking the nature of legal services. Oxford: Oxford University Press, 2008.

URING, A. M. **Computing Machinery and Intelligence**. Mind 49, 1950, p. 433-460.